실천적 교회론

실천적 교회론
〈개정증보판〉

2006년 3월 30일 초판 1쇄 펴냄
2022년 4월 11일 개정증보판 1쇄 펴냄

지은이 | 은준관
펴낸이 | 김영호
펴낸곳 | 도서출판 동연
등 록 | 제1-1383호(1992. 6. 12.)
주 소 | 서울시 마포구 월드컵로 163-3 201호
전 화 | 02-335-2630 전 송 | 02-335-2640
이메일 | yh4321@gmail.com
블로그 | https://blog.naver.com/dong-yeon-press

ISBN 978-89-6447-773-1 94230
ISBN 978-89-6447-772-4 (은준관 교육신학 시리즈)

| 개정증보판 |

실천적 교회론

은준관 지음

동연

머리말

　『실천적 교회론』(實踐的 敎會論)이란 『신학적 교회론』(神學的 敎會論)의 후속편이고, 이 둘은 유기적 연관성을 가지고 있다. 『신학적 교회론』이 하나님 백성 공동체(Laos tou Theou)인 교회의 존재 근거와 정체성(Identity)을 신학적으로 추구한 학문적 시도였다면, 『실천적 교회론』은 교회의 존재 양식(mode of existence)에 대한 학문적 논거다. 이를 Theory Praxis로 표현하기도 한다.

　그러나 『신학적 교회론』과 『실천적 교회론』 중심에는 제3차원이 흐르고 있다. 이를 '제3의 해석학'(Third Mode of Interpretation)이라 부른다. 지난 2,000년 교회 역사는 두 개의 신학적 패러다임에 의해 지배되어 왔다. 하나는 '제도주의적 패러다임'(institutional paradigm)이고, 다른 하나는 '영적 패러다임'(spiritual paradigm)이다. 제도적 패러다임은 하나님의 계시성 대신 제도와 조직을 교회의 존재 근거로 하였으며, 반대로 영적 패러다임은 역사를 포기하고 영성을 교회의 존재 근거로 만들었다. 그러나 제3의 해석학은 교회의 존재 근거를 하나님의 통치하심(Basileia Tou Theou)에 두고, 이 세계와 역사를 하나님의 통치하심이 실현되는 장(場, divine gestalt)으로 해석한다. 그리고 교회는 역사 안에 현존하는 '증인 공동체'로 정의한다. 제3의 해석학은 '하나님 통치·세계·교회'라는 구도로 표현되며, 여기서 역사는 변혁적 '장'이 되며, 교회는 이 변혁적 '장'으로부터 부름을 받고, 다시 보냄을 받는 하나님의 백성 공동체다. 이것을 변혁적 패러다임(transformative paradigm)이라 한다.

　오늘 『실천적 교회론』 개정판을 내놓게 된 가장 큰 동기는 21세기 한국 교회의 정체성과 실천의 회복을 소망하는 염원에 있다. 『실천적 교회론』

개정 원고를 정리해 준 실천신학대학교 대학원의 제자 문석영 목사와 김준호 목사, 연세대학교 신과대학 제자 김영호 장로(동연 대표)의 노고가 담겨 있다. 모두를 감사함으로 기억한다.

2021년 4월
일산 서재에서
은준관 목사

차 례

서론적 논거
: 교회의 정체성과 존재 양식

'실천적 교회론'(Practical Ecclesiology)은 신학적 교회론이 설정한 '하나님 나라-세계-교회' 구도를 교회의 존재 양식으로 풀어놓은 실천신학적 시도이다. 오늘 교회는 두 가지 오류를 범하고 있다. 하나는 교회의 정체성과 실천 사이의 단절이고, 다른 하나는 교회의 정체성과 교회 실천 사이의 단절이다. 교회 따로, 사역 따로 갈라놓고, 그 사이의 공백을 여러 가지 '이물질'로 대체하였다. 여기서 theoria-praxis의 단절이 오늘 한국 교회와 세계 교회를 위기로 몰고 가는 내면의 이유이고, 교회 붕괴의 원인이다.

두 번째 오류는 교회의 존재 양식을 기능(function)으로 전락시킨 데 있다. 프랑스 신학자 오스카 쿨만(Oscar Cullmann)은 초대교회의 존재 양식을 떡을 뗌(breaking of bread), 성경 봉독(reading), 말씀 선포(proclamation), 고백(confession), 기도(prayer), 하나님 찬양(doxology), 축복(blessing), 예언(prophecy), 방언(speaking with tongues)으로 설명하고 있다.[1] 이 모든 실천은 '기능'이 아니라 하나님의 통로였으며, '그리스도의 몸'인 교회를 세우는 일의 존재 양식이요, 존재의 표현이었다.[2]

그리고 이 모든 사역은 하나님 백성인 신자 모두가 참여하고 창조하는

---

1 Oscar Cullmann, *Early Christian Worship*, tr. by A. Stewart Todd & James B.Torrance (Naperville III: Alec R. Allenson Inc., 1953), 34.
2 *Ibid*.

존재 양식이었다.

그러나 교회가 교권화되고 성직자 중심으로 바뀌면서 교회는 회중의 참여를 거부하고, 사역은 기능으로 변질되기 시작했다. 성경 봉독, 말씀 선포, 떡을 뗌, 축복 모두가 성직자의 전유물이 되고, 교회는 하나님 백성의 존재 양식이 아니라 회중을 위한 성직자의 종교적 봉사 기능으로 전락하였다.[3]

미래 교회는 교회 실천을 '성직자 중심'의 기능으로부터 다시 하나님의 백성이 주체가 되어 표출하는 예배, 성례전, 교육, 코이노니아, 선교 사역으로 전환하는가에 있다.

1. 하나님 백성 공동체의 정체성
: 구약 이스라엘 공동체와 신약 교회 공동체

성서와 역사를 통해 나타난 공동체는 크게 두 가지 모습으로 나타났으며, 이 둘은 상반적이나 갈등적인 관계에 있었다. 하나는 이미 논의한 '역사 · 종말론적' 모티프(motif)고, 다른 하나는 '교권적 · 제도적' 모티프다.

1) 이스라엘 공동체의 정체와 실천

구약성서를 뚫고 진행된 하나님의 구원사는 크게 세 단원으로 나뉜다. 처음은 '출애굽-시내산 언약-가나안 정복-세겜 언약'에서 출현한 이스라엘 민족 공동체였다. 두 번째는 왕정의 출현과 등장한 교권주의였으며, 세 번째는 예언 운동을 통한 민족 회개 · 메타노이아(*metanoia*)의 호소이며 테마였다.

처음 단원의 시작은 출애굽이었다. 출애굽은 처음부터 하나님께서 친

---

3 Jürgen Moltmann, *The Invitation to a Open Messianic lifestyle Church*(London: SCM Press LTD, 1978), 123-124.

히 개입하신 역사적 사건이었으며, 하나님께서 친히 행하신 주권적 구원이었다. 하나님의 역사 개입은 당시 메소포타미아 문화의 꽃인 지구라트(Ziggurat) 신화에 대한 도전이었다. 모세와 아론을 들어 바로와 대결하신 분은 하나님이셨으며, 이때부터 하나님은 뒤에서 역사를 연출하시던 연출자로부터 역사 안에 친히 뛰어드시고 지상 모든 권력과 대결하신 주역으로 임하셨다. 그러기에 출애굽은 역사 무대 위에서 이루어 내신 하나님의 구원 사건이었다.

이때 선택된 이스라엘 백성은 정치적이고 역사적이고 구원사적 백성이었다. 이때 이스라엘은 처음으로 '민족 공동체'로 탄생되었다. 여기서 출애굽은 이스라엘을 민족되게 한 존재론적 사건(ontic event)이 되었으며, 이때부터 이스라엘 민족은 역사 안에 현존하는 역사적 공동체가 되었다. 그리고 하나님은 '젖과 꿀이 흐르는 땅'을 약속하시고 인도하셨다. 이때 이스라엘은 출애굽을 기억하고 약속을 믿고 미래를 향해 이동하는 역사적 공동체가 되었다. 이것을 역사 · 종말론적 순례 공동체라 한다. 그러기에 출애굽 사건은 이집트로부터 해방과 동시에 약속의 땅을 향한 미래 사건이었으며, 이때 이스라엘을 역사적이고도 종말론적인 공동체로 만들어 간 근원이 된 것이다. 그러므로 초기 이스라엘 공동체는 '역사 · 종말론' 공동체라 부른다.

그리고 이스라엘은 시내산에서 다시 태어났다. 출애굽 사건에서 민족 공동체로 태어난 이스라엘은 시내산에서 거룩한 백성(holy nation), 제사장 나라(priestly kingdom)로(출 19:6) 인침을 받았다. 이 시내산 언약은 하나님의 백성으로서, 하나님의 증인으로서 역사 안에 현존하도록 위임하신 것이었다. 선교신학자 시니어(Senior)와 캐롤 슈털뮬러(Stuhlmueller)는 이스라엘의 제사장직을 세상의 고난을 대변하는 원심(centrifugal)이라 부르고, 거룩한 백성은 하나님 안에서 성별된 삶을 살아가는 구심(centripetal)이라고 해석했다.4 '구심'은 하나님 안에서의 백성(정체성)이고, '원심'은 세상의

---

4 Donald Senior, C. P. & Carroll Stuhlmueller, C. P., *Biblical Foundation for Mission*(New

아픔을 대신 짊어지는 제사장 나라(존재 양식)다. 이것이 이스라엘의 존재 근거고, 존재 양식이었다.

그리고 가나안 정착 이후 시행한 가정 교육 셰마(Shema, 신 6:4-9)도 출애굽을 기억함(historical memory)으로 출애굽을 삶 속에 재연하고 역사화하는 데 목적이 있었다. 모세와 아론의 '사역'은 출애굽과 시내산 언약을 기억하고 재연하고 역사화하며 미래를 준비하는 민족 공동체를 세우는 데 있었다.

구약의 두 번째 단원은 왕정의 출현한 왕과 이스라엘 백성의 타락이었다. 정치적으로, 군사적으로, 외교적으로 황금기를 이루기 시작한 통일왕국은 역사·종말론적 공동체를 포기하고 예루살렘 성전을 종교와 정치의 중심으로 만들면서 민족, 땅, 평화 모두를 왕의 사유물로 전락시켰다.

이때 이스라엘은 12지파 동맹을 파기하고, 가나안 신들을 경배하고, 이방 왕 같은 왕이 등장하면서 이스라엘은 하나님 없는 세계를 꿈꾸기 시작했다. 앤더슨(Bernhard Anderson) 교수는 이 타락을 사울 전통(Saul tradition)이라 불렀다.[5] 사무엘의 유일신 신앙(사무엘 전통, Samuel tradition)은 포기했다. 이방 나라 군주의 왕정 정치(ontocracy)를 모방하고 하나님 백성을 노예로 전락시키고 있었다. 이때부터 예루살렘 성전은 왕실 채플로 변하고, 제사는 주술적 의식으로 바뀌었으며, 제사장은 공중 귀족으로 변신하는 타락이 시작되었다.

구약의 세 번째 단원은 예언 운동을 통한 메타노이아(Metanoia, 회개)의 호소였다. 남북왕조의 분열과 계속되는 왕궁 타락, 성전의 형식주의는 하나님의 분노와 예언 운동을 불러일으켰다. 부름받은 예언자들은 왕들의 불신앙을 신랄하게 규탄하기도 하고(이사야), 허구적인 성전 신학과 거짓 예언에 의존하는 왕실과 민족을 비판하였다. 특히 포로기 이후의 예언은 시내산 언약을 다시 기억함으로 야웨 하나님과의 약속을 회복하려는 데 있었다. 예언 운동은 허구적인 성전 신화와 교권주의·형식주의 신앙으로

York, Maryknoll: Orbis Books, 1983), 315-316.
5 Bernhard Anderson, *Understanding the Old Testament*(Englewood Clis, N. J.: Prentice Hall, 1986), 206-207.

부터 이스라엘을 거룩한 백성, 제사장 나라를 회복하려는 절규이며 호소였다. 그러기에 예언 운동은 야웨 신앙의 회복, 언약의 백성, 역사·종말론적 공동체로서의 이스라엘 회복 운동이었다.

2) 초대교회의 정체성과 존재 양식

신약에 나타난 공동체는 에클레시아(ecclesia)였다. 에클레시아는 예수 그리스도께서 선포하시고 십자가와 부활에서 드러내 주신 하나님 나라(*Basileia Tou Theou*)를 경험하고 모인 증인 공동체였다. 하나님 나라는 교회의 존재 근거요, 존재 이유였다.

그러나 교회의 시작을 두고 학계는 두 쪽으로 갈라져 논의를 전개하였다. "예수께서 교회를 직접 창조하셨는가? 아닌가?"라는 질문을 두고 '부정론'을 펼친 파(슈바이처, 케제만, 콘첼만, 예레미야스)가 있는가 하면 '의도론'을 펼친 파(리처드슨)로 분리되어 왔다.[6]

그러나 신학적 관심은 제3 학파로 불리는 독일 튀빙겐대학교 로핑크(Gerhard Lohfink) 교수는 새로운 해석의 지평을 열었다. 로핑크는 예수께서 12제자를 부르시고 사역을 위임하신 것은 모든 인류를 부르시고, 하나님의 백성으로 인치시기 위한 예시(prefigure)라고 보았다.

그러기에 12제자와 초대교회는 모든 사람을 불러 모으시고 그들을 하나님의 백성으로 인치시는 하나님의 우주적·종말론적 회집(Universal Eschatological Gathering)을 미리 보여 주는 예시(prefigure)였다. 우주적 회집은 작은 동아리·제자 공동체를 통해 시작되었다.[7]

로핑크 신학의 의미는 하나님 나라는 모든 사람을 하나님 백성으로 불러 모으시는 하나님의 우주 구원에 있었다. 그러나 우주 구원은 지상의 작은 제자 공동체를 통해서 세워진다는 해석이었다.

---

6 은준관, 『신학적 교회론』, 93-110.
7 Gerhard Lohfink, *Jesus and Community*(Philadelphia: Fortress Press, 1982), 28.

이 해석은 하나님 나라와 교회를 직접 연결하는 교권주의적 시도를 단절하고, 하나님 나라와 교회 사이를 예수 그리스도의 구원과 제자 공동체에서 보는 새로운 해석이었다. 교회는 그 자체가 하나님 나라가 아니라, 하나님 나라를 증언하는 증인 공동체인 한 교회라는 의미였다.

로핑크의 해석은 카를 바르트, 불트만, 슐라터(Adolf Schlatter), 퀴에코우스키(F. G. Cwiekowski)[8]에 의하여 더욱 심화되었다. 특히 예수의 부활 사건을 교회 태동의 존재론적 사건(ontic event)으로 보고, 교회를 부활의 후속 사건(noetic event)으로 보는 바르트의 해석은[9] 초대교회의 정체성을 하나님 나라에 두었으며, 존재 양식은 하나님 나라를 증언하는 선교 공동체로 정의하였다. 예수께서 친히 선포하시고 그의 죽음과 부활을 통해 역사에 임재한 하나님 나라(하나님 통치)는 이 세상 모든 사람을 하나님의 백성으로 불러 모으시는 하나님의 초청이었으며, 이 초청을 보고 응답하고 나선 사람이 12제자이고 초대교회였다. 그러기에 하나님 나라의 초대는 초대교회의 근거요 정체성이었으며, 이를 역사 속에 증언하는 존재 양식으로 현존하였다.

그리고 교회는 역사 속에 현존한다. 현존은 곧 교회의 현존 양식(mode of presence)이었다. 그러나 존재 양식에서도 해석은 두 캠프로 갈라졌다. 하나는 로마가톨릭적 해석이며, 대표적인 학자는 슈나켄부르크(Rudolf Schnackenburg)다. 슈나켄부르크는 교회를 하나님 나라를 대망하는 종말론 교회로 해석하면서도, 교회가 역사 안에 현존하는 양식은 직제(order)라고 해석한다. 직제란 '신적인 법',[10] 사도적, 사도 계승적이며, 사도의 권위에 의해 유지되는 것이라고 했다. 교회는 하나님 나라의 창조이면서도, 역사적 현존은 사도(Apostle), 감독(Bishop), 사제(Priest)로 이어지는 직제(order)를 통해서만 이어진다고 보았다.

---

8 은준관, 『신학적 교회론』, 114-117.

9 *Ibid*., 311-331.

10 Rudolf Schnackenburg, *The Church in the New Testament*(New York: Herder &Herder, 1966), 24.

그러나 몰트만, 슐라터는 직제에 따른 사도 계승(apostolic succession)이 아니라, 하나님 나라가 예수의 부활을 목격한 12제자와 120문도가 모인 공동체를 통해 임재한다고 보았다. 처음 공동체는 예루살렘교회였다. 예루살렘교회는 하나님 나라를 경험한 사람들이 날마다 집에서(가정 교회[house church]), 떡을 떼고(교제[koinonia]), 기도에 힘쓰고(예배[leitourgia]), 사도의 가르침(교육[kerygma didache])을 받고, 물건을 통용하고, 고아와 과부를 돌보는 섬김(diakonia)을 통해 하나님 나라를 경험하고 증명하였다.

그러기에 초대교회의 존재 양식은 사도성이나 직제에 있었던 것이 아니었다. 하나님 나라를 경험하고 소망하는 하나님 백성 모두가 주체로서 참여하는 예배, 설교, 성례전, 가르침, 떡을 떼는 일, 섬김을 통해 역사 안에 현존하였다. 이것이 존재 양식이었다.

2. 변질

그러나 역사·종말론적 공동체 교회는 예루살렘교회로부터 변질되기 시작하였다. 2세기 초에 등장한 단일 감독제(Monepiscopacy)가 변형의 첫 전환이었다.[11] 1세기 예루살렘교회에서 행한 카리스마 사역(charismatic ministry)과 제도적 사역(institutional ministry)은 하나님 나라를 이 땅에 증언하는 사역이었으며, 존재 양식이었다.[12] 이때 사도, 예언자, 교사로 대변되는 카리스마 사역과 감독, 장로, 집사로 대변되는 제도적 사역은 계급적 구분이 아니었다. 예수 그리스도의 사역(The ministry of Jesus Christ)의 다양한 표현 양식이었다. 은사의 구분(distinction of gifts)이 있었으나 높고 낮음의 계급의 구분이 아니었다. 그러나 2세기 초 단일 감독제(monepiscopacy)의 출현은 설교와 성만찬, 목회, 교육 행정까지 독점하면서 초대교회가 실

---

11 John Knox, "The Ministry in the Primitive Church," *The Ministry in Historical Perspectives*, ed. by H. Richard Niebuhr & Daniel D. Williams(N. Y.: Harper &Brothers, 1956), 23-25.
12 *Ibid.*, 10-11.

시했던 사역은 소멸되기 시작했다.[13] 이 변화는 약속된 예수의 재림이 지연되는 데서 온 신앙의 흔들림 때문이었다. 그리고 세 가지 위협이 기독교인을 괴롭혔다. 첫째는 로마제국의 박해였으며, 둘째는 유대교의 핍박이고, 세 번째는 이단설의 교란이었다.

로마제국의 황제 도미티아누스(Domitianus, 81~96년)는 자신을 '신'으로 선포하고, 모든 시민은 자신을 경배하도록 명을 내렸다. 그러자 배교자(apostasy)가 늘어났다.[14] 그리고 얌니아(Yamnia, 지중해 연안 도시를 중심으로 구성된 유대교 랍비[Rabbi])를 기독교의 새 종파로 몰아 박해하기 시작했다. 이와 때를 같이 하여 영지주의자(Gnosticis)들은 이 세상을 악과 선으로 규정하고, 선한 그리스도가 어떻게 악한 육을 입고 세상에 왔겠는가라는 질문으로 성육신을 부정하고, 예수는 환상이었다는 속삭임으로 기독교 신자를 현혹하였다.[15]

이때 단일 감독이 위기와 혼란에 처해 있는 교회를 통일(unity)과 악한 세력에 효율적으로 대처하기 위해 등장했다. 이때 단일 감독은 교회의 머리로서 교회의 수호자(guardian)였으며, 이단설에 대하여 교리를 수호하는 변증론자였다.[16] 그러나 2세기 말부터 감독제는 로마제국 전역으로 확산되어 갔다. 그리고 감독을 중심으로 하는 교권주의가 교회를 지배하기 시작했다.

이때 〈디다케〉(didache)라는 교훈에 등장하여 교회의 교권화를 경고하고, 교회의 근원을 보전하도록 촉구하였다.[17] 〈디다케〉는 교회를 ① 세례와 성만찬을 통해 입회하는 성도의 공동체로, ② 하나님과 사람이 맺는 특별한 영역(sphere)으로, ③ 하나님 나라를 향한 성도의 모임으로, ④ 성례

---

13 *Ibid.*, 24-25.
14 Eduard Lohse/박창건, 『신약성서 배경사』(서울: 대한기독교출판사, 1999), 178-179.
15 *Ibid.*, 219-239.
16 John Knox, "The Ministry in the Primitive Church," *The Ministry in Historical Perspectives*, 24.
17 Reinhold Seeberg, *The History of Doctrines*(Grand Rapids: Baker Books, 1961), 74; John Lawson, *A Theological and Historical Introduction to the Apostolic Fathers*(New York: MacMillan Co., 1961), 63-65.

전은 신비적 행위가 아니라 하나님 나라의 임재와 축제에 참여하는 종말론적 행위로 정의하였다. 그리고 사도, 예언자, 교사의 카리스마 사역은 감독, 장로, 집사의 사역보다 우위에 있는 것으로 보았다. ⑤ 종말론적 공동체로서의 교회는 모든 성도의 형제됨을 실천하면서 역사 안에 현존하는 하나님 백성 공동체로 묘사하였다. 더욱이 사유 재산의 나눔을 통한 형제됨의 실천은 하나님 나라를 이 땅에서 소망하며 살아가는 순례적, 역사적, 종말론적 공동체로 묘사했다.[18] 〈디다케〉는 강력한 교권주의 흐름 속에서 초대교회의 공동체성을 각오하고 보전하려 했던 소중한 문헌이었다.

그러나 2세기 이후 교회사는 역사·종말론적 공동체로부터 점차 교권적·제도적 교회로 그 방향을 선회하였다. 클레멘스(Clemens of Rome), 이냐시오(Ignatius of Antioch), 이레니우스(Irenaeus)의 '사도 계승론', 키프리아누스(Cyprianus)의 "교회밖에는 구원이 없다"는 교리와 '감독의 정통성'을 통해 심화해 간 요인이었다.[19]

여기서 초대교회 사역의 다양성(사도, 예언자, 교사, 감독, 장로, 집사)은 감독 중심으로 획일화되고, 말씀 선포, 성례전, 가르침, 교제, 섬김은 성례전적 유기주의(eucharistic organism)로 전환되고, 감독만이 집행하는 성례전으로 단일화하였다.

그러나 이 흐름은 성 어거스틴(St. Augustine)에 의해 일대 수정을 거치게 되었다. 어거스틴은 교회를 하나님의 도성(*Civitas Dei*)으로 보았으며, 그것은 무형적(invisible)이고, 신비적(mystical)이며, 성령의 교제이며, 그리스도의 신부라고 정의하였다. 보이지 않는 교회(Invisible church)는 보이는 교회(visible church)로부터 구별되는 하나님의 도성이었다. 반대로 보이는 지상의 교회는 이리와 양이 공존하는 혼합체(*corpus permixtum*)로 보았으며, 타락의 가능성까지 안고 있는 교회다. 어거스틴은 로마가톨릭의 가톨릭성(catholicity), 모성(motherhood)을 인정하면서도[20] 교회를 사도 계승의

---

18 J. C. V. Durell, *The Historic Church*(Cambridge University Press, Krus Reprint Co., 1969), 72.
19 은준관, 『신학적 교회론』, 179-194.

근거로 하는 직제로 보지 아니하고 '그리스도의 신비적 몸'으로 보았으며, 이는 교권주의화에 대해 비판을 가한 것으로 알려져 있다.

그러나 문제는 어거스틴의 신학적 공헌에도 불구하고 중세기에 들어선 교회는 9세기 교황 그레고리우스 7세(Gregorious VII)로부터 13세기 인노첸시오 3세(Innocentius III), 14세기 보니파티우스 7세(Bonifatius VII)로 이어지면서 교황권은 사도 계승을 근거로 절대화 과정으로 이어졌다. 특히 1215년 제4차 라테란 공의회(Lateran Council)에서 제정한 성만찬의 화체설(transubstantiation theory)은 로마가톨릭의 교권주의와 성례전주의의 사상적 근거가 되었으며, 1302년에 발표한 *Unam Sanctam*은 양면의 칼(영적인 칼과 세속적인 칼)로 교황의 절대권을 더욱 강화하고, 로마가톨릭을 교권적, 제도주의로 몰고 갔다.[21]

교황의 절대화는 구약 왕정 정치의 절정을 이루었던 솔로몬의 제정 왕국(ontocracy)의 재현이었다고 볼 수 있다. 이때부터 교회는 '공동체'이기를 포기했다. 어거스틴의 신학적 비판에도 불구하고 중세 교회는 교권적·제도적 교회로의 변형이었으며, 이는 초대교회의 역사·종말론적 공동체성으로부터 멀리 이탈한 것이었다.

그러나 교회의 정체성과 존재 양식은 16세기 종교개혁에서 새로운 가능성으로 부상하였다. 루터, 칼뱅, 츠빙글리에 의해 주도된 종교개혁은 카타리(Cathari), 발도파(Waldensian) 운동, 영국의 위클리프(John Wycliff)와 체코의 후스(John Huss)와 함께 교회를 신자들의 회중(*congregatio fidelium*)이라는 주제 안에서 교회의 정체성과 역사적 현존을 풀어갔다. 종교개혁은 한마디로 초대교회의 회복 운동이었다. 특히 종교개혁의 선봉에 섰던 마르틴 루터의 교회론은 성도의 교제(*communio sanctorum*)로 정의하였으며, 이는 교회를 '교황'으로 동일시하던 로마가톨릭에 대한 항거며, 동시에 교회의 회중성을 되살리는 신학 운동이었다.

---

20 Eric G. Jay, *The Church*(Atlanta: John Knox Press, 1980), 89-90.
21 *Ibid.*, 108-113.

오직 은혜로(*sola gratia*), 오직 믿음으로(*sola fides*), 하나님의 의인(*Justification*)에 이르는 신학 사상은 교회를 의롭게 된 죄인(*Justified sinner*)의 모임으로 정의함으로써 교회는 공동체(*Gemeinde*)로 역사 안에 현존한다고 보았다.[22]

그러나 주류 종교개혁 운동은 한 가지 문제를 안고 있었다. 하나님 나라의 통치를 주제로 하는 역사 종말론이 약화되어 있었으며, 종말론적 현존이 약화되어 있었다. 성도의 교제는 교회 안의 영적 차원으로 제한되어 있었으며, 역사의 변혁은 교회가 아니었다.

이때 루터와 칼뱅의 종교개혁을 반쪽 개혁(half reformation)으로 규정하고 출현한 재세례파의 급진주의 개혁(radical reformation)은 주류 종교개혁이 포착하지 못한 하나님 나라 사상을 종교개혁의 중심 모티프로 수용하는 과감성을 보였다. 그러나 불행히도 이들은 하나님 나라를 역사로 이어가지 못했으며, 결국 반역사적(anti-historical) 운동으로 막을 내렸다. 이들은 교회를 하나님 나라를 소망하는 신앙 공동체로 정의했으나 교회가 현존해야 하는 역사는 외면하였다. 결국 종교개혁은 종말론이 약화된 탈종말론적(주류 개신교)이거나 역사를 외면한 도피적 교회론(급진적 종교개혁)이 되었다.

그러나 교회사에는 세 번째 운동이 등장했다. 1910년 에든버러 회의(Edinburgh Conference), 1968년 세계교회영국교회(WCC)가 개최한 제4차 세계교회협의회는 혁명적인 변혁을 초래하였다. 제2 바티칸 공의회는 2,000년의 역사를 되돌아보고 미래를 설계한 최초의 자기 비판과 개혁이었다. 특히 교회론에 대한 공의회의 공식 문헌은 교권적·제도적 교회론의 흔적들이 교회를 하나님 나라와 하나님의 우주 구원에서 조명하는 과감성을 보였다. 교회는 신비적 제도성에 있는 것이 아니라 예수 그리스도에게서 오고 있는 하나님 나라에 있는 신비라고 표명한 대목은 가히 혁명적이었다. 이어 교회를 종말론적으로 순례하는 하나님 백성[23]으로 정의한 것

---

22 은준관, 『신학적 교회론』, 222-229.

23 Walter M. Abbott, S. J. ed., *The Documents of Vatican II*(N.Y.: Guild Press, 1966), 14-25; 은준관, 『신학적 교회론』, 249-257.

서론적 논거: 교회의 정체성과 존재 양식 | 19

은 일대 전환이었다.

여기서 로마가톨릭의 정체성은 하나님 나라고, 교회의 존재 양식은 사제 사역과 하나님 백성인 평신도가 함께하는 공동 사역으로 정의하였다. 이는 2,000년간 절대시해 온 사제 중심의 사목을 근본적으로 수정하는 혁명적 패러다임이었다. 그러나 불행히도 바티칸 공의회를 주도했던 교황 요한 23세의 갑작스러운 타계로 개혁의 추는 멈추는 듯한 느낌을 주는 것도 사실이지만, 바티칸 공의회에서 보여 준 신학적 패러다임은 로마가톨릭을 보다 개혁적으로 이끌어 간다는 프레임(frame)에는 변함이 없을 것이다.

20세기에 일어난 또 다른 신학 혁명은 1968년 웁살라 대회를 주도한 하나님 선교(missio Dei) 신학이었다. 하나님 선교신학으로 선교의 주체를 교회로부터 하나님께로 돌렸으며, 하나님 구원의 터를 '교회'로부터 전 인류와 전 역사로 확대하였다. 그리고 교회를 하나님과 세계 사이의 '증언'으로 전환하였다. 이 구도 역시 하나의 혁명이었다.

이 패러다임 전환은 교회를 교회 중심으로부터 하나님 중심으로 전환하고, 교회는 세계 속에 현존하는 선교 교회로 바꾸어 놓은 공헌을 남겼다.[24]

3. 실천신학에서 본 한국 교회의 오늘과 미래

지난날 한국 교회는 제도적 패러다임이 아니면 영적 패러다임을 핵심으로 하는 교회였다. 그래서 세상 위에 군림하거나 세상으로 도피하는 두 가지 흐름으로 살아왔다. 그러나 전술한 대로 20세기 중엽 하나님의 선교신학(mission Dei)을 근간으로 하는 에큐메니컬 신학이 등장하면서 중심추를 교회로부터 하나님과 세계의 관계로 전화할 것을 촉구하였다.

이때 유럽과 미국 교회는 교회의 위기, 교인 급감, 심지어는 교회 폐쇄의 비극적 상황까지 경험하였다. 미국 교회는 그 원인을 세속 도시(secular-

---

24 은준관, 『신학적 교회론』, 333-350.

city)의 등장, 거기서 파생하는 이동성(mobility)과 익명성(anonymity), 박탈 이론에서 찾았다.[25]

그러나 종교 사회학자 더들리(Carl Dudley)는 원인을 교회의 미준비성(unpreparedness)에서 찾았다.[26] 교회가 미래를 대처하지 못했다고 했다.

1) 실천신학에서 본 한국 교회

한국 개신교회는 1960년대 교회 5,011곳과 교인 수 623,072명을 가진 미미한 교회였다. 그러나 1990년에는 교회 수가 35,869곳으로 늘었으며, 신도 수는 10,312,813명으로 증가되었다.[27] 2년 뒤인 1992년 통계에 의하면 교회는 37,000여 곳으로 늘어났으며, 신도는 1,250만 명으로, 교역자는 34,000여 명으로 증가되었다.[28] 이때 한국 가톨릭도 1990년 기준 2,278개소 교회에 신자 수는 273,000명, 사제 1,728명과 5,600명의 수사와 수녀들이 있는 것으로 나타났다.[29]

1960년대에 발화되어 1990년에 이르는 30년간에 일어난 한국 교회의 극적인 성장은 역설적으로 유럽과 미국의 교회가 수적 격감 현상을 경험하던 동시대적인 사건이었다.

한국 교회가 성장한 요인들은 무엇인가? 이 질문에 대한 처음 해답은 역사학자 주재용 교수(한신대)가 제시한 역사학적 접근이다. 19세기 말과 20세기 초, 청·일 전쟁(1894~1895), 러·일 전쟁(1904~1905)을 승리한 일본이 일방적으로 강요된 경술국치(1910)가 한국인에게 충격과 역사의식을 동시에 불러일으킨 계기가 되었다는 것[30]이다. 이 충격은 기독교에서 삶과 민족의 운명을 찾도록 자극했다고 보았다.

---

25 *Ibid.*, 31-32.
26 *Ibid.*, 33.
27 이원규, 『한국 교회의 현실과 전망』(성서 연구사, 1994), 180.
28 기독교문사, 『기독교대연감』, 1992, 296.
29 *Ibid.*
30 주재용, 『기독교의 본질과 역사』(전망사, 1983), 166.

두 번째 해석은 사회학의 해석이다. 19세기 말 한국 무대에 등장한 기독교는 유교 문화가 해체되는 과정에 생겨난 공백에 새로운 에토스(ethos)를 심어주고 그것이 한국 교회 성장의 기초가 되었다고 본다. 새로운 에토스는 항일 의식, 반봉건 의식, 여권 신장, 민족 자주 의식의 새로운 정신 문화를 의미한다.[31] 특히 사회학자 김병서 교수(이화여대)와 박영신 교수(연세대)는 기독교가 제시한 초월적 신앙이 사회 변혁적·평등 지향적 모티프를 마련했다고 보며, 이는 당시 사회, 정치, 문화 속에 파고든 깊은 공백을 극복하고 초월하는 힘으로 작용하였다고 해석한다. 여기에 노길명 교수는 기독교가 제시한 자유와 평등사상은 당시 한국인의 심성 속에 강력한 사회심리학적 자극을 제공하는 계기가 되었다고 풀이한다.[32]

한 걸음 더 나아가 김병서 교수는 한국 교회 성장의 절정은 1960~1970년대 일어난 근대화(modernization)를 배경으로 한다.[33] 근대화는 경제 성장과 함께 부산물로 생겨난 빈부 격차, 불안정한 경제, 자유와 평등 제한, 산업화, 도시화와 인구 이동 등의 복합적인 문제를 포함한다.[34] 김병서 교수는 사회 혼돈, 긴장, 불안의식이 오히려 궁극적 관심과 자아 정체성을 질문하는 물음이 되었으며, 당시 교회는 이 질문을 묻는 젊은이들을 해답을 주는 준거(reference group)가 되었다고 해석한다. 이 같은 사회학적 접근은 벨라(Robert N. Bellah), 버거(Peter L. Berger), 짐멜(Georg Simmel), 뒤르켐(Emil Durheim)의 해석학적 틀에 의존한 것으로 보인다.

그러나 세 번째 해석은 한국 교회 성장을 박탈 이론(deprivation theory)에서 풀어가는 종교사회학적 접근이며, 이원규 교수(감신대)는 이를 대변하고 있다. 1960~1970년대 한국이 강력한 국가 주도, 독재 정권의 통제하에 있을 때 정치적으로 박탈감을 가진 이들이 교회를 통해 보상과 안식을 찾으려 했다는 것이다. 당시 교회 내에서의 반정부 운동과 인권 운동은 이

31 은준관, 『신학적 교회론』, 42-43.
32 노길명, "한국종교성장의 사회적 배경," 『한국 교회와 사회』, 이원규 편저(나단출판사, 1989), 104-106.
33 김병서, 『한국사회와 개신교』(한울사, 1995), 21-41.
34 Ibid.

정치적 박탈감을 가진 이들이 교회를 통해 보상과 안식을 찾으려 했다는 것이다.[35] 그리고 분배 정의가 실패하면서 생겨난 경제 박탈감은 많은 사람이 교회의 축복을 통하여 보상받으려 교회로 몰려들었다는 것이다. 당시 적극적 사고(positive thinking)를 통해 물질적 풍요, 성공을 약속한 교회는 경제적 박탈을 당한 사람들에게 보상의 기회가 되었으며, 많은 사람이 이를 믿고 교회에 모여들었다는 것이다.[36]

네 번째는 한국 교회 성장을 1960~1970년대에 일어난 도시화(urbanization)와 인구 이동에서 연유된 고향 상실증, 공동체 붕괴에서 찾는다. 도시에서 고독과 단절을 경험한 사회적 박탈감은 많은 사람 특히 도시로 이주해 온 농어민 청년들이 교회를 통해 잃어버린 사회적 지위를 얻으려는 보상을 받으려 했다고 본다.[37] 이 해석은 글락(Glock)과 스탁(Stark)의 박탈 이론을 한국 교회 성장을 분석하는 틀로서 받아들인 이원규 교수의 해석이다.

그러나 여기서 사회학자들이 남긴 학문적 업적에도 불구하고 사회학자들이 보지 못한 차원 하나가 존재한다. 그것은 오랜 세월 한국인 속에 자리 잡아 온 고난의 영성(spirituality in suffering)이다. 고난은 수천 년간 한국인이 경험해 온 정치 · 경제 · 사회적 고난이며, 영성은 바로 이 역사적 고난 속에서 절대자를 향한 영적 추구에서 나온 에너지를 의미한다. 이것이 고난의 영성이다. 이 고난의 영성은 하나님과 교회를 향한 절대적인 순종과 헌신으로 표현되어 왔다. 오늘 종교사회학자들이 제시하는 한국 교회 성장의 사회학적 요인과 함께 한국 교회 저변에는 이 고난의 영성이 원초적인 동력으로 작용해 왔다고 본다.

그러나 1985년을 기점으로 한국 교회도 새로운 국면을 맞이하기 시작했다. 수적 감소는 아직 두드러지게 나타나지 않았지만, 침체(stagnation)라는 시계 멈춤의 신호가 여기저기서 나타나기 시작했다. 신앙의 열정이 전과 같지 않으며, 부흥 운동이 한계에 오기 시작하고, 1960년대와 1970

---

35 이원규, 『한국 교회의 사회학적 이해』(성서연구사, 1992), 235.
36 Ibid., 236.
37 이원규, 『한국 교회의 현실과 전망』, 184

년대에 걸쳐 한국 사회에 큰 영향력을 행사해 온 교회가 힘을 잃어가는 위기적 징후들이 나타나기 시작했다. 그러나 한국 교회는 위기와의 정면 대결을 피하고 반대로 탈사회적·도피적 성향으로 변해 갔다. 이때부터 교회는 목적 상실 내지는 목적 전치(displacement of goal)라는 혼미를 거듭 하였다.[38] 유형적으로 한국 교회는 1960년대 미국 개신교회가 경험한 위기적 상황을 그대로 답습하는 과오를 범했다.

한국은 1990년 이후 군부 정치가 끝나고 정치 민주화가 시작되면서 교회를 통해 피난처를 찾았던 사람들이 정치, 경제, 사회로 눈을 돌렸다.[39]

사회는 기능적 대행물(functional alternatives: 여가, 스포츠, 텔레비전 등)로[40] 피난민과 교인을 흡수하기 시작했다.

더욱이 우리 앞에 전개되는 지구촌화, 하이테크(High Tech), 무한 경쟁은 탈종교적(post-religious), 탈기독교(post-Christian)적 에토스(ethos)를 극대화할 것이고, 교회는 이 경쟁에서 밀리면서 퇴행을 거듭할 것이다.

2) 한국 교회의 실천적 패러다임은 가능한가?

오늘 한국 교회의 위기는 단편적인 처방이나 몇 가지 모방적인 프로그램으로 해결될 수 있는 차원은 아니다. 한국 교회를 주도해 온 부흥 운동, 교회 성장론을 모방 프로그램, 열린 예배, CCM으로 치유하기에는 극히 피상적이고 단편적일 수밖에 없다. 그러나 한국 교회는 잠재력이 남아 있는 가능성의 교회다. 물리적 자원(교회 건물, 교회 시설, 제도, 헌금)과 함께 고난을 거치고 나온 영성이라는 내면적·영적 에너지가 여전히 한국 교회 저변에 흐르고 있다. 그러나 문제는 이 영적 에너지와 물리적 자원을 무엇으로 어떻게 통합하고, 재구조하여 궁극적인 목적을 향해 재가동하는가에 있다.

어떤 구심점과 프레임을 가지고 어떤 패러다임을 창출하는가에 있다.

---

38 *Ibid.*, 241-242.
39 *Ibid.*, 239-240.
40 *Ibid.*, 242.

개신교에서 가톨릭으로 전향한 덜레스(Avery Dulles)의 다섯 가지 패러다임은 논의의 좋은 소재가 될 것이다. 처음 패러다임은 '제도로서의 교회'(The church as institution)다. 이 교회는 제도에 안주하면서 그것을 절대적인 규범으로 착각해 온 교권주의 패러다임이다.[41] 제도로서의 교회는 통치성과 교리성을 강조하지만, 하나님의 백성(Laos tou Theou)을 제도와 조직의 시녀로 예속시키는 위험성을 가진다. 여기서 공동체는 소멸되고 교회는 성직 중심으로 추락한다.

두 번째 유형은 '신비적 교제로서의 교회'(The Church as Mystical Communion)다.[42] 교제, 친밀성, 코이노니아를 핵으로 하는 이 유형은 초대교회의 가정교회를 연상케 하는 매력을 가진다. 교제로서의 교회가 가지는 장점은 소속감, 공감대를 제공한다. 뜨겁고, 포용적이며, 함께함(togetherness)이 살아움직이는 교회다.

그러나 교제로서의 교회는 속성상 끼리끼리 짝하고, 배타적이며, 독선적이다. 자신들만이 구원받은 남은 자로 자부한다. 흔히 종파로 나타나는 이들은 성직과 성직자는 인정하지 않으며, 자기들이 성직자라고 자부한다. 이 패러다임은 도피적이고 배타적인 성향으로 존재한다.

세 번째 유형은 '성례전으로서의 교회'(The Church as Sacrament)다.[43] 말씀이 육신이 되신 예수 그리스도를 떡과 포도주에 내재하는 성례전으로 이해한다. 성례전으로서의 교회는 그리스도의 구원을 떡과 포도주로 신비화하는 성례전주의에 빠지며, 하나님의 초월성과 하나님 나라의 종말론적 임재를 떡과 포도주에 예속시키는 성례전주의(sacramentalism)에 빠질 위험을 안고 있다.

네 번째 유형은 '말씀 선포로서의 교회'(The Church as Herald)다.[44] 교회의 존재는 말씀 사건 안에 존재하며, 교회의 실천은 말씀의 선포인 '설교'

---

41 Avery Dulles, *Models of the Church*(Garden City: Doubleday & Co., 1978), 39-50.
42 *Ibid.*, 51-61.
43 *Ibid.*, 67-79.
44 *Ibid.*, 81-93.

로 나타난다고 본다. 이 유형은 교회를 신앙의 사건이 일어나는 '장'으로 해석한다. 그리고 말씀은 설교를 통해 사건화된다고 믿는다. 이 범주는 개신교회가 주류를 이루고 있으며, 한국 개신교 목사는 한 주간에 적어도 10회 설교를 통해 신앙의 회심과 사건화를 모색한다.

그러나 선포로서의 교회는 설교자 중심일 수밖에 없으며, 회중을 침묵하는 대중으로 전락시키는 위험을 갖는다. 여기서 하나님 백성인 회중은 신앙적 응답이나 참여는 원천적으로 봉쇄되고, 소리 없는 방관자로 내몰림을 받는다. 여기서도 신앙 공동체의 가능성은 소멸되고, 설교권을 가진 목사에 의해 조정되는 또 다른 교권주의로 전락한다.

다섯 번째 유형은 '섬김으로서의 교회'(The Church as Servant)[45]다. 섬김으로서의 교회는 신학 혁명으로 평가되어 온 1962년 가톨릭의 제2 바티칸 공의회의 교회론과 1968년 웁살라 제4차 세계교회협의회의 하나님 선교(missio Dei) 신학 사상에 근거를 둔다. 특히 선교의 주체를 교회로부터 하나님께로 돌린 신학적 전환은 과거의 교권주의의 틀을 넘은 새 패러다임의 전환이었다고 평가되었다. 하나님 선교의 터(arena)를 교회로부터 사상적인 틀로 평가되었다. 교회를 세계 속에서 일하시는 하나님의 선교를 증언하는 선교 공동체로 정의함으로써 교회의 새로운 정체성을 모색하였으며, 아울러 교회 실천적 지평을 교회와 세계로 넓은 가능성을 갖도록 열어 놓았다.

하나님 선교신학으로부터 영감을 받은 세계 교회와 한국 교회는 설교 중심 구조로부터 민중운동, 인권 선교, 도시산업 선교, 해외 선교로 이어지는 교회의 실천을 전환하는 변화를 가져오게 되었다. 여기서 선교는 교회의 정체성과 교회의 현존(실천)을 가늠하는 새로운 척도가 되었다.

그러나 여기에 한 가지 도전을 내놓는다. 이미 『신학적 교회론』에서 길게 논의한 바 있지만,[46] '선교'라는 사상이 교회의 정체성과 실천을 가늠하는 신학적 개념이기는 하나 하나님 선교신학의 결정적인 약점은 하나님

---

45 *Ibid.*, 95-108.
46 은준관, 『신학적 교회론』, 349.

나라의 임재, 역사성, 시간성이 결여되어 있다는 데 있다. 하나님과 세계, 세계와 교회의 관계 구조와 도식은 있으나 세계와 교회를 꿰뚫고 임재하는 하나님 나라, 하나님의 통치하심이 없으며, 특히 하나님의 통치가 실현되는 역사라는 장이 존재하지 않는다. 알파와 오메가가 되시는 하나님의 통치하심 결여는 자칫 교회를 선교의 주체로 만들 수도 있다는 위험이 있다. 여기서 교회는 하나님 나라의 대행적 주역으로 등장하게 되며, 이는 행동주의로 전락하는 위험도 있다.

문제를 요약하면 다음과 같다. 교회의 제도, 코이노니아, 성례전, 설교, 선교는 모두 소중한 교회 현존의 존재 양식들이다. 그러나 문제는 존재 양식이 존재 근거는 아니다. 오늘 한국 교회 문제는 존재 양식을 존재 근거로 혼동하는 데 있다. 조직과 제도는 교회의 존재 양식임에도, 그것을 존재 이유로 하는 교회는 타락한다. 코이노니아, 성례전, 설교, 선교 모두 교회의 존재 양식이지만, 그것이 교회의 존재 근거거나 존재 이유는 아니다.

교권주의는 제도, 코이노니아, 성례전, 설교, 선교를 교회의 존재 근거로 삼는 것을 의미한다. 제도와 조직은 존재 근거로 하는 순간 교회는 정치화되고, 권력 투쟁의 자리로 변하며, 서서히 사멸한다. 구미교회는 이로 인해 문을 닫고, 한국 교회는 지금 위험에 노출되어 있다.

오늘 끝없이 확대되어 가는 교회 확장, 교회 건축의 대형화, 각종 부흥회와 영성 모임, 철야 기도와 수많은 예배가 진행되는 동안 그 중심에 제도와 조직을 통해 하나님의 나라를 건설하려는 생각은 위험하다. 오늘 한국 교회는 이 사슬에 매여있다고 보아야 할 것이다. 그렇다면 한국 교회의 실천적 패러다임은 어디서, 어떻게 모색할 것인가?

그것은 권력 중심의 사울 전통(Saul tradition)을 깨고, 하나님 말씀 중심의 사무엘 전통(Samuel tradition)을 회복하는 데 있다.

이는 하나님의 통치하심과 하나님의 뜻이 실현되는 역사와 교회 속에서 말씀하시는 하나님의 음성을 경청하고 응답하는 하나님 백성 공동체 창조다. 이는 초대교회의 패러다임이었다.

하나님의 통치는 예수 그리스도의 십자가와 부활을 통하여 이 땅에 실현해 가시는 새 하늘과 새 땅의 약속이다.[47] 하나님 나라는 그리스도 안에서 전 인류와 화해하시고 그 속에 구원을 친히 이끌어 가시는 하나님의 통치하심이다. 교회는 이 비밀을 포착하는 하나님의 사람들의 모임이다. 그리고 부르심을 받고, 세움을 받으며, 보내심을 받는 하나님 백성이 교회다.

그러므로 교회는 하나님의 통치를 분별(discern)하는 '눈'을 가진 사람들이며, 역사를 하나님께서 행하시는 일터로 긍정(affirm)하고, 하나님 통치하심을 증언하기 위해 모였다가 흩어지는 하나님 백성(*Laos tou Theou*) 공동체다. 이것이 교회의 존재 이유고, 양식이다. 이 소명을 위해 제도, 코이노니아, 성례전, 설교, 선교는 통로며, 이때 교회는 하나님의 통치 안에서 '변혁되는 공동체'(transformed community)가 되며, 동시에 세상에서 하나님의 통치하심을 대변하고 세상을 '변혁하는 공동체'(transforming community)가 된다.[48]

오늘 한국 교회는 성장 이후의 위기를 어떻게 극복하고 새로운 도약의 틀을 마련할 수 있을까?

처음 제언은 과감한 의식 전환이다. 교회 성장 신드롬(church growth syndrome)을 포기하는 데서 출발한다. 교회 성장 신드롬은 기능과 프로그램 나열식(function oriented) 구조이며, 이를 과감히 포기하는 데서 출발한다. 교회는 세상에 존재하는 빛과 소금 그 이상도, 이하도 아니다.

두 번째 제언은 우리의 의식을 과감히 하나님의 통치하심(reign of God oriented)으로, 역사(history directed)의 지평으로, 교인을 하나님의 백성(people of God oriented)으로 세우는 것을 의미한다. 나 자신을 향한 자기비판(self-criticism)과 자기 성찰(self-reflection)을 통해 나의 신학적 의식이 하나님 나라, 역사, 하나님 백성의 패러다임인가를 점검한다.

---

47 Isaac C. Rottenberg, *The Promise and the Presence*(Grand Rapids: Michigan, William B.Eerdmans, 1980), 65-73.
48 Mary Elizabeth Moore, *Education for Continuity and Change*(Nashville: Abingdon Press, 1983), 59-85.

세 번째 제언은 설교 중심의 예배로부터 하나님 백성 모두가 주체로 참여하는 공동 예배 구조로의 전환이다. 신자 하나하나가 하나님의 백성으로 참여하는 예배(*Leitourgia*), 설교(*Kerygma*), 성례전(Eucharist), 교육(*Didache*), 코이노니아(*Koinonia*), 섬김과 봉사(*Diakonia*) 그 속에서 하나님의 부르심, 세우심, 보내심의 음성을 듣고 응답하는 통로로 변화된다. 그리고 예배, 설교, 성례전, 교육, 코이노니아, 선교는 하나님의 임재하심을 만나고, 역사를 하나님 구원의 장(場)으로 수용하며, 하나님을 증언하고 섬기는가를 위해 흩어지는 통로로 전환된다.

이때 예배(*Leitourgia*)는 더 이상 축복받기, 은혜받기가 아닌 하나님의 임재하심, 부르심, 세우심, 보내심과 인간의 응답, 헌신이 만나는 신앙의 사건으로 변화된다.

설교(*Kerygma*)는 예수 그리스도를 통하여 역사에 심판과 은총으로 오셔서 이 역사를 재구성해 가시는 하나님의 통치하심을 선포하는 행위로 변화될 것이다.

성례전(Sacrament)은 신비적인 경험이 아니라 하나님 나라 잔치를 미리 맛봄(foretaste)이며, 이 역사를 재구성하는 하나님의 통치하심을 선포하는 행위로 변화될 것이다.

교육(*Didache*)은 성경 지식의 전수가 아니라 역사를 통해 임재하는 하나님 나라와 그 통치를 배우고 경험하며 증언자가 되도록 하나님 백성을 양육(*Peideia*)하는 통로로 변화될 것이다.

코이노니아(*Koinonia*)는 단순한 성도 간의 교제가 아니다. 하나님 나라를 경험하고 증언하기 위한 작은 공동체로 재구조화(*ecclesiolae in ecclesia*)될 것이다.

선교(*missio*)와 봉사(*diakonia*)는 교회의 프로그램이 아니라 하나님께서 행하시는 구원 역사(*promissio Dei*)에 참여하는 하나님 백성의 *missio*, 섬김이어야 할 것이다.

네 번째는 현재의 목사 중심, 교권주의적, 제도주의적 목회 구조를 과감히 넘어 신자를 하나님의 백성으로 세우고, 그들과 함께 수행하는 공동 사역으로 전환함을 의미한다.

하나님 백성 공동체의 사역이란 안수 목회와 평신도 사역을 모두 포함한다. 은사와 섬김은 다르지만 각기 받은 은사를 따라 교회와 역사 안에서 일하시는 하나님의 구원을 섬기는 사역으로 전환한다. 사역은 예수 그리스도를 통하여 하나님께서 수행하시는 하나님 사역(The Ministry)이다. 하나님 사역은 안수 받은 목사와 제사장인 하나님 백성인 성도 모두를 종으로 부르셔서 하나님 사역에 참여하게 하신다. 하나님 사역은 교회, 정치, 경제, 문화, 사회, 삶의 모든 영역에서 하나님 나라의 세우는 사역이며, 목사와 성도는 여기에 부름받아 나선 하나님의 사역자들이다.

한국 교회의 위기는 날로 심화되어 가지만, 제삼교회로서의 가능성은 여전히 살아 있다. 이 가능성은 교회 안에 남아 있는 하나님의 부름받은 한 사람 한 사람 성도들이며, 그들의 신앙과 헌신은 무한한 잠재력이다. 이 신앙은 오랜 세월 정치적 탄압을 거쳐 온 고난의 영성이며, 전쟁과 죽음, 고난과 가난을 거쳐서 이어 온 영성이다. 이 고난의 영성은 다른 민족이 감히 흉내 내지 못하는 살아 있는 파토스(pathos)며, 한국 교회의 마지막 보루이다. 한국 교회는 이 고난의 영성과 파토스를 하나님 나라와 역사 그리고 미래 소망으로 연결시키고, 하나님 나라를 증언하는 동력으로 승화시키는 과제를 안고 있다.

『실천적 교회론』은 이 파토스(pathos)를 하나님 나라와 연결하는 구조화 작업이다.

제1부

사역론

신학적으로 교회는 역사 · 종말론적 하나님 백성 공동체로 정의된다. 그러므로 제도(institution), 코이노니아(*koinonia*), 성례전(sacrament), 설교 (heralding)와 선교(mission)는 교회의 정체성이 아니다. 이들은 교회의 존재 양식이다. 교회는 예수 그리스도의 십자가와 부활에서 임재하는 하나님의 통치를 보고 분별하고 경험한 사람들(하나님 백성)이 모인 공동체다. 그리고 다시 오실 그리스도를 기다리시는 소망 공동체다. 이미(already)와 아직은 아닌(not yet) 사이의 역사는 교회가 이 땅에 오고 있는 하나님 나라를 증언하는 선교의 장이다.

역사 속에 교회가 현존하는 존재 양식은 세 가지 구조로 표현되었다. 하나는 부름받은 공동체(Called Out Community)였으며, 여기에는 예배, 설교, 성례전이 포함되었다. 두 번째 구조는 세움 받은 공동체(Called Up Community)로 여기에는 교육과 코이노니아가 포함되어 있었다. 세 번째 구조는 보냄받은 공동체(Called Into Community)로 여기에는 봉사와 선교가 포함되어 있었다. 교회는 이 세 구조, 존재 양식을 통해 역사 속에 현존하며 사역을 수행한다.

사역에는 두 가지 구별된 직임이 존재해 왔다. 하나는 카리스마 사역 (charismatic ministry)이었으며, 여기에는 사도, 예언자, 교사가 포함되어 있었다. 다른 하나는 제도적 사역(institutional ministry)이었으며, 여기에는 감독, 장로, 집사가 포함되어 있었다.

그러나 종교개혁은 새로운 사역 신학을 전개하였다. 예수 그리스도를 주로 고백하고, 세례를 받은 신자는 모두가 하나님 앞에서 제사장이라는 만인사제직론(universal priesthood of all believers)을 펼쳤다. 그리고 만인제사장 중에서 한 사람을 선별하여 안수함으로 교회를 섬기는 안수 목회 (ordained ministry)를 수행하게 하였다. 루터는 이를 구별된 사역(set apart ministry)이라 불렀으며, 구별된 사역은 신자를 만인제사장으로 부르시고, 세우시고, 보내시는 하나님 사역을 돕는 특수 목회였다.

1 장
사역과 안수 목회

1. 사역, 무엇이 문제인가?

1) 현상학적으로 본 현대 교회 사역

오늘 교회의 위기는 사역의 위기와 깊이 관련되어 있다.[1] 한국 교회는 세계 교회가 경험하고 있는 사역의 위기를 그대로 경험하고 있다. 세계 교회, 특히 미국 교회가 내놓는 통계자료나 신학적 해석은 객관적이고 투명한 자료이기에 여기서 출발하고자 한다.

존 바이어스도르프(John E. Biersdorf)는 미국 교회의 사역이 직면한 위

---

1 박근원, 『오늘의 교역론』(서울: 대한기독교출판사, 1982), 12-19. 1982년 박근원 교수가 내놓은 『오늘의 교역론』은 목회론에 관한 최초의 실천신학적 접근이라는 이유에서 의미를 가진다. 비록 논문집 형식을 사용하였어도 그의 실천신학적 논거는 현대 교회가 직면한 문제들을 심도 있게 다루고 있는 것이 인상적이다. 박 교수는 전통적으로 사용해 오는 '목회'(牧會)라는 용어 대신 '교역'(敎役)이라는 말을 사용하고 있으며, 이는 하나님 백성 전체가 수행하는 '교역'과 안수 받은 '교역자'의 '특별 교역' 모두를 포괄하는 개념으로 사용한다. 그러나 필자는 '교역'이라는 용어 대신에 '사역'(使役)이라는 용어를 사용하고자 한다. '교역'이라는 용어를 반대하기 위한 것이 아니라 필자가 제시하고자 하는 신학적 의미를 보다 근접한 용어로 표현하기 위한 것이다. 여기서 '사역'은 신앙 공동체의 사역이며 특히 하나님 백성인 평신도의 사역은 역사 전반에서 이루어지는 것을 의미한다. 그러나 '안수'를 통한 사역은 '목회'라는 용어를 그대로 사용하고자 한다. 목회는 목자의 개념과 돌봄의 개념이 함축되어 있다고 보기 때문이다.

기를 다음과 같이 설명한다. 1969년 4,665명의 개신교 목회자 중 58%가 목회를 '무익'(futile)하게 할 뿐 아니라 '비효과적'[2]이라고 응답했다. 그 이듬해 1970년에는 11,774명의 로마가톨릭 사제 30%가 사목의 무의미성과 좌절을 경험하고 있으며, 12%는 제도 교회 안에서보다 오히려 제도권 밖의 사역이 더 효과적일 수 있다고 응답하였다.[3] 이는 사목의 무의미만이 아니라 조직 교회에 대한 불신을 드러내는 수치였다.

1981년 로마가톨릭을 대상으로 실시한 커코프(Jan Kerkhofs)의 연구는 앞의 바이어스도르프 연구를 보완하고 있다. 오늘 미국과 유럽의 가톨릭 사제들은 급격히 줄고 있으며(폴란드만 제외하고), 특히 1966년에서 1978년 사이에 미국 사제는 25,000명이 줄었다고 했다.[4]

1982년에서 1990년 사이 가톨릭 사제 약 25,000명이 사제직을 떠났으며, 그중 80%는 30세에서 45세 사이였다.[5] 그 결과 남미, 중부 아프리카, 필리핀 교구와 선교지에는 상주하는 사제들이 더 이상 존재하지 않는다. 사제 후보생들의 격감은 사제 수를 격감시키는 연쇄적 후유증으로 나타날 것이다.[6]

여기서 커코프와 한스 큉(Hans Kung)은 로마가톨릭이 겪고 있는 사목의 위기를 교회의 경직성에서 찾았다. 특히 한스 큉은 1962년 제2 바티칸 공의회 이후 후속 개혁이 뒤따르지 않았으며 다시 보수화로 회귀한 것에서 원인을 찾았다.

특히 한스 큉이 평가하는 제2 바티칸 공의회의 신학적 혁명은 분열에 대한 가톨릭의 회개, 개혁하는 교회, 타 교회를 교회로 인정하는 것, 모든 교회와의 에큐메니컬적인 협력의 모색 등이었다.[7] 제2 바티칸 공의회 이후

2 John E. Biersdorf, "A New Model of Ministry," *Creating An Intentional Ministry*, ed. by John E. Biersdorf(Nashville: Abingdon Press, 1976), 23.
3 *Ibid*.
4 Jan Kerkhofs, *Lucas Grollenberg, Anton Houtepen*; J. J. A. Vollebergh, Edward Schillebeeckx, *Minister? Pastor? Prophet?*(N.Y.: Crossroad, 1981), 9-10.
5 Hans Küng, *Reforming the Church Today*(N.Y.: Crossroad, 1990).
6 Jan Kerkhofs & Others, *Minister? Pastor? Prophet?*, 6-9.
7 Hans Küng, *Reforming the Church Today*, 22-23.

로마교회는 성서의 권위, 평신도 사역, 경건을 수용하는 교회 개혁과 개방으로 이어지는 듯하였다.

그러나 제2 바티칸 공의회 이후 로마가톨릭은 불행히도 신학 혁명을 실천으로 옮기는 의지와 능력을 상실하였다. 결혼한 사람의 사제 안수 문제, 독신 문제, 여성 안수 문제, 파송제로부터 초빙제로의 전환, 의사 결정 과정에 평신도 참여 문제 등 첨예한 문제들에 대하여 침묵하면서 위기를 가중시켰다.[8] 개혁을 포기한 교회는 스스로 위기를 만든다는 교훈을 남겼다.

세계 개신교회의 현황은 로마가톨릭이 제시한 자료에 비해 빈약하지만, 로버트 폴(Robert S. Paul)과 데이비드 슐러(David S. Schuller)의 개신교 목사들의 연구 속에 나타난 응답과 징후들은 목회적 위기를 드러내고 있었다. 폴은 원인을 불확실성(uncertainties)이라고 불렀다.[9] "교회가 무엇인가?", "사역과 목회가 무엇인가?", "사역과 목회가 무엇이 다른가?"에 대한 개념의 불확실성, 심지어 복음과 신학적 위치에 대한 불확실성은 목사들을 좌절로 몰아가고 있었다.

불확실성에서 오는 좌절은 목회자들을 두려움(fear)으로 몰아가고 있다고 슐러는 해석한다.[10] 두려움은 소명감 감소로, 소명감 감소는 고독과 공포로 이어진다고 보았다. 그 결과 교회를 떠나는 목사 수가 날로 늘어가고 있다.[11] 로마가톨릭의 사목 위기가 교회의 경직성에서 오는 좌절이었다면, 신교 목사의 위기는 목적 의식의 부족, 소명감 부족, 전문 지식 결여 등의 불확실성에 기인하는 대조를 이루고 있었다.

그 당시 한국 교회의 목회적 상황은 세계 교회와는 대조를 이루고 있었다. 그것은 1982년 한국 기독교사회문제연구원이 내놓은 「한국 교회 100년 종합조사연구」에 드러나 있었다. 조사 대상 2,361명의 목회자 중 82%

---

9 Robert S. Paul, *Ministry*(Grand Rapids: Wm B. Eerdmans Publishing. Co., 1965), 16-20.

10 David S. Schuller, "Basic Issues in Defining Ministry," *Ministry in America*, ed.by David Schuller, Merton Strommen, Milo L. Brekke(San Francisco: Harper & Row, 1980), 3-4.

11 *Ibid.*

가 목회자가 목회에 만족하거나, 비교적 만족하고 있다고 나타났다.[12] 반
대로 목회에 불만을 가진 목회자는 16.5%에 불과했다. 불만의 이유는 경
제적 이유(15%), 영적 요구와 목회이념 사이의 갈등(13.4%), 자신의 능력
에 대한 회의(11.8%), 교회 분열(7.9%), 장로와의 불화(3.1%) 등이 포함
되어 있었다. 그러나 82%의 만족도는 한국 교회의 목회적 상황을 긍정적
으로 평가할 수 있는 근거였다.

그러나 그때로부터 40년이 지난 오늘, 한국 교회의 목회적 상황은 82%
의 만족도를 나타냈던 그때와는 다른 상황에 직면하였다. 장밋빛 같았던
교회 성장 신드롬(church growth syndrome) 환상에 빠져 전문성을 상실해
온 목회자와 교회는 오늘 '비전문성'이라는 덫에 걸려 미래 방향을 보지
못하는 위기에 직면하였다. 거기에다 새로운 풍조인 '가나안 성도'("spiritual
but not religious"[종교는 거부하고 홀로 영적으로 산다]) 그리고 젊은 세대와 지
식인들의 이탈은 위기를 가중시키고 있었다. 그러나 이때도 한국 교회는
위기와의 정면 대결을 피하고 영성을 내세워 영성을 도피의 수단으로 삼
았다는 의구심을 불러왔다. 세계 교회가 경험하는 교회의 목회적 위기가
극에 달했을 때 82%의 만족도를 자랑하던 한국 교회 목회자들 속에 오늘
위기가 서서히 다가오고 있다.

2) 사역 연구

사역 연구 유형: 처음은 목회의 무익함(futility), 비효율성(ineectiveness),
좌절(frustration), 교회의 경직성, 불확실성(uncertainties)으로 표현되는 위
기를 두고 데이비드 슐러(David S. Schuller)는 '목적 혼돈'에서, 두 번째,
헤셀(Dieter T. Hessel)은 '이원론적 사고구조', 세 번째, 켈리엔(Carnegie S.
Calien)과 엘샤이어(Daniel O. Aleshire)는 '역할 갈등', 네 번째, 폴(Robert S.
Paul), 후테펜(Anton Houtepen), 버로우즈(William R. Burrows)는 '안수 목회

---

12 한국기독교사회문제연구원, 『한국 교회 100년 종합 조사 연구』(1982), 44.

와 평신도 사역의 단절', 다섯 번째, 스마트(James Smart)는 '교회론과 목회론의 분리'에서 사역의 문제를 찾았다.

첫째로 목회의 위기를 목적 혼돈(displacement of goal)에서 연구한 슐러(Schuller)는 사역의 목적과 기능이 세 단계로 변화되면서 의미를 상실했다고 보았다. 처음 단계는 신자 개개인을 돌보는 목회 상담(pastoral counseling)에 목적을 두었던 시기다. 상담 기술에 역점을 두고 목회 전문화를 추구한 1960년대의 사역은 1960년대에 폭발한 문화 혁명 앞에 무력하고 비효율적인 목회로 전락했다고 보았다.[13] 개개인 중심의 목회는 사회 변화 앞에 무기력했다는 의미다.

특히 사회 변화에서 일어나는 문제들, 부의 재분배, 전쟁, 빈곤, 공해, 인구 증가, 폭력, 인종차별, 빈부 격차와 씨름하는 사회적 목회로[14] 변신했을 때 사역은 사회 변화의 대리인(change agent)으로의 변모하였다.

이때부터 사역은 정치 행위로 변했으며, 목회는 교회 밖의 세력과 연대하고 지역사회의 조직자, 조정자로 탈바꿈하였다. 이 과정은 1960년대에서 1980년대 중반까지 일어난 인권 운동, 산업 선교, 도시 빈민 선교 등 사회 변화의 대리인으로 목회자상(像)이 변모했던 것과 맥을 같이한다. 그러나 슐러에 따르면 사회 변화를 목적으로 태어난 조직 자체가 많은 경우 억압적이고, 독선적이며, 타락한 거인으로 변하는 아이러니를 낳았다고 했다.[15] 따라서 사회 변화의 대리인(change agent) 목회도 실패했다고 보았다.

세 번째 단계는 반동으로 나타난 영성 목회(spirituality)의 등장이었다. 영성 목회는 인간 내면의 삶과 영성을 결합하고 심화하고 치유하는 사역으로 등장하였다. 그러나 영성 목회는 요가(Yoga), 젠 불교(Zen Buddhism), 명상(Meditation), 인간관계 훈련 등의 영향이 작용하면서 삶과 사회로부터 단절되었다고 한다.[16]

---

13 David S. Schuller, "Basic Issues in Defining Ministry," *Ministry in America*, 6.
14 *Ibid*.
15 *Ibid*., 7.
16 *Ibid*.

오늘 미국이나 한국에 편만한 영성(spirituality)은 많은 경우 목회의 전문성(professionalism)과는 무관하며, 삶과 역사 그리고 사회로부터 단절된 도피성이라는데 문제가 있다. 역사로부터 단절된 영성이 문제였다.

두 번째 연구는 헤셀(Dieter T. Hessel)의 이원론적 구조에서 본 목회였다. 헤셀은 북미교회의 목회는 양극화 현상이라고 전제했다. 한 그룹은 성서적으로 목회의 근거를 찾으려는 영성 신학파고, 다른 그룹은 철저히 전문성에 의존하는 양면으로 갈렸다고 보았다. 목회의 전문적 지식, 전문적 기술을 갖춘 전문인을 의미한다.[17] 오늘 북미교회의 목회는 목회적 돌봄과 상담 vs 예언자적 목회, 신앙적 · 헌신적 목회 vs 직업적 · 전문적 목회 사이의 대결로 양극화되었다.[18]

그러나 더 큰 문제는 목회자와 평신도 사이의 공백이다. 캘리엔과 엘샤이어는 목회의 위기를 역할 갈등(role conflict)에서 찾았다. 두 사람은 미국 신학교협의회(A.T.S.)의 연구 보고서, 〈사역을 위한 준비〉[19]에 근거하여 목회자의 기대와 갈등 문제를 연구했다. 캘리엔에 따르면 목회자에게 거는 평신도의 기대는 초인간적 요구들이었다. 예를 들어 목회자는 개인적 영광을 추구하지 않는 사람, 타협의 유혹을 거절할 수 있는 인격자, 완성자, 신앙의 모범, 과제 수행의 탁월한 기술과 능력의 소유자, 따뜻한 상담자, 예리한 사고를 하는 신학자, 위기관리 능력의 소유자, 자기 성장을 계속하는 지도자[20] 등이었다.

엘샤이어는 평신도의 역할 기대를 우선순위로 구분하여 설명한다. 1위: 개방적이고 긍정적인 형, 2위: 문제 있는 사람들을 사랑으로 돌보고 상담하는 목회자, 3위: 협력적 지도력, 4위: 전문적인 지식의 신학자, 5위: 신앙과 헌신의 목회자, 6위: 예배 개혁과 민감성을 가진 설교자, 7위: 교단

---

17 *Ibid.*, 4-5.
18 Dieter T. Hessel, *Social Ministry*(Philadelphia: Westminster Press, 1982), 15.
19 David S. Schuller, Milo L. Brekke, Merton Strommen, ed., *Readiness for Ministry* (San Francisco: Harper & Row, 1980).
20 Carnegie S. Calien, *Today's Pastor in Tomorrow's World*(N.Y.: Hawthorn Books, Inc., 1976), 4-5.

협력자, 8위: 사회정의를 위한 정치적 지도자 등이었다.[21]

그리고 두 사람은 평신도가 증오하는 목회자상을 개인주의적·율법주의적·자기도취적형'이라고 보았으며, 동시에 '무절제적이고, 개인의 이익만 추구하는 세속적인 삶을 살아가는 형'이라고 보았다.[22] 문제는 평신도가 목회자에 거는 역할 기대가 슈퍼 휴먼(super human)적인 기대라는 점과 목회자들이 이 기대에 미치지 못하는 데서 오는 좌절과 불안감이었다.

세 번째 연구는 목회적 위기를 안수 목회와 평신도 사역 사이의 단절에서 보는 폴, 후테펜, 버로우즈의 접근이다. 개신교회를 대변하는 폴, 후테펜은 1948년 세계교회협의회(WCC) 이후 만인제사직론에 근거한 평신도 신학의 재발견을 통하여 위상이 높아진 하나님 백성 사역(평신도 사역)이 안수 목회(ordained ministry)와의 관계를 제대로 규명하지 못한 불확실성에 문제가 있었다고 해석한다.[23] 안수 목회와 평신도 사역 사이의 불분명한 한계와 관계 설정이 목회의 위기뿐 아니라 교회 내분과 갈등의 소재로 계속 작용한다는 것이다.

가톨릭 캠프를 대변하는 후테펜과 버로우즈도 성직자와 평신도 사이의 구분은 단순한 구분이 아니라 둘 사이를 끊임없이 갈라놓는 교회적 위기라고 보았다.[24] 성직자와 평신도 사이의 단절은 하나님 백성 사역(Laos tou Theou)을 소멸하거나 협소한 평신도 사역으로 축소시키고 있다고 보았다.

그러나 네 번째 연구는 오늘의 목회적 위기를 보다 근원적인 데서 포착하고 문제 해결을 제시한 유니온신학교 제임스 스마트(James Smart) 교수였다. 스마트는 목회적 위기를 ① 목적 혼돈에서, ② 이원론적 사고구조에서, ③ 역할 갈등에서, ④ 안수 목회와 평신도 사역의 단절에서 해석하는

---

21 Daniel O. Aleshire, "Eleven Major Areas of Ministry," *Ministry in America*, ed. by David S. Schuller & Others, 26-49.

22 *Ibid.*

23 Robert S. Paul, *Ministry*, 25.

24 Anton Houtepen & Others, "Gospel, Church, Ministry," *Minister? Pastor? Prophet?*, 22-23; William R. Burrows, New Ministries: *The Global Context*(N.Y., Maryknoll: Orbis Book, 1980), XII, 6, 14.

시도들은 모두 2차원적(二次元的),[25] 기능주의적 해석이라고 보았으며, 여기에는 한계가 있다고 한다. 그는 『사역의 재생』(The Rebirth of Ministry)[26] 에서 목회적 위기는 예수의 사역(The Ministry)의 파생된 목회(derivative ministries)로 보지 않는 데서 생겼다고 설명했다.[27]

이는 예수의 사역 대신 안수 받은 목사가 시행하는 사역이라고 보는 목회다.[28] 이를 목적의 전이(displacement of goal)라고 보았다. 특히 4세기 로마교회가 제도 교회로 변모하고, 미국 교회는 자본주의 문명의 시녀가 되면서 목회는 예수 목회가 아니라 인간 목회로 바뀌었다고 보았다. 목회는 교회의 존재 양식이 아닌 제도 교회의 수단으로 전락했다고 보았다.[29]

스마트는 1957년 미국 교회와 신학 교육에 대해 예리한 비판을 가한 리처드 니부어(H. Richard Niebuhr)의 편저 세 가지, 『교회의 목적과 그 사역』, 『역사적 관점에서 본 사역』, 『신학교육의 향상』[30]을 높이 평가하면서 여기서 사역의 문제를 풀어가는 단서를 제공받았다. 그러나 스마트는 니부어와 그의 팀이 사역의 문제를 교회의 본질과 연관하여 접근하지 않고 있는 방법론을 비판한다. 성서에 나타난 사역의 개념화가 불분명한 데서 출발함으로써 니부어는 사실상 기능적 접근에 머물렀을 뿐 문제 해결을 위한 규범적 접근에는 실패했다는 것이다.[31]

---

25 '이차원적'(二次元的)이란 목회의 위기를 목회 그 자체의 기능적 구조에서 찾는다는 의미에서 2차원적이다. 이는 목회와 목적, 목회 안의 이원론적 구조, 목회의 기능 갈등, 안수 목회와 평신도 사역 사이의 갈등 등이다. 여기서 문제는 '목회'를 목회되게 하는 근원적 차원을 망각하는 데 있다.

26 James Smart, *The Rebirth of Ministry*(Philadelphia: Westminster Press, 1960).

27 *Ibid.*, 16.

28 *Ibid.*

29 *Ibid.*, 14-16.

30 H. Richard Niebuhr, *The Purpose of the Church and It's Ministry*(N.Y.: Harper & Brothers, 1956); H. Richard Niebuhr & Daniel D. Williams, ed., *The Ministry in Historical Perspectives*(N.Y.: Harper & Brothers, 1956); H. Richard Niebuhr, Daniel D. Williams, James M. Gustafson, *The Advancement of Theological Education*(N.Y.: Harper & Brothers, 1957).

31 James Smart, *The Rebirth of Ministry*, 15-16.

여기서 스마트는 젠킨스(Daniel T. Jenkins)의 『사역의 선물』(*The Gift of Ministry*)32에서 방법론을 대안으로 찾았다. 목회와 사역은 기능이 아니라 예수 그리스도의 사역에서 연유(derive)된 존재 양식이어야 한다.33

이상 논의는 두 가지 패러다임으로 집약된다. 하나는 목회(사역)를 기능적 차원에서 접근하는 시도다. 이 방법은 현상을 분석하고, 문제의 소재를 파악하며, 이름을 짓는 방법이다. 다른 하나는 사역을 존재론적으로 접근하는 방법이다. 이 둘은 상호 의존적 관계 안에 있다.

2. 구약에 나타난 사역

제임스 스마트(James Smart)는 『사역의 재생』에서34 두 가지 해석 방법의 위험성을 지적한다. 하나는 구약과 신약의 사역을 제사장(priesthood) 사역으로 보는 토렌스(Thomas F. Torrance)와 로빈슨(A. R. Robinson)의 방법론이다.35 예언자들은 '토라'를 가르치던 제사장 사역의 연장이거나(토렌스), 제사장의 관리 안에 있었던 성소(sanctuary) 관리자에 불과했다는(로빈슨) 해석이다.36 그러나 이 해석은 가설일 뿐 성서적 근거가 부족하다.37

두 번째 위험성은 구약에 나타난 3중직(예언자, 제사장, 왕)을 예언자는 '설교자'로, 제사장은 '교육자'로, 왕은 '목회적 돌봄'(pastoral care)으로 해석하는 올맨(J. J. von Allmen)의 해석이다. 이 해석은 사역의 내면적 관계를 단절시키는 문제를 가지고 있다.

구약의 사역은 하나님과 이스라엘이 맺은 언약에서 출발했다. 이 언약

---

32 Daniel T. Jenkins, *The Gift of Ministry*(London: Faber & Faber, LTD, 1947).

33 James Smart, *The Rebirth of Ministry*, 18.

34 *Ibid.*

35 *Ibid.* 스마트는 Thomas F. Torrance, *Royal Priesthood*(Ale Allenson, 1955)와 A.R. Robinson, *The Cultic Prophet in Ancient Israel*을 들어 논거의 대상으로 삼는다. 42-43.

36 *Ibid.*

37 *Ibid.*, 43.

으로부터 위임된 직은 제사장, 예언자, 왕이었다. 이를 3중직(*munus triplex*)이라 부른다.[38] 특히 제임스 와튼(James A. Wharton)은 사역(ministry)을 공동체를 섬기는 소명으로 보았다.[39] 그러기에 사역은 기능이 아니었다. 하나님과 이스라엘이 맺은 언약에 근거하여 위임된 제사장, 예언자, 왕이었으며, 이들은 하나님과 하나님의 백성인 이스라엘을 섬기는 종이었다.[40]

그리고 구약의 사역을 다른 차원에서 해석한 사람은 스위스의 아이히로트(Walther Eichrodt)였다. 아이히로트는 한 사역을 카리스마적 지도자들(charismatic leaders)로 보았으며, 다른 하나를 제도적 지도자들(official leaders)로 보았다.[41] 카리스마적 지도자들이 영적, 계시적, 말씀 중심의 사역자들이었고, 제도적 지도자들은 제도적, 권력적인 사역자들이었다.

이 분류법은 초대교회 연구자 존 녹스(John Knox)에게 영향을 주었으며, 녹스는 이를 카리스마 사역과 제도적 사역(institutional ministry)으로 이름을 바꾸어 사용했다.[42]

1) 카리스마적 지도자와 사역의 유형

아이히로트에 따르면 카리스마가 있는 처음 사역자는 모세였다고 했다. 모세를 특정한 범주로 유형화할 수는 없었다. 모세는 공식적인 왕도 아니고, 군사령관도 아니며, 제사장도 아니고, 미래를 보는 사람(Seer)도 아니었다.[43] 그러나 모세는 왕의 권위를 가지고 법을 주관하고 정의를 관

---

38 *Ibid*.

39 James A. Wharton, "Theology and Ministry in the Hebrew Scriptures," *A Biblical Basis for Ministry*, ed by Earl E. Shelp & Ronald Sunderland(Philadelphia: Westminster, 1981), 19.

40 James D. Smart, *The Rebirth of Ministry*, 43.

41 Walther Eichrodt, *Theology of the Old Testament* vol. I(London: SCM Press LTD, 1961), 289, 392.

42 John Knox, "The Ministry in the Primitive Church," *The Ministry in Historical Perspectives*, ed. by H. Richard Niebuhr & Daniel D. Williams, 10.

43 Walther Eichrodt, *Theology of the Old Testament* vol. I, 289.

리하였다. 동시에 모세는 거룩한 싸움을 지휘했던 군사령관이었다. 그리고 모세는 이스라엘이 맺은 시내산 언약의 중개자(mediator)였다. 모세는 아론 같은 제사장은 아니었으나 민족을 대신한 중보기도를 드렸다. 여기서 모세는 사역이란 하나님께 속한 것이며, 하나님의 뜻을 실현하는 은사임을 드러내 보였다. 그리고 카리스마 사역에는 미래를 보는 자(Seer), 나실인(Nazirites)들, 사사들(Judges)이 속한다고 보았다. 발람, 여선지자 드보라, 사무엘로 이어진 Seers는 미래뿐 아니라 숨겨진 비밀까지 보는 영 안의 사람들이었다. 그러나 그들은 때로 제사장직 기능과 사법적 권한까지도 수행한 정치적 지도자로 알려졌다.

Seers와는 달리 금욕적인 삶에 헌신한 나실인들은 이스라엘이 위기에 직면할 때마다 민족의 정체성을 지키고 보존하는 일을 위해 전쟁에 참여했으며, 민족과 종교를 수호하는 역할을 수행하였다. 동시에 카리스마 사역으로 분류되는 사사(judge)들은 부족의 장(長)이요, 하등 왕자(petty prince)로서 정치적 지도자의 역할을 수행하였다. 적들의 침략에 무력으로 맞섰던 사사들은 종교적이기보다는 정치적 사역자들이었다.[44]

그러나 여호수아는 다른 사사들과는 달리 정치적 차원과 종교적 차원을 함께 수행한 카리스마적 지도자였다. 모세의 후계자인 여호수아는 가나안을 정복함으로 정치적 사역을 수행했을 뿐 아니라 세캠 언약을 통해 12지파를 야웨 중심으로 결속시킨 종교 지도자였다.[45] 그러기에 여호수아는 모세에 이어 정치와 종교를 결합한 지도자였으며, 이는 후대 왕정 정치의 모형이었다. 이것이 신정정치(Theocracy)의 표상이었다.

그리고 카리스마 사역에는 예언자들이 있었다. 예언자들은 역사의 진행속에 다가오는 하나님의 심판을 분별하고 예견한 사람들이었으며, 하나님의 부르심을 따라 소명과 사역을 수행한 사람들이었다. 그러기에 예언자들은 당시 특정 공간이나 제도 안에 신들을 묶어 두고 그 위에 종교적, 정치적 체제

---

44 *Ibid.*, 299-306.
45 *Ibid.*, 307.

를 구축하는 기득권자들을 흔들어 놓았다. 그들은 언어를 사용하였으며, 특히 하나님의 말씀을 대언하는 예언자들이었다. 예언자들은 경고하고, 위협하며, 위로하고, 슬퍼하고, 싸매는 언어로 하나님의 말씀을 매개하였다.[46]

그러나 예언자의 사역을 두고 아이히로트와 제임스 스마트는 상반적인 해석을 보여 주고 있다. 스마트는 예언을 하나님과 인간 사이에 임박한 하나님의 심판을 선언함과 동시에 백성을 지키는 파수꾼(watchman)으로서 하나님의 돌보심의 매개로 해석한다.[47] 스마트는 예언 운동을 심판과 돌봄을 동시에 강조하는 목회적, 모성적 사역으로 해석한다.

그러나 아이히로트는 예언을 목회적 차원보다 종말론적 경고를 외친 운동으로 해석한다. 예언자들의 중심 테마는 '창조주 하나님께서 인류를 구원으로 이끌어가는 하나님의 계획'이었으며, '야웨의 통치(주권적)는 그의 나라를 완성하는 것'[48]이었다고 해석한다. 예언자들이 본 종말은 끝이 아니라 모든 민족을 모아 하나님의 거룩한 회중 공동체를 완성하는 것, 즉 '제2 창조'였다는 것이다.[49]

스마트는 예언의 목회적 차원을 강조하는 데 반해 아이히로트는 '제1 창조'의 타락을 심판하고 '제2 창조'를 이룩해 가시는 하나님의 주권적 · 역사 진행으로 보았다. 아이히로트는 여기에 경고 한 가지를 덧붙인다. 종말론은 하나님 통치의 선언이라는 것이다.[50]

이 종말론은 다니엘과 요한계시록에 나타난 묵시문학적 종말론이 아니라 역사와 깊이 연관된 역사적 종말론이었다. 예언자들이 경고한 역사는 하나님의 주권을 거부한 인간 배신의 자리였다. 그러기에 역사와 인간은 언제나 하나님 계시의 장(locus of revelation)[51]이었다. 비록 역사가 반역적이고 심판 아래 있어도 역사는 여전히 하나님 계시의 장이며, 역사는 우연

---

46 *Ibid.*, 342.
47 James D. Smart, *The Rebirth of Ministry*, 54.
48 Walther Eichrodt, *Theology of the Old Testament*, 386.
49 *Ibid.*, 385-386.
50 *Ibid.*, 385.
51 *Ibid.*, 382.

한 자연의 리듬이 아니라 하나님 개입의 상이며, 하나님의 은총과 능력을 드러내는 장이다. 예언자들은 이 차원을 정확히 읽고 외쳤다. 출애굽 사건, 가나안 정복, 다윗 왕조의 건립으로 상징되는 하나님의 역사 개입은 심판과 은혜를 통하여 보여 주시는 하나님의 '주' 되심의 증언이었다. 그러기에 역사는 하나님의 주권이 실현되는 계시의 자리다.

그러나 문제는 하나님의 장인 역사를 공간화하고 제도화했을 때다. 특히 솔로몬 왕조가 하나님의 역사를 왕권화(공간화) 했을 때 역사는 타락했으며, 아모스, 이사야, 예레미야는 왕실의 죄를 고발했다.

그러기에 카리스마 사역의 절정을 이룬 예언 운동은 단순한 사회비판이나 미래 예언이나 목회적인 돌봄은 아니었다. 예언 운동이 하나님의 주권을 외친 역사·종말론적 비전에서 나온 사역이었다. 이 해석은 아이히로트의 큰 공헌이었다.

2) 제도적 지도자와 사역의 유형

말씀 중심의 카리스마 사역이 구약의 한 중요한 흐름이었다면, 직제 중심의 제도적 사역은 구약의 다른 추를 이루는 전통을 형성하고 있다. 카리스마 사역이 비공식 사역이었다면, 제도적 사역은 공식적(official) 사역이었다. 아이히로트는 여기에 제사장(priests)과 왕(kings)이 속한다고 보았다.

제사장직(priesthood)은 레위 족속에게 제사직을 위임한 출애굽기 32장에 근거를 두고 있다. 그러나 제사장 제도의 도입은 미디안 전통으로부터 온 것으로 아이히로트는 해석한다.[52] 초기 제사장 사역은 희생 제사보다 오히려 말씀 사역에 주력했다고 해석한다. 특히 가르치는 일과 상담하는 일을 제사장 사역의 최우선 과제로 삼았다는 아이히로트의 해석은 사역의 제사장직 차원을 소홀히 해 온 개신교 신학의 선입견을 수정하는 것으로 평가되었다.[53] 거룩한 신탁(sacred oracle)으로 알려진 제사장의 말씀 사역

---

52 *Ibid.*, 393.

은 시내산 언약과 근거한 하나님의 거룩하신 뜻을 거기에 따르는 예전적(ritual), 윤리적(ethical) 규범들을 가르치고 지도하는 사역을 포함하고 있었다.[54] 그러기에 제사장은 처음부터 종교적 전통과 제도적·종교적·직제적인 사역자로 출현한 것은 아니었다. 오히려 Seers와 예언자들처럼 초기 제사장은 카리스마적이었으며, 하나님과 인간 사이의 '중개자'였다.[55]

그러나 제사장직의 세속화는 이스라엘 민족의 타락과 함께 등장했다. 제사장의 세속화 뒤에는 몇 가지 역사적·정치적 변인들이 작용했다. 제사장의 세속화 요인, 처음은 가나안 정복에서 다윗 왕 때까지 레위족의 제사직 추락에 있었다. 특히 가나안 정착 이후 지파 간의 유대가 느슨해지고, 개개인의 삶이 풍요해지고, 법궤와 장막이 분리되면서 이스라엘의 중심을 지탱해 오던 언약 성소(covenant sanctuary)의 중요성이 희석되었다.[56] 그리고 이때 부족장의 권한이 확대되면서 자기 부족 안에 신당들을 세웠다. 이 변화는 레위족의 제사장직 위상과 권한을 크게 위축시켰다. 특히 북왕국의 여로보암이 비레위적(non-Levitical) 계보의 제사장들을 국가 종교의 수장으로 임명한 것에서 비롯되었다. 이것은 이스라엘과 약속하셨던 하나님의 시내산 언약에 대한 반역이요 변질이었다.

제사장의 세속화 과정을 자극한 역사적 요인 두 번째는 정치적 상황이었다. 제사장의 추락이 여로보암의 '비레위적' 정책에 기인했다면, 제사장은 남왕국, 예루살렘 성전의 제사직을 정통 레위족이 계승한 정치적 역전에 있었다. 특히 남왕국의 선왕 히스기야와 요시야는 레위족의 제사직 회복에 결정적인 역할을 수행하였다. 그 후 예루살렘 성전은 레위계 제사장들의 독무대로 정착하기에 이르렀다.

그러나 문제는 제사장들의 '왕실과의 밀착'이었다.[57] 왕실과의 밀착은 예루살렘 성전의 종교적, 정치적 권한을 독점하기에 이르렀다. 왕실 제사

---

53 James D. Smart, *The Rebirth of Ministry*, 58.
54 Walther Eichrodt, *Theology of the Old Testament*, 395-396.
55 *Ibid.*, 403.
56 *Ibid.*, 396-397.
57 *Ibid.*, 399.

장의 권력화는 지방 제사장들과의 끊임없는 갈등과 권력 투쟁으로 이어졌으며, 이는 초기 제사장 사역이었던 '토라' 사역(말씀 사역)을 약화시키는 결과를 초래하였다. 그리고 모든 사역을 '희생 제사'라는 예전적 행위으로 축소시켰으며, 사역은 형식주의, 예전주의로 전락되고 말았다. 이 제사장의 세속화는 예언자들의 날카로운 비판과 공격의 표적이 되었다.

제사장은 특수한 계급(caste)으로 변신하면서 기득권 유지를 위한 끝없는 권력 추구의 길을 선택하였다. 여기서 제사장은 하나님과의 단절, 백성과의 단절로 이어졌으며, 남은 것은 종교적 제도 안에 안주하는 일이었다.[58]

여기서 아이히로트는 예언자적 사역(prophetic ministry)과 제사장적 사역(priestly ministry)이 상호보완(interplay)의 관계에 있어야 한다고 제언한다.[59]

본래 제사장적 사역은 하나님 앞에서 이스라엘 민족을 대변하는 사역이었다.[60] 시편은 백성의 간구와 부르짖음을 기도로, 감사와 기쁨을 찬양으로 대변하는 제사장을 예찬하고 있었다. 그리고 제사장은 지성소에서 하나님의 용서를 백성에게 사랑과 돌봄으로 실천하는 사역이었다. 제사장직은 하나님과 이스라엘 사이에 맺은 언약을 예배, 희생 제사, 기도, 종교적 의식을 통해 대변하는 사역이었다.

그리고 제도적 사역에는 제사장에 이어 왕의 사역이 포함되었다. 이스라엘의 왕이 된다는 의미는 제사장과 예언자와 같은 사역자가 된다는 의미였다.[61] 본래 이스라엘 왕직은 종교적이었다.[62] 그러나 문제는 이방 군주(monarch)들도 종교적이었다는 데 있었다. 종교적이라는 의미는 왕은 신의 능력을 부여받고 제정된 '직'(office)이라는 의미다.

그러나 이스라엘 왕과 이방 군주 사이에는 결정적인 차이점이 있었다. 이방 군주는 자기 자신이 신이고(divine status),[63] 신의 아들이며, 신의 능

---

58 *Ibid.*, 405, 433, 435.
59 *Ibid.*, 436.
60 James D. Smart, *The Rebirth of Ministry*, 59.
61 *Ibid.*, 63.
62 Walther Eichrodt, *Theology of the Old Testament*, 436.
63 *Ibid.*, 438.

력을 행사하는 데 반하여 이스라엘 왕은 자신이 신이 아니라 야웨 하나님의 되심을 섬기는 종으로서의 왕이었다. 이방 군주는 제사직과 왕권직을 모두 한 손에 쥔 제정왕(祭政王, ontocratic king)이었으나 이스라엘 왕은 하나님의 왕되심을 섬기는 종으로서 정치, 군사, 외교의 직능만을 수행하고, 제사직은 제사장에게 위임되어 있었다. 그러기에 이스라엘 왕은 제정왕이 아니라 하나님의 종으로서의 왕, 신정왕(神政王, theocratic king)이었다. 왕직을 통해 하나님을 섬기는 사역자였다. 그러기에 이스라엘 왕은 메소포타미아, 바빌론, 고대 이집트에 등장했던 신으로서의 왕의 위치와 같지 아니했다.64 이방 군주는 '자신이 곧 신'이라고 선언했지만, 이스라엘 왕은 만왕의 왕이신 야웨 하나님으로부터 선택되고 기름 부음을 받은 하나님의 종, 사역자로서의 왕이었다.

사울 왕의 초기 성공은 군사력이나 정치적 역량에서 온 것이 아니라 하나님의 능력으로부터 온 것이었다.65 신정왕으로서의 초기 사울은 성공적이었다. 그러나 사울의 비극은 왕직을 하나님으로부터 분리시켜 자신을 신격화하기 시작한 데서 비롯되었다. 더욱이 이스라엘의 비극은 신앙적 기초를 포기하면서까지 왕권을 이방 군주들(이집트 파라오와 두로 왕)처럼 절대화하고 신격화한 것에서 비롯되었다.66

특히 솔로몬은 하나님의 권력(theocracy)을 자신의 권력화(ontocracy)로 전환하여 자신의 왕권적, 종교적 위치를 견고하게 만들기 위해 예루살렘 성전을 건축했다고 한다.67 예루살렘 성전 건축은 이방인의 설계에서 이루어졌으며 왕궁과 한 자리에 세웠다는 사실에서 예루살렘 성전 건축은 왕권의 신격화를 합리화하고 합법화하기 위한 수단에 불과했다는 것이다. 예루살렘 성전의 계단들은 왕이 초인간적 능력으로 높은 세계로 웅비하는 상징이었으며, 이는 이방 종교와 신전의 복사였다. 이는 야웨 하나님을 버

---

64 James D. Smart, *The Rebirth of Ministry*, 63.
65 Walther Eichrodt, *Theology of the Old Testament*, 443.
66 *Ibid.*, 448.
67 *Ibid.*

48 | 제I부 _ 사역론

리고 민족 동맹을 파괴하는 비극을 초래하였다. 그 결과 하나님의 심판과 저주를 불러일으키는 민족적 비극을 초래하고야 말았다.

그렇다면 왕의 사역을 어떻게 이해하고 수용해야 하는가? 왕권은 본래 하나님으로부터 위임된 사역과 직무였다. 그리고 삶의 전 영역, 정치, 경제, 사회 모든 영역을 지배하고 통치하시는 하나님의 통치하심을 드러내는 통로, 종으로서의 왕이었다.

그러나 이스라엘 왕들은 하나 같이 하나님을 거부한 권력 그리고 자기 절대화로 전환하였다. 요약하면 구약의 사역은 제사장의 말씀 사역, 종으로서의 왕의 사역, 예언자의 경고와 심판의 사역이었다.

'예언자적' 사역(prophetic ministry), '제사장적' 사역(priestly ministry), '왕권적' 사역(kingly ministry), 이 삼중직(munus triplex)은 하나님의 통치하심의 통로로, 존재 양식으로 하나님을 섬기는 사역이었다.

3) 구약에 나타난 사역의 실천신학적 의미

구약에 나타난 사역의 유형은 크게 두 가지였다. 하나는 카리스마 사역이었으며, 여기에는 미래를 보는 자(Seers), 나실인, 사사, 예언자들이 속하였다. 다른 하나는 제도적 사역 혹은 직제 중심의 사역(official)이었으며, 여기에는 제사장과 왕이 포함되었다.

그러나 모든 사역은 세계 구원을 위해 선택한 이스라엘에게 위임하신 사역을 섬기는 사역이었으며, 이 사역은 통로였다. 예언자들은 역사 안에 임재하는 하나님의 통치를 선포하는 통로였으며, 제사장은 신탁으로 알려진 토라를 전하고 가르치는 통로였으며, 왕은 왕의 직을 통하여 하나님의 통치하심을 섬기는 통로였다. 이 3중직(munus triplex)은 하나님 백성인 이스라엘 공동체를 섬기는 하나님의 사역이었다.[68] 그러기에 3중직은 하나님

---

68 Hendrik Kraemer, *A Theology of the Laity*(Philadelphia: Westminster Press,1959), 143-144. *munus triplex*는 전통적으로 구약의 예언자, '제사장', 왕의 사역들을 예수 그리스도의 사역에 이름 붙인 용어이다. 그리스도는 곧 '참 예언자', '참 제사장', '참 왕'으로서, 그가

과 이스라엘, 하나님과 전 인류 사이의 매개였으며, 섬김의 통로였다.

로울리(H. H. Rowley), 스마트(James D. Smart), 와튼(James Wharton), 시니어(Donald Senior), 스툴뮬러(Carroll Stuhlmueller)의 일관된 주장은 예언자, 제사장, 왕의 사역이기 전에 인류를 향하신 하나님의 사역(The Ministry)이었으며, 이스라엘 민족은 하나님의 사역을 위임받고 증언하는 증인 공동체였음을 강조한다. 이 해석은 전통적인 구약 이해를 뒤집는 새로운 해석이었다.

구약에 나타난 사역의 실천신학적 의미와 재구성의 처음은 사역은 본래 하나님과 언약을 맺은 하나님 백성(Laos Tou Theou)인 이스라엘 민족 전체에 위임한 것이었다. 이는 3중직의 사역 이전에 있었던 언약이었다.

사역을 3중직 이전에 이스라엘 민족의 언약과 연관시켜 해석하는 고전적 학자들은 아이히로트와 스마트다. 그리고 로울리는 1950년에 내놓은 『선택에 관한 성서적 교리』(The Biblical Doctrine of Election)[69]에서 사역은 모세, 엘리야, 아모스의 부르심 이전에 "모든 이스라엘을 부르셨다"는 이스라엘의 선택에 근거를 두고 있다. 여기서 로울리는 구약의 사역을 특정인과 특정 사역으로 제한하여 해석하는 기능주의를 거부한다. 사역은 처음부터 공동체에 위임된 것이기에 사역은 공동체인 것이었다.

한 걸음 더 나아가 로울리는 이스라엘의 선택(사역의 근거)은 이스라엘의 특권이나 자체의 영광을 위한 것이 아니었던 것으로 해석한다. 오히려 이스라엘의 선택은 세계 안에서 진행하시는 하나님 구원의 도구로 선택된 것이다. 그러기에 선택은 섬김(service)을 위함이었다. 특히 제2 이사야의 예언에서 표현된 '고난받는 종 · 이스라엘'은 하나님의 구원을 증언하기 위한 것이었다. 이 공동체적 사역 혹은 섬김 안에서 3중직이라는 특수 사역들은 비로소 자리와 사명을 찾는다고 보았다.[70]

수행한 사역은 '예언자적', '제사장적', '왕권적' 사역이었다.

69 H. H; Rowley, *The Biblical Doctrine of Election*(Lutterworth Press, 1950)는 James D. Smart, *The Rebirth of Ministry*, 47에서 재인용.

70 James D. Smart, *The Rebirth of Ministry*, 43에서 재인용

사역과 이스라엘 공동체의 연관성을 새롭게 조명하는 현대 선교신학자는 시니어와 스툴뮬러며, 그들이 공저한 『선교의 성서적 기초』(*The Biblical Foundations for Mission*)[71]는 더 심화된 해석을 제시한다. 즉, 이스라엘의 역사를 잘못 해석하는 가장 큰 오류는 이스라엘을 '선택'이라는 구심점(centripetal)에서만 보는 견해라고 지적한다. 오히려 이스라엘의 구심점(선민)은 세계 모든 민족과 세속사(secular history)와의 깊은 '연대'(solidarity)를 가지는 한 살아나는 것이다. 시니어와 스툴뮬러는 세계 민족과의 연대를 원심(centrifugal)이라 불렀다. 다시 말해서 이스라엘의 구심점은 다른 민족과의 깊은 유대감이라는 원심 안에서만 그 생명력을 찾는다는 것이다. 이를 '구심'과 '원심'의 변증법이라고 불렀다.[72] 이는 로울리의 '섬김을 위한 선택'의 개념과 맥을 같이한다. 그 죄나 '원심' ― 세계 민족과의 연대감을 포기한 이스라엘의 구심력은 항시 타락으로 이어졌다. 이것이 바로 이스라엘 왕의 군주화(monarch)였고, 성전의 부패였다.

그렇다면 구심과 원심의 변증법을 가능케 하는 힘은 무엇인가? 둘 사이를 이어 놓는 힘은 이스라엘의 신앙인가? 그것은 아니다. 그것은 모든 민족을 창조하고 지금도 통치하시는 하나님의 우주적 주권이며, 장차 모든 민족을 시온으로 끌어모으시는 하나님의 종말론적인 집회(eschatological gathering)라고 제2 이사야는 외친다. 그러기에 하나님의 우주 통치와 종말론적인 집회를 소망하면서 이스라엘은 모든 민족과의 연합(원심) 안에서 하나님께 기도와 예배를 드리는 데서 '구심력'(identity)을 찾을 수 있었다. 그러나 동시에 그 구심력은 원심력 속에 역사하시는 하나님의 통치를 분별하고 증언하는 섬김과 선교적 사명으로 이어져야 했던 것이다. 이는 바빌론을 멸망시키고 노예 되었던 이스라엘을 해방하는 페르시아의 고레스(Cyrus)에게서 하나님의 종말론적 통치를 보았던 제2 이사야 사역의 새로운 차원을 찾는다. 그러므로 구약에 나타난 사역의 실천신학적 의미는 하

---

71 Donald Senior & Carroll Stuhlmueller, *The Biblical Foundations for Mission*(N.Y.: Maryknoll, Orbis Book, 1963).
72 *Ibid.*, 316.

나님의 우주적 · 종말론적 통치를 분별함으로써 이스라엘의 선택을 감사하면서도(구심력) 하나님의 통치가 진행되는 다른 민족과의 깊은 연대감(원심력) 안에서 증언과 섬김을 수행하는 이스라엘 민족 전체의 사역이었다.

이어서 구약에 나타난 사역에 대한 실천신학적 의미 두 번째는 이스라엘 민족 공동체의 사역과 3중직의 사역 사이의 관계에 대한 재해석이다. 아이히로트의 놀라운 분석과 해석에도 불구하고 그의 신학적 약점은 '카리스마 사역과 '제도적' 사역을 통합하는 공동체적 사역에 대한 이해와 제시가 없다는 데 있다. 비록 예언 사역의 역사 · 종말론적 차원, 제사장의 말씀 사역의 차원, 왕의 섬김 사역의 차원을 부각시켰으면서도, 아이히로트는 하나님의 우주적 · 종말론적 통치와 구원이 이스라엘 민족 공동체를 부르시고(구심) 섬김으로(원심) 내모는 공동체 사역을 보지 못함으로써 둘 사이의 관계 설정에 취약점을 드러냈다고 본다. 이 공동체가 전제되지 않는 해석은 자칫 사역을 3중직으로 국한하는 과오와 사역의 기능화와 전문주의화의 위험으로 치닫게 되는 가능성을 가진다. 그뿐 아니라 '예언자적' 사역과 '제사장적' 사역은 종교적 영역으로, '왕권적' 사역은 세속적 영역으로 양분화하는 해석을 뒷받침하는 근거로 작용한다.

그러나 여기에 새로운 해석 하나가 등장했다. 제임스 와튼(James Wharton)은 새로운 관점으로 접근한다. 와튼의 키워드는 '대변'이었다('on behalf of의 사역).[73] 와튼은 사역을 3중직이나 이스라엘 민족에게 위임된 것으로 보지 않는다. 사역은 하나님께서 수행하시는 사역, 하나님만이 존재한다고 주장한다. 3중직인 이스라엘의 사역은 하나님의 사역(The Ministry of God) 안에 있으며, 하나님의 사역으로부터 위임받은 창조된 사역들(derivative ministries)이나 하나님 사역은 세계를 창조하신 일, 세계와 인간을 구원하시는 일, 이 구원의 매개로 이스라엘을 선택하시고 이집트로부터 해방하신 일을 통하여 드러내셨으며, 시내산에서 맺으신 이스라엘과 '언약'을 통

---

73 *Ibid.,* James A. Wharton, "Theology and Ministry in the Hebrew Scripture," *A Biblical Basis for Ministry*, ed. by Earl E. Shelp & Ronald Sunderland, 45-46.

해 드러내셨다. 이때 언약은 인간을 향하신 하나님의 자기 겸허며, 율법은
하나님 은혜의 선물이었다.

하나님　　　→　　이스라엘　　→　　세계
　　　　　　　　　(언약)　　　　　　　(창조)

여기서 이스라엘의 사역은 사람을 위한 사역이 아니라 하나님을 향한
섬김(service)이었다는 수직적 구도를 제시한다. 사역은 인간과 세계를 향
한 섬김이 아니라 하나님 앞에 감사함으로 드리는 섬김이라는 것이다.[74]
하나님 앞에 드리는 이스라엘의 가장 중요한 사역은 '예배'(abodah)였다
고 피력한다.

예배에서 이스라엘은 자기 자신들을 대변하는 것이 아니라 인류를 대변
하는 것이 예배라고 해석한다.[75] 이것은 원심과 구심 사이의 변증법이 아
니라 모든 원심을 하나님 앞에 대변하는 구심이 되어야 한다는 의미다. 와
튼은 이를 이스라엘의 '제사장직'이라고 불렀다.[76]

하나님　　　←　　이스라엘　　←　　세계
　　　　　　　(예배)　　　　　　(대변)

그렇다면 하나님과 이스라엘 그리고 세계의 관계 속에 3중직(제사장, 예
언자, 왕), 특히 '제사장'은 하나님과 이스라엘 사이에 있었다(하나님-제사장-
이스라엘). 제사장의 자리를 '스포트'(spot)[77]라고 불렀다. 스포트란 영원히
고착된 자리가 아니라 잠정적인 자리라는 의미이며, 그 자리는 하나님 앞
에 이스라엘을 대변하는 잠정적인 자리였다.

하나님　　　←　　　이스라엘　　←　　세계
　　　　제사장의
　　　　스포트 자리

그러기에 3중직(제사장, 예언자, 왕)은 하나님 앞에 이스라엘을 대변하
는 잠정적 스포트의 위치에 있었다. 이스라엘을 구원의 대상이 아니라 하

---

74 *Ibid.*, 36.
75 *Ibid.*, 45.
76 *Ibid.*, 46.
77 *Ibid.*

나님과 세계 사이의 '대변'으로 풀어나간 해석은 새로운 차원이었다.

구약에 나타난 사역과 그 의미는 다음과 같이 요약될 수 있을 것이다.

① 구약에 나타난 사역은 미래를 보는 자(Seers), 나실인, 사사, 예언자, 제사장, 왕으로 나타났지만, 이 모두는 전 인류를 향하신 하나님의 구원을 위해 선택되고 기름 부음 받은 이스라엘을 세우고 단련하는 특별한 직(special callings)이었다.

② 그 구별된 3중직은 그 자체에 목적이 있거나 계급화된 사역이 아니었다. 3중직은 하나님과 세계 안에 부르신 이스라엘 민족을 대변하는 사역이었다.

③ 사역은 본래 하나님 사역이었다. 하나님 사역은 세계를 창조하시고 그 운행을 경륜하시고 섭리하시는 우주론적 사역이었다. 이 사역을 증언하기 위해 하나님은 이스라엘을 선택하시고 언약을 맺으셨다.

④ 선택된 이스라엘은 하나님 앞에서 이 세계와 모든 민족을 대변하는 (원심적) 예배로 나타났다. 이것은 이스라엘 민족의 제사장직이었으며, 여기서 이스라엘은 하나님의 백성이라는 정체성(구심점: 거룩한 민족)을 찾았다.

⑤ 바로 이 하나님의 우주적-통치적-종말론적 구도 안에서 3중직으로 불리는 사역은 하나님과 이스라엘, 세계 안에서 '오고 있는 하나님 심판'을 선포하는 예언자 사역, 말씀을 전하는 제사장적 사역, 섬김을 통해 하나님의 왕 되심과 하나님 백성에게 봉사해야 하는 왕권적 사역으로 이해되었다. 이 사역은 스포트의 자리, 대변의 자리에서만 그 의미를 갖는 것이었다.

3. 신약에 나타난 사역

신약은 예수 그리스도의 사역에서 출현하였다. 예수께서 선포하신 임박한 하나님 나라는 이 세계 모든 나라와 민족의 회개를 촉구하는 '심판'(denouncement)과 구원을 약속(announcement)하는 양면 선언으로 임하셨다. 그리고 예수는 말씀으로 예언자적 사역을 수행하시고, 십자가에 자기 몸을 제물로 바치심으로 제사장이 되셨으며, 부활하심으로 모든 세력을 꺾으신 왕이 되셨다. 이로써 예수는 구약의 제사장직, 예언자직, 왕직의 3중직을 완성하셨다. 4복음서(Four Gospel)에 등장하는 사역, 사도행전과 서신에 등장하는 제자, 사도, 예언자, 교사, 감독, 장로, 집사 사역은 모두 예수의 사역으로부터 연유된 후속 사역(derivative ministries)들이었다.[78]

유니온 신학교의 존 녹스(John Knox)는 초대교회 사역(The Ministry in the Primitive Church)에서 초대교회 사역의 키워드(keyword)를 디아코니아(*diakonia*)라고 불렀다. 디아코니아는 섬김(service)이라는 의미며, 이는 당시 식당에서 음식을 나르는 종업원(waiter)과 노예(*doulos*)들이 주인을 위해 바쳤던 노동에서 유래하였다. 그리고 '*diakonos*'라는 집사직은 디아코니아를 수행하는 사람에게 붙인 용어였다. 그러나 디아코니아의 원뜻은 예수 그리스도의 고난받는 종(suffering servant)에서 온 것이었다. 예수의 디아코니아는 구약이 제시하지 못했던 새로운 차원이었으며, 존 녹스는 모든 사역은 섬김으로 정의했다.[79]

그러므로 신약에 등장하는 모든 직(office)은 예수께서 행하신 사역(The Ministry Diakonia)에서 나온 연유된 사역(derivative ministries)들이었다. 특히 십자가에서 하나님과 인류와 화해하신 예수의 사역은 모든 사역의 근원이었으며, 교회는 다양한 형식으로 예수의 사역을 이 땅에서 행하였다. 모든 사역은 예수의 사역을 매개하는 통로였다. 모든 '직'은 예수 그리스도를 통해 보여 주신 하나님 나라의 현존을 분별하고 증언하는 교회-하나님 백성 공동체의 존재 양식이었다. 그러므로 카리스마적 사역(Charismatic ministires, 사도, 예언자, 교사)과 제도적 사역(institutional ministries, 감독, 장로, 집사)은 예수의 사역을 증언하는 존재 양식이었다.

---

78 John Knox, "The Ministry in the Primitire Church," *The Ministry in Historical Perspectives*, ed. by H. Richard Niebuhr & Daniel D. Williams, 1-2.
79 *Ibid*.

1) 신약에서 나타난 사역의 세 단계: 예수 그리스도의 사역을 중심으로

그러나 오늘 사역에 관한 신약학계 연구는 다양하고 복잡하게 진행되고 있다. 처음은 로마가톨릭 신약학자, 제롬 퀸(Jerome D. Quinn)의 해석이다. 제롬은 『신약의 사역』(*The Ministry in the New Testament*)[80]에서 예수의 사역을 세 단계로 나누고 배경을 전개하고 있다. 제1기를 전기라고 불렀으며, 제1기는 예수 그리스도의 지상 사역(earthly ministry)을 중심으로 한다. 제2기는 중심기이며, 이는 서기 30년 예수의 십자가 죽으심과 부활하심 그리고 서기 70년에 일어난 예루살렘 멸망과 그 사이(약 40년간)에 전개된 사역의 변천 과정을 포함한다. 제3기는 후기였으며, 예루살렘 멸망에서 1세기 말 사이의 초대교회, 특히 이방 교회를 중심으로 형성된 사역을 중심으로 한다.[81]

제1기, 전기(前期)는 나사렛 예수께서 행하신 사역과 제자들과 맺은 관계에서 시작되었다. 특별히 어부 12명을 불러 제자(*mathetai*)로 부르신 사건은 예수 사역의 첫 출발이었다. 제자들의 부름은 하나의 '계시적 사건'[82]이었다고 해석한다. 퀸은 이 부름을 모든 후속 사역의 기초를 놓은 원 사역(primary ministry)이라고 보았다.

제자로의 부름은 권위(authorization)와 위임(commission)의 부름이었다. 권위는 귀신을 내쫓고(exorcism), 말씀을 선포하고(proclaim), 가르치는(teaching) 권위였으며, 모든 족속으로 제자를 삼아 아버지와 아들과 성령의 이름으로 세례를 주는 위임(commission)이었다.

사역의 제2기는 중심기였으며, 여기에는 예수의 십자가와 부활이 중심이었다. 그러나 퀸은 예수 그리스도의 십자가와 부활 이후 다시 오실 재림의 약속 대신 제자들을 예루살렘교회에 불러 모으시고 그들을 교회의 근간

---

80 Jerome D. Quinn, "The Ministry in the New Testament," *Lutherans and Catholics in Dialogue,* Published jointly by Representatives of the U.S.A. National Committee of the Lutheran World Federation and the Bishops Committee for Ecumenical & Interreligious Affairs, 1970.
81 *Ibid.,* 69-98.
82 *Ibid.,* 72.

으로 삼았다고 해석한다. 예루살렘교회를 자생적 교회로 보았으며, 유대교 전통과 이방 교회를 접속하는 다리 역할을 담당했으며, 특히 베드로를 중심으로 하는 11명의 제자와 예수의 어머니 마리아가 주축이 된 제2 그룹, 예수의 동생들이 포함된 형제들이 구성하는 제3 그룹을 교회의 모체로 보았다.[83]

그러나 예루살렘교회는 새로운 도전에 직면하였다. 사도행전 6장 1절 이하에 증언된 예루살렘교회 안에서의 헬라파 유대인(Hellenistic Jews), 과부에 대한 구제의 불공정성이 문제가 되었다. 여기서 '성령과 지혜가 충만'한 '일곱' 사람이 회중에 의하여 선출되는 새로운 상황이 생겼다. 열둘(12 제자) 외에 최초로 일곱(7)이라는 또 다른 지도 체제가 출현한 것이다. '일곱'은 구제와 봉사를 위해 선출되고 사도들에 의해 '안수'를 받은 최초의 '직임'(office)의 사람들이었다.

'일곱'이 최초의 집사냐 아니냐의 논쟁은 지금도 계속되지만, 한 가지 분명한 것은 '열둘'은 말씀 선포, 기도, 가르침, 구약성경 연구, 예배 인도의 책임을 수행하는 동안 '일곱'은 구제와 봉사의 사역을 위해 선출되었다는 사실이다.[84] 이것은 최초의 분담 사역(division of labor)의 형태였다. 그러나 문제는 '일곱' 중의 하나인 스데반이 구제와 봉사의 사역보다는 '열두' 제자 ─ 사도들이 수행하는 사역을 침해한 데서 비롯되었다. 그리고 빌립은 사마리아 지역에 이르러 전도에 전념하였다. 이것은 '열둘'의 고유권한과 영역을 침해한 것으로 간주되면서 결국 스데반의 죽음과 나머지 '여섯'의 흩어짐으로 나타났다. 남은 '여섯'의 흩어짐은 '안디옥 교회'를 세우는 일뿐 아니라 갈릴리, 다마스쿠스, 사이프러스(Cyprus)에까지 흩어져 교회를 세우는 선교적 상황을 창조하였다. 바울의 회심과 이방 전도를 통한 이방 교회의 설립은 '열둘'과 '일곱' 사이의 분리로부터 시작된 세계화의 과정에서 생겨난 일이었다. 여기서 예루살렘교회의 12사도와 예수의 부활만을 경험하고 사도가 된 바울 사이의 갈등은 당시 교회마다 스머든 문제로

---

83 *Ibid.*, 80.
84 *Ibid.*, 82-84.

부각되었다. '사도성'은 예수를 직접 동행한 역사성에 권위를 두는 것인가 혹은 예수의 부활을 신앙적으로 경험한 고백 위에 권위를 두는 것인가는 논쟁으로 발전하였다.

퀸의 문제는 베드로의 사도 계승을 합리화하고 교권주의를 세우기 위해 하나님 나라 사상을 빼고 베드로를 사역의 근간으로 삼은 데 있다. 제3기는 분열과 갈등의 기간이었다. 이방 교회의 출현과 이를 가능하게 했던 바울의 조직적이고 헌신적인 선교 활동이 주를 이루고 있었다.[85] 그러나 보다 깊은 원인은 제1차 유다-로마전쟁(Jewish Roman War, 서기 66~73년) 동안 로마 장군 베스파시아누스(Vespasianus)와 그의 아들 장군 티투스(Titus)가 정통 유대주의 지도자들을 살해한 후(베드로, 야고보, 바울도 서기 70년 이전에 순교된 것으로 알려짐) 바울의 전도가 이방 교회를 세우면서 큰 영향을 행사한 것에 있었다.[86]

바울은 서신들을 통해 교회의 사역을 크게 강조하였다. 하나는 '카리스마적' 사역이었다.[87] 여기에는 사도, 예언자, 교사가 속하며, 각 사역은 (triad) 복음을 선포하는 사도적 과제를 공유하고 교회를 돌보는 행정적 기능도 가지고 있었다고 퀸은 해석한다.[88] 다른 하나는 '제도적 사역'이었으며, 여기에는 감독(episkopos), 집사(diakonoi), 장로(presbyteroi)가 속했다.[89] 이 제도적 사역은 서기 67년에 일어난 베드로의 순교, 야고보의 처형, 1세대 사도들의 흩어짐, 바울의 순교, 서기 70년 예루살렘 멸망 이후 급성장한 이방 교회로 발전되어 갔다. 그러나 이때의 제도적 사역은 후대에 교권화되고 세속화된 형태의 것과는 다른 '카리스마적'이고, 동시에 교회 공동체를 세우는 '제도'였다.[90]

---

85 Ibid., 91.
86 Ibid.
87 John Knox, "The Ministry in the Primitive Church," *The Ministry in Historical Perspectives*, 10.
88 Jerome D. Quinn, "The Ministry in the New Testament," *Lutherans and Catholics in Dialogue*, 92.
89 Ibid., 96-97.
90 John Knox, "The Ministry in the Primitive Church," 10.

2) 예수의 사역, 12제자, 사도의 관계

예수 그리스도의 십자가, 부활과 성령 강림에서 태동한 예루살렘교회는 12제자의 지도하에 있었으나 교회 안에서 야기된 '히브리계 유대인'과 '헬라계 유대인' 사이의 갈등은 '일곱 헬라계 유대인'을 지도자로 선출하고 그들을 안수하는 것으로 해결되는 듯하였다. 그러나 스데반의 죽음은 12제자와 7집사 사이를 더 깊은 갈등으로 몰아갔으며, 사도 바울의 등장과 이방 교회의 성장은 결국 12제자와 바울 사이를 어렵게 만들고 결국 사도의 권위 문제로까지 확산되었다.

여기서 스마트(James Smart)는 다른 시각에서 문제를 접근한다. 예수의 '설교'와 '교훈'(teaching)은 임박한 하나님 나라를 선언하고 구현하는 사역이었다고 보았다.[91] 여기에 '이적과 치유'(healing)는 세 번째 형식으로 첨가해야 한다고 보았다. 그러기에 예수 사역의 중심은 임박한 하나님 나라였다. 하나님 나라는 인류의 회개와 구원을 약속하는 하나님의 복음이다.[92] '설교', '교육', '치유'는 하나님 나라의 존재 양식이었으며, 하나님 나라는 사역의 존재론적 근거이며 정체성이었다.

그러나 예수의 지상 사역(earthly ministry)을 두고 성서학자들 사이에서는 모티프(motif)론을 중심으로 각기 다른 해석을 제시하고 있다. 맨슨(T. W. Manson)은 십자가에 죽기까지 복종하신 종(servanthood)의 모습에서 예수의 사역을 접근하고 있다.[93] 그러나 종의 모티프에서 예수의 사역을 접근하는 것은 하나의 '형태론'에 불과하다고 본다.

반대로 안토니 핸슨(Anthony T. Hanson)은 예수의 사역을 구약에서 예언된 '남은 자'(remnant)를 회복하는 사역이었다고 해석한다.[94] 이것은 구약과 신약 사이를 '남은 자' 사상으로 해석하는 것은 너무 단순한 해석이다. 스마

---

91 James D. Smart, *The Rebirth of Ministry*, 10.
92 *Ibid.*, 23-25.
93 T. W. Manson, *The Church's Ministry*(Philadelphia: Westminster Press, 1948), 32.
94 Anthony T. Hanson, *The Pioneer Ministry*(Philadelphia: Westminster Press, 1961), 12-13.

트는 예수의 사역을 맨슨이나 핸슨과는 달리 예수의 성육신(incarnation)[95]에서 찾는다. 설교, 교육, 치유는 하나님이 인간이 되신 성육신의 표현이었다고 보았다. 여기에 바렛(C. K. Barrett)은 예수의 사역은 하나님 나라의 현존[96]으로 보아야 한다고 주장한다. 예수 그리스도의 사역(제자 부름, 선포, 이적)은 곧 예수 안에 오고 있는 하나님 나라의 선언이었다는 해석이다 (autobasileia).

이 사상은 예수 사역에 대한 새로운 해석이며 동시에 다드(C. H. Dodd)의 케리그마(kerygma)와 디다케(didache)의 이분법에[97] 대한 경고이고 해답이었다. 다드 이후 신약학계는 설교와 교육은 각기 독립된 영역으로, 때로는 상반되는 영역으로 논의해 왔다.[98] 이에 대하여 바렛은 예수의 사역인 설교와 교육, 치유는 하나님 나라 임재의 표현 양식이었음을 강조한다.

설교는 임박한 하나님 나라의 선포이며, 동시에 하나님 나라의 현존인 예수 자신에 대한 증언이었다. 교육은 하나님 나라의 비밀을 가르치고 분별하는 사역이었다. 이적과 치유는 하나님 나라와 하나님의 주권적 통치가 모든 아픔과 눈물을 치유하시는 능력이었다고 보았다.

그러기에 예수의 사역은 기능과 수단이 아니라 하나님 나라의 계시며 현존이셨던 예수 자신의 존재론적 표현 양식이었다.

여기서부터 '열두' 제자의 부르심을 연관시켜야 했다. 그러나 제롬 퀸은 하나님 나라의 현존 없이 예수께서 특별히 열둘을 부르시고 그들을 제자 (Mathethai)로 부르시고 그들에게 귀신을 쫓아내는 권한(exorcism), 선포하는 권한(preaching), 가르치는 권한(teaching)을 위임했다는 사실만을 강조한다. 그리고 퀸은 이를 '계시적 사건'이었다고 해석한다. 이것은 베드로의 사도 계승을 합리화하는 로마가톨릭교회의 대변 이상이 아니었다.

---

95 James D. Smart, *The Rebirth of Ministry*, 22-23.
96 C. K. Barrett, *The Doctrine of the Church*(Nashville: Abingdon, 1964), 39-63.
97 C. H. Dodd, *The Apostolic Preaching and Its Developments*(London: Hodder & Stoughton Limited, 1936), 7-9.
98 James I. H. McDonald, *Kerygma and Didache*(London, N.Y.: Cambridge University Press, 1980), 1-10.

그러나 사역의 문제는 12제자가 위임받은 사역이 감독주의(Episcopacy), 장로제(Presbyterianism), 회중주의(Congregationalism)의 근거였다는 것이다.[99] 커크(Kenneth E. Kirk)는 『사도적 사역』(*The Apostolic Ministry*) 서문에서[100] 12제자가 위임받은 사역의 신학적 위상을 두고 날카롭게 대립한 두 학파의 논지를 다음과 같이 요약하고 있다.

역사 학파의 주장은 사도적 사역의 제정이 12제자들에게서 시작되어 교회 안에 하나의 영구적인 위치로 설정되었고 본다.

"그러나 성서신학학파는 그리스도께서 사도직을 주셨지만, 사도직은 12제자에게만이 아니라 부활을 목격한 서클, 즉 바울과 그 외 사람들까지 확산되었다고 주장한다."[101]

성서신학학파는 12제자에게 위임된 사역은 계승되지 않는다는 논거를 펴고 있다. 이는 사도 계승을 인정하지 않는 논리의 근거다. 반대로 역사학파는 12제자에게 위임된 사역은 12제자에서 사도로, 사도에서 감독으로 계승되어왔다고 주장한다. 역사적 학파에는 커크를 중심으로 하는 영국교회 학자들이 속하고 있으며,[102] 성서적·신학적 학파에는 맨슨, 로빈슨이 속한다.

역사학파, 특히 커크의 논거는 고대 히브리 사회의 샬리아(*Shaliach*)[103]를 사도의 원형으로 본다. 샬리아는 히브리법의 주인으로부터 위임된 전권대사(plenipotentiary)였으며, 신약에 와서는 사도들이 그리스도의 전권대사들이었다는 해석이다.[104] 사도들은 전권대사 격인 사도권과 전통을

---

99 Robert S. Paul, *Ministry*(Grand Rapids, Michigans: Wm B. Eerdman's, 1965), 45.
100 Kenneth E. Kirk, *The Apostolic Ministry*(London: Hoddes & Stoughton, 1946).
101 *Ibid.*, V.
102 *Ibid.*, 사도 계승을 주장하는 학파에는 K. E. Kirk 외에 L. S. Thornton, A. M. Farrer, Dom Gregorious, Dix. T. M. Parker 등이 속한다.
103 Robert S. Paul, *Ministry*, 49.
104 *Ibid.*

감독들에 승계했으며, 그것은 오늘의 감독들에게까지 계승되어 왔다는 것이다. 감독으로 봉인되는 순간 감독은 처음 사도들에게 위임하셨던 예수의 위임과 권한을 그대로 이어받는 전권대사가 된다는 것이다.[105]

그러나 이 역사학파는 몇 가지 치명적인 문제들을 안고 있다. 하나는 예수 그리스도의 사역은 본질상 종말론적이기에 제도화할 수 없음에도 불구하고 역사학파는 그리스도의 사역을 제도화하는 오류를 범하고 있다.

성서적·신학적 학파에는 맨슨, 로핑크, 로빈슨이 속한다. 이들의 사상 중심에는 종말론이 깔려있다. 맨슨에 따르면 12제자의 위임이 하나님 나라의 선포와 사탄을 쫓아내는 섬김에 있었다면, "그것은 계승이 아니라, 종말론적인 증언으로 이해되어야 한다"고 했다.[106] 중요한 것은 예수 그리스도의 사역이다. 사도의 사역은 그리스도의 사역을 대신할 수 없다는 의미다. 70인 역의 사도는 '전권대사'가 아니라 '위임'으로 번역된 것에서도 드러났다. 그리고 전권대사라는 용어는 후대에 조작된 용어였다.[107]

자신이 영국교회 주교이면서 사도 계승을 비판하고 나온 로빈슨(John A. T. Robinson)은 처음 감독들을 봉인하는 사도 계승적 교권주의 구도는 하나님 나라를 무시한 '사역-교회-세계'라는 도식에서 벗어나지 못한다고 비판한다. 성서신학은 하나님 나라는 전 세계에 전파되어야 할 복음임을 증언하고 있으며, 여기서 사역은 "하나님 나라를 증언하는 교회, 교회를 교회 되게 하는 사역의 구도"라고 주장한다.[108]

그러므로 예수 그리스도의 사역과 12제자의 사역 위임은 12제자에게 전권을 떠맡긴 채 예수의 사역은 사라지고 없어지는 것이 아니었다. 사도 계승을 주장하는 역사학파의 가장 큰 오류는 예수의 사역을 사실상 모호화시키고, 사역은 12제자-사도-감독으로 계승되었다는 논리를 펴는 데 있다. 그러나 예수의 12제자는 예수 그리스도의 십자가와 부활에서 임재

---

105 *Ibid.*, 50.
106 T. W. Manson, *The Church's Ministry*, 54.
107 Robert S. Paul, *Ministry*, 50-51.
108 *Ibid.*, 54.

하는 하나님 나라를, 전 인류와 세계와 화해하시고 구원하시는 하나님의 구원을 삶과 역사의 현장에서 증언하고 선포하는 종말론적 사람들이었다. 12제자는 이스라엘 12지파를 완성하는 새 이스라엘이요, 종말론적 교회의 시작을 알리는 의미가 있었다.[109] 그리고 신약의 세 번째 논의는 바울의 사도권 문제였다. 바울이 사도라면 사도성의 근거는 무엇인가?

바울은 자신의 사도권을 인정하지 않는 예루살렘 유대인 공동체 지도자들의 박해와 음모 때문에 그의 데살로니가전·후서만을 제외한 모든 서신 서두에서 "예수 그리스도의 종 바울은 사도로 부르심을 받아"(롬 1:1)라는 말로 자신의 사도성을 주장하고 있다.

여기서 '사도성'의 근거는 무엇인가라는 질문은 신학적 해석과 해명을 요구한다. 폭넓은 접근으로 호평을 받는 스힐레베이크스(Edward Schille-beeckx)는 가톨릭 신학의 입장에서 사도성의 4차원을 제시하고 있다.[110] 처음은 "교회는 사도와 예언자 위에 세워졌다"는 것이다. 두 번째 차원은 사도적 전통(apostolic tradition)이며, 세 번째는 '사도적 신앙에 근거한 기독교 공동체의 사도성'이며, 네 번째는 '사도 계승이라 불리는 교회 사역의 사도성'이다.[111] 특별히 스힐레베이크스는 다른 저서『교회 직무론』(*Ministry*)의[112] '가르침'이라는 선상에서 논의되는 것이지만, 사도성은 사도적 전통의 계승에 근거하고 있음을 분명히 함으로써 사도성의 권위는 사도적 전통과 계승에 근거하고 있었다고 해석한다.

맨슨(T. W. Manson)은 바울의 사도성은 '사도적 계승'이 아니라 예수 그리스도의 부활과 성령강림에서 보고 있다.[113] 바울은 자신의 사도권의 근거를 베드로로부터 온 계승이 아니라 "장사 지낸 바 되었다가 사흘 만에 다시 살아나사 게바에게… 열두 제자에게와… 오백여 형제에게… 야고보

109 Jerome D. Quinn, "The Ministry in the N.T.," *Lutherans and Catholics in Dialogue*, 76-78.
110 Edward Schillebeeckx, *The Church with a Human Face*(London: SCM Press LTD, 1985), 116.
111 *Ibid*.
112 Edward Schillebeeckx, *Ministry*(New York: Crossroad, 1980), 17.
113 T. W. Manson, *The Church's Ministry*, 32.

에게… 모든 사도에게와… 내게도 보이셨느니라"(고전 15:4-9)와 같이 부활에서 왔음을 분명히 하고 있다.

바울의 사도직은 사람에게서나 제도에서 온 것이 아니라 죽은 자를 다시 살리신 하나님으로부터 온 것임을 분명히 하고 있다(갈 1:1; 고전 9:1). 12제자의 특수성을 인정하면서도 바울은 부활하신 하나님과의 만남에서 부여받은 사도성은 12제자와 같은 사도직이었음을 주장하고 있다. 그러기에 바울을 포함하는 넓은 서클의 사도들(디모데, 바나바, 아볼로 등)의 사도성은 사도 계승이 아니라 부활을 목격하고 성령의 임재를 경험하며 하나님으로부터 부름받은 종말론적 위임이었다. 그리고 사도권은 부활에서 약속된 하나님 나라를 증언하는 위임에 그 근거를 두고 있었다.

3) 초대교회의 사역

예수 그리스도와 12제자의 사역 사이, 12사도와 다른 사도들 사이가 제도적·역사적 연속이 아니라 예수 그리스도의 부활하심과 성령 임재를 통한 하나님 나라의 위임에서 보는 한, 사역은 12제자의 사역과 다른 사도의 사역은 높고 낮음이 아니라 모두 하나님으로부터 온 종말론적 위임이었다. 특히 종말론적 위임으로서의 바울의 사도성은 부활을 통하여 임재하는 하나님 나라를 경험하고 분별한 하나님 백성 공동체(*Laos tou Theou*)의 사역과도 연관되고 있었다.

사도성은 종말론이었으며, 공동체적이었다. 그리고 사도성은 그리스도의 몸을 세우는(Upbuilding of the Body, 엡 4:12) 섬김이었다.[114] 12사도의 특수한 위치와 섬김을 인정하면서도 바울은 사역을 하나님 백성 모두에게 위임된 사역이라는 사상의 기초를 놓았다. 하나님 백성은 세례와 성만찬을 통해 그리스도와 연합된 사람들이며, 동시에 그리스도 안에서 임재하는

---

114 Robert Banks, *Paul's Idea of Community*(Grand Rapids, Michigan: Wm B. Eerdman's Publishing Co., 1980), 93.

하나님 나라를 소망하고 증언하는 공동체다. 사역은 본질상 섬김(*diakonia*)을 위한 위임이었다.

특히 바울은 고린도교회를 향해 쓴 서신을 통해 공동체 사역의 신학적 기초를 놓았다. 이방인, 지식층, 부유층으로 구성된 교회면서도 헬라주의, 개인주의, 파당주의, 도덕 무용론에 빠져 있던 고린도교회를 향해 사역은 '십자가의 도'와 '임박한 하나님 나라'를 소망으로 약속받은 각 사람의 은사며, 은사는 교회의 덕을 세우고, 그리스도의 몸을 온전히 이루는 은사임을 분명히 하고 있다.

바울은 여기서 전체적인 구조와 전략을 제시한다. 몸은 하나이나 지체는 여럿이고, 성령은 하나이나 은사는 여럿이라는 공동체 역할을 제시한다. "One in many, many in One"으로 표현되는 이 변증법적 구조는 조직이 쉽게 '전체주의' 혹은 '개인주의'에 빠지는 위험을 극복하는 조직이론(system analysis)과도 맥을 같이하는 발상이었다. 그리스도의 몸(the One)에 참여하는 모든 은사(many gifts)는 이 땅에 하나님 나라의 임재를 증언하는 섬김의 다양한 은사였다

유니온신학교 존 녹스(John Knox)는 초대교회의 사역을 카리스마적 사역(charismatic ministry)과 제도적 사역(institution ministry)으로 구분하여 접근한다.[115]

카리스마적 사역에는 사도가 속하였으며, "보냄을 받았다"(one sent out)는 의미의 사도는 복음을 전파하는 일과 동시에 교회와 교인을 돌보는 목회적 사명을 수행하였다. 감신대 박창건 교수는 "사도의 권위는 제도의 권위가 아니라 증언의 권위"였다고 해석한다.[116]

카리스마적 사역에는 사도 외에 예언자와 교사가 속한다. 예언자는 임명되는 것이 아니라 하나님의 부름을 받고 섬기는 사람들이었으며, 계시

---

115 John Knox, "The Ministry in the Primitive Church," *The Ministry in Historical Perspective*, 10.
116 박창건, "초대교회에 있어서 은사와 직제", 『신학과 세계』(감리교신학대학, 1989), 통권 18호, 146.

를 통해 하나님의 비밀을 전하는 사람이었다.[117] 예언자는 계시와 지식을 통해 교회의 덕을 세우는 사람이었다. 그리고 사도와 함께 예배를 인도하고, 성례전을 집례하였다.[118] 교사도 사도나 예언자처럼 성령의 은사로 주어진 사역이었다. 교사는 복음의 말씀과 전승된 예수의 말씀을 가르치는 사역자였다. 세례를 준비하는 수세자들을 가르치기도 하고, 공동체 모임에서 가르치기도 하였다.[119]

카리스마 사역에는 사도, 예언자, 교사 외에도 기적 행하는 자, 병 고치는 자, 서로 돕는 자, 다스리는 자, 각종 방언하는 자(고전 12:28)들이 속하고 있었다. 중요한 것은 카리스마 사역에 속하는 사역의 다양성은 성령으로부터 받은 다양한 은사를 의미하며, 공동체 구성원(하나님 백성)들의 공동적인 참여를 의미한다. 사역은 모든 신자가 받은바 은사를 따라 한 몸인 그리스도에 참여하는 것을 의미한다. 그러기에 교회의 사역은 하나님 백성 모두가 참여하는 공동체적 사역이다. 그러기에 초대교회의 사역에는 각기 다른 '은사들'(charisma)에 높고 낮음의 계급적 구분이 있었던 것은 아니었다. 구분이 있었다면 그것은 부르심과 은사의 구분뿐이었다.[120]

그리고 가장 중요한 것은 초대교회에서의 사역은 그 자체에 권위가 있었거나 질서가 있었던 것이 아니라 모든 사역이 예수 그리스도와 그의 나라를 이 땅에서 증거하고 섬기기 위한 종말론적 사역이었다는 사실이다. 그러기에 모든 사역의 권위는 하나님과 그의 나라를 증거하고, 교회를 세우고, 교회의 덕을 세우는 한 성령께서 주시는 권위였다. 이는 제도성, 교권성 이전의 원초적인 모습이었다.

그러나 초대교회의 사역은 예루살렘성 멸망 이후(서기 70년)로부터 1세기 말(서기 100년) 사이에 큰 변화에 직면하였다. 1세대 사도들의 순교와 흩어짐으로 생겨난 지도력의 공백, 거기에 로마 황제의 신격화와 강요된

---

117 *Ibid.*, 148.
118 John Knox, "The Ministry in the Primitive Church," 13-14.
119 박창건, "초대교회에 있어서 은사와 직제," 150.
120 John Knox, "The Ministry in the Primitive Church," 10.

황제 경배, 이단인 가현설(Docetism)과 영지주의(Gnosticism)가 교회 안을 파고들면서 교회는 일대 혼란과 위기에 직면하였다. 이때 예수의 재림을 기다리던 그리스도인들은 다가온 핍박을 견디지 못해 배교하는 수가 늘자 교회는 흩어짐을 막아야 하는 방패와 틀을 모색해야만 했다.[121]

여기서 새 이름들이 등장했다. 감독(Bishop), 집사(Deacon), 장로(elders)들이었다. 장로는 사도들과 함께 예루살렘교회를 관리하는 대표들이었으며, 사도들이 복음 전파에 주력하는 동안 장로들은 치리를 맡았을 것으로 알려져 있다.[122] 그러나 1세대 사도들이 무대에서 사라지면서 빌립보서와 목회서신에는 감독이라는 호칭이 등장하면서 감독과 장로의 관계는 혼돈에 빠지게 되었다. 어떤 이는 장로를 유대인을 위한 지도자라고 하고, 감독은 이방인을 위한 지도자라고 구분하기도 했다. 또 어떤 이는 감독을 치리하는 장로(supervising elders)로, 장로를 섬기는 장로(serving elders)로 구분하기도 했다. 그러나 감독과 장로는 상호 교환적 의미가 있었으며, 감독과 장로는 치리하는 장로로서 '사도, 예언자, 교사'의 카리스마적 사역과 함께 치리를 담당하는 직이었다.[123] 특히 감독은 회중을 관리(supervise)하는 행정과 돌보는(oversee) 목회를 수행하고 있었다.[124] 감독은 사도, 예언자, 교사의 사역을 돕기 위한 직이었다. 사도는 모든 교회의 사도였으나 감독은 지역과 지역 교회의 감독이었다는 점에서 차이가 있었다.

이어 감독과 함께 동시대적으로 등장한 집사는 그 기원에 대해 두 가지 견해가 맞서고 있다. 하나는 회당의 하잔(Hazzan)에서 온 것임을 주장하며, 이는 주로 예배학자들의 주장이다. 그러나 그린(Michael Green)은 하잔이 집사(*diakonos*)로 번역되지 않고 맡은 자(*hyperetes*)로 번역된 것으로 보아 "하잔에서 왔다"는 주장은 근거가 희박한 것으로 본다.[125] 사도행전의

---

121 Edward Lohse, 『신약성서배경』, 박창건 역(서울대한기독교출판사, 1984), 186-191, 219.
122 박창건, "초대교회에 있어서 은사와 직제," 153.
123 John Knox, "The Ministry in the Primitive Church," 22.
124 Michael Green, *Called to Serve*(Philadelphia: The Westminster Press, 1964); Kevin Conlon, "Church Office by the time of the Pastoral Epistles," *Church Ministry*, ed. by Andrew Mayes(Dublin: Dominican Publications, 1977), 76-77.

'일곱'도 예루살렘교회 회의에서 선출했을 뿐 집사라는 근거는 없다.

두 번째 견해는 빌립보서 1장 1절에 나오는 집사들은 장로와 감독을 보좌하는 역할이었으며, 특별히 재정 관리를 통해 감독을 보좌한 것으로 보는 견해다. 그런에 의하면 집사는 재정 관리 외에도 예배, 특히 성례전 보좌역도 맡았던 것으로 해석한다.[126] 그들이 안수를 받은 것은 계승이 아니라 직무 수행을 위한 위임이었다.[127]

그러나 존 녹스(John Knox)는 카리스마적 사역으로부터 제도적 사역으로 넘어가는 과정에서 이러한 오류 하나를 경고하고 있다. 오류란 예수의 사역-12제자-사도들의 사역은 종말론적이고, 감독-장로-집사의 사역은 제도적 사역으로 풀이하는 해석이다. 존 녹스는 초대교회의 사역은 제도적 사역까지 모두 종말론적 사역이었다고 풀이한다.

비록 카리스마적 사역에서 제도적 사역으로 형식과 틀은 바뀌었으나 모든 사역은 그리스도의 몸인 교회를 세우고 덕을 세우는 사역이었다.[128] 두 사역 모두 오고 있는 하나님 나라를 증언하는 종말론적 사역이었다. 후일 교권화된 감독과는 다른 의미의 사역이었다.

4) 신약에 나타난 사역의 실천신학적 의미

신약의 사역은 다음과 같이 요약된다.

신약에 나타난 사역은 예수 그리스도의 지상 사역, 열두 제자의 사역, 사도들의 사역, 초대교회의 '카리스마 사역'과 '제도적 사역'이라는 다양성으로 나타났다. 그러나 문제는 사역과 사역의 연결 고리를 사도 계승으로 보느냐 아니면 예수의 종말론적 위임으로 보느냐의 신학적 문제다.

사역과 사역 사이의 고리를 역사적 계승에서 보는 역사학파에는 하르

---

125 Michael Green, *Called to Serve*, 54.
126 *Ibid*.
127 박창건, "초대교회에 있어서 은사와 직제," 157.
128 John Knox, "The Ministry in the Primitive Church," 10.

나크(Adolf Harnack), 커크, 스힐레베이크스, 로마가톨릭교회와 성공회, 동방정교회가 속하고 있다. 패러(A. M. Farret)는 『사도적 사역』(*The Apostolic Ministry*) 서문에서 문제를 두 가지로 제시한다. 첫째는 예수께서 사도권을 위임했을 때 12제자에게만이 아니라 부활을 목격한 모두에게까지 확대하셨다는 해석이다. 여기에는 바울까지 포함되었다.

그러나 문제는 두 번째이다. 사도들이 죽었을 때 이미 그곳에는 보편화된 제도(institution)가 출현하여 사도권을 이어받았다는 해석이다. 이 제도란 군주적 감독제(monarchical episcopate)였다. '사도권'이라는 신의 선물(divine gift)을 감독이라는 직(office)으로 고착시켰다는 해석이다.[129] 이것이 사도 계승을 주장하는 근거였다.

사도 계승의 근거는 전술한 고대 히브리의 샬리아(*Shaliach*)에서 찾는다. 사도는 '샬리아'처럼 전권을 위임받은 대사라는 해석이다. 감독은 그리스도의 '사리아'(전권대사)였다는 주장이다.

이 학파의 논거는 사역의 연속성을 강조하는 것에 있다. 사역은 유기적(organism)이라는 것이다. 이것은 개신교회의 회중주의(Congregationalism)와 교회 분열에 대비되는 강점으로 평가되기도 한다.

그러나 역사학파의 가장 큰 취약점은 사역과 사역 사이의 고리를 '제도'로 해석한다. 특히 전권대사의 개념으로 예수 그리스도와 사도, 감독 사이의 단속적 고리(continuity in discontinuity)를 끊어 놓는 결정적인 약점을 드러냈다. 제도적·교권적 계승은 하나님과 그리스도로부터 사역을 끊어 인간이 제정한 체제로 분리시킨 위험성을 드러내 놓았다. 사도와 감독을 전권대사로 이해하는 한(샬리아의 전권은 타인에게 계승될 수 없었음) 사역을 그리스도의 사역으로부터 끊어 놓기 때문이다. 이 오류는 로마가톨릭교회, 성공회, 정교회뿐 아니라 개신교회의 성직화에서도 드러나는 위험성이다. 사역을 전권대사로 해석하는 한 하나님도, 회중도, 교회 공동체도 제외되기 때문이다.

---

129 A. M. Farrer, "Forward," *The Apostolic Ministry*, ed. by Kenneth Kirk, V-VI.

그러나 사역과 사역 사이의 고리를 예수 그리스도의 성육신과 부활 사건, 임재하는 하나님 나라에서 보는 성서·신학적 해석은 사역을 제도적으로 계승하는 역사학파의 논거를 단호히 거부한다.[130] 이들은 사역을 예수 그리스도의 부활하심과 오고 있는 하나님 나라의 증언으로 해석한다. 사역은 본질상 역사·종말론적이며, 증언이며, 섬김이라 해석한다. 하나님 나라 도래를 소망하던 종말론적 교회가 비종말론화(deeschatologization)되는 순간부터 교회는 제도적, 유기적, 성례전적, 신비적 교회로 변모하고, 그때부터 사역은 계급적이며, 율법적인 권위로 전락하였다.[131]

그러기에 사역의 문제는 "종말론적인가? 비종말론적인가?"의 문제였다.[132] 복음서는 부활하시고 승천하시고 다시 오시기로 약속하신 하나님 나라를 이 땅에서 증언하는 것을 사역으로 정의했다. 사역은 언제나 역사적 종말론이었다. 사역은 직도, 기능도 아닌 성육신하신 예수 그리스도의 존재론적 표현이요 양식이었다. 그리스도께서 성령으로 지금도 사역하시는 것이다. 교회의 다양한 사역은 예수 사역의 증언이다. 12제자에게 위임하신 사역은 예수 그리스도의 부활을 목격하고 경험한 하나님 나라를 증언하게 하기 위한 위임이었다. 그리고 12제자는 새 이스라엘의 대변이요, 우주적, 종말론적 회집을 예시하는 하나님 나라의 표상이었다. 바울의 사도성은 제도적 계승에서 온 것이 아니라 부활하신 주님과의 만남에서 온 종말론적 위임이었다. 특히 바울의 사도성은 모든 하나님의 백성을 하나님 나라 공동체로 세우기 위한 위임이었다. 그리고 모든 사람은 각기 받은 은사를 따라 그리스도의 몸을 세우는 사역자들이었다. 그러기에 사역은

① 예수 그리스도께서 행하신 사역을 원사역(The Ministry)으로 고백하고 수용한다. 그리스도께서 성령으로 지금도 일하신다.

② 다만 그리스도께서 위임한 사역은 베드로가 아니라 12제자였으며,

---

130 Bishop Stephen Neill, ed., *The Ministry of the Church*, 37.
131 Martin Werner, *The Formation of Christian Dogma*(London: A7C, Black, LTD, 1957), 271-272.
132 E. Earle Ellis, *Pauline Theology*, 4-5.

12제자는 처음부터 공동체였다.

③ 그리고 사역은 12제자, 120문도, 500여 신도, 바울과 후발 사도들을 포함하는 하나님 나라 백성 공동체와 교회에 위임된 사역이었다.

④ 은사를 따라 어떤 이는 사도, 예언자, 교사로 또 어떤 이는 감독, 장로, 집사로 부름을 받았으며, 이들은 모두 그리스도와 그리스도의 몸을 세우기 위해 부름을 받았다.

그러기에 예수의 사역(The Ministry)은 모든 사역의 근거요 정체성이며, 교회의 다양한 사역(The Ministries)은 예수 사역으로부터 연유된 섬김의 사역들이요 존재 양식이다.

2 장
사역의 변질과 회복

성서에 나타난 사역은 하나님께서 친히 행하시는 구원 사역(The Ministry of God)이었다. 구약을 통해 보여 주신 하나님 사역은 모든 민족을 새 예루살렘에 불러 모으시는 종말론적 집회(eschatological gathering)의 약속이었다. 그리고 이스라엘을 선택하시고 언약을 맺으신 언약에서 증인으로 위임하셨다. 신약에서 보여 주신 하나님 사역은 예수 그리스도의 성육신과 공생애, 십자가와 부활을 통하여 전 인류를 구원하시는 하나님의 자기 겸허였다. 특히 예수 그리스도의 사역(말씀 선포, 가르치심, 기적, 십자가, 부활)은 이 우주와 인류를 단 한 번에 구원한 존재론적 사건(ontic event)이었다.

그러기에 예수의 하나님 사역은 모든 사역의 존재론적 근원이며(The Ministry), 인간들이 수행하는 사역은 하나님 사역으로부터 연유된 파생 사역(derivative ministries)이었다.

하나님 사역으로부터 연유된 인간 사역은 지상에서는 다양한 표현 양식으로 나타났다. 아이히로트와 존 녹스는 지상 사역을 크게 카리스마적 사역(charismatic ministries)과 제도적 사역(institutional ministries)으로 구분하였다. 구약의 카리스마 사역에는 미래를 보는 자, 나실인, 사사, 예언자들이 속하였으며, 신약의 카리스마 사역에는 사도, 예언자, 교사가 속하였다. 구약의 제도적 사역에는 제사장과 왕의 사역이 속하고 있었으며, 신약에서는 감독, 장로, 집사들이 속하고 있었다. 그러나 이 사역들은 모두 하나님 사역의 증언이며, 통로였다.

그리고 구약과 신약의 사역은 세 가지 공통점을 가지고 있었다. 첫째로 모든 사역은 하나님의 부르심과 위임에서 온 사역이었다. 하나님의 부르심은 세습에서 세습으로 이어지는 이방 민족의 수평적 제도가 아니었다. 성서의 사역은 하나님께서 친히 위임하신 사역이었다. 처음 사역은 말씀 사역이었으며, 여기에는 토라를 가르치는 제사장과 교사가 수행하였다.

두 번째는 모든 사역은 하나님 백성의 공동체 사역이었다. 하나님 백성은 하나님과 세계의 관계 안(원심점)에서 하나님을 증언하고 대변하는 사역을 수행하였다(구심점). 이때 하나님 백성은 하나님을 향하여 세계의 죄와 아픔을 대변하고, 세계를 향하여 하나님의 말씀을 대변하는 사역을 수행하였다. 이것을 이중적 대변의 사역이라 불렀다. 초대교회는 부활을 통하여 임재하시는 하나님 앞에서 전 세계를 대변하는 제사장적 사역을 수행했으며, 전 세계를 향하여 하나님 나라를 대변하고 증언하는 사역을 수행하였다.

그러기에 모든 사역은(그것이 카리스마적이든 제도적이든) 하나님과 세계 사이의 원심적 · 구심적 관계 안에서 공동체를 세우고 섬기는 공동체였다.

세 번째 공통점은 궁극적으로 모든 민족을 하나님의 회중으로 모으시는 하나님의 통치하심을 증언하는 사역이었다. 그러기에 모든 사역은 잠정적이고 역사 · 종말론적이었다. 역사 · 종말론적이란 역사 속에 임재하는 하나님 나라에 대한 증언이며, 하나님 나라 공동체를 세우는 사역, 섬김을 실천하는 사역을 뜻한다. 사도, 예언자, 교사, 목사, 감독, 장로, 집사는 높고 낮음의 계급이 아니었다. 모든 직임은 하나님 나라 백성인 "성도를 온전케 하고, 몸을 세우며, 봉사의 일"을 하게 하는 섬김의 직임이었다(엡 4:12). 그러기에 사역에 은사의 구분은 있었으나 계급의 구분은 아니었다.[1] 그러나 불행하게도 교회사는 이 원초적 사역을 계급화하고 교권화해 온 타락의 역사로 추락하였다.

---

1 John Knox, "The Ministry in the Primitive Church," *The Ministry in Historical Perspectives*, 11, 13.

1. 사역의 변질

1) 교부 · 중세 시대의 사역: 단일 감독제와 사역의 사제화

2세기로부터 16세기 종교개혁 사이에 일어난 사역의 변화는 크게 두 가지였다. 하나는 단일 감독제의 출현이고, 다른 하나는 사역의 사제화였다.

교부 시대에 등장한 단일 감독제(mono episcopos)는 본래 로마제국의 박해에 대응하고, 신앙의 이탈자를 막기 위해 등장한 제도였다. 그러나 단일 감독제는 감독이 교회의 수장(head)이 되고, 감독 밑에 여러 명의 장로단(a body of elders)을 두었으며, 그 밑에는 집사군(a corps of deacons)이 자리하는 피라미드식 구조로 변형하였다.[2] 단일 감독은 장로와 집사 위에 군림했으며, 회중 위에 서서 만사를 통치하고 명령하는 통치자가 되었다.

단일 감독제가 출현한 배경에는 계속되는 로마제국의 박해와 안으로 스며든 영지주의(Gnosticism)에 대한 대처라는 이유가 깔려 있었다. 그리고 당시의 가정 교회들(house churches)로 존재하던 교회들을 통합하고 효율적으로 운영하는 통일성을 모색하기 위한 것이었으며, 그것은 결국 감독을 교회를 대표하는 머리로 만드는 일로 귀결되었다.[3]

최초의 단일 감독(single bishop)은 시리아의 안디옥교회의 감독, 이그나티우스(Ignatius)였다. 이그나티우스는 시리아 안디옥에서 체포되어 로마로 호송되어 가던 중 이미 사형 선고를 받았던 상태에서 소아시아 교회를 향해 몇 편의 편지를 썼으며, 그 편지를 통해 소아시아 일곱 교회에는 이미 단일 감독들이 상주하고 있었음을 암시하고 있다.[4] 서머나교회에는 폴리카프로스(Polycarp)가, 에베소 교회에는 오네시모(Onesimus)가 감독으로 주재하고 있었음을 암시하고 있다.

그리고 강한 지도력이 있었던 이그나티우스가 서머나교회에 보내는 충

---

2 *Ibid.*, 23.
3 *Ibid.*, 24.
4 *Ibid.*, 23.

고의 글에서 "여러분 모두는 예수 그리스도께서 아버지를 따른 것처럼 감독을 따르시오…"[5]라고 쓴 것에 비추어 보면, 단일 감독은 이미 교회의 수장뿐 아니라 복종의 대상이었음을 암시하고 있다.

교부 시대에 출현한 감독제도는 유대교 회당의 회당장에서 유래한 것으로 해석하는 것이 통례지만, 보다 신빙성 있는 해석은 쿰란 공동체(Qumran Community)의 지도자 맵하커(Mebhakker)의 돌보는 자(overseer)에서 온 것이라는 견해다.[6] 감독은 본래 지주나 수장이 아니라 돌보는 자라는 섬김의 직이었다. 그러나 단일 감독제의 등장은 돌보는 자에서 사도, 예언자, 교사가 수행했던 목회적, 교육적, 행정적 직까지 흡수한 중앙집권적으로 변질되었다.[7] 이는 초대교회의 사역으로부터 교권·제도적 사역으로의 전환과 변질의 계기가 되었다.

2세기의 단일 감독제는 아직 사도 계승은 아니었으나[8] 이미 하나님의 대행자, 그리스도의 이미지, 성령의 제정으로 신성화되면서 2세기 말에는 확고한 제도로 정착되고, 3세기 이후에는 전 교회로 보편화되었다. 이미 2세기 중엽 이레니우스 때 감독제는 단일 감독제를 근간으로 교구 감독(diocesan bishops)이 등장하고, 교구 감독은 개교회의 단일 감독들 위에 세워졌으며, 도시 감독을 지칭하기도 했다. 325년 니케아 공의회(Nicea Council) 이후 감독제는 감독과 교구 감독제를 넘어 예루살렘, 로마, 알렉산드리아, 안디옥 같은 대도시에 상주하는 메트로폴리탄 감독제(metropolitan bishop)로 확대되었다. 메트로폴리탄 감독은 자기 관할 안의 모든 감독과 교회를 관할할 뿐 아니라 감독을 안수하는 권한을 소유하였다. 더 나아가 메트로폴리탄 감독제는 대주교(patriarchal bishop)로 발전하였다. 대주교의 등장은 로마교회의 우월 의식에서 연유된 것이었으며, 결국 소아

---

5 Harry G. Goodykootz, *The Minister in the Reformation Tradition*(Richmond: John Knox Press, 1963), 42.
6 Michael Green, *Called to serve*, 44.
7 John Knox, "The Ministry in the Primitive Church," *The Ministry in Historical Perspectives*, 25.
8 George H. Williams, "The Ministry of the Ante-Nicene Church," *The Ministry in Historical Perspectives*, 31-32.

시아 교회들을 소외시키는 결과를 가져오기도 했다. 이는 로마의 교황제(Papacy)가 태동되는 변화의 서곡이었다.[9]

단일 감독제의 최초 출현은 안팎에서 일어나는 이단과 로마의 박해에 대응하고, 교회의 정통성을 보존하기 위해 선택한 불가피한 대안이었다. 교회의 통일성, 사도 전통의 보전, 정통 신앙과 교리의 보전은 단일 감독제를 태동시킨 요인들이었다.[10]

그러나 단일 감독제는 325년을 기점으로 감독·장로 체제를 성직자(kleros)와 제사장직으로 계급화하면서 평신도로부터 분리하는 결과를 가져왔다. 이들만이 성체적 희생(eucharistic sacrifice)을 집례할 수 있었다. 그리고 감독은 세례권과 안수권을 독점함으로써 성직자, 제사장직에 속한 장로로부터 다시 자신들을 구별하고 계급화하였다. 여기서 단일 감독제는 초대교회의 유산 두 가지를 폐기하는 불행을 자초했다. 하나는 하나님 백성 공동체의 사역을 사멸시켰으며, 각기 받은 은사를 통하여 그리스도의 몸을 세워 가던 공동체적 사역을 붕괴하기 시작했다. 이때부터 사역은 급격히 계급화되고 직업화되는 방향으로 급선회하였다.[11] 결국 평신도는 소외되고, 소외된 평신도들은 신앙을 지키기 위해 '수도원 운동'이라는 새로운 형태를 따라 사막으로 흩어지기도 했다.[12]

잃어버린 유산 두 번째는 감독이 예배 집례와 헌금의 영역으로 사역을 강화하는 동안 말씀 선포와 가르치는 사역은 소멸되어 갔다. 감독이 포기한 말씀 사역은 자유 교사와 귀신 쫓는 사람들 손에 넘어가고 말았다.[13] 여기서 초대교회의 생명이었던 카리스마 사역은 점차 약화되거나 변두리로 밀리거나 소멸되는 비운을 맞기 시작했다.

---

9 Harry G. Goodykotz, *The Minister in the Reformation Tradition*, 43.
10 *Ibid*.
11 George H. Williams, "The Ministry of the Ante-Nicene Church," *The Ministry in Historical Perspectives*, 29-30.
12 *Ibid*., 30.
13 *Ibid*., 28; Urban T. Holmes III, *The Future Shape of Ministry*(N.Y.: Seabury Press, 1971), 24.

이어 교부·중세 시대에 일어난 사역의 역사적 변화 두 번째는 사역의 사제화(sacerdotalizing)였으며, 사역의 교권화였다. 325년 이후 사역의 구조는 '감독-장로-집사-평신도'의 구조로부터 7구조로 변화되었다. 7구조는 '감독-장로-집사-준집사(subdeacon)-성경 낭독자(lector)-문지기(doorkeeper)-무덤 파는 이(grave digger)'의 체제를 의미했으며, 이는 314년 이후 '황제의 교회'라는 정치적 보장과 함께 더 확대되었다.[14] 이는 교인과 교회의 크기와 정비례하여 생겨난 현상이었다. 그러나 문제는 감독과 장로는 제사장직(priesthood)으로부터, 감독-장로-집사를 성직자(kleros)로 계급화하면서 사역은 평신도로부터 완전 분리하였다.[15] 바로 이 과정을 가톨릭 신학자 스힐레베이크스는 사역의 사제화 혹은 사역의 제사장화라고 불렀다. 그리고 사제화 과정은 1179년 제3차 라테란 공의회(Third Lateran Council)와 1215년 제4차 라테란 공의회(Fourth Lateran Council)에서 공식화되었으며,[16] 이는 사역의 교권화(clericalization)를 더욱 심화시킨 계기가 되었다.

사역의 사제화는 크게 두 가지 영역에서 더 구체화되었다. 처음 영역은 '안수'(ordination)였다. 안수는 처음부터 감독의 고유 권한이었다.[17] 초기에는 개교회가 자기의 목사(감독)를 선출할 수 있었지만, 안수는 반드시 다른 교회 감독들에 의해 주어져야 했다. 회중이 조용히 기도하는 동안 사제(감독)의 안수는 반드시 다른 세 감독이 손을 얹어서 안수할 때만 유효했다. 이는 그 당시 교회들이 발휘할 수 있었던 최소한의 공동체의 표현이었다.[18] 그러나 380년 라오디게아 공의회에서 회중에 의한 감독 선출이 거부되면서 감독은 그 지역 감독과 메트로폴리탄 감독에 의하여 선출되고, 그들에 의해 안수를 받아 감독이 되는 제도로 변하였다.[19]

---

14 George H. Williams, "The Ministry of the Ante-Nicene Church," 60-65.
15 *Ibid.*, 61.
16 Edward Schillebeeckx, *Ministry*, 48-52.
17 George H. Williams, "The Ministry of the Ante-Nicene Church," 29.
18 Edward Schillebeeckx, *Ministry*, 42.
19 George H. Williams, "The Ministry of the Ante-Nicene Church," 61-62.

사역의 사제화의 두 번째 영역은 감독만이 성만찬을 집례한다는 제도로의 전환이었다. 이때부터 성 어거스틴(St. Augustine)의 그리스도와 교회 사이의 중보자, 제사장 호칭은 거부되고, 테르툴리아누스(Tertullianus)의 대제사장인 감독 없이는 성만찬(eucharist)도 없다는 교리로 발전하였다.[20] 스힐레베이크스는 자신이 로마가톨릭 신학자이면서도 사역의 사제화는 신약의 그리스도의 제사장직과 교회 공동체의 사제직을 빼앗아 개인화한 교권주의의 시작이라고 비판했다.[21] 사역의 사제화란 교회 공동체의 제사장적, 성만찬적 특권을 감독(sacramental person)의 손안에 독점화했다는 의미다.[22]

안수권과 성례전의 독점으로 확대된 감독의 권한은 중세에 오면서 더욱 극대화되었다. 예일 대학의 사학자 로랜드 배인톤(Roland H. Bainton)은 평신도와 회중의 참여가 거부되고, '추기경단'이 교황을 선출하는 선거 방법은 감독이 감독을 선출하고 안수한 초기 전통의 확대였다고 풀이한다. 그리고 중세에 사제는 떡과 포도주를 함께 받지만, 평신도는 포도주는 거부되고 떡만 받는[23] 성례전주의로 확대되었다.

온갖 이단설의 위협 앞에서 교회의 사도성과 통일성을 유지하기 위한 교부와 교회 지도자들의 신학적인 노력에도 불구하고 교부·중세 시대에 출현한 감독 체제 사역과 사역의 사제화는 초대교회의 종말론적, 공동체적, 역사 변혁적 패러다임의 교회와 사역의 구조를 왜곡하고 교회의 생명력을 상실하게 한 요인이 되었다. 그리고 교회와 사역의 패러다임은 제도적, 신비주의적, 교권적으로 변질되었다.

아이리프신학대학원(Illiff School of Theology) 총장, 도날드 메서(Donald E. Messer)는 『기독교 사역의 현대적 이미지』(Contemporary Images of Christian Ministry)[24]에서 다음과 같이 피력하였다. "신약에서 제사장은 예수 그리스

---

20 Edward Schillebeeckx, *Ministry*, 48-49.
21 *Ibid.*, 48, 52.
22 Urban T. Holmes III, *The Future Shape of Ministry*, 37.
23 Roland H. Bainton, "The Ministry in the Middle Ages," *The Ministry in Historical Perspectives*, 90-91.

도와 하나님의 백성(교회)을 두고 쓴 용어였으나, 190년 이후 제사장의 의미는 종교적 전문가에게 붙인 이름이 되었다. 특히 성만찬 예식 때 사제의 역할은 상승했으며, 이때부터 예언자적, 교육적 사역은 사양길을 걸었다. 결국 성례전의 독점은 성직자와 평신도를 갈라놓았다."25

2) 종교개혁, 초대교회 사역의 회복인가?

16세기 종교개혁 운동은 사역의 개혁만은 아니었다. 특히 루터(Martin Luther)의 종교개혁은 당시 로마가톨릭교회의 교권주의적 · 성례전적 신비주의에 대한 개혁의 호소이고 절규였다. 루터의 신앙과 사상은 오직 성서로(*Sola Scriptura*), 오직 은총으로(*Sola Gratia*), 오직 믿음으로(*Sola Fides*) 의로워짐을 받는 칭의(Justification)에 근거하고 있었다. 이는 성서에 근거한 신앙과 신학과 교회 구조, 체제 변화의 몸부림이었다.

루터 연구의 대가로 알려진 빌헬름 파우크(Wilhelm Pauck)는 루터의 '사역론' 이해는 루터의 교회론에서 온 것이었음을 분명히 한다.26 특히 1530년 아우구스부르크 회의에서 동료 멜란히톤(Melanchthon)을 통해 밝힌 루터의 교회론(아우구스부르크 신앙 고백 제7조)은 루터 자신의 교회론이고 사역론이었다.

루터는 교회를 '성도들의 회중'(congregation of the saints)이요 '성도의 교제'(*communio sanctorum*)라고 정의했다. 성도의 교제로서의 교회는 "복음이 올바로 선포되고", "성례전이 올바로 집행되는" 회중이었다. 이 사상은 장 칼뱅에게서도 영향을 주었다.27 '그리스도와 성서' 위에 근거한 하나님의 말씀이 설교를 통하여 선포되고, 세례와 주의 만찬을 통해 경험되는

---

24 Donald E. Messer, *Contemporary Images of Christian ministry*(Nashville: Abingdon Press, 1989).
25 *Ibid*., 34-35.
26 Wilhelm Pauck, *The Heritage of the Reformation*(The Free Press of Glencoe, Inc., 1961), 102.
27 *Ibid*.

사상은 하나님의 말씀이 자유롭게 역사하는 것을 제도로 가로막고 있는 로마가톨릭교회에 대한 수정과 개혁의 소리였다고 파우크는 해석한다.[28]

'성도의 교제'는 교회를 감독이 점유하고 평신도를 소외시켜 온 로마교회의 교권주의에 대한 역제안이었다. 교회는 본질상 그리스도를 믿는 성도들, 하나님 백성의 회집, 교제이기에 교회는 신앙의 공동체(gemeinde)다. 이는 1,500년간 교회를 성직자의 손에 맡긴 교권주의를 근본에서 수정하는 사상이요, 초대교회를 회복하려는 신학적 노력으로 평가되고 있다. 그리고 '성도의 교제'는 루터의 사역론을 열어 가는 중요한 열쇠였다.

"모든 그리스도인(성도)은 신앙 때문에 하나님의 말씀의 목사다."[29] 신앙을 가진 그리스도인은 모두가 하나님 앞에서 제사장이라는 사상(일명 '만인제사직론')은 루터 사역론의 중심이고 핵심이었다. 복음 안에서 모든 이는 하나님과 사람 사이의 "제사장이요, 중보자요, 대언자"이기 때문이다.

이는 초대교회 공동체와 은사를 회복하는 시도이고, 하나님 백성 사역을 다시 살리는 시도로 평가되어 왔다.

그러나 문제는 루터와 재세례파의 갈등에서 부상하였다. 루터는 좌파 개혁자(left wing reformers), 특히 재세례파로부터 '반쪽 개혁'(half-reformation)이라는 비판을 받았다. 만인제사직론에 관한 한 루터와 재세례파는 공히 하나님 백성 사역, 평신도 사역에는 공감하고 있었다. 그러나 재세례파는 안수 목회를 거부하고 만인제사직을 실천함으로써 일절 성직이나 안수를 거부했다. 그러나 루터는 만인제사직 안에 '구별된 사역'(set apart ministry)을 주장하고 이를 실천하였다.

파우크(W. Pauck)는 루터의 사상을 다음과 같이 요약한다. "모든 믿는 사람은 하나님의 말씀 안에 있는 신앙 때문에 목사요, 종이요, 제사장이다. 그러나 모든 신자가 다 설교, 교육, 상담을 수행할 수는 없다."[30] 회중 중의

---

28 *Ibid.*
29 *Ibid.*, 103.
30 Wilhelm Pauck, "The Ministry in the Time of the Continental Reformation," *The Ministry in Historical Perspectives*, 112.

한 사람을 선출하고 구별하여(set apart) 회중의 안수를 통해 목사로 임명하고, 그로 하여금 성도(만인제사장)들을 세우고, 만인사제직을 수행하도록 돕게 한다는 것이었다. 안수 목회는 모든 신자로부터 구별되었으나(set apart) 그 구별은 계급이 아니라 말씀을 섬기는(설교와 성례전) 직의 구별이었다. 그러므로 '안수 목회'는 사도 계승이 아니라 그리스도에 의해 제정된 사역이었다.[31] 이 직임에 임명된 목사는 하나님의 말씀을 외면하거나 모독하지 않는 한 회중에 의해 축출될 수 없다고 했다.

여기서 파우크는 질문 하나를 던졌다. 루터는 만인제사직론에서 평신도 사역을 대변하면서도 동시에 안수 목회를 주장함으로써 교권주의 위험을 안고 있는 것은 아닌가? 더욱이 안수 목회의 중심이 이 설교에 있고, 설교를 수행하는 설교자가 주역이 되었을 때 교회는 다시 '설교자의 교회'로 전락하는 것은 아닌가?[32]

이 질문에 대해 홈즈(Urban T. Holmes III)는 루터의 사역론은 "성직 계승과 교권적 구조에서가 아니라 믿는 사람들의 제사장직과의 연계선 상에서 보아야 한다"고 해석한다. 안수 목회는 성직자의 제사장직(사제) 계승이 아니라 하나님 백성의 사역에서 보아야 한다는 의미다.[33] 그러기에 루터의 사역론은 만인 사제로서 하나님 백성 사역을 말하면서도 평신도주의(laicism)에 빠지지 않았으며, 안수 목회를 말하면서도 교권주의에 기울지 아니한 천재적인 발상이라고 평가하였다.

스위스의 종교개혁자 장 칼뱅(Jean Calvin)은 교회론에서 루터와 유사성을 가지고 있었다. "경건함으로 말씀이 들려지고, 성례전이 외면되지 않는 곳에… 교회는 출현한다"[34]라는 교회론에서 말씀과 성례전은 교회의 두 표지로 나타났다. 그러나 교회론에서 사역을 도출했던 루터와는 달리 칼뱅은 사역을 교회론과는 다른 신학적 패러다임에 두고 있었다. 그것은 하나

---

31 Eric G. Jay, *The Church*, 166.
32 Wilhelm Pauck, "The Ministry in the Time of the Continental Reformation," 114.
33 Urban T. Holmes III, *The Future Shape of Ministry*, 61.
34 Wilhelm Pauck, *The Heritage of the Reformation*, 102.

님의 질서인 'ordinatio Dei'였다.[35] 하나님의 통치이고 하나님의 질서이고 하나님의 경륜이라는 의미의 ordinatio Dei는 교회 질서의 근원이다. 교회는 하나님의 통치하심 안에만 존재의 의미를 갖는다는 뜻이다. 여기에 에릭 제이(Eric Jay)는 ordinatio Dei의 구심점은 예수 그리스도이며, 그리스도가 성령을 통하여 교회 사역과 사명을 명하시는 주체라고 보았다.[36]

문제는 칼뱅의 ordinatio Dei가 어떻게 교회와 목사와 연관되는가? 연결고리는 예수 그리스도이다. 그리스도만이 유일한 '목사'요, 감독이요, 교사라는 기독론에서 찾고 있다. 그리스도의 머리 되심과 목사 됨을 부정하는 그 어떤 제도도 (그것이 로마가톨릭교회이든 재세례파든) 그것은 진정한 교회 질서가 될 수 없다고 칼뱅은 믿었다.[37] 그러므로 사역을 논할 때 칼뱅은 그리스도의 머리 되심 안에서만 가능한 것으로 이해하였다.

그렇다면 목사는 누구인가? 목사는 하나님께서 임명한 사람들이며, 그들의 손에 교회의 치리를 위탁한 것이다. 거룩하고 경건한 목사들에 의해 하나님의 교회가 태어날 뿐 아니라 교회의 삶이 목사들에 의해 보전되고 지탱된다고 칼뱅은 믿었다.[38] 그러나 목사의 권위는 언제고 잘못될 수 있다고 믿었다. 그러나 그리스도를 통한 ordinatio Dei와 성령에 의하여 임명된 목사는 그리스도의 '종'이며, 도구이며, 그의 권위는 사람에게서 난 것이 아니라 말씀과 직임에서 주어진 것이라 믿었다. 그러기에 목사의 권위는 '제사장직'에서도 '자신의 인격'이나 심지어는 '회중에 의한 선택'에도 있지 않았다. 목사의 권위는 하나님 말씀의 권위에 있었으며, 말씀의 권위를 지키는 한 목사는 그리스도의 대리적 권위(a delegated authority)이다.[39]

Ordinatio Dei는 안수를 거쳐 교회의 직임에 위임되는 모든 과정과 연

---

35 Benjamin Charles Milner, Jr., *Calvin's Doctrine of the Church*(Leiden: E. J. Brill, 1970), 134. Milner는 'ordinatio Dei'의 근거를 칼뱅의 교회교의학(*Institute of Christian Religion*) IV, III, 1, 42에서 찾는다.

36 Eric G. Jay, *The Church*, 174.

37 Benjamin Charles Milner, Jr., *Calvin's Doctrine of the Church*, 135. 칼뱅의 디도서 주해 1.5에 근거한 해석임.

38 *Ibid*.

39 Harry G. Goodykootz, *The Minister in the Reformation Tradition*, 51-52.

관된다. 목사로 선정될 수 있는 자격은 올바른 교리(sound doctrine)와 삶의 통전성(integrity of life)을 갖춘 사람이며, 이들의 교회의 정치적·외적 부름은 먼저 목사 된 이들의 시험과 교회 회중의 동의를 얻는 과정을 거쳐 이루어진다. 목사 될 이는 외적 부름 이전에 성령의 내적 부름(secret call)이 전제되어야 한다. 그리고 그다음은 교회의 초청과 부름이다. 그리고 손을 얹는 안수를 통해 목사직으로 초청된다. 여기서 칼뱅은 안수 예식을 성례전으로 보지만,[40] 구원과 관계된 성례전은 아니라고 보았다.

칼뱅의 교회 직임은 네 가지였으며, 처음은 말씀 선포, 가르치는 일, 권고하는 일, 성례전을 집행하는 목사(pastors)고, 두 번째는 교리에 능통하고 목사들을 훈련시키는 교사(teachers, 박사[doctors])들이었다. 세 번째 직임은 목사와 함께 회중을 돌보고 교회를 치리하는 장로고, 네 번째 직임은 가난한 자를 돌보고 구제에 힘쓰는 집사였다.[41]

루터와 칼뱅 사이에 드러난 사역의 차이점은 크게 세 가지였다. 하나는 루터는 만인제사직론에 근거한 전 회중의 사역을 우선으로 하고 그 위에 안수 목회를 전개하는 반면에 칼뱅은 전 회중의 사역보다는 *ordinatio Dei*에 근거한 목사의 사역에 더 큰 비중을 두었다. 두 번째로 루터가 안수 목회의 권위를 교회의 설교와 성례전에 두고 안수 목회를 회중의 선택에 두었던 데 반해 칼뱅은 목사의 권위를 *ordinatio Dei*에 둠으로써 하나님의 통치성과 경륜하심에 두었다. 세 번째로 루터는 목회의 직임을 '목사직' 하나로 보는 반면 칼뱅은 4중직 사역으로 보았다.

그러나 루터와 칼뱅은 차이에도 불구하고 그들의 사역 사상은 교황 중심, 사제화(제사장 이미지) 중심으로부터 하나님 중심, 그리스도 중심, 말씀 중심의 사역으로 전환하였다는 공헌을 남겼다. 루터는 성서 중심, 은혜 중심, 신앙 중심으로 표현하였으며, 칼뱅은 *ordinatio Dei*, 성령의 인치심, 그리스도 중심으로 표현하였다. 여기서 루터와 칼뱅은 공히 목회자를 사제

---

40 Benjamin Charles Milner, Jr., *Calvin's Doctrine of the Church*, 140-144.
41 Harry G. Goodykootz, *The Minister in the Reformation Tradition*, 52.

(priest) 이미지로부터 목사(pastor)와 설교자(preacher) 이미지로 바꾸어 놓는 공헌을 남겼다.

특히 루터는 사역의 신학적 패러다임을 성직자 중심의 구도로부터 하나님 백성 사역의 구도로 전환하는 데 공헌했다. 만인제사직론에 근거한 평신도 사역의 가능성은 초대교회의 유산을 재연할 수 있는 신학적 기반이었다. 칼뱅의 *ordinatio Dei* 사상은 교회 제도를 통해 구현되는 것이 아니라 예수 그리스도의 머리 됨과 목사 됨을 통하여 구현되었다. 루터와 칼뱅의 직임 이해는 목회의 권위를 제도에 두지 않고 말씀 위에 두며, 말씀을 선포하고 가르치고 권고하는 섬김에 두었으며, 이는 성서적 사역론의 재연이었다. 다만 두 개혁자의 사역론은 하나님 나라 사상과 종말론과 연계되지 않고 있다는 점에서 아쉬움을 남기고 있다.

3) 근세의 사역론: 다원화된 사역

루터의 종교개혁은 전 세계로 확산된 세계적 운동이었지만 루터의 교회론과 사역론은 루터교회와 독일 경건주의로 한정되었다. 특히 루터교회가 국가교회로 변신하면서 루터의 교회론과 사역론은 크게 위축되었다. 그러나 칼뱅의 교회론과 사역론은 네덜란드와 영국, 스코틀랜드를 거쳐 미국 대륙으로 확산되었다. 특히 미국 장로교회를 중심으로 칼뱅의 사역 이해는 개신교 전반에 지대한 영향을 끼쳤다.

그러나 종교개혁 이후 근세 사역론의 방향을 결정지은 또 하나의 변인은 1534년 영국 국왕이 교회의 머리가 되는 이른바 수장령(Act of Supremacy)이 제정된 이후 출현한 영국교회(The Church of England) 일명 성공회의 등장이었다.

사상적으로는 개신교 신학에 근거하면서도 교리나 실천은 로마가톨릭교회를 그대로 수용한 영국교회의 사역 구조는 주교-사제-집사라는 체제를 선택하였다. 이는 종교개혁 이후 로마가톨릭교회의 사제주의가 되살아난 사례이기도 했다.

그러나 에드워드 6세, 메리 튜더 1세, 엘리자베스 1세 국왕으로 이어지는 동안 로마가톨릭교회와 영국교회 사이 갈등은 심화되고, 영국은 국가교회로, 스코틀랜드는 장로교회로 방향을 전환하였다. 여기에는 케임브리지의 카트라이트(Thomas Cartwright)가 장로교 제도에 의한 국가교회를 추구했던 정치적 개입이 깔려 있었다. 그리고 1560년에는 칼뱅의 제자, 녹스(John Knox)가 스코틀랜드에 장로교회를 설립하였다. 1603년 제임스 6세가 스코틀랜드를 영국교회화 하려 했으나 1625년 찰스 1세에 의해 관용주의로 선회하였다. 그러나 1638년 글래스고(Glasgow) 의회는 감독제를 폐지하고, 장로교회로 회귀할 것을 결의함으로써 스코틀랜드에서의 종교적 긴장은 일단락되었다.[42] 그 후 스코틀랜드 장로교회는 칼뱅의 교회론자 사역론적 사상과 구조를 따라 목사-교사(박사)-장로-집사 체제를 채택하였고, 사역의 역할도 칼뱅의 구조를 추종하였다.

반면에 근세 사역론은 새로 떠오른 종파(sect)에 의해 큰 변화를 가져왔다. 메리(Mary) 여왕(가톨릭) 때 피난하여 제네바와 취리히에서 깊은 신앙적 경험을 하고 엘리자베스(Elizabeth) 여왕 때 돌아온 일명 청교도(Puritan)들의 신앙적 도전은 큰 회오리바람을 일으켰다. 험프리(Lurence Humphrey), 샘슨(Thomas Sampson), 카트라이트(Thomas Cartwright)와 그의 제자 브라운(Robert Browne)으로 이어진 청교도 운동은 큰 종파로 확장하고, 타락한 영국교회를 신랄하게 비판하기 시작했다.[43] 특별히 1567년 분리주의 교회(separatist churches)라는 독립 교회(independent churches)를 세우면서 당시 지도자였던 브라운은 영국교회를 신랄하게 비판하기 시작하였다.

국가가 교회를 세울 수는 있지만, 교회를 왕실의 예속시키는 것은 죄악이며, 교회는 하나님의 선택과 부르심에 세워져야 한다고 외쳤다. 교회는

---

42 *Ibid.*, 56-58.
43 Williston Walker, *A History of the Christian Church*(N.Y.: Charles Scribner's Sons, 1918), 457-461.

주교(arch bishop)가 아닌 회중이 중심이어야 한다고 설파했다.[44] 회중교회의 정치 구조는 회중이 주도하는 민주적 절차에 근거를 두어야 한다고 했다. 그리고 성직자와 평신도의 구분은 비성서적이며, 이는 철폐되어야 하며, 만인제사직에 근거하여 누구나 설교할 수 있고, 성례전을 집례할 수 있어야 한다고 했다. 이 회중주의(Congregationism)는 미국 교회에 지대한 영향을 끼쳤다. 그 결과 영국에는 주교 중심적 영국교회가, 스코틀랜드에는 장로 중심의 장로교회가, 영국 주변에는 회중 중심의 독립 교회가 치열한 3파전을 벌이고 있었다.

1642년 국왕과 청교도의회 사이에 시민전쟁이 일면서 청교도의회는 영국교회의 주교를 철폐하고, 1643년 7월 웨스트민스터 회의(Westminster Assembly)에 121명의 성직자, 30명의 평신도(이 중에는 일부 성공회, 회중 지도자가 포함되었으나 대다수는 장로교인과 청교도)를 초청하여 장로교식 예배 의식과 교회 정치 구조를 채택하였으며, 1646년에는 웨스트민스터 신앙고백을 채택하였다. 1647년 웨스트민스터의회는 대교리문답과 어린이 교육을 위한 소교리문답도 채택하였다. 이것은 칼뱅주의의 승리였으며,[45] 이는 미국 장로교회 형성에 결정적인 영향을 끼쳤다.

이렇듯 복잡한 과정을 거치면서 유럽식 교회 구조와 사역은 미국에 정착한 초기 청교도들의 거부 대상이 되었다. 정치적, 종교적 자유에 근거한 청교도 신앙은 교회와 국가의 분리를 헌법으로 제정하고, 국교 설립을 차단하였다. 그 결과 미국에서는 국교 대신 신앙의 자유를 근간으로 하는 교파(denominations)형 교회 구조를 태동시켰다.

교파형은 종파형(sect type)을 포함하고 있었으며, 평신도 사역이 강조되고, 회중주의를 선호하게 되었다.[46] 이는 미국 기독교의 특색이 되었다. 다원적이고, 회중 중심적이며, 개교회 중심적이었다.[47] 이 현상은 1730년

---

44 Harry G. Goodykootz, *The Minister in the Reformation Tradition*, 70.
45 Williston Walker, *A History of the Christian Church*, 470-471.
46 Harry G. Goodykootz, *The Minister in the Reformation Tradition*, 77-78.
47 Sidney E. Mead, "The Rise of the Evangelical Conception of the Ministry in America"(1607~1850), *The Ministry in Historical Perspectives*, 207-212.

대각성운동(The Great Awakening)으로 알려진 미국의 부흥 운동에서 더욱 심화되었으며, 신앙 각성, 교인 급증, 목사 후보생들의 급증 등 긍정적인 요인과 함께 반지성적(anti intellectual), 반문화적(anti cultural), 안수 없는 (훈련 없는) 목회자 배출 등 부정적인 결과를 동반하였다.[48] 그러나 부흥주의적 풍토 속에서도 미국 장로교회는 목사 선발, 훈련, 초빙 과정을 신중히 진행하고, 목회를 장기적이고 교육 목회적 방향으로 정착하는 틀을 마련하였다.[48] 이것은 부흥주의에 대한 목회적 대응이고 대안이었다.

그러나 1850년 이후 미국 교회의 사역은 걷잡을 수 없는 다원주의의 방향으로 퍼져나갔다. 마이클슨(Robert Michaelson)은 이때를 문화 개신교적 사역(노예 문제 등 사회 문제에 초점을 두는), 복음주의적 사역(무디와 빌리 그레이엄을 중심으로 하는 회심 사역), 자유주의 사역(과학과 진화론을 수용하는 개방적 사역), 근본주의 사역(과학을 반대하고 성경을 중심으로 하는), 사회개혁 사역(사회복음 운동, 사회정의 실현) 시대라고 이름 붙였다.[49]

근세 사역론은 크게 두 가지 영역으로 구분된다. 하나는 '교황 중심'에서 '다원적 구조'로 변화된 역사적 변천 뒤에는 사회 변동이라는 변인이 크게 작용하였다. 봉건 사회 붕괴, 인본주의 등장, 르네상스가 배경이었다. 다른 하나는 영국교회의 '사제 중심'에서 '장로교회와 회중교회' 구조로의 전환 뒤에는 신앙의 자유 열망과 종교의 자유를 실현할 수 있는 신대륙 미국이 있었다. 특히 미국의 대각성 운동 이후 교회가 다원화되면서 교회와 사역은 점차 '전문화'와 '분업화'로 기울기 시작했다.

그러나 문제는 다원적이고도 전문성을 요구하는 시대의 변인들을 묶을 수 있는 사역의 구조와 틀을 창안할 수 있는가에 있었다.

이것은 하나님의 사역(The Ministry of God)을 어떻게 하나님 백성 사역 (The ministries of the people of God)으로 풀어 구성하느냐의 문제였다.

48 Harry G. Goodykootz, *The Minister in the Reformation Tradition*, 85.
49 Robert S. Michaelson, "The Protestant Ministry in America: 1850 to Present," *The Ministry in Historical Perspectives*, 253-271.

2. 평신도 사역과 안수 목회

안수 목회(ordained ministry)와 평신도 사역(the ministry of the laity) 사이의 긴장과 갈등은 2천 년 교회사 내면에 흘러온 불행한 유산이다. 그리고이 갈등은 오늘의 세계 교회와 한국 교회의 잠재력을 약화시키는 원인이기도 하다. 안수 목회와 평신도 사역은 공동체 사역을 구성하는 양대 차원임에도 불구하고 안수에 의한 목회자가 영적 · 제도적 통제권을 장악하고행사하면서부터 성직주의(Clericalism)와 평신도주의(Laisicm)로 양분되고,공동체는 크고 작은 교권 정치에 매몰되었다.[50] 이것은 교회와 사역을 위협하는 변질이요 왜곡이다. 그러나 문제는 여기서 끝나지 않는다. 성직주의에 반발로 일어난 역 현상은 평신도주의(Laicism)를 태동시켰다. 반성직주의[51]로 출현한 평신도 운동은 많은 경우도 피동적이거나 폐쇄적인 무정부주의(anarchism)로 흘렀다.

이 대결은 교회 공동체와 사역을 파괴하는 세력이 되었다. 가장 중요한질문은 안수 목회와 평신도 사역은 서로 만날 수 있으며, 만남의 자리가 무엇인가라는 물음이다.

1) 평신도 신학과 평신도 사역의 변

사역의 교권화에 반발하고 나섰던 최초의 평신도 운동은 2세기에서 5세기에 걸쳐 일어났던 수도원(monastery) 운동과 거기에 따른 금욕주의 운동이었다.[52] 주로 집사로 남았던 중세 금욕주의자들, 아시시의 프란체스코(Francis of Assisi), 카타리(Cathari)가 평신도 운동을 주도하였다.[53]

그러나 그중에 가장 강렬했던 반교권 운동은 발도파(Waldensian) 운동

---

50 Michael Green, *Called to serve*, 31.
51 *Ibid*.
52 Howard Grimes, *The Rebirth of the Laity*(Nashville: Abingdon Press, 1958), 48.
53 *Ibid*., 49; Paul T. Fuhrmann, *An Introduction to the Great Creeds of the Church*(Philadelphia: Westminster Press, 1960), 69-70.

이었다. 발도파 운동은 페트뤼스 발데스(Petrus Valdes)라는 거부이며 평신도의 회심에서 시작됐다. "모든 것을 다 팔아 가난한 자에게 나눠주고, 나를 따르라"라는 예수의 말씀을 노래로 부르며 지나던 길거리 수도사에게 충격을 받고, 가진 재산 모두를 가난한 사람들에게 나눠주고, 자신은 거지 전도자가 되어 길거리 전도를 시작하였다. 이때 많은 사람이 발도를 따랐다. 그들은 '복음주의적 가난'(evangelical poverty)을 실천했으나 교황청으로부터 설교금지령을 받았다. 그러나 "설교하도록 부름을 받았다"고 확신하고 설교를 계속한 발도는 결국 교황으로부터 출교당하고, 박해를 받게 되었다. 그러나 발도파는 프랑스, 이탈리아, 독일, 보헤미아로 퍼져나갔다.[54] 초기에는 가톨릭교회 안의 신앙 운동이었으나 내적 소명으로 교회법을 무시하고, 성서를 근거로 설교를 계속하였다. 이것이 반교권주의 평신도 운동과 분리주의의 처음 형태가 되었다.

그리고 종교개혁 이후에 일어난 또 다른 평신도 운동은 유럽에서 일어난 좌파 개혁(Left wing reformation) 운동이었다. 좌파 운동은 평신도가 주도하는 교회 설립이었다. 초대교회는 평신도교회였다고 믿었기 때문이다. 형제단(The Society of Friends)과 퀘이커들(Quakers)은 비성직자 교회로 시작하여 오늘까지 그 신조를 지켜오는 종파로 남아 있다. 그들은 초대교회에는 신자들만이 있었고, 은사의 구분만이 있었다고 믿는다.[55] 그러기에 좌파 개혁 운동은 철저한 반교권적인 평신도 운동이었다. 이와는 반대로 유럽의 주류 개신교회들은 국가교회(state church)와 성직주의로 더 강화하여 갔다. 특히 루터교, 감리교, 성공회는 성직자 중심으로 변신하였다. 1945년 특히 제2차 세계대전 이후 주류 개신교회, 유럽 교회들은 지난 400여 년간 외면하여 온 평신도의 중요성과 그 위치를 재발견하는 각성이 일기 시작했다.[56] 이 각성은 에큐메니컬 운동을 통하여 평신도 신학(theology of the laity)이라는 신학 운동으로 급속히 발전하였다. 여기에는 올드햄(J.

---

54 Paul T. Fuhrmann, *An Introduction to the Great Creeds of the Church*, 66-67.
55 Hendrik Kraemer, *A Theology of the Laity*, 54.
56 *Ibid.*

H. Oldham), 비서트 후프트(W. A. Visser't Hooft), 모트(John R. Mott), 헨드릭 크래머(Hendrick Kraemer) 등 에큐메니컬 지도자들의 신학적 공헌이 숨어 있었다. 이들은 교회와 세계와의 관계 안에 평신도는 중요한 전략적 위치에 있다고 보았다.[57] 특히 제2차 세계대전 이후에 등장한 복음주의 아카데미(Evangelical Academy) 운동은 평신도들의 자각 운동이었으며, 이는 평신도 신학 형성에 중요한 기반이 되었다.

이와 때를 같이하여 로마가톨릭교회에서는 교황 피우스 11세, 마리탱(Jacques Maritain), 콩가르(Yves Congar)에 의해 평신도의 신학적 위치가 새롭게 논의되었으며, 그것은 평신도 사도직(lay apostolate)이라는 신학적 해석을 만들어 냈다.[58] 평신도 사도직은 1962년 바티칸 공의회(Vatican Council II)를 거쳐 로마가톨릭교회의 공식적인 고백[59]과 정책으로 채택되었다. 이는 중요한 개혁이었으며, 교회를 다시 생동하는 선교적 교회로 변화시켜 가는 신학적 동기가 되었다.

평신도 신학의 르네상스는 평신도 신학 사상을 세 가지 흐름으로 태동시켰다. 하나는 유기적 해석(organic view)이고, 두 번째는 자유교회의 접근(free church view)이며, 세 번째는 선교신학적 해석(missiological view)이다.

유기적 해석은 로마가톨릭교회의 콩가르(Y Congar) 주교가 주역이었으며[60] 대표 저서인 『교회 안의 평신도』(Lay people in the church)에서 구현되었다.[61] 콩가르는 1937년 『분열된 기독교왕국』(Divided Christendom)에서 로마가톨릭교회의 자각과 개혁을 호소하였으며, 분리된 교회들과의 연합을 촉구하였다. 심한 비판과 반대에도 불구하고 콩가르의 에큐메니컬 신학과 소명은 교회의 우주성과 통일성을 추구하는 신학 순례로 이어갔

57 Ibid., 32.
58 Ibid., 46, 15.
59 Walter M. Abbott, S. J., ed., The Documents of Vatican(N.Y.: Guild Press, 1966), 489.
60 Congar는 1925년에 Preachers에 입적하고, 1953년에 Lay People in the Church를 저술했으며, 그것은 1963년 Vatican Council II의 사상에 영향을 끼치게 된 중요한 저서로 평가되고 있다.
61 Yves Congar, Lay People in the Church(London: Georey Chapman, 1957).

다. "누가 평신도인가?"라는 물음 앞에 다음과 같이 답한다. "하나님 백성인 평신도는 성직자와 수도자와 마찬가지로 하늘의 것들(heavenly things)을 향하여 있는 질서 속에 놓여 있다. 모든 이는 '빛 가운데 주어질 상속의 분깃을 받기에'(골 1:12) 적절하게 만들어진 자들이다."[62]

이는 1917년 교회는 곧 성직이라고 규정하며, 성례전적인 몸으로서의 성직자의 권리라고 정의하여 온 교회관(corpus juris canonici)에 정면으로 도전하는 새로운 교회론이다.[63] 평신도 신학이라는 새로운 사상적 개념은 로마교회뿐 아니라 20세기 세계 신학의 중심 테마로 등장하였다.

콩가르의 평신도 신학은 더욱 깊은 차원으로 발전하여 갔다. 교회 안에서 자리를 되찾은 평신도의 신학적 위치(position)는 진정 무엇이었을까? 여기서 콩가르는 또 다른 신학적 도전을 하고 나섰다. 그것을 콩가르는 "인류를 향하신 하나님의 계획"(God's design for mankind)[64]이라고 부른다.

다시 말해서 평신도의 위치는 인류와 세계를 향하신 하나님의 계획 안에서 그 자리를 찾는다는 의미이다. 세계를 향하신 하나님의 계획은 예수 그리스도의 십자가와 부활에서 구현되었으며, 거기서 사이의 공간(space between)이 창조되었다는 것이다. 사이의 공간(space between)은 예수 그리스도의 부활, 승천과 재림 사이의 공간이며, 그것은 곧 교회의 공간이다. 이 공간은 영원한 화해로 인류를 초청하시는 하나님의 부르심이고, 평신도 모두가 참여하도록 초청된 공간이다. 이것이 사이의 공간이다.

그리고 이 사이의 공간은 평신도들이 그리스도께서 교회에 위임한 제사장적, 예언자적, 왕권적 사명을 수행하는 자리이다.

여기서 콩가르는 직능을 논한다. 사제(priest)는 희생적 사목인 데 반해 평신도는 영적 봉사(spiritual service) 사역에 참여한다. 사제는 성례전, 결혼, 미사를 집례하는 희생적 사역에 임하지만, 평신도는 순교, 결혼, 성례전에 참여하는 영적 봉사를 수행하는 것으로 구분한다. 왕권적인 직능에서도 평신도

---

63 Hendrik Kraemer, *A Theology of the Laity*, 77.
64 Yves Congar, *Lay People in the Church*, 59.

는 교회의 위원으로 봉사하는 일과 교회 재산을 관리하는 직에서 봉사한다. 예언자적인 기능에서 평신도는 교사로서 교회 교육에 참여한다고 보았다.

콩가르의 평신도 신학은 오랜 세월 성직자의 독점이었던 교회와 사목에 평신도를 사역자로 끌어들임으로 그동안 끊어졌던 관계를 회복하는 공헌을 남겼다. 평신도는 교회 안에서 예언자적 기능(교육), 왕권적 기능(위원직과 재산 관리)과 제사장적 기능(순교, 성례전 참여, 결혼)과 함께 세계를 향하신 하나님의 계획에서 선교와 봉사의 사명도 수행한다. 콩가르의 평신도 신학은 로마가톨릭교회뿐 아니라 전 세계 교회를 향해 던진 화두라는 이유에서 혁명적이고 도전적이었다.[65]

그러나 콩가르의 평신도 신학이 끼친 공헌에도 불구하고 그의 평신도 신학은 근본적인 문제 하나를 풀지 못했다고 개신교 신학자 헨드릭 크래머(Hendrick Kraemer)는 비판한다. 콩가르의 평신도 신학 뒤에는 여전히 로마교회의 교권적·전통적 교회론이 깔려 있다는 것이다. 콩가르에게 교회는 그리스도에 의하여 주어진 '교권적, 계급적 구조'(hierarchical structure)[66]이며, 동시에 교회는 성직자들의 교회라는 특권을 그대로 전제하고 있다는 것이다. 그러기에 헨드릭 크래머는 콩가르가 평신도 신학을 '성직자의 교회'(ecclesiologie clericalis)의 한 부록(appendix)으로 전락시키고 말았다고 비판한다.[67] 결국 콩가르의 평신도 신학은 성직자의 교회의 한 유기적인 부분(marginal)으로 볼 수 있기에 어쩔 수 없이 종속적이고 유기적인 해석으로 남는다.

평신도 신학에 관한 두 번째 해석은 자유교회적(free church) 접근이다. 이들에게 교회는 그리스도의 부르심도 아니고, 사도들의 역사 계승(historical continuity)도 아니다. 교회의 근원은 오순절에 임재하신 성령의 현존이었으며, 성령의 직접적인 개입이었다.[68] 성령의 현재적인 임재만이 교회를 교회되게 하며, 신자 하나하나의 경험이 권위의 중심이라고 정

---

65 Jakob Laubach, "Yves Congar", *Theologians of Our Time*, ed. by Leonhard Reinisch, The University of Notre Dame Press, 1964, 165-181.

66 Hendrik Kraemer, *A Theology of the Laity*, 78.

67 *Ibid.*, 79-80.

68 Howard Grimes, *The Rebirth of the Laity*, 68.

의한다. 그러기에 자유교회 평신도 신학은 신자 하나하나 속에 임재하시는 성령에 근거한다. 교회는 성령을 경험한 하나님 백성(*Laos tou Theou*)이며, 만인이 다 제사장이다. 모든 사역은 평신도가 수행한다.[69] 여기에는 퀘이커(Quaker), 몰몬(Mormons), 모라비안(Moravians), 메노나이트(Mennonite) 등 자유교회가 속한다.

헨드릭 크래머(Henrick Kraemer)는 자유교회는 평신도주의 혹은 평신도종교(lay religion)[70]로 전락하는 위험한 신학이라고 비판한다. 이 신학은 무정부 내지는 무교회주의의 위험을 안고 있다고 보았다.

그러나 평신도 신학의 세 번째 접근은 선교신학적 해석이다. 여기에는 그라임즈(Howard Grimes)[71], 스마트(James Smart), 젠킨스(Daniel Jenkins), 웨버(Hans Ruedi Weber)가 속한다. 그러나 가장 핵심적인 논거를 제시한 이는 크래머(Hendrick Kraemer)였다.[72]

특히 크래머의 평신도 신학은 새로운 지평을 열어놓은 계기(momentum) 였다고 평가받는다.[73] 예수 그리스도에서 보여 주신 하나님의 궁극적 관심은 이 세계와 전 인류를 향하신 구원이었으며, 전 인류는 하나님의 관심 안에 존재하는 하나님의 피조물이다. 이 속에서 하나님의 부르심을 받은 사람은 평신도이며, 부름받은 평신도는 세상 사람들을 대변하고, 그들과 함께 아파하며, 그들을 그리스도에게로 인도하는 가교다.

동시에 평신도는 그리스도의 몸에 참여하는 하나님의 백성이다. 평신도는 몸의 유기적 구성원이다. 크래머는 묻는다. "평신도 신학이 가능한가?" 그는 평신도 신학을 교회의 한 부록이 아니라 평신도를 교회의 통전적·유기적 구성으로 보는 한 가능한 것이라고 전제한다. 콩가르가 설명했

---

69 *Ibid*.
70 Hendrik Kraemer, *A Theology of the Laity*, 95.
71 Howard Grimes, *The Rebirth of the Laity*, 70.
72 Kraemer는 Leiden 대학으로부터 박사학위를 받았으며, 인도네시아의 선교사로 일했고, 1937년 Leiden 대학 신학부 교수로 재직, 1948년 에큐메니컬 연구원(보세이) 초대 원장을 지낸 바 있다. 바르트 신학의 빛에서 평신도 신학을 발전시킨 처음 신학자이기도 하다.
73 Hendrik Kraemer, *A Theology of the Laity*, 127.

던 '종속적인 유기성'이 아니라 그리스도의 몸에 '참여'하는 관계론적 유기성으로서의 평신도를 의미했다.

세계를 향하신 하나님의 관심 안에서 새로운 정체를 찾는 교회란 무엇인가? 여기서 교회는 그 자체를 위하여 존재하지 않으며, 그 자체를 절대화하지도 않는다. 오히려 교회는 "세계를 대변하는 한, 하나의 잠정적(provisional) 존재"로서 이해한다. 그러므로 교회는 세계를 위하여 존재하며, 그것은 교회를 본질상 선교적(missionary)으로 만든다는 것이다.[74] 그리고 평신도는 그리스도를 증언하는 하나님의 백성으로 현존한다.[75]

평신도 사역은 디아코니아(*diakonia*)며, 동시에 고난받는 종(suffering servant)으로 현존한다. 이때 하나님 백성인 교회는 3차원(*munus triplex*, 예언자, 제사장, 왕권 사역)과 함께 고난받는 종으로 세상에 현존한다.[76]

바로 이곳이 평신도가 서 있는 장이다. 하나님 앞에서는 세계를 대변하고, 동시에 세상을 대변하는 고난받는 종이다.

크래머는 이 자리를 "*locus standi et vivendi*"[77]라고 불렀으며, 이는 평신도가 세계를 대변하고 그 속에 현존하는 자리다. 이 자리는 교회와 세계가 만나고 대화하는 전초이며, 신앙과 선교의 사건이 일어나는 자리다.

이 소명을 위해 평신도는 훈련과 장비를 갖추어야 한다.[78] 크래머는 이 모두를 묶어 전략적 위치(strategic place)라고 부른다.[79]

동시에 크래머의 평신도 신학은 다음과 같이 요약될 수 있을 것이다. 세계를 향한 하나님의 관심 안에서 부름받은 교회는 선교적이고 잠정적이기에 평신도 신학은 교회와 세계가 만나는 선교적 상황에서, 대화로 하나의 사건을 창출하는 선교적인 것이라 말할 수 있다. 크래머에게 평신도 신학은 루터의 만인제사직에서도 아니고, 그렇다고 성직의 시녀도 아니다.

---

74 *Ibid.*, 127-131.
75 *Ibid.*, 133.
76 *Ibid.*, 150.
77 *Ibid.*, 170.
78 *Ibid.*, 172.
79 *Ibid.*, 99.

"평신도와 성직자는 교회의 본질과 소명을 끊임없이 추구해야 하는 새로운 비전 안에 서 있으며, 교회 안에서의 각기 특수한 자리들"을 재확인하는 데서 비로소 그 의미를 찾을 수 있게 된다는 것이다.[80]

평신도와 성직의 사역은 초대교회로부터 내재해 왔으며, 그것은 하나님의 부르심이었다. 다만 한 성령의 다양한 은사들로 이해된 것뿐이었다. 그러나 미래 교회에서는 교회 구조의 변화를 통하여 평신도들이 예배, 교육, 교회 치리의 기능에도 의미 있는 참여를 해야 할 것이다. 결국 교회는 그리스도적 형제됨(Christocratic Brotherhood)을 구현하는 자리이어야 한다. 평신도 신학은 교회 안에서의 참여의 증진만이 아니라 세계 안에서 증언의 자리와 고난받는 종의 모습을 드러내야 하기 때문이다. 결국 하나님의 궁극적인 관심은 전 인류의 구원이며, 하나님의 관심 안에 있는 세계는 하나님의 활동 무대(Theatre of God's Activities)[81]다. 여기서 평신도 신학은 대변적이며, 선교적인 의미다. 그러기에 크래머의 평신도 신학은 교회적인 차원과 선교적인 차원을 모두 포괄하는 양 차원인 것이다.

교회론적 차원은 안수 목사와 함께 하나님의 부름받은 백성으로 예배, 교육, 친교, 선교에 참여한다. 그러나 평신도는 교회와 세계 사이(space between) 전략적 위치에 놓인다. 평신도는 세상으로 보냄 받는 하나님 나라 전위이다. 모이는 교회가 평신도의 부름과 세움의 자리라면, 흩어지는 교회는 평신도가 세상에서 수행하는 섬김, 선교, 고난받는 종의 자리이다.

그러기에 평신도 신학은 곧 평신도 사역(lay ministry)을 의미한다. 모든 평신도는 하나님의 부름을 받고, 세움을 받으며, 세상으로 보냄을 받는 하나님의 백성이다. 안수 목회가 하나님의 백성을 세우는 사역이라면, 평신도는 이 세계에서 세상의 아픔을 대변하고 그들 속에 현존하는 사역자들이다. 이것이 칼 바르트, 헨드릭 크래머, WCC를 통해 재발견한 초대교회의 유산이고, 하나님 백성인 평신도 신학이고 사역이다.

---

80 *Ibid.*, 95.
81 *Ibid.*, 129.

2) '안수 목회'에 대한 신학적 변론

안수 목회(ordained ministry)는 평신도 사역과 함께 사역에 관한 한 없어서는 안 될 중요한 차원이면서도 안수 목회는 많은 오해와 변수가 있는 것이 엄연한 현실이다. 특히 평신도 사역이 강조되면 될수록 안수 목회는 위축되고 심판과 비판의 대상이 되곤 한다. 그동안 안수 목회는 성직주의(clericalism)와 교권주의(hierachism)의 대명사처럼 각인되어 왔기 때문이다.

그렇다면 안수 목회는 필요 없는 하나의 권위주의의 상징인가? 만일 안수 목회가 평신도 사역의 가능성을 쇠잔하면서까지 권위와 기능을 강화한다면 그것은 하나님 백성 사역에 대한 일대 위협이요 도전이 될 것이다. 세계 교회와 한국 교회의 내면의 문제는 안수 목회의 권위주의화에 있으며, 이는 성직주의라는 비판을 면하기 어려울 것이다. 그러나 만일 안수 목회가 하나님 백성 사역의 가능성을 열어 가는 구별된 목회라면 안수 목회는 특수한 부르심에 합당한 사역이 될 것이다. 문제는 안수 목회가 필요한가, 불필요한가의 물음이 아니라 안수 목회는 무엇을 위한 사역인가라는 실천신학적 질문에서 그 해답을 찾아야 할 것이다.

안수 목회의 성서적 근거는 토렌스(Thomas F. Torrance)와 핸슨(A. T. & R. C. Hanson)의 해석에서 실마리를 찾는다.[82] 구약에 나타난 안수 목회를 토렌스는 크게 세 가지 차원에서 접근하고 있다. 첫째로 구약의 사역은 레위와 제사장의 특수 사역 이전에 이스라엘 민족을 거룩한 백성, 제사장 나라로 인쳤던 시내산 언약에 있었다. 모세오경이 이를 뒷받침한다고 보았다.[83] 이스라엘 백성의 거룩성과 제사장직은 레위의 제사장직보다 우선한다는 의미다.

제사장은 이스라엘 민족 중에서 한 부족, 레위족을 구별하여 성별하였다. 그러나 레위족의 선택은 이스라엘 백성을 섬기기 위함이었다. 특히

---

82 Thomas F. Torrance, "The Ministry," *Theological Foundation for Ministry*, ed. by Ray S. Anderson(Edinburgh: T & T. Clark LTD., 1979).
83 *Ibid*., 406.

"속죄의 물로 뿌리고, 전신을 삭도로 밀고, 의복을 빨게 한 후"(민 8:7), "속 죄제를 준비하고 레위인을 여호와 앞에 나오게 한 후 이스라엘 자손들이 그들을 안수했다"는 대목은(민 8:10) 하나님과 이스라엘 백성을 섬기는 소 명의 자리에 위임한 안수였다.[84]

그리고 레위족 중의 아론의 아들들을 제사장으로 성별하고 안수하였 다. 성막문 앞 전 회중이 모인 가운데 모세의 연설이 끝나고 아론의 아들들 을 소개한 후 제사장 옷을 입히고 기름을 붓게 하고 봉헌제와 화목제를 드리고 7일간 성막 안에서 제사직을 승계하였다. 제사장 봉헌은 제사장 복, 기름 부음, 손의 안수를 거쳐 진행되었다.[85] 바로 이 성별은 제사장으 로서 하나님과 하나님 백성인 이스라엘을 섬기기 위한 안수였다.

여기에 워켄틴(Majorie Warkentin)은 안수의 다른 차원을 제시한다. 구 약 안수에는 비레위인이었던 여호수아에게 안수한 모세의 비종교적 안수 도 포함됐다고 부언한다. 여호수아의 안수는 종교적 안수가 아니라 하 나님과 이스라엘 민족을 섬기기 위한 정치적 안수였다는 해석이다.[86]

그러기에 구약의 안수는 종교적 차원과 비종교적·정치적 차원의 안수 였다. 종교적 안수는 이스라엘 민족 레위족의 성별과 안수, 제사장의 성별 과 안수를 포함했다. 그러나 비종교적 안수는 여호수아의 성별과 안수, 사 울과 다윗의 성별과 안수였으며, 이는 정치적 차원의 안수였다. 두 안수 모두 직을 위한 안수가 아니라 하나님과 하나님 백성을 섬기는 종의 도를 위한 인침이었다.

신약에 나타난 안수에 관해 토렌스와 핸슨은 다소 다른 음조(tone)로 접 근하고 있다. 토렌스는 신약의 '안수'를 예수 그리스도의 수세(세례받으심) 시 임재한 성령의 인침에서 근원을 찾는다. 대제사장으로서의 예수는 제 사장적 기도(요 17장)뿐 아니라 십자가에서 자신을 드려 단 한 번의 제물을 하나님께 드림으로써 그리스도는 스스로 기름 부음 받은 대제사장, 예언

---

84 *Ibid*.
85 *Ibid*., 406-407.
86 Majorie Warkentin, *Ordination*(Grand Rapids: Wm B. Eerdmans Pub. Co., 1982), 10.

자, 왕이 되었다는 것이다.[87]

여기서 하나님 백성 공동체인 교회가 출현하였으며, 하나님의 백성(초대교회)은 그리스도 안에서 제사장적, 예언자적, 왕권적 공동체로 성별되고 인침을 받았다.[88] 그리고 예루살렘교회에서 선출된 일곱 지도자의 안수와 디모데가 받은 안수(딤전 4:14; 딤후 1:6)는 집사직이 아니라 예수 그리스도를 증언하기 위한 안수였다고 풀이한다.[89]

토렌스보다 분명한 신학적 해석을 제시하는 핸슨은 예수 그리스도의 위임(commission)은 사도 계승을 위한 위임이 아니었다고 했다. 그러므로 위임을 사도 계승의 근거로 만든 로마가톨릭교회와 정교회(Orhtodox Church)의 논리는 잘못된 것이라고 비판했다. 12사도를 교회의 통치자로 임명했다는 증거는 성서 어디에도 없으며, 위임은 교회 공동체에 주어진 위임이었다는 것이다. 베드로의 사도 계승은 예수의 위임에서 온 것이 아니라 초대교회의 산물이라는 해석이다. 초대교회는 사도나 베드로가 중심이 아니라 하나님 백성 공동체가 중심이었으며, 교회는 예수 그리스도의 재림(parousia)을 기다리는 종말론적 교회였다는 것이다.[90] 그러기에 종말론적 공동체였던 초대교회와 사도들은 어디에도 자기들의 권위를 이양하거나 계승했다는 증거가 없으며, 안수는 흔적조차 없었다는 것이다. 그러므로 그리스도와 감독 사이의 연속성은 성직을 위한 것이 아니라 하나님 백성 공동체인 교회를 섬기기 위한 것이었다.[91]

핸슨에 의하면 안수는 2세기에 출현한 단일 감독과 장로단이 교회를 치리하면서부터 시작된 것으로 해석한다. 목회서신은 여러 곳에서 장로단이 개교회 지도자에게 손을 얹어 안수한 사실을 증언하고 있으며 이는 예수의 재림(parousia)이 지연된 데에 따른 산물이었다. 그러나 이때도 안수는 감독에서 감독으로 이어지고, 성만찬을 독점하는 성직자 중심의 안수

---

87 *Theological Foundation for Ministry*, 409-412.
88 *Ibid.*, 410.
89 *Ibid.*, 416-423.
90 A.T. & R.P.C. Hanson, *The Identity of the church*(SCM Press LTD, 1987), 123-124.
91 *Ibid.*, 129.

가 아니라 교회를 섬기고 돌보는 목회적 과제(pastoral task)를 위한 것이었다는 것이다.[92]

안수가 하나님 백성을 세우는 목회적이었다는 핸슨의 해석과 말씀과 성례전을 위한 것이었다는 토렌스의 해석은 넓은 의미에서 같은 의미다. 이때 안수는 제도적이거나, 성직자 중심이거나, 교권주의적 발상이 아니었다. 더욱이 안수는 사도 계승적·교권주의적 안수가 아니었다. 오직 그리스도와 교회를 섬기고 봉사하는 목회적 차원에서만 그 의미를 갖는다.

그러나 안수의 왜곡은 200년을 기점으로 사역의 주도권을 감독이 장악하고, 감독을 거룩한 질서로 구별하면서부터였다.[93] 그리고 감독을 대제사장[94]으로 호칭하면서부터 안수는 세례를 통한 평신도 제사장직(하나님 백성이 제사장직)과 분리되기 시작했다. 이때부터 안수 목회와 평신도 사역 사이의 단절과 분리가 시작되었다. 특히 중세기 사목과 성례전에서 양분화되었으며, 이때부터 평신도 사역은 소멸되었다.[95]

안수는 종교개혁을 기점으로 더 큰 혼란으로 빠져들었다. 루터가 안수를 인정한 것은 재세례파와 달랐다. 문제는 루터는 안수를 로마가톨릭교회의 칠성례(7 sacraments)로 인정한 것이 아니라 교회 의식(rite)으로 수용하였으며, 이는 로마교회로부터의 차별화였다. 루터의 안수는 초대교회의 세례를 통한 모든 신도의 만인제사직론과 연관되어 있었다. 평신도 사역을 전제로 하는 안수의 타당성을 수용한 것이었다. 그러기에 루터의 안수는 말씀 사역과 목회적인 돌봄을 위한 것이었다. 이것은 안수에 대한 개신교의 중요한 해석이고 사상이다. 그러나 재세례파는 안수를 성령의 역사를 가로막는 인위적 제도라고 비난하고, 영국교회는 '주교, 사제, 집사'의 삼중구조를 성서적이라고 보고 안수를 사도계승적 차원에서 수용하는 양극으로 분리되었다.[96] 스웨덴의 루터교회와 미국 감리교회, 한국 감리교회

---

92 *Ibid.*, 132.
93 Kenneth E. Kirk, *The Apostolic Ministry*, 194.
94 William R. Burrows, *New Ministries*, 102-103.
95 A.T. & R.P.C. Hanson, *The Identity of the Church*, 133.
96 Majorie Warkentin, *Ordination*, 650-669.

는 감독제 안에서 안수 목회를 실천하고 있다. 오늘날 개신교회는 감독 중심제(Connectionalism), 회중주의(Congregationalism), 장로중심제(Presbyterianism)의 3중 정치 제도 안에서 각기 다른 의미의 안수 목회를 수용하고 실천하고 있다.

로마가톨릭교회는 안수를 '사도 계승', '사제 중심'으로 수용하고 있으며, 개신교의 안수는 '칠성례'가 아니라 교회 의식(rite)으로서의 준성례전적 의미로 진행한다. 안수는 예수의 재림이 늦어지면서 교회가 세계에서 그리스도를 증거하기 위해 생겨난 교회의 산물이었다고 믿었다.[97]

그러므로 개신교의 '안수 목회'는 '세례'를 통하여 하나님 백성이 된 모든 회중의 사역과의 관계에서 해석되어야 하며 더 나아가 하나님과 하나님 백성 공동체를 세우고 섬기는 자리로서 이해되어 왔다. 여기서 평신도 사역과 안수 목회는 공히 하나님 백성 공동체라는 교회론에서 비로소 새로운 관계와 자리를 찾는다.

---

97 A.T. & R.P.C. Hanson, *The Identity of the Church*, 132.

3 장
하나님 백성 사역과 안수 목회

사역은 평신도 사역과 안수 목회가 상호 협력적인 관계에서 이루어진다. 평신도 사역은 모든 하나님 백성이 하나님에게서 받은 소명의 자리에서 수행하는 사역이었다. 그러기에 평신도 사역은 안수 목회가 선 자리와는 다른 자리, 교회와 세계 사이(church world correlate)에서 소명을 수행하는 사역이다. 반면에 안수 목회는 하나님 백성 공동체를 세우고 섬기는 소명이었으며, 평신도 사역을 돕는 것을 사역의 본연으로 삼는다.

그러나 문제는 평신도 사역과 안수 목회를 제도적으로, 기능적으로, 정치적으로 연결하려는 시도이다. 오늘 교회가 혼돈에 빠지는 가장 큰 이유는 평신도와 안수 목회 사이를 정치적 목적 혹은 기득권 유지를 위해 인위적으로 결합시키려는 데 있다. 이는 사역의 회복이 아니라 권력 유지를 위한 야합이다. 그러나 평신도 사역과 안수 목회가 만나는 자리는 하나님과 온 인류를 화해하시는 그리스도의 사역(The Ministry)이며, 그리스도를 증언하는 교회와 세계다.

안수 목회가 하나님 앞에 책임 있게 헌신하지 않고 제도의 성공과 자신의 권위 유지를 위한 것이 될 때 안수 목회는 또 다른 교권주의에 빠지고 말 것이다. 그러기에 평신도 사역과 안수 목회는 그들을 부르시고 사역을 위임하신 하나님의 사역 앞에서 헌신하는 자리에서 하나님 백성으로 만날 수 있다. 사역의 '장'인 교회와 세계 속에서, 각기 다른 부르심의 분량과

다른 소명의 자리에서 만나게 된다.[1]

1. 하나님 백성 사역(The ministry of People of God)

'평신도 사역'과 '안수 목회'를 신학적 타당성에도 불구하고 둘을 따로
계속 논의하는 것은 '기능적 축소주의'(functional reductionism)[2]로 추락하
는 것이라고 경고했다. 특히 사역을 목회자의 목회(pastoral ministry)로 축
소시키는 것은 하나님 백성 사역을 기능으로 축소시키는 원인이라고 경고
한다.[3] 하나님 백성 사역을 전제되지 않는 안수 목회는 성직 패러다임
(clerical paradigm)을 영속화하는 위험을 가진다고 경고하였다.

사역은 하나님께서 하나님 백성 모두에게 주신 선물이고 위임이다.[4] 평
신도 사역과 안수 목회는 특수 사역이다. 하나님 백성 사역을 외면하는 평
신도 사역은 평신도주의에 빠지게 되며, 하나님 백성 사역이 배제된 안수
목회는 교권주의에 빠지게 된다.

그렇다면 하나님 백성 사역은 무엇인가? 먼저 하나님 백성 사역은 이스
라엘과 교회가 하나님의 백성(*Laos tou Theou*)이 되는 정체성 정립에 있었
다. 정체성이 곧 사역이라는 의미이다. 이스라엘의 정체성은 시내산 언약
에서 하나님께서 주신 거룩한 백성(holy people), 제사장 나라(priestly king-
dom)가 되는 것에 있었다. 이 세계 모든 민족의 아픔을 하나님 앞에 대변
하는 제사장 나라(priestly kingdom)가 되는 때 이스라엘은 거룩한 민족
(holy people)이 될 수 있었다. 이 세상을 대변하는 원심 안에서 이스라엘은
하나님 안의 구심점을 살릴 수 있었다. 그러기에 이스라엘의 정체성은 하

1 Encounter, "Christ's Ministry through His whole church and Its ministries," *Theological Foundation For Ministry*, 435.
2 Donald E. Messer, *Contemporary Images of Christian Ministry*, 65.
3 *Ibid.*, 62.
4 Jackson W. Carroll, *As One with Authority*(Louisville, Ky.: Westminster, John Knox Press, 1991), 88.

나님께서 창조하신 이 세계와 인류를 대변하는 섬김(called to serve)이었고, 이것이 곧 사역이었다.

신약의 12제자, 120문도, 500신도는 예수 그리스도의 부활에서 하나님 나라의 임재를 경험하고, 그리스도를 구심점으로 하는 에클레시아 교회를 통하여 정체성을 찾았다. 그리고 교회는 예수의 부활에서 약속된 새 하늘과 새 땅, 전 인류를 불러 모으시는 우주적 회집을 증언하는 한 교회일 수 있었다. 교회도 원심을 통해 구심을 살아가는 하나님 백성 공동체였다. 이것이 초대교회의 정체성이고 동시에 사역이었다.

한국 교회 사역은 평신도 사역이나 안수 목회 이전에 하나님 백성인 신자 하나하나가 구성하는 교회 공동체의 정체성을 살리는 것에서 시작한다. 하나님으로부터 부름받은 하나님의 백성인 신자 한 사람 한 사람이 역사 안에 임재하는 하나님 나라를 경험하고, 세상의 아픔을 하나님 앞에 대변하는 때 교회는 사역을 수행한다. 사역은 교회가 하나님 나라 백성 공동체가 되는 때 비로소 시작되고 있었다. 존재 자체가 사역이었다.

그러나 하나님 백성 공동체는 세 가지 존재 양식을 통해 하나님 나라를 증언하는 사역을 수행한다.

존재 양식 처음은 예배(Leitourgia)였다. 예배는 사람을 세상으로부터 하나님의 백성으로 부르시는 하나님의 초청이다. 예배는 하나님의 초대와 말씀, 임재하심을 매개하는 통로이다. 예배가 곧 사역이었다.

두 번째 존재 양식은 교육(Didache)과 코이노니아(Koinonia)였다. 예배를 통해 부름받은 하나님의 백성은 교육을 통한 말씀과의 만남, 코이노니아를 통한 하늘의 교제를 소그룹을 통해 하나님 백성으로 세움(called up)을 받았다.

세 번째 존재 양식은 섬김(diakonia)과 선교(missio)였다. 예배를 통해 부름을 받고 교육과 교제를 통해 세움 받은 하나님 백성은 섬김과 선교를 통해 세상으로 보냄(called into)을 받는다.

이 세 가지 존재 양식을 통해 하나님의 백성은 하나님 사역(The Ministry

of God)을 증언한다.

안수 목회는 하나님 백성의 세 가지 존재 양식을 매개하고 섬기는 통로고 섬김이다. 안수 목회는 예배, 교육, 교제, 섬김, 선교의 전문화를 통해 하나님의 사역(The Ministry)을 매개하고 동시에 신자 하나하나를 하나님 백성으로 세우는(Upbuilding) 통로(channel)다.

2. 평신도 사역

평신도 사역은 예배에서 시작한다. 이것은 크래머(H. Kraemer)가 이름 붙인 평신도 사제직(Lay priesthood)이다. 평신도가 사제직을 통해 예배에 참여한다는 의미는 예배를 통해 임재하시는 하나님과 하나님 백성이 응답하고, 만나고, 감사하고, 축하하는 공동의 사건(communal event)을 의미한다. 평신도를 위한 예배(worship for)가 아니라 하나님 백성의 예배(worship of the congregation)가 되어야 한다.5 여기서 평신도는 예배의 수혜자가 아니라 참여적 주체가 된다. 예수 그리스도의 십자가와 부활을 기억하는 주체일 뿐 아니라 다시 오심의 약속을 대망하는 주체다.

그러기에 평신도의 예배 참여는 평신도 사역에서 중요한 의미를 가진다. 러셀(Letty M. Russell)은 누가복음서를 인용하면서 참여의 네 가지 형태를 설명한다. 첫째는 사도들의 가르침을 통하여(설교와 교육) 그리스도의 말씀과 만나는 일이며, 둘째는 소유한 것을 나누어 쓰는 교제의 참여이며, 셋째는 부활하신 주님과의 식사로 이웃과 함께 떡을 떼는 일이며, 넷째는 그리스도의 임재를 찬양과 기도로 감사하는 일이라고 요약한다.6 예배의 참여는 단순히 예배를 드리는 순서의 진행이 아니라 그리스도와 이웃과 함께 하나님 앞에서 행하는 순례적 삶의 여정이다.

---

5 Jürgen Moltmann, *The Invitation to a Open Messianic Life Style Church*, 123.
6 Letty M. Russell, *Christian Education in Mission*(Philadelphia: Westminster Press, 1967), 116.

한 걸음 더 나아가 평신도 사역으로서의 예배는 선교적 증언과 선교적 행동(missionary act)으로 이어지는 것을 의미한다. 예배를 통하여 하나님의 구원을 감사하고 축하하고, 동시에 그리스도의 삶에 참여하는 것을 의미한다. 그리스도와 화해하고 세계를 구원하시기 원하시는 하나님의 구원에 참여하는 것을 의미한다. 그러므로 예배는 평신도 사역의 시작이며, 선교로 이어지는 만남과 결단의 자리다.

평신도 사역 두 번째는 교육, 디다케(*didache*)와 코이노니아(*koinonia*)를 통해 세움 받는 공동체(called up Community)의 주체가 되는 것을 뜻한다. 이는 강단에서 설교하거나 전문적인 성서 연구 인도자가 되는 것을 의미하지 않는다. 성서 연구를 통하여 말씀하시는 하나님의 음성을 경청하는 것이며, 역사 속에 진행하시는 하나님의 뜻을 분별하는 신앙의 눈을 의미하며, 역사를 통치하시는 하나님의 구원을 분별하는 역사의식을 의미한다. 이것이 예수의 제자도다.

평신도 사역 세 번째는 보냄 받는 공동체(called into community)다. 디아코니아(*diakonia*)와 선교(*missio*)를 통해 참여하는 사역이다. 크래머는 이를 '섬김의 직'이라고 불렀다. 세계에서 증언과 섬김의 사역이다. *locus standi et vivendi*(일터)로 표현되는 이 자리는 역사 안의 삶의 현장들이며, 이 자리는 하나님 나라의 임재를 경험하고 증언하는 자리이다. 이 현장들은 가정, 직장, 정치, 경제 영역, 모든 인간관계와 사회기관들을 포괄하고 있으며, 이곳은 하나님과 그의 나라를 경험하고 증거하는 자리이다. 여기서 섬김이란 경청, 증언, 치유를 뜻한다.7 그러므로 평신도 사역은 평신도의 정치화를 의미하지 않는다. 평신도 사역은 하나님 백성으로서 예수 그리스도의 사역에 주체적으로 참여하는 것이다.

미래 평신도 사역은 이 세계를 향하신 예수 그리스도 사역의 전위, 아방가르드다.

---

7 Hendrik Kraemer, *A Theology of the Laity*, 150.

3. 안수 목회

안수 목회는 무엇이고 그 자리는 어디인가? 로마가톨릭교회의 사목은 평신도 사역(평신도 사도직)보다 우위에 있으며, 정교회(Orthodox Church)의 안수 목회는 평신도 사역과 동등한 위치에서 공존하는 것으로 알려져 있다.[8] 그러나 개신교회의 안수 목회(set apart ministry)는 회중을 제사장으로 섬기고 세우는 사역이다. 안수 목사는 하나님 백성 중의 한 사람이며, 선별한 후 회중이 안수하는 절차로 진행하였다. 특히 안수 목사는 하나님 백성 사역을 섬기기 위한 목회 사역이었다.

그러므로 개신교회의 안수 목회는 로마가톨릭교회나 정교회, 성공회가 실시하는 사도 계승(Apostolic succession)에 근거한 안수 목회가 아니다. 더욱이 안수는 칠성례(Seven Sacraments)가 아니라 예전(Rite)으로 보고 안수하였다. 안수는 교회의 한 의식(Ritual)이며, 안수의 목적은 성도의 교제(*Communio Sanctorum*)인 교회에 위임된 말씀 선포, 설교(예언자적 사역)와 성례전(제사장적 사역)을 집행하기 위한 안수였다. 그러므로 개신교회의 안수 목회는 평신도와 평신도 사역 위에 군림하는 교권주의적 안수도 아니고, '안수'를 거부하는 반교권주의적 종파의 발상도 아니다. 개신교회의 안수는 이 지상에서 하나님의 사역을 수행하는 하나님 백성 교회 공동체와 교회의 사역을 섬기고 세우는 안수였다.

그러나 불행히도 개신교회의 안수 목회는 지난 500여 년 많은 혼란과 분열의 원인이 되었다. 로마가톨릭교회는 사도 계승의 질서 위에 안수의 근거를 두고 있었으며, 종파 교회는 모든 신자의 만인제사장의 자원주의(voluntarism)에 근거를 두고 있었기에 안수 목회의 목적과 위치는 분명하지만, 개신교회의 안수 목회는 만인의 제사직을 섬기는 구별된 직이라는 사상 때문에 혼란이 가중되었다. 그리고 다양한 모습으로 확대된 목회 유형 때문에 혼란은 더욱 가중되었다. 다음 도식은 다원화된 목회 유형이다.

---

8 Alden D. Kelley, *People of God*(Greenwich, Conn.: Seabury Press, 1962), 63-69.

캘리언의 분류9

① 종과 목자형(servant-shepherd mode)

② 정치, 예언자형(politician-prophet model)

③ 설교, 교사형(preacher-teacher model)

④ 전도, 카리스마형(evangelist-charismatic model)

⑤ 실용, 증진형(pragmatist-promoter model)

⑥ 관리, 촉진형(manager-enabler model)

⑦ 의전, 축제형(liturgist-celebrant model)

⑧ 특수 목회들(special-ministries)

휴와 캅의 분류10

① 스승형(master, 17~18세기)

② 부흥강사 · 강단 설교자(revivalist-pulpiteer, 19세기 말)

③ 건축과 조직형(builder-organizer, 20세기 초엽)

④ 목회적 지휘자(pastoral director, 20세기 중엽)

⑤ 관리자, 치료자(manager-therapist, 20세기 후반)

메서의 분류11

① 상처받은 치유자(wounded healer, Henri Nouwen)

② 종으로서의 지도자(servant leader, Vatican II)

③ 정치적 신비주의자(political mystics)

④ 해방자(enslaved liberators)

---

9 Carnegie Calien, *Today's Pastor in Tomorrows World*(New York: Hawthorn Books,
  Inc., 1977), 9-21.
10 Joseph C. Houghm, Jr., John B. Cobb, Jr., *Christian Identity and Theological Education*
  (Chicago, California: Scholars Press, 1985), 4-16.
11 Donald E. Messer, *Contemporary Images of Christian Ministry*(Nashville:
Abingdon Press, 1989) , 81-178.

⑤ 실천신학자(practical theologian)

⑥ 지구촌의 공사역(public ministry in a global village)

이 다양한 목회 형태는 시대마다 부름에 대한 교회의 응답이었으며 새로운 가능성 모색이라는 창의성의 표출이었다. 그러나 목회의 다양성은 개신교회의 장점이며 동시에 약점이기도 하다. 통일성이 존재하지 않는 다양성은 혼란과 분열로 이어질 수 있기 때문이다. 문제는 이 다양한 목회 형태를 하나로 통합하는 목회상이 무엇인가에 있다.

여기서 중요한 시도 한 가지를 모험하고자 한다. 다양한 사역들을 삼중직(*munus triplex*) 구조 안에 수용하고 다시 배열하는 작업이다. 삼중직의 처음은 제사장적 직능(priestly function)이었다. 여기에는 종과 목자형, 의전과 축제형(이상 캘리언), 상처받은 치유자, 종으로서의 지도자(이상 메서)가 속한다. 삼중직의 두 번째는 예언자적 직능(prophetic function)이며, 여기에는 정치·예언자형, 설교·교사형, 전도·카리스마형(이상 캘리언), 스승형, 부흥강사·설교자형(이상 휴와 캅), 정치적 신비주의자, 해방자(이상 메서) 등이 속한다. 삼중직 세 번째는 왕권적 직능(Kingly function)이며, 여기에는 실용·증진형, 관리·촉진형(이상 캘리언), 건축·조직형, 관리자형(이상 휴와 캅), 지구촌의 공사역(메서)이 속한다. 그러므로 목회의 다양성은 제사장적이고, 예언자적이며, 왕권적 직 안에서 재구성될 수 있다. 시대와 이슈를 따라 끝없이 다양화해지는 목회 형태를 성서의 삼중직 안에 수용하고, 삼중직의 신학적 의미를 통하여 목회 구조 속에 재구성하는 작업이 절실한 시점에 이르렀다. 제사장적 직에서 목회자는 예배와 성례전, 상담과 치유를 심화해야 하고, 예언자적 직에서 목회자는 설교와 가르치는 사역을 심화하고, 왕권적 직에서 목회자는 교회의 조직과 관리를 심화할 수 있을 것이다. 그러나 문제는 삼중직 안에 목회의 다양성을 수용하고, 재구성하고 심화시킨 후 이 다양한 목회를 시행하는 목회자의 자질과 능력의 뒷받침에 있다. 좋은 시스템(system)은 이를 해석하고 집행하는 능력이 뒤따를 때 극대화된다. 이것을 제임스 글라세(James Glasses)는 전문성(professional)이라 불렀다.

전문성 = 교육 + 숙련 + 제도성 + 책임 있는 기구+헌신

전문가	지식	기술	윤리 규범	사회 기구	목적
의사	의학	의술	선서	병원	건강
법률가	법률	법률	선서	법정	정의
교사	교육	교수법	자격	학교	학습
목사	신학	목회	안수 선서	교회	하나님과 이웃 사랑

글라세가 목사를 전문인(profession)[12]으로 구분하는 가장 큰 이유는 목사는 성서학, 역사신학, 조직신학, 실천신학 분야들을 통달한 전문인인 동시에 무엇을 설교하고 가르치고 행동해야 하는지를 정확히 아는 목적 의식과 기술을 가졌기 때문이라는 것이다.[13]

전문인으로서의 목사(목회자)는 제사장직에서 예배에 대한 지식뿐 아니라 예배 진행에 대한 고도의 기술을 쌓아야 한다는 의미이다. 성례전, 상담과 치유에 대해서도 폭넓은 지식뿐 아니라 실천적 기술을 쌓아야 한다는 의미이다. 예언자적 직임에서 전문인으로서의 목사는 설교에 관한 신학적 지식뿐 아니라 설교를 어떻게 구성하고 전달하는지에 대한 고도의 기술을 연마해야 한다는 의미다. 그것은 교육에서도 마찬가지이다. 왕권적 직임에서 전문인으로서의 목사는 교회의 조직과 관리에 관한 지식뿐 아니라 행정을 어떻게 실천할 것인가의 기술을 쌓아야 한다는 의미다.

현대사회에서 목사도 하나의 전문인으로서 실천신학 분야에 대한 지식과 기술을 습득하여 경쟁력과 지도력을 키워야 한다는 의미이다. 이것은 한국 신학 교육과도 깊이 연관되는 문제이며, 동시에 목회자 자신의 자기 성숙을 위한 노력과도 연관되는 문제이다. 미래의 안수 목회는 안수만으로

---

12 James D. Glasse, *Profession: Minister*(Nashville: Abingdon Press, 1968), 40.
13 *Ibid.*, 58-61.

권위가 부여되던 시대는 지나가고 있다. 안수와 함께 목회자는 목회의 전문성을 가지고 목회에 임해야 하는 전문화 시대에 살고 있기 때문이다. 이를 위한 신학 교육의 구조 개혁은 절실하며, 아울러 전문성을 향한 목회자 자신의 진지한 접근도 필수적이다.

그러나 문제는 여기서 끝나지 않는다. 목사의 전문성이 그토록 절실히 요청되면서도, 안수 목회는 전문성만으로 해결될 수 없는 깊은 차원 하나가 뒤따라야 한다. 글라세의 전문화론에 대해 비판적인 사람은 캐롤 (Jackson W. Carroll)과 메서(Donald E. Messer)다. 캐롤과 메서는 안수 목회의 전문성을 소명(calling)과 사랑(love)과 가슴(heart)으로 이어지는 영적 차원과 연관 짓는다. 영적 차원이 전제되지 않는 전문성은 쉽게 직업주의 (professionalism)로 전락한다고 비판한다.14

목회가 전문적 기술과 기능으로 전락할 때(직업주의) 그것은 평신도와 목사 사이를 분리시키는 또 다른 벽을 쌓을 뿐이라는 것이다. 그러므로 안수 목회는 목회의 전문성과 함께 하나님으로부터 오는 '소명'과 '헌신'에 의해서만 더욱 완성된다고 본다.

목회가 전문적 기술과 기능으로 전락할 때 그것은 평신도와 목사 사이의 신뢰를 붕괴시키는 원인이라는 것이다. 그러므로 안수 목회는 목회의 전문성과 함께 하나님을 향한 소명과 헌신에 의해서만 완성된다고 본다.

장 칼뱅(Jean Calvin)으로부터 영향을 받은 것으로 보이는 리처드 니부어(H. Richard Niebuhr) 교수는 소명을 네 가지로 풀이한다.

첫 번째는 그리스도인으로서의 부르심(the call to be a Christian)이다. 목사가 되기 전 그리스도의 제자로 부름받는 하나님의 부르심이다.

두 번째는 내적 부르심(inner call) 혹은 은밀한 부르심(secret call)이며, 하나님 사역을 위한 부르심이다.15

---

14 Jackson W. Carroll, *Ministry as Reflective Practice*(*Alban Institute Publication*, 1986), 2-3; Donald E. Messer, *Contemporary Images of Christian Ministry*, 77-79.
15 H. Richard Niebuhr, *The Purpose of the Church and Its Ministry*, 64; Donald E. Messer, *Contemporary Images of Christian Ministry*, 68.

세 번째는 경륜적 소명(providential call)이며, 이는 목사직을 수행하기 위해 필요한 자질과 전문적 지식을 준비하는 부르심이다. 철저한 신학 교육을 통한 지식과 기술을 준비하는 소명이다. 앞의 둘이 영적 차원이라면 세 번째는 전문성의 소명이다.

그리고 네 번째는 교회의 부름(ecclesiastical call)이다. 교단, 교회, 회중의 초청이며, 목사직을 수용하는 과정이다.16

이제 우리는 사역의 패러다임 정점에 다가서고 있다. 안수 목회는 내적, 외적 부르심을 받고 삼중직의 전문화 과정을 거쳐 교회를 섬기는 목사직이다. 그러나 목회자는 이것으로 끝나지 않는다. 크래머가 제시한 제4직(*munus quadruplex*),17 섬김의 직으로 승화되고, 섬기는 목자로 임해야 한다. 하나님과 하나님의 백성을 섬기는 종 됨을 의미한다.

제4의 직을 두고 캘리언(Calien)은 풀뿌리 신학자(grass root theologian)라고 불렀다.18 풀뿌리 신학자란 신자 하나하나와 세상 모든 사람을 하나님 백성으로 대하고 그들을 하나님의 초청으로 안내하고 인도하는 목회자이다. 휴(Hugh)와 캅(Cobb)은 제4직을 실천신학자(practical theologian)라고 불렀으며,19 호지슨(Peter Hodgson)은 양육자(nurturer)라고 불렀다.20 양육자는 성만찬과 섬김, 영성과 해방, 예배와 삶, 돌봄과 정의 사이의 변증법을 심어가는 목회자를 지칭했다.

그러나 리처드 니부어는 제4직을 목회적 지휘자(pastoral director)21라는 이미지로 풀었다. 목회적 지휘자는 초대교회의 돌보는 자, 공동체를 세우는 자의 의미가 있다.

목회적 지휘자란 목회의 삼중직인 설교와 성례전과 교회 치리를 성실히 수행하면서도 궁극적으로는 신자 하나하나를 하나님 백성으로 세우는 목

---

16 H. Richard Niebuhr, *The Purpose of the Church and Its Ministry*, 64.
17 Hendrik Kraemer, *A Theology of the Laity*, 150.
18 Carnegie Calien, *Today's Pastor in Tomorrow's World*, 125.
19 Joseph C. Hough, Jr., John B. Cobb, Jr., *Christian Identity and Theological-Education*, 91.
20 Peter C. Hodgson, *Revisioning the Church*(Philadelphia: Fortress Press, 1988), 100.
21 H. Richard Niebuhr, *The Purpose of the Church and Its Ministry*, 82-83.

회를 의미한다. 하나님 백성으로 세움을 받은 신자는 이 세계와 모든 사람을 위한 섬김으로 보냄을 받는다. 여기서 목회적 지휘자인 목사는 설교를 통하여 신자들을 하나님을 만나게 하며, 세계를 하나님의 나라가 실현되는 역사로 보게 하며, 성례전을 통하여 세상의 아픔을 품는 치유자로 세우며, 상담을 통하여 타인을 위한 작은 상담자들이 되게 하며, 교육을 통하여 타인을 가르치는 교사들로 세워 가는 사역을 의미했다.

안수 목회의 궁극적인 목적은 신자들을 하나님 백성으로 세워 그들이 세상에서 크고 작은 하나님의 사역자가 되게 하는 것이다. 목회는 예수 그리스도를 주로 고백하고, 예수를 역사 안에 증언하는 하나님의 사역자로 세우는 것에 있다.

제I부 '하나님 나라 백성 공동체의 사역과 안수 목회'는 다음과 같이 요약된다.

① 모든 사역은 온 세계와 인류를 향하신 하나님의 구원·하나님 사역이었으며, 이는 모든 사역의 존재론적 근거와 정체성(The ministry)이다.
② 하나님 사역은 사람을 부르기 전에 이스라엘 민족과 교회 공동체에 위임된 사역(derivative ministries)이었다. 그러기에 모든 사역은 하나님 사역으로부터 상술된 위임 사역(derivative ministries)들이었다.
③ 제사장, 예언자, 왕 사역 (3중직)은 하나님과 세계 안으로 부르시고 세우시고 보내시는 하나님 백성을 섬기는 3중직이었다.
④ 미래 목회는 3중직의 전문화와 하나님과 사람을 섬기는 제4직, 고난의 종으로 섬기는 공동체 사역이어야 한다.

제II부

부름받은
공동체(Called Out Community)의
존재 양식

1 장
예배·성서적 유산

예배는 다양한 이름으로부터 유래되었다. 구약성서가 사용한 카보드(*kabod*)는 이사야 6장 3절에 나오는 "… 거룩하다 거룩하다 거룩하다 만군의 여호와여 그 영광이 온 땅에 충만하도다"를 근거로 존귀와 영광을 하나님께 돌린다는 의미이다. 또 다른 어원 샤하아(*shachah*)는 몸과 마음을 다해 머리 숙여 경배한다는 의미다(출 4:31).

신약의 예배는 독사(*doxa*), 송영(눅 2:4)이라는 말로 표현되기도 하고, 고대 그리스어인 프로스쿠네오(*proskuneo*), 존경함으로 손에 입맞추다(요 4:24)는 의미로 사용하였다. 이 모든 표현은 하나님을 향해 인간이 드리는 경배와 영광을 의미했다. 공동 예배라고 명시되어 있지 않은 점으로 보아 이 예배는 일반적 예배거나 개인적인 예배를 지칭했을 가능성이 높은 것으로 본다.

그러나 고대 그리스어인 레이투르기아(*leitourgia*)는 오늘 교회에서 사용하는 예전(liturgy)의 어원으로 알려져 있으며, 본래 하나님 백성의 사역(ministry)과 섬김(service)을 의미했다.[1] 섬김은 십자가의 죽음을 통하여 아버지께 드렸던 예수 그리스도의 섬김이었다. 그리고 초대교회가 사용한 레이투르기아는 예수 그리스도를 주로 고백하는 하나님 백성이 신앙과 복종으로 하나님께 드렸던 섬김을 의미했다. 이는 하나님 백성이 공동으로

---

1 Frank M. Segler, *Christian Worship*(Nashville: Broadmans Publishing Co., 1967), 5.

드리는 공공 예배였으며, 말과 행동을 동반하는 섬김이었다.

그러기에 레이투르기아는 삶 전체를 산 제물로 드리는 하나님 백성 모두의 공동 섬김을 의미했다. 이러한 해석은 사도 바울이 로마교회를 향해 쓴 편지에도 드러나 있었다. "너희 몸을 하나님이 기뻐하시는 산 제사로 드리라. 이는 너희의 드릴 영적 예배니라"(롬 12:1). 몸을 산 제사로 드린다는 의미는 하나님 앞에 우리의 전 존재를 바친다는 의미였다. 그러나 오늘 현대 교회의 예배는 큰 위기에 직면했다고 예배학자들은 절규한다. 예배 형식이 고도화되고 신비화되면서 현대 교회의 예배는 회중의 참여가 거부되었으며, 예배는 개개인의 탄원으로 끝나고 있으며, 예배 형식과 예배 공간을 성역화하여 사제와 목회자의 사죄권과 축복권의 고유 영역으로 전락시키고 있다.

예배의 위기 처음은 예배의 개인주의화다. 스필만(Richard M. Spielmann)은 개신교회의 오직 믿음으로만(sola fides) 사상을 개인주의적 신앙으로 번역하면서 예배를 개인의 탄원으로 변질시켰다고 비판한다.[2] 이러한 비판은 라이라스댐(J. Coert Rylaarsdam)의 심화된 논거로 이어진다. 바로 개인주의적 신앙, 미국 개신교회의 경건주의(pietism)에서 온 것이며, 개인주의적 예배는 하나님의 계시적 사건을 선포하는 차원을 철저히 외면하고 있다는 것이다. 오히려 하나님의 계시를 개인적인 신앙 경험으로 축소하거나 주관화하여 예배를 마치 개인 신앙의 체험으로 변질시키고 있다고 비판한다.[3]

예배의 위기 두 번째는 회중의 참여가 거부되면서[4] 예배를 사제와 목회자의 독점으로 전락시키는 것에 있다. 김영재 교수는 "한국 교회의 문제점과 그 쇄신에 대한 제언"[5]에서 한국 교회의 예배는 하나님 백성의 참여가

---

2 Richard M. Spielmann, *History of Christian Worship*(N.Y.: Seabury Press, 1966), 5.
3 J. Coert Rylaarsdam, "The Matrix of Worship in the Old Testament, *Worship in Scripture and Tradition*, ed., by Massey H. Shepherd, Jr.(N.Y.: Oxford University Press, 1963), 71.
4 Richard M. Spielmann, History of Christian Worship, 5.
5 김영재, "한국 교회의 문제점과 그 쇄신에 대한 제언," 『한국 기독교와 기독 지성인』, 김영한 편집(서울: 풍만, 1987).

거부되고, 그 자리를 목회자가 독점하면서 자신을 제사장화해 온 데 있다고 보았다. 제사장화된 목사는 교회 강단을 지성소로 성역화하고, 교회를 성전으로, 강단을 제단으로, 헌금을 헌물로, 새벽기도를 새벽 제단으로 바꾸고, 예배를 목사의 축복권 영역으로 율법화한다고 비판한다.[6] 이는 예배를 성직화하여 하나님 백성의 참여를 차단하고 예배를 목회자의 독무대로 전락했다는 의미이다. 여기에는 하나님의 계시도, 말씀의 생명력도, 성령의 역사도 거부되는 결과를 낳게 되었다. 로마가톨릭 신학자 큉(Hans Küng)은 오늘 젊은이들이 형식화되고 교권화된 예배와 교회로부터 떠나고 있다고 경고했다.[7] 점차 종교 중심적 사회가 개방적, 다원적인 사회로 변모하면서 의미 없이 반복되는 예배가 삶의 구심점이 될 수 없다는 논거였다.

점차 종교 중심적 사회가 개방적, 다원적인 사회로 변모하면서 의미 없이 반복되는 예배가 삶의 구심점이 될 수 없다는 논거였다.[8] 이 운동은 초대교회의 공동 예배(corporate worship) 회복을 위한 움직임이라는 데서 더 큰 기대를 불렀다. 특히 세계교회협의회(WCC)가 제정한 리마 예식(Lima Liturgy)은 예배 회복의 창조적 모형으로 평가되었다. 그러나 예배의 회복은 의전적 개혁보다 한 교회 한 교회의 예배 신학의 수립이 더 소중하며, 한 교회 한 교회의 목회자와 평신도가 함께 구현하는 공동 예배 회복이 더 절실한 시점에 놓였다.

1. 구약의 유산

구약학계는 예배를 세 가지 방법으로 접근해 왔다.

처음은 19세기 크라우스(Hans-Joachim Kraus)가 주도한 현상학적 연구였다. 한스는 6단계로 나누어 구약 예배를 연구하였다. 1단계(컬트), 2단

---

6 *Ibid.*, 27-28.
7 Hans Küng, *Reforming the Church Today*, 135.
8 Richard M. Spielmann, *History of Christian Worship*, 3.

계(탈자연화), 3단계(고고학적 접근), 4단계(양식 비판), 5단계(종교의식 현상학), 6단계(축제, 성소, 제사장) 연구였다.[9]

예배연구사에서 구약 예배를 이해하는 데 필수적인 전제는 문화사적, 종교사회학적, 의식 중심의 연구이다.

두 번째 방법론적 전제는 구약 예배를 주제별(thematic) 접근 방법과 구원사적 접근 방법으로 대분되는 양대 해석을 수용하는 일이다. 주제별 접근을 시도하는 헐버트(A. S. Herbert)의 『고대 이스라엘의 예배』,[10] 한스 클라우스 데이비드 피터슨(David Peterson)의 『하나님과의 참여』[11] 그리고 월터 해릴슨(Walter Harrelson)의 From Fertility to Worship[12]은 구약 예배를 '제의, 대상, 사람', '축제, 제사장, 성소', '계시, 구속, 희생제도, 성전', '세계관, 시공의 질서'라는 주제로 해석한다.

그러나 세 번째 접근은 구원사적 해석이다. 여기에는 클레멘츠(R. E. Clements)와 로울리(H. H. Rowley)가 속한다. 두 사람은 출애굽, 성전, 회당을 예배로 연결하여 접근한다.

---

9 Hans-Joachim Kraus, *Worship in Israel*(Richmond: John Knox Press, 1965), 1-18. 구약 예배 연구사의 6단계는 다음과 같다.

(1) 첫 단계: K.C.W.F. Bahr's와 Joshep Gorres를 중심으로 'cult'의 상징주의 접근.

(2) 두 번째 단계: Julius Wellhausen을 중심으로 시도된 '탈자연화'(denaturalization)와 '탈동물제사'로부터 '의식 중심'(ritual)과 '율법' 중심으로 전환 과정을 연구.

(3) 세 번째 단계: Paul Volz와 Sigmund Mawinckel을 중심으로 시도된 고고학적 접근. 특히 고대 메소포타미아와 바빌론의 종교-신학적 영향이 구약 예배에 미친 영향에 관한 연구.

(4) 네 번째 단계: Albrecht Alt와 Hermann Gunkel이 중심이 되어 시도한 양식비판 연구. 예배의 형태와 표현 그리고 그것들 사이의 관계들을 연구함

(5) 다섯 번째 단계: Johannes Pederson과 런던 내 구약학 교수들이 중심이 되어 구약 예배를 종교의식(cult)의 현상학을 연구함. 이스라엘의 삶과 문화 그리고 신화와 의식 사이의 관계를 연구함.

(6) 여섯 번째 단계: Hans-Joachim Kraus, N.H. Snaith, S. H. Hooke가 중심이 되어 진행하는 최근의 연구. 특히 축제, 제사장, 성소 등의 연구를 중점으로 접근함.

10 A. S. Herbert, *Worship in Ancient Israel*(London: Lutterworth Press, 1959).

11 David Peterson, *Engaging with God*(Grand Rapids: Wm B. Eerdmans, 1992).

12 Walter Harrelson, *Fertility to Worship*, 장일선 역(서울 대한기독교서회, 1992).

1) 포로 이전(pre-exilic era)의 예배

독일의 예배학자 한(Ferdinand Hahn)은 『초대교회의 예배』[13]에서 구약 예배를 포로 이전(pre-exilic era)과 포로 이후(post-exilic era)로 나누고 있다. 포로 이전은 광야 예배, 예루살렘 성전 예배, '요시야 왕의 종교개혁'까지를 포함한다. 포로기 이후는 성전 재건, 희생제, 회당 예배를 포함하고 있다.[14]

포로기 이전에 드린 처음 예배는 족장들이 드린 제사였다. 족장들이 드린 제사·예배는 소박하고, 단순하며, 개인적인 것이 특징이었다. 형식은 이방 종교의 제의를 모방한 신화적(mythical)이었다. 단을 쌓고 그 위에 희생제물을 바쳐 제사를 드렸다. 아브라함이 이삭을 희생제물로 바치는 창세기 기사는 당시 유행하던 몰렉(Molech) 제사의 예증이었다. 멜기세덱의 축복기도는 족장 예배의 중요한 차원으로 알려지고 있다.

그러나 족장 예배를 두고 예배학자들은 양극적인 대립에서 해석하고 있다. 하나는 파울 볼즈(Paul Volz)에 의해 대변되는 반제의주의(反祭儀主義, anti-cultism)적[15] 해석이다. 반제의주의는 '예언적 사역' 외의 모든 사역을 거부한다. 예배로부터 컬트(cult)의 영향은 차단되어야 한다는 주장이다.

그러나 다른 학파는 종교적 의식(cultus)을 적극 수용하는 제의주의 (cultism) 접근이다.[16] 이들은 족장 예배, 예루살렘 제사, 포로기 이후 재건된 성전 제사까지를 모두 긍정적으로 수용하는 학파다.

그러나 구약신학의 대가, 로울리(H. H. Rowley)는 제3의 해석을 제시한다. 로울리는 제의주의, 반제의주의로 접근하는 컬트(cultus)식 접근 방법을 거부한다. cultus의 영향은 인정하면서도 예배 문제는 예배의 의미를 묻는 예배 신학이어야 한다고 했다.

족장 예배의 문제는 예배의 대상이 문제였다. 특히 야웨라는 이름이 사

---

13 Ferdinand Hahn, *The Worship of the Early Church*(Philadelphia: Fortress Press, 1973).
14 *Ibid*., 7-9.
15 H. H. Rowley, *Worship in Ancient Israel*(Philadelphia: Fortress Press, 1967), 1-2.
16 *Ibid*.

용되기 이전 족장 예배의 대상은 고대 셈족의 신 EL(Ras Shamra, 원본에 나오는)이었으며, EL로 불리는 신은 EL-Shaddai 또는 EL-Bethel로 호칭되는 신이었다. 당시 족장들은 야웨를 알지 못했기 때문에 당시 셈족의 Elohim을 하나님으로 호칭했다는 것이다. 야웨를 알지 못했던 족장들은 가나안으로 가져온 하란의 신들을 예배했기 때문에 족장들은 다신론자들이었다는 것이다. 그리고 다신론자인 족장들은 돌단, 나무, 샘에 신들이 거처한다고 믿었다. 그러기에 족장들은 물활론자(物活論者, animists)들이었으며, 폴리데모니스트(polydemonist)들이었다. 이는 타우센트(Toussaint)의 주장이다.[17] 여기서 족장 예배는 사실상 가치 없는 당시 가나안 종교의 모방이거나 혼합주의였다는 결론에 이른다.

그러나 '야웨' 하나님 호칭은 모세 때부터가 아니라 인류 최초로부터 사용되었다고 보는 신학적 해석이 등장한다. 여기에는 알트(Alt), 레슬리(Elmer Leslie), 올브라이트(Albright), 드보(de Vaux) 등이 속한다. 족장들이 만난 하나님은 처음부터 '야웨' 하나님이었으며, 그 하나님은 고대 바빌론 지구라트(Ziggurat) 신전의 신들이나 비도덕적인 인간 제사나 양성 혼음의 행위를 요구한 가나안 신들과는 다른 하나님이었다는 것이다.[18] 그러기에 족장들은 처음부터 다신론자들이 아니라 유일신론자(monotheists)였다.

이 양극적인 해석에 대하여 로울리는 좀 더 새롭고도 설득력 있는 해석을 제시한다. 로울리는 무엇보다 먼저 족장들의 하나님 이해를 다신론이나 유일신으로 단정하는 양극의 해석을 보류한 채, 오히려 족장 시대의 특징인 신들의 다양성을 인정하는 데서 출발한다. 다신론이나 유일신의 논거는 근거가 충분하지 않기 때문이라는 것이다.[19]

그러면서 로울리는 족장의 예배를 다른 '틀'에서 해석한다. 다른 '틀'이란 족장들이 살았던 '삶'의 스타일이었다. 삶의 스타일은 정착을 위주로 하는 목농(牧農)이 아니라 메소포타미아에서 가나안으로, 가나안에서 이집트로,

---

17 *Ibid.*, 8-11, 16.
18 *Ibid.*, 12-14.
19 *Ibid.*, 17.

이집트에서 다시 가나안으로 이주하며 살았던 '준유목민'이었다는 것이다.

준유목민의 삶은 이동이 간편한 천막(tent)으로 상징화되었다.[20] 여기서 준유목민으로서의 족장들은 물을 찾아 방랑했으며, 그들이 성지로 알려진 장소를 찾았던 것은 가장 자연스러운 일이었다. 사실 가나안인들처럼 가나안 신을 경배했다는 추측은 잘못된 것이다. 멜기세덱의 축복과 아브라함이 십 분의 일을 바친 일은 예배의 행위가 아니었다는 것이다. 라반의 딸 라헬이 훔친 드라빔은 우상이 아니라, 누주(Nuzu) 전통에 따르면 드라빔의 소유는 장인의 재산을 상속할 수 있는 권리를 의미했기 때문에, 이는 종교적 행위가 아니라 법적인 요청으로 보아야 한다는 것이다.[21] 그러므로 로울리에 따르면 문화적 형태나 종교적 제의의 형식만으로는 족장의 예배를 판단하는 일은 위험하다는 것이다. 더욱이 '예배하는 신의 이름'만으로 판단하는 것은 잘못된 것이라는 것이다.[22]

족장 예배는 족장들이 어떻게 하나님을 만나고, 어떻게 예배하는가가 핵심이 되어야 한다. 그들이 만난 하나님은 모든 신을 넘어 계신 오직 하나이신 하나님이었다는 신념에서 예배하였기에 그들은 '사실상의 유신론자'(practical monotheists)들이었다.[23] 그들이 예배한 하나님은 많은 신 중의 하나로 출현하는 단일신론(henotheism)이 아니라 모든 신 위에 계시면서 모든 신을 통치하시는 하나님[24]이었다는 것이다.

한 걸음 더 나아가 족장들의 예배는 바로 그들이 믿었던 유일하신 하나님과의 만남은 인격적 만남으로 해석되어야 한다는 것이다. 로울리는 여기서 족장 예배뿐 아니라 모든 예배의 본질을 포착하고 이를 해석의 추로 삼는다. 하나님과의 만남으로서의 예배는 희생 제사보다 중요하며, 이 만남은 아브라함을 하란으로부터 떠나게 한 동기가 되었다.[25] 그것은 무엇을

---

20 *Ibid.*, 7.
21 *Ibid.*, 17-20.
22 *Ibid.*, 21.
23 *Ibid.*
24 *Ibid.*, 22. 그리고 H. Richard Niebuhr, *Radical Monotheism & Western Culture*(N.Y: Harper & Brothers, 1943), 25-37.

얻기 위한 것이 아니라 하나님을 향한 전폭적인 신뢰와 복종에서 온 것이었다. 그러기에 하나님과의 인격적 만남은 예배(제사) 의식에서 오는 것이 아니라 하나님의 약속과 언약에서 오는 것이며, 예배 의식은 바로 이 언약과 만남을 확인하는 행위라는 것이다.

여기서 족장들의 예배는 새로운 의미를 부여한다. 이삭을 바친 아브라함의 제사(예배)는 모리아산을 예루살렘 성전의 자리로 성역화하는 '현현의 신학'(theology of theophany)이 아니라 가나안 종교의 인간 희생 제사, 특히 장자의 희생 제사를 강요하는 몰렉 제사를 아브라함이 바친 신앙적 헌신으로 보아야 한다.26 벧엘과 얍복강가에서 일어난 하나님과 야곱의 만남은 아브라함과 이삭에게 약속하신 언약의 갱신이었던 것이다. 그러기에 로울리가 해석하는 족장의 예배는 제의주의자와 반제의주의자들의 단순 논리를 넘어서서 신학적인 비밀을 포착한 것으로 볼 수 있다. 하나는 '유일신' 신앙에서 족장들이 만난 하나님이었으며, 둘째로 그 하나님은 죽은 신이 아니라 인간에게 다가와 만나시고, 부르시고, 보내시는 인격적 주체이기에, 예배는 곧 만남이었다는 해석이다. 세 번째로 로울리에게 강하게 암시되어있는 '만남'은 만남으로 끝나는 것이 아니라 옛 터전에서 미지의 세계로, 종교적 속박으로부터 약속의 땅으로 이끌어 가시는, 삶의 변화를 불러일으키는, 그래서 하나님의 인도하심을 따라 약속된 미래로 떠나야 하는 순례적 역사·종말론적 차원이었다는 것이다. 로울리의 해석은 '성막 예배', '성전 예배', '예언 운동', '회당 예배'로 이어지는 구약의 예배와 초대교회 예배를 해석하는 중요한 신학적 패러다임이 되었다. 그리고 구약의 두 번째 예배는 출애굽에서 예루살렘 성전 사이에 출현한 예배였다. 여기에는 출애굽, 시내산 언약, 광야 40년, 가나안 정복, 세겜 언약, 사사 시대가 배경이다.

여기에는 시내산 출발, 광야 40년, 가나안 정복이라는 민족 대이동이

---

25 *Ibid.*, 28-30.
26 *Ibid.*, 24-25.

진행되는 동안 친히 인도자가 되셔서 이스라엘을 이끌어 주신 하나님 앞에 드린 축제가 주를 이루었다.[27] 이것은 족장들이 반유목민적 삶 속에 드렸던 예배의 유산을 계승한 것이었다.

가장 중요한 축제는 출애굽을 기억하고 감사하는 유월절(passover)이었으며, 이는 양 떼와 염소 떼를 위협하는 귀신들을 물리치고 하나님께는 감사와 공양을 바치는 전통으로부터 유래된 것으로 알려지고 있다. 그리고 유월절은 위험과 악귀를 내쫓기 위해 천막 기둥 위에 피를 바르고, 그 속에서 서둘러 음식을 먹은 것을 강조한 의식이었다. 유월절은 출애굽, 홍해 도강을 하나님의 구원과 연결시켰던 민족의식이었다.[28]

무교절은 본래 유월절과 별개였으나 신명기 기록 당시 하나로 묶었으며, 오순절은 늦은 봄밀 추수 때 7일간(민 28-29장) 이어진 축제였다. 오순절은 사도행전에는 종말론적 축제로 해석되기도 했다. 안식일은 금기일이 아니라 노동으로부터의 휴식과 삶의 축하라는 의미를 담고 있었다. 하나님의 창조와 구원에 대한 감사였다.[29]

그러나 출애굽과 성전 건축 사이에 나타난 이스라엘 예배의 특색은 유월절을 중심으로 하는 절기와 축제와 함께 공동 예배(corporate worship) 형식으로 나타난 '성소'의 등장이었다. 성막 처음은 천막으로 알려진 '장막'이었다(출 33:7-11). 장막의 특색은 '만남의 포인트'(point of meeting)였다는 데 있었다.[30] 만남이란 '거주'(dwelling)와는 달리 만나고 헤어지고 또다시 만나는 단속적 성격을 가진다. 특히 장막은 야웨 하나님과 모세 사이의 만남의 장소였으며, 말씀을 듣고 선포하는 것이었기에 여기서는 제사 행위가 이루어지지는 않았던 것으로 보인다.[31] 그러기에 장막은 만남과 말씀이 중심이 되었던 자리였다.

---

27 Walter Harrelson/장일선, *From Fertility Cult to Worship*, 32.
28 *Ibid.*, 32-36; H. H. Rowley, *Worship in Ancient Israel*, 47-48.
29 *Ibid.*, 37-40.
30 Gerhard von Rad, *Old Testament Theology*, Vol. I,(N.Y. & San Francisco, London: Harper & Row, 1962), 236.
31 *Ibid.*

그러나 문제는 법궤(Ark)의 등장이었다. 법궤는 광야 시대에 출현했으며(민 10:35), 후에는 열두 지파의 거룩한 중심(sacral focus)이 되었다. 그리고 법궤는 솔로몬이 지은 성전 지성소에 안치되었다가 기원전 586년 예루살렘이 파괴될 때 없어진 것으로 알려지고 있다. 이스라엘은 법궤를 야웨 하나님이 좌정하시는 보좌(throne)로 생각했다. 야웨께서 보좌에 임재하신다고 생각했다. 그래서 폰 라트(von Radd)는 장막을 계시의 신학(theology of manifestation)이라고 부르고, 법궤를 임재의 신학(theology of presence)이라고 불렀다.[32]

여기서 세 번째 형태가 등장하는데, 그것은 '성막'(tabernacle)으로 부르는 '성소'였다. 성막은 장막과 법궤의 연합으로 나타났다고 볼 수 있다. 이 질적인 두 요소가 언제, 어떤 경로로 합해졌는지는 분명치 않다. 그러나 성막의 신학적 성격이 임재로부터 서서히 '계시와 말씀'의 자리로 바뀌었다. 그것은 성막과 제사장 제정에 관한 증언, 특히 출애굽기 29장 42절 이하에 나오는 증언 "… 내가 거기서 너희와 만나고 네게 말하리라. 내가 거기서 이스라엘 자손을 만나리니…"에서 분명히 밝혀지고 있다.[33] 이 같은 신학적 해석은 로울리에게서 재확인되고 있다. '성막'은 야웨 하나님께서 모세와 그의 백성을 만나고 말씀하는 장소였으며, 동시에 그의 뜻을 전달하는 곳이었다는 것이다. 여기서 드린 제사는 '번제'(burnt oering), '화목제'(peace oering), '속죄제'(sin oering), '속건제'(guilt oering, 레 1-5장)였으며, 이때의 제사는 공동적(communion)인 성격의 것이었다는 것이다.[34] 그리고 기도는 모세가 드렸던 기도를 따라 중보기도(intercessory prayer)였으며, 제사 후 식사를 함께 나누는 공동적 행위로 이어졌다.

그러기에 '출애굽'으로부터 예루살렘 '성전' 사이의 예배는 '유월절' 축제를 정점으로 하는 절기와 축제라는 하나의 축과 '성막'을 중심으로 진행된 제사라는 또 다른 축으로 요약될 수 있다. 그러나 여기에는 두 가지로

32 *Ibid.*, 237.
33 *Ibid.*, 239.
34 H. H. Rowley, *Worship in Ancient Israel*, 52.

갈라지는 신학적 해석이 뒤따른다. 하나는 클레멘츠(R. E. Clements)에 의해 대변되는 '현현(顯現)의 신학'(theology of theophany)이다. 클레멘츠는 시내산 언약을 하나님의 '산' 위 임재로, 산이 거룩한 장소로 변한 것을 야웨 예배의 시작이라고 본다.35 그 후 이스라엘이 드린 모든 제사 행위와 절기 축제는 시내산에 현현했던 야웨의 임재와 언약을 재연하는 행위였다는 것이다. '법궤'는 언약의 거룩한 자리였으며, 야웨 임재의 보좌였다는 것이다.36 클레멘츠의 해석은 구원사의 '주제'를 말하면서도 내용은 계시적·역사적 차원을 완전히 외면한 공간주의, 성역화, 공중신학을 말하고 있다. 이는 이스라엘 예배를 신비화하고 교권화할 수 있는 위험한 해석으로 전락한다.

클레멘츠에 정면으로 반대하고 나선 이는 로울리이며(폰 라트도 제2 해석에 속함), 로울리는 이스라엘 예배의 시작을 떨기나무 가운데서 모세를 불러내시고, 신을 벗게 하시고, 말씀하시고, 명령하신 야웨 하나님의 인격적 계시와 만남에서 찾는다. 그리고 야웨 하나님은 "조상의 하나님, 아브라함의 하나님, 이삭의 하나님, 야곱의 하나님"(출 3:6)을 밝히시는 데 하나님은 시내산에 좌정하시는 공간의 신이 아니라 역사를 통치하시는 하나님이셨다는 사실에 근거한다. 언약은 임재의 증거가 아니라 이집트의 속박에서 이스라엘을 구출하신 하나님의 구원과 이에 감사함으로 하나님 앞에 나오는 이스라엘의 응답이었다고 로울리는 풀이한다.

하나님의 뜻은 제사 행위가 아니라 이스라엘의 삶과 행위에서 분별되어야 했으며, 십계명은 종교적 행사의 '암기용'이 아니라 이스라엘의 삶과 신앙을 안내하는 '윤리적' 규범이었다. 유월절을 중심으로 하는 모든 축제는 하나님의 현현을 반복(클레멘츠)하는 것이 아니라 이집트를 탈출하게 하시고 모든 구원을 베풀어 주신 하나님의 구원을 기억하고 감사하기 위한 것이었다.37

---

35 R. E. Clements, *God and Temple*(Philadelphia: Fortress Press, 1965), 19-20.
36 *Ibid.*, 20-29.
37 H. H. Rowley, *Worship in Ancient Israel*, 37-50.

출애굽에서 성전 이전까지의 이스라엘의 예배에 대한 로울리의 해석은 클레멘츠의 현현의 신학보다 더 깊은 하나님의 계시와 근원을 경험하게 하는 것으로 볼 수 있다. 로울리는 일관되게 성서의 구원을 하나님의 계시적 사건으로 보며, 그것은 그 어느 공간도 영속화되거나 성역화되지 않는다. 계시적 사건으로 오시는 하나님은 인간을 역사 안에서 오셔서 만나시고 말씀하시는 인격적 대면에서 구원을 열어 가신다. 모세를 만나신 것도, 언약에서 이스라엘을 만나신 것도 바로 계시적 차원이었다. 여기서 로울리는 예배는 하나님의 계시에 대한 인간의 응답이라고 정의한다.

동시에 인격적 만남은 역사적이며 동시에 종말론적이었다. 언약은 출애굽 사건에서 보여 주신 하나님의 통치와 이 역사를 감사하는 이스라엘의 응답에서 이루어진 것이었다. 그러므로 언약은 만남이며 역사적인 것이었다. 동시에 구원의 역사성은 출애굽의 기억만이 아니라 미래의 약속, 젖과 꿀이 흐르는 가나안 땅의 약속이라는 종말론적 약속 안에서 완성되는 역사성이었다. 그러기에 예배는 만남이며, 기억이며, 동시에 소망의 행위였다고 집약할 수 있다. 이것은 족장들의 사적 예배로부터 이스라엘이 민족이되고, 민족 모두가 참여하는 공동 예배로의 일대 전환의 계기였다.

포로 이전에 나타난 구약의 세 번째 예배는 성전 예배(temple worship)였다. 성전 건축은 이스라엘의 예배 형식의 변화뿐 아니라 예배의 의미를 근본적으로 바꾸어 놓는 계기가 되었다. 민족 전체가 참여하는 절기와 축제, 민족을 대변하는 '성막'에서의 예배는 하나님의 오심과 말씀하심에 대한 이스라엘의 응답이고, 순례이고, 종말론적 소망이었다. 그러나 예배는 왕실화되고 제사장 중심적이 되며, 형식과 의식 중심으로 전환하게 되었다.

특히 예루살렘에 건립된 솔로몬의 성전이 가지는 구조와 특성은 예배 변화의 이유가 되었다. 먼저 성전 구조는 '성전뜰'(courtyard)과 '성소'(holy place, 성소 앞에는 전문(殿門, porch)이 있었음), '지성소'(holy of holies)로 구분되는 세 구조로 이루어져 있었다.[38] 성전의 첫째 구조인 '성전뜰'은 성전을

---

38 *Ibid.*, 79-80; R.E. Clements, *God and Temple*(Philadelphia: Fortress Press, 1965), 64.

둘러싼 12개의 동(bronze)으로 만든 기둥들이 서 있었으며, 그 밑에는 가나안의 풍요를 상징하는 황소의 상징이 자리 잡고 있었다.[39] '거룩한 기둥'의 의미를 가진 12개의 돌기둥은 빛을 발하는 우주적 기둥을 상징하는 것이었다.[40] 성전의 두 번째 구조는 '성소'였으며, 여기에는 10개의 촛대와 진설병을 놓는 테이블과 그 옆에는 금으로 씌운 제단이 있었다. 시바에서 수입한 향을 피워 연기를 하늘로 올려보내기 위한 제단이었다.[41] 세 번째 구조는 '지성소'였으며, 여기에는 법궤가 안치되어 있었다. 신이 좌정하는 자리로서의 '내면의 성소'(inner sanctuary)였다.[42] 이러한 구조를 가지고 건립된 성전은 그 예배 형식도 장엄한 의식으로 바뀌어 갔다. 크라우스(Hans-Joachim Kraus)의 연구에 의하면 요시야왕 때 가을 축제로 알려진 장막절(feast of tabernacle)을 위해 사람들은 예루살렘으로 순례하였으며, 그 순례는 성전 예배에서 절정을 이루었던 것으로 알려지고 있다. 장막절 성전 예배는 첫째로 '예배의 부름'(entrance torah)으로 시작되었다. 이때 시편 15편 1절을 제사장이 큰 소리로 읽었다. 두 번째는 '입례의 예전'(entrance liturgy)이었으며, 여기서 입례를 주관하는 제사장이 시편 24편 7절을 크게 읽었다. "문들아 너희 머리를 들지어다… 영광의 왕이 들어가시리로다." 성소에 들어간 제사장이 고백을 요청한다(시 24:8). "영광의 왕이 뉘뇨?" 이때 밖으로부터 응답이 들려온다. "강하고 능하신 여호와시요… 전쟁에 능한…"(시 24:8). 제사장은 다시 고백을 요청한다. "영광의 왕이 뉘시뇨?" "만군의 여호와께서… 영광의 왕이시로다"(시 24:10)로 응답한다. 이어 제사장은 여호와의 거룩한 이름을 공식으로 선언하는 것으로 입례 예전은 끝을 맺는다.[43]

성전 예배의 세 번째는 성소로 들어가는 입례(procession into the sanctuary)였다. 시편 132편 7절과 이사야 6장 3절을 기도와 찬양의 형식으로 노래하

---

39 *Ibid.*, 79.
40 R. E. Clements, *God and Temple*, 66.
41 H. H. Rowley, *Worship in Ancient Israel*, 79-86.
42 R. E. Clements, *God and Temple*, 65.
43 Hans-Joachim Kraus, *Worship in Israel*, 208-213.

면서 성소에 들어간다. 성전 예배의 네 번째 순서는 제사와 헌금이었다. 추수에 대한 감사와 화목제를 드리는 순서였다. 성전 예배 다섯 번째는 제사장의 간구와 시편 121편 3-8절을 축복의 기도로 낭독하는 것이었다. 그리고 순례자들(예배자들)이 다시 돌아가는 헤어짐의 의식(ceremony of departure)으로 이어졌다.[44]

이 장엄한 성전 예배는 다음 몇 가지의 신학적 특색을 가진다. 처음은 민족적 참여로서의 축제로부터 '왕실 종교'로의 전환이었다. 법궤를 위한 성소 건립을 꿈꾸었던 다윗의 계획은 선지자 나단이 거부함으로써 무산되었으나 왕실화 작업은 다시 솔로몬에 의해 성취되었다. 그러나 문제는 성전의 자리를 '성역화'함으로 특히 '모리아산'의 단의 자리를 성역화함으로써(역대기)[45] 성전 건축은 하나님의 '부르심' 앞에 응답하고 삶과 역사를 끊임없이 하나님의 인도하심에 맡기고 순례하던 종말론적 신앙을 종식시킨 비극을 가져왔다. 이것은 예배 중심 신앙에서 제도화로의 전환이었다.

성전 예배의 두 번째는 건물 그 자체가 두로(Tyre) 사람들에 의하여 설계되었을 뿐 아니라 성전 구조는 이방 신전의 모방이었다는 이유와 법궤와 안식일과 유월절을 제외한 3대 축제였던 무교절, 오순절, 장막절 모두가 가나안 종교로부터 온 것이며 여기에 이스라엘적인 감미를 첨가한 것에 불과했다는 이유에서 성전 예배는 야웨주의(Yahwism) 신앙으로부터 근본적으로 변질되었다는 것이다.[46]

한마디로 웅장하고 화려한 건축으로 나타난 예루살렘 성전의 예배는 제사장 중심이 되면서 민족 신앙으로부터 왕실 종교로 전락하기에 이르렀다. 예루살렘으로 순례해야 하는 종교의 중앙집권화가 되었으며, 이는 성전의 성역화로 이어졌다. 여기서 초기 이스라엘의 만남과 약속으로서의 예배는 형식과 의전과 제도 속에 파묻히기 시작했으며, 그 생명력은 점점 쇠잔해 갔다.

---

44 *Ibid.*, 214-218.
45 H. H. Rowley, *Worship in Ancient Israel*, 71-76.
46 *Ibid.*, 87-88.

성전 예배의 타락을 비판하고 나선 것이 예언 운동이었다. 예배에 관한 한 예언자들의 유일한 신학적 근거는 시내산에서 맺은 야웨 하나님과 이스라엘 사이의 언약에 있었으며, 모든 예배 행위는 이 언약의 기억과 갱신이라고 보았다. 그러기에 언약과 율법을 무엇으로 대치하려는 시도는 비판의 대상으로 삼았다. 그것이 성전이든 시온산의 성역화이든 제사 행위이든 그것을 본질적인 것으로 보지 않았기 때문이다. 그러기에 예언자들은 다수가 강도 높은 '반성전(anti-temple)주의 신학'의 위치에서 잘못된 예배를 비판하였다.

아모스는 정의 사상에서 예배를 해석하고, 호세아는 가나안의 비도덕적 컬트를 모방한 이스라엘의 성소 제사를 비판했으며, 이사야는 야웨의 말씀을 선포하면서 시온산을 성역화하는 것을 비판하였다. 미가는 통치자와 제사장들의 타락을 가지고 야웨를 의지하려는 불신앙을 비판했으며, 예루살렘을 하나님 좌정의 자리로 성역화한 것을 신랄하게 비판하였다. 특별히 예레미야는 성전을 마술화하는 거짓 선지자들과의 대결에서 예루살렘과 성전의 파괴를 예언함으로 가장 강렬한 반성전신학을 주창하였다.[47]

이 성전신학과 반성전신학의 갈등과 대결은 남왕국 요시야왕의 종교개혁에서 새로운 국면으로 전환되었다. 성전에서 발견한 신명기 법전은 야웨의 주권적 통치와 시내산 언약으로 다시 돌아가야 하는 민족적인 각성을 불러일으켰으며, 이는 그 어느 공간인 장소 안에 하나님이 임존을 묶어 두려는 신화적 컬트를 거부하였다. 야웨 하나님의 임재는 이스라엘과 함께하는 언약이었으며, 역사 안에서 이스라엘을 미래로 이끌어 가시는 임재였던 것이다. 그러기에 그것은 영적이고 윤리적인 약속의 관계였다. 장소의 선택은(그것이 시내산이든 성전이든) 하나님의 이름을 두시기 위한 것이었다. 이 같은 개혁은 기원전 586년 이후 포로기까지 계속되었다.[48]

---

47 R. E. Clements, *God and Temple*, 79-85.
48 *Ibid.*, 98.

2) 포로기 이후의 예배

포로기 이전의 이스라엘 예배는 족장들의 예배로부터 시작되었으나 크게는 출애굽에서 성전 이전까지의 성막 예배와 성전 예배로 분리되었다. 성막 예배가 만남과 소망의 사건으로 이해되었다면 성전 예배는 이방 종교의 컬트화로 인해 제도화되고 형식화되었던 것으로 이해되었다. 그러나 구약 예배는 포로 이후기에 들어서면서 제3의 유형으로 구현되었다. 이것은 회당 공동체(synagogue)의 등장과 함께 거기에 따른 예배의 변화였다.

그러나 예언 운동과는 별개의 흐름을 타고 발전되었던 또 다른 예배 전승은 에스겔의 환상 속에서 나타났던 예루살렘 새 성전에 대한 비전과 기원전 515년 포로로부터 예루살렘 귀환 이후 재건한 예루살렘 성전과 연관된 것이었다. 성전 재건으로도 찾아오지 않은 영적 희열, 거기서 파생된 영적 좌절은 기원전 428년 에스라의 율법 낭독에서 이스라엘이 금식하고, 울고, 회개하고, 언약을 다시 붓는 인침에서 극복되는 듯했다. 그 이후의 성전 예배에 관한 언급이나 연구는 극히 빈약하며, 그 어떤 추론도 가능하지 못한 것이 연구의 한계이다. 그렇다면 에스겔이 본 새 성전의 환상은 무엇인가? 그 전의 성전 구조와 거의 같은 전문(porch)이 있었고, 성소가 있었으며, 지성소가 있었다.

여기서 피터슨(David Peterson)은 에스겔의 환상은 옛 성전의 회복을 예언한 것이 아니라 장차 세워지는 새 거룩한 도성(하나님 나라)에서 새 성전이 야웨 하나님의 통치를 증언하는 지상적 이름이요 기점이라고 해석한다. 새 성전은 새 거룩한 도성(하나님 나라) 안에서 이해되는 종말론적인 성전이었다는 것이다.[49] 새 성전은 종말론적 의미에서 해석되는 한 의미를 가진다는 해석이다.

그러나 포로 이후기에 등장한 이스라엘의 예배는 회당 예배에서 새로운 도약에 들어섰다고 본다. 회당의 기원에 대한 학문적 논의는 이미『신학적

---

49 David Peterson, *Engaging with God*, 47.

교회론』[50]에서 충분히 전개한 바 있지만, 회당은 포로기에 신앙과 율법의 전통을 지키기 위해 처음에는 가정집에서(에스겔의 집이라는 설이 가장 유력) 시작되었으며, 이는 처음부터 율법을 가르치기 위한 목적을 가지고 있었다.[51] 회당에는 예배를 인도하기도 하고 예배의 순서와 진행을 관리하는 수석 장로(chief of the elders)가 있었으며, 두루마리를 돌보고 건물과 기물을 관리하며 지붕에 올라가 안식일과 축제를 알리며 교사로서 활동하는 하잔(hazzan)이 있었으며, 율법을 해석하고 기도를 인도하는 회당장이 있어서 회당의 예배와 생활을 주관하였다.[52] 이것은 예루살렘 성전이 파괴된 데서 온 제사장의 역할 무용론에 근거하면서도 동시에 새로운 역사적 상황과 위협 속에서 정체성 보존을 위한 이스라엘의 신앙적 도약에서 회당의 출현을 보게 된다.

회당의 예배는 ① 두루마리를 봉독하는 신앙 고백인 셰마(shema, 신 6:4-9)에서 시작하였다. ② 18개의 축복기도를 드렸으며, 이때 회중은 '아멘'으로 응답하였다. ③ 그리고 율법(torah) 낭독으로 이어졌으며, 이때 낭독자는 하잔이 주로 선택되었으나 때로는 회당장이나 회중 중에서도 선택되었다. ④ 그리고 회당 예배의 중심을 이룬 주해(exposition) 혹은 호밀리(homily)는 회당장이 담당하였다. 율법보다는 예언서로부터 주해의 근거를 가져온 것으로 알려지고 있다. 호밀리는 예수께서도 회당에서 행하신 것이었으며, 바울과 실라도 호밀리를 사용하였다. ⑤ 회당 예배는 축도로 끝을 맺었다. 하잔이 표시를 하면 제사장은 회중을 향하여 축복의 기도를 드렸다. 이때 회중은 모두 일어나 어깨 위로 손을 올리고 제사장의 기도를 반복했으며, 끝에는 아멘으로 응답하였다.[53]

회당 예배가 가지는 신학적 의미는 몇 가지로 요약될 수 있을 것이다. 그 첫째는 회당의 출현은 성전의 후속이며 동시에 대안이었다. 성전이 더

---

50 은준관, 『신학적 교회론』, 71-74.
51 H. H. Rowley, *Worship in Ancient Israel*, 229.
52 *Ibid.*, 232-233.
53 *Ibid.*, 234-237.

이상 이스라엘 민족의 신앙적 정체성과 영적 구심력을 유지할 수 있는 능력을 가지지 못하는 데 대한 비제사적, 비제사장적, 비교권적 대안으로 등단한 것이 회당이었다. 그래서 회당은 말씀 중심적이며, 교육 중심적이며 공동체적이며 또 시민 참여적인 공동체로 태어난 것이다. 그러기에 회당은 성전의 신화를 비신화화하였으며, 하나님은 성전 안에만 계신 분이 아니라 이방 땅에서도 만날 수 있는 하나님으로 탈종교화시켰다.

두 번째로 회당 예배는 성막이나 성전보다 초대교회 형성과 예배 형식에 깊은 영향을 끼쳤다. 특별히 초대교회들이 회당을 교회로 사용했을 뿐 아니라 기도, 성경 봉독, 말씀 해석 등 주로 비제사적 요소들의 회당 예배는 초기 예배 형식에 수용한 것이다.[54]

세 번째로 회당은 성전의 제도성과 성막이 종말론적 성격을 조화 있게 통합한 제3의 형식이었다. 구약의 예배를 총체적으로 집약하는 라이라스댐(J. Coert Rylaarsdam)은 그의 논문 "구약 예배의 모형"[55]에서 구약 예배가 가지는 신학적 의미를 여섯 차원으로 설명한다.

구약 예배의 첫 번째 차원은 신명기 6장 4절의 "주는 오직 하나인 여호와시니…"라는 신앙 고백에서 출발한다. 창조주 하나님에 대한 고백은 곧 '하나님만이 초월적으로 자유하심'에 대한 선언이다. 일명 '셰마'(shema)로 알려진 고백은 이스라엘의 삶 중심에 흐르는 선언이었으며, 동시에 율법 낭독, 주해, 기도, 암기와 반복 진행하면서 시내산 언약 갱신 의식의 중심이 되었다. 셰마는 하나님의 능력과 선하심의 선포이다.[56] 예배는 인간의 행위이기 이전에 하나님의 선하심과 능력을 선포하는 행위였다.

구약 예배의 두 번째 차원은 셰마 다음으로 이어지는 "나는 너를 애굽 땅에서 종되었던 집에서 인도하여 낸 너희 하나님 여호와로다"(신 5:6)라는 '선언', '선포'였다. 예배는 이 위대한 하나님의 구원에 대한 감사로 드리는

---

54 Ibid., 242.
55 J. Coert Rylaarsdam, "The Matrix of Worship in the Old Testament," Worship in Scripture and Tradition, ed., by Massey H. Shepherd, Jr.
56 Ibid., 45-46.

인간의 행위이다. 처음 열매를 드리는 오순절이었으며, 시편을 불러 하나님의 구원을 찬양했으며 유월절, 오순절, 장막절을 통해 하나님의 능력과 자유하심을 선포하는 것으로 이어졌다.

구약의 예배 세 번째 차원은 파라오와의 대결에서 승리하신 야웨 하나님의 왕 되심을 선언하면서 처음 난 것을 바치는 예식을 통하여 이스라엘은 하나님의 소유가 되고, 된 것을 감사하고 공포했다.

구약 예배의 네 번째 차원은 이방의 컬트(cult)를 수용하면서도 모든 예식을 하나님의 구원사로 재해석하고, 그것을 역사적 신앙으로 승화시켜나갔다. 무교절, 장막절, 유월절은 모두 이방 컬트를 하나님의 구원사 안에서 수용한 절기였다.

구약 예배의 다섯 번째 차원은 종말론적이었다. 창조와 역사 안에서의 하나님의 승리에 대한 축하뿐 아니라 마지막 날의 승리가 이 역사 안에 실현될 것에 대한 소망을 축하하는 행위였다. 그러기에 구약에 나타난 예배의 중심(여섯 번째 차원)은 개인의 경건과 개인주의적 탄원으로서의 예배가 아니라, 역사를 창조하시고 역사 안에 현존하시며 역사를 완성해 가시는 하나님을 찬양하고 감사하는 행위였다. 그러기에 구약의 예배는 하나님께서 하신 일과 하시는 일, 하실 일을 선포하고 선언하며, 고백하고 그것을 역사적으로 기억하며 응답하는 행위이다. 그리고 역사를 심판하시고 완성하실 하나님의 구원을 노래하는 하나님 백성의 축하요 또 헌신이다.[57] 이것은 오늘의 개인주의적 신앙을, 기복적인 신앙을, 교회 중심적 예배로 삼는 오류를 근본적으로 수정하는 역사적 유산이었다.

---

57 *Ibid.*, 54-71.

2. 신약의 유산

신약의 유산 중에서도 가장 원초적이고도 중요한 유산은 예루살렘교회가 시행하였던 예배였다. 그러나 초대교회의 예배를 뒷받침하는 자료의 빈곤은 예배학 연구를 어렵게 하고 있다.[58] 초대교회의 예배에 관한 심층적 연구는 제한되어 있으며, 그중에서도 1953년 쿨만(Oscar Cullmann)이 내놓은 『초기 기독교 예배』[59]와 1964년 마틴(Ralph Martin)이 저술한 『초대교회의 예배』[60] 그리고 1973년 한(Ferdinand Hahn)이 내놓은 『초기교회의 예배』[61]는 초대교회의 예배를 심층적으로 연구한 주저이며, 단행본으로 알려져 있다.

1) 초대교회 예배의 구조

초대교회 예배에 관한 연구 방법은 크게 두 부류로 분류되어 있다. 하나는 예배를 구성 요소적 차원에서 풀어가는 해석이며, 다른 하나는 예배를 공동체의 유형별로 접근하는 방법이다. 구성 요소로 예배를 해석, 접근하는 방법에는 쿨만을 위시하여 존스(Ilion T. Jones), 데이비스(Horton Davies), 마틴, 레이번(Robert G. Raybun) 등이 속하고 있다.[62] 그러나 초대교회 예배를 공동체 유형에서 보는 해석에는 한(Ferdinand Hahn)이 속한다.

먼저 초대교회 예배를 구성적 요소에서 풀이하는 예배학자들의 분류를 다음과 같이 도식화될 수 있다.

---

58 Ferdinand Hahn, *The Worship of the Early Church*, 1-2.
59 Oscar Cullmann, *Early Christian Worship*, 1953.
60 Ralph Martin, *Worship in the Early Church*(London: Fleming H. Revell Co., 1964).
61 Ferdinand Hahn, *The Worship of the Early Church*, 1973.
62 Oscar Cullmann, *Early Christian Worship*; Ilion T. Jones, *A Historical Approach to Evangelical Worship*(Nashville: Abingdon, 1953); Horton Davies, *Christian Worship* (Nashville: Abingdon, 1957); Ralph Martin, *Worship in the Early Church*; Robert G. Raybum, *O Come, Let us Worship*(Grand Rapids: Baker House Press, 1980).

쿨만	존스	데이비스	마틴	레이번
① 사도행전	① 성경 봉독	① 찬양	① 공동 기도	① 사도적 교훈
② 설교	② 설교	Magnificat	Maranatha	② 교제
③ 기도	③ 헌금	Benedictus	Amen	③ 떡을 뗌
④ 떡을 뗌	④ 아멘	Nunc Dimittis	Abba	(사랑의 애찬)
	⑤ 신앙 고백	② 기도	② 찬양과 노래	④ 기도
바울서신	⑥ 평화의 입맞춤	③ 성경 봉독과 주해	Magnificat	⑤ 찬양과 노래
⑤ 시편(찬양)	⑦ 기도	④ 성만찬	Benedictus	⑥ 말씀봉독
⑥ 예언(계시)	⑧ 설교	⑤ 방언	Gloria in Excelsis	⑦ 설교
⑦ 방언	⑨ 방언	⑥ 아가페 예찬	Nunc Dimittis (평화)	⑧ 주의 만찬
⑧ 방언 해석	⑩ 세례		③ 신앙 고백과 신조	⑨ 헌금
⑨ 죄의 고백	⑪ 떡을 뗌		④ 성경 봉독	⑩ 방언
⑩ 축도	⑫ 성만찬		⑤ 설교	⑪ 성례전(세례)
⑪ 찬양(Doxa) 아멘			⑥ 헌금	
			⑦ 세례	
			⑧ 주의 만찬(성만찬)	

도식에 나타난 대로 각기 다른 자료와 근거를 토대로 예배학자들은 초
대교회 예배의 구성 요소를 다양하게 나열하고 그 의미를 부여하고 있다.
이는 초대교회가 그 어떤 형식도 가지고 있지 않았음의 증거이며 동시에
자료 빈곤에서 오는 혼란이라고 본다. 그러나 다양한 예배 요소는 크게 세
가지 범주로 집약될 수 있으며, 이는 쿨만이 지적한 사도행전에 등장했던
예배의 원초적 구조와 동일한 것이었다. 쿨만의 예배 구조는 ① 말씀의 설
교와 가르침, ② 기도, ③ 떡을 떼는 일이었으며, 이 세 가지는 기독교 공동
체의 모든 예배 행위와 삶의 기초가 되었다는 해석이다.[63]

예배의 세 가지 범주는 첫째로 찬양과 기도를 포함하며, 마틴은 이를
카리스마적 차원이라고 불렀다.[64] 여기에는 시편, 마리아 찬가(*Magnificat*),
사가랴 축복(*Benedictus*, 눅 1:67-79), 하나님께 영광(*Gloria in Excelsis*), 평화
의 노래(*Nunc Dimittis*), 마라나타(*Maranatha*, 주여 어서 오시옵소서), 신앙

---

63 Oscar Cullmann, *Early Christian Worship*, 12.
64 Ralph Martin, *Worship in the Early Church*, 132.

고백, 헌금 등이 속한다. 이는 하나님의 구원과 은혜에 대한 신앙 공동체의 감사이고, 찬양이며, 기도의 표현이었다.

예배의 두 번째 범주는 성경 봉독과 말씀의 선포와 교육(Reading, Preaching and Instruction)이었으며, 마틴은 이를 디닥틱(didactic) 차원이라고 불렀다.[65] 베드로, 스데반, 바울의 설교는 성경 봉독 이후에 실시된 사도적 가르침(apostles teaching)[66]으로 이어졌다. 그리고 설교는 '케리그마'(기쁜 소식을 전하는)의 선포와 죄의 회개와 죄의 용서를 선언하는 말씀 사건이었다.[67] 이때의 케리그마는 디다케(가르침)와 본질에서 분리되지 않았던 것으로 학자들은 해석한다. 그리고 말씀 사역에는 방언, 방언 해석, 예언, 주해까지 포함되어 있었다.

예배의 세 번째 범주는 교제와 성례전(fellowship, sacraments)였으며, 마틴은 이를 유카리스틱(eucharistic) 차원[68]이라고 불렀다. 떡을 떼는 일 혹은 아가페 애찬(agape meal)과 주의 만찬이 동일한 것이었느냐, 별개의 것이었느냐의 논쟁은 뒤로 미룬다 해도(성례전에서 다룰 것임) 한 가지 분명한 것은 사랑의 애찬(love feasts)으로 알려진 공동 식사와 세례 의식, 주의 만찬(성만찬)은 초대교회가 모일 때마다 주의 임재 안에서 나눈 교제와 사랑 그리고 형제 됨이라는 새 언약의 반복이었다.

이 같은 예배의 구성 요소적 해석은 초대교회의 예배 구조뿐 아니라 초대교회의 구조를 이해하는 데 중요한 길잡이가 되고 있다. 이것은 그들의 공헌이었다. 그리고 해석은 후대에 교회 예배가 어떻게 변했는지를 가늠하는 기준뿐 아니라 예배의 변질을 비판하는 근거가 된다. 그러나 구성 요소적 접근 방법의 가장 큰 약점은 초대교회의 다양성을 지나치게 하나의 구조 속에 넣어 예배를 일반화시킨 데 있다. 여기서 구성 요소적 접근은 당시 복합적이고 다양하게 발전되어 간 신앙 공동체들(예루살렘 공동체, 헬라

---

65 Ibid.
66 Ilion T. Jones, *A Historical Approach to Evangelical Worship*, 71.
67 Ralph Martin, *Worship in the Early Church*, 73-75.
68 Ibid., 133.

주의적 교회, 이방 교회들)의 특성과 연계하는 데 실패했다는 비판을 면하기 어려울 것이다. 여기서 대안으로 나타난 새로운 해석은 초대교회 예배를 '공동체 유형'에서 보는 한(F. Hahn)의 접근이다.

한에 따르면 초대교회 예배의 다양성은 예배의 존재론적 의미의 다양성은 아니다. 오히려 다양한 예배 경험과 표현 양식 뒤에는 근원적인 예배 신학이 깔려 있었으며, 한은 이를 예수 그리스도의 예배관에서 찾아야 한다고 주장한다.[69]

특별히 마가복음 12장 29-30절에 나오는 "이스라엘아 들으라…"는 셰마를 인용하신 예수의 예배관은 구약에 나타난 창조와 구원의 주로서의 하나님의 계시성을 수용하지만, 예수의 예배관에서 가장 핵심적인 사상은 '역사 속에 이미 개입한 하나님의 종말론적 통치'를 선포하는 데 있었다는 것이다.[70]

하나님 나라 예수의 선포를 예수 사역과 예배의 중심으로 이해하고 수용한다는 것은 과거 유대주의 성전 제사와 토라를 중심한 회당 예배까지를 폐지한다는 의미라는 것이다.[71] '성전 파괴의 예고', '성전을 청결케 하신 행적' 등은 오고 있는 하나님 나라에 의하여 이루어질 새 시대의 등장을 예고했다는 종말론적 도래에서 이해되어야 한다는 것이다. 여기서 우리는 연속성과 비연속성의 역설을 보게 된다. 하늘과 땅을 창조하신 창조주 하나님을 고백하고, 예언자들을 들어 보여 주신 전 세계를 향한 하나님의 심판과 구원을 선포하는 데서 초대교회와 유대주의의 연속성은 지속되었다.[72] 그러나 처음 그리스도인들의 궁극적인 관심은 예수 그리스도에게서 도래한 하나님의 종말론적 통치와 그 약속에 있었기에 초대교회의 예배는 유대주의로부터 단절되는 비연속성의 의미를 가진다.[73]

---

69 Ferdinand Hahn, *The Worship of the Early Church*, 12; 은준관, 『신학적 교회론』, 111-127 까지를 재인용한 것임을 밝혀 둔다.

70 *Ibid.*, 13.

71 *Ibid.*, 31.

72 *Ibid.*, 32.

73 *Ibid.*, 33.

한에 따르면 바로 이 종말론적 사건을 경험한 초대교회는 크게 세 가지 사실을 예배의 중심으로 삼았다. 첫째는 예수 그리스도께서 친히 전하신 말씀과 행하신 사역이다. 그의 말씀은 하나님 나라의 선언이었으며, 그것은 제자들의 전도와 사역으로 이어지는 위임의 말씀이기도 했다. 두 번째는 예수의 죽음, 부활, 현존이었다. 하나님 나라의 선언은 오직 예수의 십자가와 부활의 관점에서만 가능했기 때문이다. 세 번째 요소는 바로 이 하나님의 종말론적 성령의 임재와 활동을 통하여 비로소 경험될 수 있었다.[74]

바로 예수 그리스도 안에서 실현되는 하나님의 구원을 초대교회가 경험하면서 그들은 찬양과 감사, 중재 기도를 통하여 표현하였다.[75]

한의 다른 공헌은 초대교회의 예배와 연관된 용어에 대한 새로운 해석이다. 신약에 나오는 예배라는 용어는 다양하게 사용되어 왔다. *Latreia*, *Latreuein*(serve), *Leitourgia*(service), *Threskeia*(종교예배), *Thyia*, *Prosphora*(oering), *Proserchesthai*(approach) 등은 예배를 의미하는 신약성서의 용어이다.[76] 그러나 한에 따르면 이 용어들은 초대교회 그리스도 중심의 예배를 서술하는 용어가 아니라는 것이다. *Latreia*는 유대주의 예배를 지칭하고 있으며, *Latreuein*은 많이 사용되기는 했으나 이는 반제사적 의미로 사용되었으며, *Leitourgia*는 예배를 위한 용어로 사용된 적이 없으며, *Threskeia*는 모든 종교와 심지어는 이방 종교의 예배까지를 위한 서술이며, *Thyia*와 *Prosphora*는 신약 이후의 자료에서 나오는 은유적 의미(metaphorical meaning)이며, *Proserchesthai*는 후대의 기록일 뿐이기 때문에 이상의 용어들은 초대교회의 예배를 올바로 설명하지 못하고 있다는 것이다.[77] 이 해석은 예배학에서 모든 용어를 상이한 표현의 동의어로 설명해 온 과오를 근본에서 수정하는 것이기도 하다.

한은 초대교회 예배를 표현하는 유일한 용어는 *Synerchersthai* 혹은

---

74 *Ibid.*, 33-34.
75 *Ibid.*, 35.
76 *Ibid.*, 36-38.
77 *Ibid.*

*Synagesthai*라고 했으며, 이는 '함께 모이다'라는 의미이다. 믿는 자들의 모임에서 '하나님을 칭송하고'(praise), '그의 전능하신 일을 선포하며'(pro-clamation), '기도 드리고'(prayers), '주의 만찬'(Lord's Supper)을 위한 모임이라는 뜻이다.[78] 예배는 제의적 행위라는 의미보다는 '함께 모이는' 집회에서 의미를 찾는다는 뜻이다. '함께 모이는' 공동체는 그 자체가 예배 공동체이며, 예배를 통하여 경험하는 하나님의 종말론적 현존은 제자들을 도피시키거나 은폐시키는 것이 아니라 하나님께서 창조하시고 경륜하시는 세계로 내보내는 '열린 공동체'로서 이해하였다.[79] 그러기에 초대교회의 예배는 다양성에도 불구하고, 그 근원은 그리스도인의 삶을 경험하는 하나님 나라의 임재, 찬양, 기도, 주의 만찬이었으며, 이는 어느 특정한 장소와 형식에 묶이지 않는 것이었다.[80]

한 걸음 더 나아가 웨버(Robert E. Webber)의 연구에 따르면 신약성서가 기록되기 이전, 부활 이후의 초대교회가 실시해 온 예배에서 찬송을 사용하였다는 사실에 많은 학자가 동의하고 있다는 것이다.[81] 특별히 누가복음 1장 46-55절에서 나온 〈Magnificat〉, 누가복음 1장 68-79절에서 나온 〈Benedictus〉, 누가복음 2장 14절을 근거로 하는 〈Gloria in Excelsia〉, 누가복음 2장 29-32절에서 나온 〈Nunc Dimittis〉 등의 찬송은 복음서가 쓰여지기 전에 이미 초대교회에서 사용되었던 것으로 알려지고 있다.[82]

(1) 아라멕(Aramaic) 기독교 예배(예루살렘교회 예배)

초대교회는 예루살렘교회와 헬라주의 공동체, 이방 기독교로 발전하면서 예배의 성격도 달리하였다. 아람 말을 하는 예루살렘 유대인 기독교는 두 가지 중심축과의 깊은 연관을 가지고 있었던 것이 특징이었다. 그 하나

---

78 *Ibid.*, 36.
79 *Ibid.*, 39.
80 *Ibid.*
81 Robert E. Webber, *Worship Old and New*, 36.
82 *Ibid.*, 36.

는 '성전'이었고, 다른 하나는 '가정집'(house 또는 houses)이었다.[83] 성전과의 연관성은 예루살렘교회와 유대주의와의 연속성을 의미하는 것이고, 가정집과의 연관성은 비연속성을 의미한다. 예루살렘교회의 예배는 성전 예배와 깊은 연속성을 가진다. 사도행전 3장에 나오는 기도 시간에 베드로와 요한이 성전에 올라갔다는 기록은 성전 규례를 따랐다는 것을 의미하며, 그곳을 복음이 선포되는 장소로 사용했다는(행 3:11-26, 4:12-13, 19:26, 42) 의미다.

그러나 '성전'은 비록 기도 시간에 제사장이 제사를 드렸다 할지라도 처음 그리스도인들에게 성전은 제사로서의 의미가 아니고, '기도하는 집'으로서의 의미를 가진다고 보아야 한다.[84]

예루살렘교회가 성전에서는 기도와 복음 선포로, 가정에서는 말씀과 교제, 떡을 떼고 기도하는 형식으로 예배를 드렸지만, 구체적 진행과 순서에 관해서는 증언과 자료의 부족으로 인해 그 어떤 추리에 이르기에는 부족하다. 다만 초대교회의 예배와 신학적 의미에 관한 해석은 한에 의하여 제시되고 있다.

한에 따르면 초대교회의 가장 중요한 특색은 예수의 이름으로 모였다는 사실이었으며, 특히 "두세 사람이 내 이름으로 모이는 곳에는 내가 그들과 함께 있기 때문이다"(마 18:20)라는 예수의 약속을 그대로 실천함으로써 최소한 10명 이상의 출석을 의무화해 온 유대주의 예배와 성전에서의 제사 예배를 배격했다는 것이다.[85] 물로 세례를 베풀었던 요한의 세례가 '예수의 이름으로' 주는 성령의 세례로 바뀌었으며, 처음 그리스도인들이 경험한 기쁨 날뜀(*Agalliasis*)과 마라나타(*Maranatha*) 기도로 바뀌었다고 한다.[86]

여기서 초대교회의 예배 순서를 설정하기는 불가능하지만, 예루살렘교회가 실천한 예배를 구성했던 요소를 추정할 수는 있을 것이다. 그 첫째는

---

83 *Ibid.*, 37, Maurice Goguel, *The Primitive Church*(N.Y.: Macmillan Co., 1964), 262.
84 Ferdinand Hahn, *The Worship of the Early Church*, 43.
85 *Ibid.*, 46.
86 *Ibid.*, 47.

하나님을 '아버지'라고 부르는 기도이며, 이는 주기도문으로부터 온 것일 가능성도 크다. 이때 기도의 틀이 설정되었을 가능성은 크며, Amen, Allelouia, Hosanna라는 기도 형식은 초대교회 기도에서 사용되었다고 본다. 신앙 고백의 틀과 찬송가가 이때 생겼을 것이고, 구약성경과 새로운 성경 해석이 예배에 도입되었다고 본다. 더 결정적인 것은 구원의 선포이며, 이는 예수의 말씀과 예수에 관한 말씀으로 구성되었다. 그러나 가장 어려운 문제는 언제 가르치는 일(instruction)이 설교와 쌍벽을 이루었는가 하는 문제이다. 그리고 주일을 예배일로 선정한 것은 최초의 교회 때부터였다고 알려졌다. 이상은 우리가 추정할 수 있는 초대교회의 예배 윤곽이다.[87]

그러기에 한이 추정하는 예루살렘교회의 예배는 대략 다음과 같은 요소로 꾸며졌을 것이라고 본다. 아버지라고 부르는 기도-기도(아멘)-신앙 고백-찬송-성경과 해석-말씀 선포-교육 등이다.

(2) 헬라주의 기독교 예배(Hellenistic Christianity)

헬라주의 기독교 공동체는 예루살렘교회에 참여했다가 아람 말을 하는 유대인 기독교인으로부터 차별 대우를 받는 과부들을 돌보기 위해 사도들로부터 임명된 '일곱 사람'(스데반 외)이 사마리아, 사이프러스(Cyprus), 안디옥 지방에서 선교 활동을 시작하면서 생겨난 기독교 공동체들을 의미했다. 헬라주의 기독교 교회는 지역적이 아닌 언어적 차이에서 예루살렘교회로부터 구분되었으며, 동시에 예루살렘교회와 이방 기독교 사이를 연결하는 역할을 담당하기도 하였다.[88]

예루살렘교회가 성전과 회당의 깊은 영향 속에서 예배 말씀 중심이고 신앙 고백적인 성격을 띠었다면, 헬라주의 기독교 공동체는 반유대주의적·반제의주의적 성격의 예배 형태로 나타났다고 본다.[89]

그러나 헬라주의 기독교가 예루살렘교회로부터 얼마나 달랐느냐는 문

---

87 *Ibid.*, 47-49.
88 *Ibid.*, 53.
89 Robert E. Webber, *Worship Old and New*, 38.

제는 학자들이 각기 다른 해석을 제시하고 있다. 한(Hahn)은 두 공동체 사이의 차이를 인정하면서도 헬라주의 기독교의 예배는 예루살렘교회의 예배 전통을 이어받았다는 연속성을 주장하는 입장에서 논의하고 있다. 한에 따르면 헬라주의 예배는 내용을 구성하기는 어려워도 '기도', '고백'같은 형식은 아람어 사용을 계속 인용했을 것으로 보고 있다.[90]

다만 구약성경 사용에서 헬라주의 기독교는 히브리어가 아닌 헬라어로 번역된 성경을 사용했으며, '율법'에 대하여는 부정적이고도 비판적 입장을 가졌다고 한은 해석한다.[91] 토라의 율법이 의미를 상실했다고 믿었던 헬라주의 기독교는 예루살렘교회와의 타협안으로 사도적 칙령(Apostolic Decree)을 제시하였다. 이는 베드로와 바울 사이의 논쟁 이후 안디옥과 예루살렘교회 사이의 타협으로 나온 데 그 근거를 두고 있다(갈 2:11).[92]

한과 맥을 같이하면서도 웨버는 한 단계 심화하여 헬라주의 기독교의 예배는 유대주의 예배를 폐기했을 뿐 아니라 그리스도 사건에 의하여 완성되었다는 해석을 첨가한다.[93] 특별히 '성전' 문화와 성전 제사를 비판한 스데반의 신앙적 해석과 예수 그리스도 자신이 유월절 양이었다는 바울의 신학적 해석을 근거로(고전 5:7; 롬 3:25 등) 헬라주의 기독교 예배의 중심을 이루었다는 것이다. 이렇듯 한과 웨버는 두 공동체 사이의 차별성을 부각시킴으로써 헬라주의 기독교 예배의 특징을 드러내려 하였다.

(3) 이방 기독교 예배(Gentile Christian Worship)

이방 기독교 예배를 공동체 신앙과 내면적 구조로부터 해석하는 이는 고겔(Maurice Goguel)이다. 고겔에 따르면 이방 기독교 예배는 고린도전서 12-14장에 나오는 다양한 '영적 은사'에서 그 형태와 구성의 근거를 찾는다.[94] 성령의 은사를 받은 기독교인들의 모임의 특징은 예배 순서나 예배

---

90 Ferdinand Hahn, *The Worship of the Early Church*, 55.
91 *Ibid.*, 58.
92 *Ibid.*, 59.
93 Robert E. Webber, *Worship Old and New*(Michigan: Zondervan Publishing House, 1982), 38.

요소가 규격화된 것이 없었으며, 오히려 누구나 참여하는 열린 공동체라는 것이 특징이었다. 그럼에도 불구하고 고린도전서를 근거로 추정할 수 있는 이방 기독교의 예배 형식은 다음과 같다. 그 첫째는 '시편 낭독'과 '찬양'(빌 2:2-11)이고, 두 번째는 디다케(*didache*)다. 디다케에는 구약 낭독(헬라어로 번역된)과 기독교 교리를 가르치는 공식적인 가르침이 포함되었을 것으로 추정되고 있다.[95] 세 번째는 계시와 예언 활동이고, 네 번째는 방언, 다섯 번째는 방언의 해석, 마지막은 축도로 끝나는 형식으로 이어졌다고 본다. 그 사이에는 성도들의 축복, 찬송 등이 끼어 있었던 것으로 해석된다. 그러나 이것은 예배의 순서가 아니라 예배의 요소에 불과했을 뿐이었음을 고겔은 분명히 하고 있다.[96]

그러나 고겔의 흥미 있는 해석은 고린도전서 11장을 근거로 해석하는 두 가지 성만찬 예배이다. 하나는 낮에 가지는 성만찬 예배였으며, 여기에는 철저하게 '세례'를 받은 신자만이 이 성만찬에 참여하는 배타성을 가지고 있었다는 것이다. 영적 은사를 중심한 모임에는 비세례자도 참여하는 열린 공동체였으나 성만찬 예배는 세례 신자만이 참여했던 닫힌 공동체였던 점으로 미루어 일반 예배와 성만찬 예배는 전혀 다른 별개의 예배였을 것이라고 보는 것이 고겔의 해석이다.[97]

세례자들만이 참여하는 성만찬 예배는 낮에 이루어졌고, 저녁에는 노예와 일꾼들만이 참여하는 아가페 식사와 성찬식이 따로 열렸을 가능성이 높다고 보며, 특히 공동체를 세우는 일(edification)과 가르치는 일(instruction)도 포함되었던 것으로 보인다고 고겔은 해석한다.[98]

여기에는 노예와 일꾼들이 낮에 시간을 낼 수 없었다는 이유에서 두 개의 성만찬 예배가 불가피했지만, 그보다 두 개의 성만찬 예배로 갈라진 내적 이유는 고린도교회가 다양한 은사를 받은 사람들 사이의 갈등과 부자

---

94 Maurice Goguel, *The Primitive Church*(N.Y.: MacMillan Co., 1964), 263.
95 *Ibid.*, 267, 269.
96 *Ibid.*, 267.
97 *Ibid.*, 269.
98 *Ibid.*

와 가난한 사람들 사이의 차별 의식을 극복하지 못한 실패에서 온 것이라고 보고 있다.[99] 이것은 아가페 식사를 부자들이 먼저 먹어버린 데 대한 바울의 질책에서도 반영되었다(고전 11:21).

그러나 한과 웨버는 다른 차원에서 이방 기독교 예배를 해석한다. 한에 따르면 고린도전서는 이방 기독교가 지니고 있던 문제들을 포괄하면서 그 문제에 대해 해답을 주려는 바울의 시도에서 보아야 한다.[100] 이방 기독교회가 지녔던 근본적인 문제는 지나치게 무절제적, 무아경적(ecstatic) 현상이었다. 웨버는 이를 자유에 대한 열망에서 온 것으로 보았다. 특히 이 현상은 교회 예배를 무질서로 몰아갔다.[101] 성령의 은사와 방언이 오히려 교회의 질서를 위협하는 지경에 이르렀으며, 이런 현상은 이방 기독교회 전반에 걸쳐 만연되었다.

한과 웨버에 따르면 바울은 이방 기독교인들의 이 같은 무절제한 신앙현상을 경고하고 교훈하기 위하여 고린도전서를 썼다고 보며, 따라서 고린도전서는 바울의 예배서라고 할 만큼 예배에 관한 서술과 교훈으로 구성되어 있다. 이방 기독교인의 자유 남용에 대하여 교훈을 주기 위해 쓰여진 고린도전서는 바울의 예배 신학을 다음 두 가지 차원에서 요약하고 있다.

첫째로 바울은 질서의 필요성을 강조하고 있다.[102] 바울은 방언을 부정하거나 비판하지는 않았지만, 방언은 예배의 적절한 위치에서 허용되어야 하며, 특히 방언은 번역이 동반되어야 한다는 것을 강조했다. 그것은 주의 만찬에 참여하는 일도 무질서나 술 취함으로 임해서는 안 된다는 경고와 교훈을 주기 위한 것이었다.[103] 은사의 다양성 못지않게 은사의 통일성도 중요하며, 그것은 그리스도의 몸과 그 자체의 관계를 비유로 설명한 것에서 드러나 있다. 바울은 이방 기독교인 속에 하나님의 사랑(고전 13장)을 근거로 하는 신앙 공동체를 세우려는 데 그 목적이 있었다고 한은 해

---

99 *Ibid.*
100 Ferdinand Hahn, *The Worship of the Early Church*, 65.
101 Robert E. Webber, *Worship Old and New*, 40.
102 *Ibid.*
103 *Ibid.*

석한다.104

　두 번째 바울은 이러한 배경에서 "예배가 무엇이며, 어떻게 예배를 드려야 하는가"에 대한 교훈을 서술하였다. 예배에 대한 바울의 교훈이란 예배 순서나 예배 의식을 나열했다는 뜻이 아니라 예배의 요소들을 들어 그 의미를 해석하는 것으로 나타났다. 특별히 고린도전서 14장을 근거로 바울의 예배 신학이 형성될 수 있다는 것이 한의 해석이기도 하다.

　① 예배의 처음은 고린도전서 14장 6절에 나오는 계시(*apokalypsis*), 지식(*gnosis*), 예언(*propheteia*), 가르침(*didache*)이라는 차원을 포괄한다는 것이다.105 ② 다음 요소는 14장 26절에 나오는 찬양(*psalmos*), 교훈(*didache*), 계시(*apokalypsis*), 방언(*glossa*), 번역 · 해석(*henneneia*)이다. ③ 이어서 예배에 참여하는 회중의 역할에 관하여 바울은 14장 13절 이하에 기도(eulogein), 아멘(amen), 감사기도(eucharistein)로 이어져야 할 것을 촉구하고 있다. ④ 끝으로 바울의 예배 신학은 은사의 다양성을 포함하고 있다. 고린도전서 14장 7-11절에 근거하는 은사들은 지혜의 말씀(*logos sophias*), 지식의 말씀(*logos gnoseos*), 영들을 구별하는 능력(*diakrisis pneumation*) 등이며, 이 은사들은 교회와 공동 이익을 위한 은총의 선물로 받아들여져야 함을 바울은 강조하고 있다.106 한은 이방 기독교인을 향한 바울의 의도를 다음과 같이 요약한다.

> 이방 기독교는 헬라주의 유대 기독교 예배로부터 중요한 요소를 받아들였다. 이 때 성령의 역사가 중요한 역할을 하였다. 그러나… 우상 숭배… '무아경'… '자유의 남용'에 대하여… 바울은 모든 영은 시험되어야 할 것과 모든 것은 선교적 사명과 교회를 세우는 일이라는 규준에 따라 판단되어야 할 것을 촉구하였다.107

---

104 Ferdinand Hahn, *The Worship of the Early Church*, 67-68.
105 *Ibid.*, 68.
106 *Ibid.*
107 *Ibid.*, 78

2) 초대교회 예배의 신학적 의미

이상에서 논의한 초대교회 예배는 다양한 구성 요소로 이루어졌으며, 다양한 공동체를 통하여 다양한 형식으로 표현된 것은 교회가 제도화되기 이전의 신앙 경험을 원초적으로 표현한 것이었기 때문이다. 그러기에 초대교회 예배를 제도화된 교회의 예배 의식을 기준으로 평가하고 해석하는 것은 초대교회의 내면적 역학을 외면할 뿐 아니라 예배의 의미를 왜곡하는 잘못을 범할 수도 있다. 초대교회의 예배는 다양성을 그대로 수용하면서 그 안에 흐르는 의미를 신학적으로 조명하는 일이 더 중요한 과제다.

초대교회의 예배가 지녔던 신학적 의미 그 처음은 예배가 곧 기독론적 사건이었다는 해석이다. 영(Franklin W. Young)은 그의 논문 "신약 예배의 신학적 콘텍스트"[108]에서 신약 교회와 예배에 접근하는 가장 위험한 방법은 '공간'과 '장소'라는 유대주의적 관점에서 접근하는 것으로 보며, 이를 경고하고 있다.[109] 처음 그리스도인들은 예배를 위한 공간이나 자리를 중요시하지 않았다는 것이다. 영에 의하면 초대교회 예배의 핵심은 요한복음 2장 13-22절에 나오는 "성전을 헐라 내가 사흘 동안에 일으키리라"는 예수의 말씀과 사마리아 여인과의 대화에서 "신령과 진정으로 예배"할 것을 권고하신 예수의 말씀(요 4:23-24)을 근거로, 예수 그리스도 자신이 성령 안에서 하나님과 인간이 만나는 자리요 공간이었다는 것이다.[110] 그러므로 초대교회 예배는 기독론적 사건으로 이해되어야 한다는 것이다. 이러한 영의 해석은 예배를 성전과 회당이라는 공간적, 제도적 규범에서 이해해 오던 당시 유대주의적 해석을 거부할 뿐 아니라 예배를 교권화하고 형식화하고 신비화한 오늘의 모든 교회 예배로부터 다시 환원하는 신학적 전환으로 볼 수 있다.

---

108 Franklin W. Young, "The Theological Context of New Testament Worship," *Worship in Scripture and Tradition*, ed., by Massey H. Shepherd, Jr.
109 *Ibid.*, 78.
110 *Ibid.*, 86.

이렇듯 '기독론적' 접근에 과감히 서 있는 영은, 고린도전서에서 나타난 바울의 '성전' 비유는 공간이 아니라 하나님과 그의 백성이 그리스도 안에서 맺는 관계의 유비(*analogia relationis*)로 보아야 한다는 것이다. 그리고 목회서신 전체에 흐르는 예배는 '부활하신 그리스도' 안에서 인간이 하나님을 만나고 응답할 수 있었던 예배였다는 것이다. 신약의 예배는 인간이 하는 그 무엇이거나 컬트(cult)가 아니라 예수 그리스도께서 행하신 구원을 감사함으로 응답하는 행위였다는 것이다.[111] 이 같은 영의 기독론적 사건으로서의 예배 이해는 초대교회 예배의 본질을 이해하는 데 중요한 해석으로 평가된다.

그러나 영의 기독론적 해석은 두 번째의 해석에 의하여 보완되어야 한다. 예수 사건은 십자가와 부활에서 끝난 것이 아니라 제2 파루시아(parousia)로 알려진 다시 오심의 약속으로 이어져야 하기 때문이다. 이 종말론적 약속은 교회와 예배를 미래적으로, 역사적으로, 종말론적으로, 선교적으로 변화시켜 가는 소망이기 때문이다. 올바른 기독론은 올바른 종말론적으로 해석될 때만 가능하기 때문이다. 이러한 예배의 종말론적 해석은 이미 논의된 한과 쿨만에 의해 강력하게 대변되고 있다.

쿨만은 초대교회 예배에서 떡을 떼는 공동 식사는 부활하신 예수께서 11제자와 나누신 식사의 회상(기억)이며 동시에 최후 만찬 때 예수께서 약속하신 '메시아적 식사'(Messianic Meal)에 이미 부분적으로 참여하는 종말론적 행위라고 해석한다.[112] 모이는 공동체 안에서의 식사에 그리스도가 임재할 뿐 아니라 그 식사는 장차 약속된 메시아적 식사에 그리스도께서 오실 것을 소망하는 교회적 행위라는 것이다.

한 걸음 더 나아가 한은 초대교회의 예배의 목적은 예수께서 선포하신 하나님의 종말론적 통치와 개입에 두어야 한다고 피력한다.[113] 하나님 나라의 역사 개입은 성전 신화(temple cult)를 붕괴할 뿐 아니라 새로운 역사

---

111 *Ibid.*, 90.
112 Oscar Cullmann, *Early Christian Worship*, 13-16.
113 Ferdinand Hahn, *The Worship of the Early Church*, 12-13.

와 질서를 창조하는 계기로 보아야 하며, 이것은 예수의 예배관에 크게 나타났던 것으로 본다. 그러기에 안식일은 사람을 위하여 존재하며, 잔칫집의 축하는 종말론적 축제의 서곡이며, 기도—특히 주기도—는 아버지(Abba)께서 약속하신 종말론적 구원을 향한 감사와 신뢰의 표현이라는 것이다. 중요한 것은 성전이 아니라 3일 만에 다시 사신 종말론적 시간과 공간이다.114

그러므로 초대교회의 예배는 구성 요소나 공동체의 표현 양식 그 자체가 목적을 가졌거나 그 자체를 컬트화할 수는 없는 것이다. 구성 요소 및 공동체의 표현 양식들은 기독론적으로, 종말론적으로 해석될 때 비로소 그 의미를 가진다. 예배 행위 그 자체가 중요한 것이 아니라 그 예배 행위는 무엇을 지향하고 있으며, 누구를 만나고 있으며, 무엇을 소망하고 증언하고 있느냐를 물어야 한다. 예배와 관련되었던 모든 다양성은 그 뒤에 예수 그리스도께서 선포하신 하나님의 통치와 십자가, 부활, 재림으로 이어지면서 약속된 하나님 통치의 완성을 가르침, 설교, 떡을 떼는 일, 기도하는 일을 통해 현재화하는 것이 예배였다. 그러기에 초대교회 예배는 기독론적, 종말론적, 역사적 사건이었다.

---

114 *Ibid.*, 26-27.

2 장
변형과 회복

1. 예배의 변형

1) 교부 시대의 예배

서기 313년 로마 콘스탄티누스 황제가 기독교를 국교화한 이후 교회는 일대 변신의 계기를 맞았다. 지하로부터 지상으로의 부상이다. 300여 년간 작은 세포 조직이었던 가정 교회(house churches)는 최초로 바실리카(Basilica)라는 교회 건물로 이전하였으며, 이는 일대 구조적 변화를 가져온 시점이 되었다.[1] 가정 공동체로부터 건물 중심의 교회로의 변신은 교회의 신앙생활뿐 아니라 예배의 형식과 의미를 크게 변형하는 역사적 계기가 되었다.

여기서 신약성서 기록이 끝난 것으로 보는 서기 133년으로부터 서기 313년 사이에 일어난 예배의 변형 과정을 살핌으로 문제에 접근하고자 한다. 실은 이 기간에 기독교는 심한 로마제국의 박해 가운데서도 지중해 전역과 로마제국 전역으로 퍼져나갔으며, 이 과정에서 교회는 사도 시대의 예배 형식을 바꾸어야 했던 것으로 알려졌다. 처음은 공동체 식사(community meal)라는 틀 안에서 실시했던 사도 시대의 예배를 점차 공동 식사

---

1 Richard M. Spielmann, *History of Christian Worship*(N.Y.: Seabury, 1966), 39

(fellowship meal)와 성만찬(Eucharist)으로 분리하기 시작한 것이다.[2] 이것은 예배를 공동체 참여로부터 분리하는 최초의 교권주의적 발상이었다. 물론 그 뒤에는 공동 식사에 익숙지 않았던 이방 기독교인들의 주저와 대도시 교인이 늘어나면서 공동 식사를 나눌 수 있는 공간을 얻을 수 없었다는 사연들이 깔려 있었다.[3]

공동 식사가 배제된 성만찬 예배는 서기 2세기를 기점으로 로마의 클레멘스(Clemens), 안디옥의 이그나티우스(Ignatius), 순교자 저스틴(Justin Marty), 디다케(Didache)라는 교훈집에 의하여 좀 더 성례전적으로 심화된 것으로 나타났다.[4] 당시 성만찬은 예배뿐 아니라 교회와 그리스도인의 삶의 중심을 차지하고 있었다. 성만찬은 떡과 포도주 성례에 그리스도가 임재할 뿐 아니라 희생제로서의 의미, 죄의 용서와 영생을 얻는 성례로써 자리 잡고 있었다.[5]

그러나 2세기 중엽의 기독교를 식인 축제 광신주의로 몰아치는 비난에 대한 변증으로 155년경 『변증론 I』(First Apology)을 썼던 순교자 저스틴은 성만찬을 예배의 중심으로 설명하면서 그 앞서 세례와 말씀 예전이 선행되어 왔음을 분명히 하고 있다.[6] 이것은 2세기 중엽 로마에서는 세례 의식, 말씀 예전, 성찬 예식으로 구성된 예배 의식이 실시되고 있었음을 보여 준다.

여기서 세례는 그리스도인이 되고 교회에 입회하는 의식으로서, 그 형식은 그리스도와 함께 죽고 다시 사는 침례(immersion)를 선택하였다. 세례 전에는 반드시 삼위일체 하나님의 이름으로 교리와 윤리적 헌신을 위한 교육(catechumenate)을 실시하였으며, 세례 때는 예수께서 '악령을 내어쫓은 것 같이' 악령을 내어쫓는 의식을 가졌으며, 세례 후에는 '감사의 기

---

2 *Ibid.*, 21. Didache는 이 사실을 증언하고 있다.
3 *Ibid.*, 22.
4 *Ibid.*
5 Bard Thompson, *Liturgies of the Western Church*(Cleveland & N.Y.: The World Publishing Co., 1961), 3-4.
6 Walter W. Oetting, *The Church of the Catacomb*(St. Louis, Mo: Concordia Publishing Co., 1964), 29-30.

름'을 바르고 감독은 다시 안수하고 회중 앞에서 기도와 헌금 그리고 '거룩한 입맞춤'에 참여하게 하였다. 이때의 세례는 하나님 나라의 새 공동체로 초청하는 종말론적인 의미를 가지고 있었다고 화이트는 해석한다.7

성만찬에 앞서 실시된 '말씀 예전'(The Liturgy of the Word)은 율법서, 예언서 낭독, 설교, 기도로 구성되어 있었다. 낭독자(Lector)는 성경 봉독뿐 아니라 사도와 예언자들의 글을 읽었던 것으로 알려지고 있다. 교사의 자리, 카테드라(Kathedra)에 앉아 있는 이는 사도의 계승자인 감독이었으며, 설교(강연)는 그의 고유한 책임이고 권한이었다. 설교가 끝나면 회중은 일어나 공동 기도를8 드렸다. 이것은 중재 기도일 가능성이 높은 것이었다.

예배의 중심인 성만찬 예식(Eucharist)은 평화의 입맞춤(Kiss of Peace)으로 시작되었다. 평화와 화해를 인친다는 의미의 입맞춤은 그리스도의 몸이 되는 예전이었다. 그리고 빵과 물을 섞은 포도주를 사람들이 가지고 나오면(oertory) 집사들이 모아 감독에게 바친다. 이는 하나님 앞에 헌신한다는 의미와 하나님께서 자신을 우리에게 주시는 거룩한 교제(holy communion)의 의미를 가진다. 이때 감독은 찬양과 감사의 기도를 드리며, 이어서 예수께서 성만찬을 제정하신 말씀을 반복한다. "나를 기념하여…"를 회상(anamnesis)의 예전으로 불렀다. 봉헌의 기도가 드려진 후 회중은 아멘으로 응답했다. 이어 집사들은 성찬을 각자에게 분급하였으며 병석에 있거나 참석하지 못한 이에게도 성찬을 분급하였다.9 성만찬 후 헌금을 드렸으며, 그것은 성찬 식탁으로부터 세계로 나가는 섬김의 의미를 가지고 있었다.10

---

7 James F. White, *A Brief History of Christian Worship*(Nashville: Abingdon Press,1993), 17.
8 Bard Thompson, *Liturgies of the Western Church*, 4-5.
9 *Ibid.*, 5-6.
10 Richard M. Spielmann, *History of Christian Worship*, 30. 저스틴의 예배는 다음과 같이 요약된다.
　① 성경 봉독(구약과 복음서)
　② 설교-감독
　③ 공동 기도와 평화의 키스
　④ 빵과 포도주를 감독에게 가져옴
　⑤ 성만찬 기도-아멘

저스틴의 성례전 이해를 톰슨(B. Thompson)은 네 가지로 집약한다. 첫째는 우리 대신 죽으신 그리스도의 고난을 회상하는 행위이고(*anamnesis*), 두 번째는 하나님께 드리는 희생이며, 세 번째는 그리스도의 몸과 피에 참여하는 세례자들의 교제(communion-fellowship)이고, 네 번째는 창조와 경륜 그리고 예수 그리스도의 성육신과 수난에 대한 감사였다.[11]

저스틴의 예배 이해는 초대교회와 교부 시대를 잇는 중요한 계기를 마련하였으며, 이때 예배와 교권화나 신비주의화는 아니라 하더라도 초대교회의 종말론적이고도 공동체적이며, 카리스마적 차원의 예배는 점차 성례전 중심으로 서서히 방향을 바꾸고 있었다.

3세기를 넘어서면서 히폴리투스(Hippolitus)는 그의 『사도적 전승』(*Apostolic Tradition*)에서 성만찬 예전은 감독 봉헌(ordinatio Eucharist)과 세례와 견진(confirmation)을 위한 부활절 예배로 양분하였던 것으로 기록하고 있다. 그리고 다른 자료에 의하면 예배는 교육 미사(service of catechumens)와[12] 세례자의 미사(service of the faithful)로 양분되면서, 교육 미사에는 성만찬이 거부되었다.

그러나 4세기에 들어서서(서기 313년을 기점으로) 짧고 준엄했던 예배는 바실리카로 장소를 옮기면서 긴 기도, 많은 음악, 복잡한 의식으로 바뀌기 시작했다. 점점 성직자와 평신도의 구분이 심화되면서 강단은 은으로, 제단은 금으로 도금하는 신성화 작업이 진행되었고, 성직자는 요란한 제복 차림으로 바뀌었다. 그리고 성직자의 입례와 향과 촛대는 황제의 궁전 출

---

⑥ 집사들의 분급

⑦ 헌금

그리고 Cheslyn Jones, Georey Wainwright, Edward Yarnold, S. J., ed., *The Study of Liturgy*(London: SPCK, 1978), 172.

11 Richard M. Spielmann, *History of Christian Worship*, 7.

12 테르툴리아누스 때의 피교육자(catechumens)들은 (세례를 준비하는) 부활절 새벽 사탄을 거부하고 귀신을 내쫓는 기름을 바르고 옷을 벗고 물에 들어가 신앙의 시험(사도신경을 세 번 따라 암송)을 거친 후 감사의 기름을 바르고 나아와 옷을 입고 교회에 들어가 교인들과 함께 기도한 후 최초로 평화의 입맞춤을 나눈 후 성만찬에 참여하도록 하였다. James F. White, *A Brief History of Christian Worship*, 47.

입을 모방하였다.[13]

2세기에서 5세기 사이에 변형된 예배 형식은 다음 도식으로 요약될 수 있을 것이다.[14]

초대교회(말씀예전)	세례자의 예전(4~5세기)		
	서양형 (Western)	시리아형 (Syrian Liturgies)	이집트형 (Egyptian type)
입례(Introit)	① 평화의 입맞춤 (Kiss of Peace)	① 빵을 제단에 바침	① 평화의 입맞춤
자비를 구하는 기도 (Kyries)	② 헌금 · 헌물 (Offertory)	② 평화의 입맞춤 (Kiss of Peace)	② 떡과 포도주를 봉헌 (Offertory)
영광송 (Gloria in Excelsis)	③ 성만찬 기도 (Anaphora)	③ 라바보 (Lavavo, 성결의 징표)	③ 성만찬 기도
기도(Collect)	㉠ 대화	④ 산 자와 죽은 자를 기억함	㉠ 인사
성경 봉독(Readings)	㉡ 인사(Preface)	⑤ 성만찬 기도	㉡ 성령임재기도 (Epiclesis)
찬트(Chant)	㉢ 거룩송(Sanctus)	㉠ 대화	㉢ 봉헌기도
설교(Sermon)	㉣ 봉헌	㉡ 인사(Preface)	㉣ 성만찬 제정
세례 준비자 퇴장 (Catechumens)	㉤ 성령 강림의 기도 (Epiclesis)	㉢ 거룩송(Sanctus)	㉤ 회상(Anamnesis)
세례자의 기도	㉥ 성만찬 제정	㉣ 성만찬 제정	㉥ 봉헌기도
	㉦ 성만찬 제정	㉤ 회상(Anamnesis)	㉦ 두 번째 성령기 임재 기도
	㉧ 기억(Anamnesis)	㉥ 봉헌기도	㉧ 송영
	㉨ 봉헌기도	㉦ 성령강림기도	④ 성만찬
	④ 성만찬	㉨ 산 자와 죽은 자를 위한 기도	㉠ 기도 뒤에 떡을 뗌
	㉠ 평화의 입맞춤	㉩ 성자 기념	㉡ 주기도
	㉡ 떡을 뗌	⑥ 성만찬	㉢ 성직자의 성만찬
	㉢ 성만찬 포도주 섞음	㉠ 주기도	㉣ 거룩의 선포
	㉣ 주기도	㉡ 떡을 뗌	㉤ 성찬 분급
	㉤ 성만찬 분급	㉢ 섞음	㉥ 기도
	㉥ 축복기도	㉣ 교회를 위한 기도	㉦ 폐회
	㉦ 감사기도	㉤ 성만찬 이전의 대화	
		㉥ 성찬 분급	
		㉦ 시편 찬송 (성찬 분급 동안)	
		㉨ 감사	
		㉩ 폐회	

13 Richard M. Spielmann, *History of Christian Worship*, 38-41.
14 Cheslyn Jones & others, ed., *The Study of Liturgy*, 179-201.

다양하고 복잡하게 변형된 예배 의식 속에 있는 교부들의 예배 신학을
해리버튼(R. J. Halliburton)은 다음과 같이 요약한다.

성만찬 예식은 처음부터 하나님 백성이 하나 되는 공동적 의미며, 또
예수 그리스도의 고난과 부활에서 나타난 하나님의 구속적인 사랑을 경험
하고 감사하는 교회의 '감사'(eucharistia)와 '기억 혹은 회상'(anamnesis)의
행위였다는 것이다. 그리고 무엇보다 성만찬은 예수 그리스도의 구속을
기억함으로 '회심'의 경험뿐 아니라 구원의 열매를 받는 것이었다고 한
다.[15] 그러나 교부 시대의 예배는 초대교회가 강조했던 '카리스마적' 차원
과 '말씀' 차원의 예배를 점차 외면하고, '성례전'적 차원의 예배만을 강조
함으로 이미 예배의 통전성을 깨뜨렸을 뿐 아니라 성직자 중심의 성례전
적·교권주의적 경향으로 변형되고 있었다. 이 경향은 가정 교회 형태의
공동체 중심에서부터 강단과 제단 중심의 '바실리카' 건축 형태로 바뀌면
서 가속화되었다. 결국 초대교회의 기독론적·종말론적 차원과 공동체적
차원은 중세 초기 교회 예배에서 자취를 감추기 시작했던 것이다.

2) 중세 예배

화이트(James F. White)는 중세기를 서기 604년 그레고리우스의 죽음
으로부터 1517년 종교개혁의 발화기까지로 계수한다.[16] 그러나 이 기간에
일어난 일련의 정치·종교적 사건들은 서방 교회의 구조뿐 아니라 예배의
구조까지도 복잡하게 만든 원인이 되었다. 가장 비극적인 종교·정치적 사
건은 1054년 동서 교회의 분리였으며, 이는 예배 의식 또한 크게 변형시켜
간 원인이 되었다. 또 다른 종교적 사건은 1215년 제4차 라테란공의회
(Lateran Council)에서 공시적으로 제정한 화체설(Transubstantiation Theory)
이었으며, 이는 로마가톨릭교회를 신비주의적이고도 사제 중심적이며, 희

---

15 *Ibid.*, 201-208.
16 James F. White, *A Brief History of Christian Worship*, 75-77.

생제로 변형시킨 계기가 되었다.[17]

그뿐 아니라 이슬람에 의해 침략당한 알렉산드리아, 예루살렘, 안디옥 그리고 대주교의 도시 콘스탄티노플의 손실은 서구 기독교를 크게 위축시켰다. 반격에 나선 십자군 전쟁마저 실패하고, 흑사병으로 1억 3,500만여 명이 죽어 나간 사회적 불안은 로마 교황청과 교회를 더욱 보수화하고 경직화시키는 원인으로 작용하였다.[18] 이때 중세 예배는 동방 교회의 예전(Liturgies of the East)과 서방의 예전(Liturgies of the West)으로 양분되었다.

동방 교회 예전에 속하는 대표적인 예배 의식은 비잔틴 의식으로 알려지고 있다. 성 바실(St. Basil)과 성 크리소스토모스(St. Chrysostom)와 연관된 성만찬 기도문 때문에 이들로부터 유래된 것으로 알려진 비잔틴 의식은 서기 381년 '콘스탄티노플'이 새 로마제국으로 인정된 후 로마제국 전역에서 사용되기 시작하였다. 특히 1054년 동·서 교회의 분리 이후 비잔틴 의식 이외의 그 어떤 예배 의식도 금지되었다.[19]

비잔틴 예전의 구조는 다음과 같이 발전하였다.[20]

7세기 비잔틴 예식	9세기 비잔틴 예식
I. 말씀의 예전 　- Catechumens의 예전 ① 감독과 회중 함께 입장 - 찬양 중 ② 감사 인사 ③ 성경 봉독 　㉠ 구약 - 시편 찬송으로 응답(Prokeimenon) 　㉡ 서신 - 할렐루야 　㉢ 복음서 ④ 설교 　(세례받지 아니한 Catechumens는 퇴장)	7세기 예전과 다른 점 ① 빵과 포도주 준비를 예배 시작 이전으로 옮겼음. ② 사제가 빵을 십자가 sign이 있는 접시 위에 놓을 때 기도 - 물과 포도주를 십자가 sign이 있는 잔에 기도 ③ 성만찬 기도 - Anaphora 때 성령의 임재 간구 ④ 말씀예전 - 구약 낭독 생략 ⑤ 3개의 '응답송'(Antiphones)을 성경 봉독 중간에 부른다.

17 Frank M. Segler, *Christian Worship*, 37
18 James F. White, *A Brief History of Christian Worship*, 75-76.
19 Cheslyn Jones & others, ed., *The Study of Liturgy*, 209.
20 *Ibid.*, 208-219.

II. 성례전	
― 세례받은 자(Faitul)의 예전	
① 입례	
② 빵과 포도주 제단 앞에(회중이 들어오면서)	
③ 행진(집사들이 헌물로 제단 앞에 바치는)	
④ 찬송	
⑤ 대입례(대입당)	
⑥ 평화의 입맞춤	
⑦ 사도신경	
⑧ 성만찬기도(사제)	
― Anaphora	
― (조용한 음성으로)	
⑨ 주기도 ― (빵을 들어 찢은 후) Prosphra	
⑩ 빵과 포도주를 높이 들고 초청 ― 회중의 응답	
⑪ 성찬 분급 ― (Chant) 시편	
⑫ 찬송	
⑬ 축도	
⑭ 폐회	

14세기를 정점으로 제정된 비잔틴 예전은 오늘까지 정교회에서 사용되는 공식 예전으로 알려지고 있다. 한국정교회는 프로스코미디 예식과 성 요한 크리소스토모스의 리투르기아를 정식 예배 경전으로 사용하고 있으며, 이는 비잔틴 예전의 원본처럼 되어 있는 크리소스토모스의 예전에서 온 것이다.[21] 그러나 예배학자 가렛(T. S. Garrett)은 비잔틴 예배가 7세기를 기점으로 러시아까지 확대되면서 죄의식을 지나치게 강조하고, 성찬을 위협적으로 강조하기 시작했다고 비판한다. 교회 안의 성소와 회중석 사이의 담을 스크린으로 막고, 사제들은 천사를 상징하는 부채를 들고 작은 입당(Little Entrance)과 대입당(Great Entrance)으로 나누어 행렬하는 사제 중심주의에 빠졌음을 비판한다. 신학적으로 십자가의 상징은 마지막 만찬의 떡과 포도주를 재연하는 것으로, 대입당은 십자가의 그리스도가 무덤으로 가는 것을 재연하는 것으로, 떡과 포도주의 봉헌은 부활을 상징

---

21 한국정교회, 『성요한 크리소스토모스의 리뚜르기아서』(서울, 1978).

하는 구원 드라마의 재연으로 보았다는 것이다.[22]

동방 예전에는 비잔틴 예전 외에 콥틱(Coptic) 예전, 에티오피아 예전, 시리아 예전 등이 있었으며, 특히 비잔틴 예전에 많은 영향을 끼친 시리아 예전은 예루살렘과 안디옥, 에데사(Edessa)를 중심으로 발전된 예전으로 알려지고 있다. 비잔틴 예전은 정치적 영향력과 영역의 확대로 이어지면서 정교회의 공식 예전으로 자리를 굳혔다.[23]

1054년 동 · 서 교회의 분열을 계기로 정교회의 예배가 비잔틴 예전을 따라 형성되었는가 하면, 서방 교회, 특히 로마가톨릭의 예배는 두 그룹의 예전으로 다양화되어 갔다. 여기서 가렛은 예전 그룹은 로마 예식(Roman Rite), 갈리아 예전(Gallican Liturgies), 북아프리카 예식(North African) 등[24] 셋으로 나누어진다. 로마 예식은 로마와 북아프리카에서 사용된 데 비하여 갈리아 예전은 밀라노와 알프스 너머 북부에서 사용된 것으로 알려졌다.

그러나 갈리아 예전은 4개의 형식을 포함하고 있었다. 그 처음은 암브라시오 예식(Ambrosian Liturgy, 밀라노)이고, 두 번째는 모사라베 예식(Mozarabic Liturgy, 고대 스페인)이고, 세 번째는 켈트 예식(Celtic Rite, 스코틀랜드와 아일랜드에서 사용된 라틴어 예식)이며, 네 번째는 갈리아 예식(Gallican Liturgy, 프랑스에서 사용)이었다. 이렇듯 복잡한 연관을 가지고 있는 갈리아 예전은 그 기원이 불분명하기 때문에 학문적 논쟁도 끊이지 않고 있다. 갈리아 예전이 로마 예식보다 상징적이고 극적이기 때문에 여러 진통의 단계를 거쳐 고대 로마 의식을 오히려 능가했던 것으로 알려졌다.[25]

한편 서방 예전의 중심적 위치를 차지해 오고 있는 로마 예식(Roman Rite)의 기원에 대해서도 불분명한 것이 사실이다. 다만 성 마라 예식과 로마 예전의 흡사성, 데 사크라멘츠(De Sacraments)라는 암브라시오의 교훈집, 7세기의 레오나인 문서(Leonine), 젤라시오(Gelasian) 성례전, 교황 젤

---

22 T. S. Garrett, *Christian Worship*(London: Oxford Univ. Press, 1961), 67-69.
23 James F. White, *Introduction to Christian Worship*(Nashville: Abingdon Press, 1980), 40-41.
24 T. S. Garrett, *Christian Worship*, 83.
25 Bard Thompson, *Liturgies of the Western Church*, 27-31.

라시우스(Gelasius I, 492~496)가 개정한 로마 예식의 기나긴 역사적 변형과
정을 거쳐서 중세의 미사는 형성되었다.[26]

가렛에 의하면 로마 예식은 세 가지의 미사 형태로 발전하였다. 그 첫째
는 일명 High Mass라고 불리는 미사 솔렘니스(*Missa Solemnis*)이다. 감독
이 주관하는 미사를 뜻하며, 여기에는 반드시 집사(Deacon, 사제)와 준집사
(Subdeacon, 부제)의 보좌가 뒤따른다. 두 번째는 일명 Sung Mass로 불리
는 미사 칸타타(*Missa Cantata*)이다. 주일과 중요한 날에 드리는 미사로서
장로들이 주관하는 예식이다. 세 번째는 일명 Low Mass라고 불리는 미사
렉타(*Missa Lecta*)다. 날마다 사제들이 드리는 약식 예식이다.[27]

이렇듯 복잡하고 고도화된 예배 의식으로서의 미사(Mass)의 신학적 의
미를 톰슨은 세 가지로 요약한다.

첫째로 미사는 사제가 성만찬을 봉헌(consecration)하는 순간 하나님은
인간들 속에 성만찬적 현존을 통해 임재하는 성례전이다. 두 번째로 미사
는 산 자와 죽은 자를 위해 하나님께 바치는 희생 제사다. 세 번째로 미사
는 구원의 전 과정을 재연하는 드라마라는 것이다.[28]

갈릭 예전(Gallic Liturgy)	로마 예전(Roman Rite)
1) Ingressa(offcium) — 감독 혹은 사제 입례	Canon
2) 인사 — 감독 / 회중 응답	1) Praefatio — Preface
3) 세 가지 찬송	• 개회 선언
㉠ Trisagion	• 감사-구원
㉡ Kyrie elerson	2) Sanctus — 거룩거룩
㉢ Benedictus — 감독의 기도	3) Te igitor — Thee therefore
4) 성경 봉독	• 헌물을 받아주실 것을 간구
㉠ 구약	• 교회의 중재 기도
㉡ 서신(혹은 사도행전)	4) Memnto, Domine — 주여 기억하소서
서신과 복음서 사이에 응답송	• 성만찬 봉헌
㉢ 복음서	5) Communicantes-in communion with —
• 복음서 낭독 전에 — 복음서는 일곱 명이	신자들을 통한 중재

26 *Ibid.*, 32-51. 그리고 T. S. Garrett, *Christian Worship*, 89-95.
27 T. S. Garrett, *Christian Worship*, 103, 105-112; Bard Thompson, *Liturgies of the Western Church*, 30-32.

들고 장엄한 입장 속에
- 입장 ― 복음서에 입장이 선언됨. 회중은 gloria tibi Domine로 응답함
- 복음서 낭독이 끝나면 Chant(영창)함
5) 호밀리(Homily) ― 설교·감독 혹은 사제
6) 교회 기도 ― 집사 / 회중은 '주여 자비를 베푸소서'로 응답
7) 감독의 기도 ― 세례받지 않은 Catechumens는 이때 집사의 안내로 퇴장
8) 빵과 포도주를 제단에 놓고 veil을 씌우는 행진 (회중이 봉헌하고 사제가 준비한) / 성가대는 Sonus를 찬송
9) Paefatio Missae ― 개회 선언
10) 연도
11) 봉헌자들의 이름을 부름
12) 기도
13) 평화의 입맞춤(Kiss of Peace)
- 기도
14) 대화
15) Preface: 선언(인사) ― 주님의 삶과 구원에 감사
16) Sanctus
17) 기도
18) 성만찬 제정의 말씀
19) 기도 ― anmanesis(회상)
20) Epiclesis와 봉헌(성령 강림)
21) 떡을 떼고, 제단에 놓는다(떡을 십자형으로 잘라 놓는다)
22) 응답송(Antiphonal Chant)
23) Pater Noster ― 회중
24) 축복 기도를 위한 초청
- 집사가 머리 숙이도록
- 감독이나 사제가 기도
25) 성찬 분급
26) 응답송
27) 감사 기도
28) 폐회

6) Hanc igitor ― This oblation therefore
- 제2 선물 열납
- 축복 ― 예수의 이름으로 ― 아멘
7) Quam oblationem-THis oblation
- 세 번째 선물 열납
- 축복 기도
8) Qui PRidie-Who on the day before ― simili modo(in like manner)
- 성찬 제정
9) Unde et Memores and remembering therefore
- 성만찬과 연관시켜 예수의 십자가, 부활의 승천을 기억
10) Supra quae ―Upon which
11) Supplices te regamus ― We humbly beseech thee
- 용납을 위한 간구
- 두 기도
- 선물 축복
12) Memento etiam-Remember also ― 산 자와 죽은 자를 기억
13) Nobis Quoque-To us also ― 성도의 교제
14) Doxology ― 송영

---

28 Bard Thompson, *Liturgies of the Western Church*, 48.

그러나 로마가톨릭 신학자를 포함하여 오늘의 많은 예배 신학자들은 중세 교회의 미사 예전이 성례전주의(Sacramentalism)로 전락함으로 초대교회 예배를 크게 왜곡하고 변질시켰다고 비판한다. 성례전주의란 성만찬을 구원과 동일시함을 의미하고, 성만찬을 구원과 은총의 유일한 통로로 보며, 성만찬을 구원의 신비로운 효험(eicacy)으로 본다는 의미다. 여기서 중세의 미사는 초대교회 예배의—주의 만찬을 부활하신 그리스도께서 주로서 펼치실 메시아적 잔치, 하나님 나라 잔치를 미리 맛보는 하나님 백성 모두의 참여였다는— 종말론적 차원을 완전히 소멸시켰다는 비판을 면하기 어려운 것이다.29

중세의 미사 예전은 또 다른 문제를 동반하고 있다. 그것은 미사를 완전히 사제주의(sacerdotalism)화30함으로 예배를 하나님과 하나님 백성의 만남과 소망의 살아 있는 경험을 사실상 사제가 박탈하고, 독점해버렸다는 것이다. 이는 비판받아 마땅하다. 교회 건물은 더 복잡한 예배 형식에 맞게 설계되고, 예배 의식에 기도와 찬송과 응답송을 늘리면 늘릴수록 사제가 예전을 읽고 주관하는 동안 평신도는 명상하거나 기도하거나 성가대의 성가를 듣고 보기만 하는 관람자로 소외시키고 있기 때문이다.31 이것은 중세 교회가 예배를 컬트화(cultic)하는 과정에서 그 의식과 예전을 복잡하고 화려하게 만들면 만들수록 예배의 본질인 하나님과 하나님 백성 사이의 만남과 헌신과 소망의 사건은 점차 사라져 갔다는 것이다.

---

29 Richard M. Spielmann, *History of Christian Worship*, 58; Cheslyn Jones & Others, ed., *The Study of Liturgy*, 58; Avery Dulles, *Models of the Church*, 78에서 가톨릭 신학자 스힐레베이크스(E. Schillebeeckx)와 맥브리엔(Richard McBrien)은 좁은 의미와 성례 전주의야 말로 세계를 위한 교회의 섬김에 아무런 도움이 되지 않는다는 입장을 밝혔음을 인용한다.
30 Frank M. Segler, *Christian Worship*, 37.
31 *Ibid.*

3) 종교개혁과 예배

루터의 종교개혁은 중세 로마가톨릭의 권위와 구조를 교황의 절대권으로부터 하나님의 말씀인 예수 그리스도와 성서로 돌려놓는 것에 있었다. 아울러 칭의사상과 만인제사직론 등 '은혜로만'(*Sola Gratia*)과 '믿음으로'(*Sola Fides*) 위에 개혁의 열정을 쏟은 나머지 루터에게 예배의 관심은 이차적이었다.[32] 그것은 루터 자신이 예전의 개혁을 과감히 추진하지 않고 오히려 로마가톨릭 예전에 많이 의존해 있었던 데서도 나타났다.

여기서 세글러(Frank M. Segler)와 데이비스(Horton Davies)는 루터 이후 전개된 종교개혁과 예배의 관계를 세 범주로 구분하고 있다. 처음 범주는 루터의 예배와 영국교회의 예배가 포함되는 보수적 그룹이고, 두 번째는 온건한 그룹인데 여기에는 츠빙글리, 칼뱅, 개혁교회들이 속하고 있었으며, 세 번째는 급진적 그룹(radical)으로 여기에는 청교도, 재세례파, 퀘이커, 침례교회, 회중교회 등이 속한다고 보았다.[33]

이와 관련하여 화이트(James F. White)는 다음과 같은 도식을 통해 종교개혁과 예배의 상관관계가 얼마나 복잡했는가를 보여 주고 있다.

개신교 전통(THE PROTESTANT TRADITIONS OF WORSHIP)[34]

	좌파(Left-wing)	온건파(Central)	우파(Right-wing)
16세기	재침례(Anabaptist)	개혁(Reformed)	성공회, 루터교 (Anglican Lutheran)
17세기	퀘이커(Quaker)	청교도(Puritan)	
18세기		감리교(Methodist)	
19세기	개척자들(Frontier)		
20세기	오순절(Pentecostal)		

(1) 보수 그룹: 루터와 성공회의 예배

루터는 1517년 이후 6년 만에 예배 개혁을 시도하지만 애매모호한 성

---

32 Richard M. Spielmann, *History of Christian Worship*, 67.
33 Frank M. Segler, *Christian Worship*, 41; Horton Davies, *Christian Worship*, 41.
34 James F. White, *A Brief History of Christian Worship*, 107.

만찬 이해로 귀결되었다. 성례전을 하나님 은총의 매개로 수용하면서도 로마가톨릭의 희생 제사로서의 성례전과 화체설의 성만찬, 개인 미사 (Private Mass)에서 쌓는 공로는 모두 거부하였다.[35] 그러면서도 떡과 포도주의 성례전적 요소 안에 예수 그리스도는 사실상 현존한다는[36] 대단히 모호한 입장을 제시하였다. 이것을 공존설(consubstantiation theory)이라고 부른다. 그러기에 루터의 예배론에는 양면이 존재한다. 하나는 성서에 계시된 그리스도의 말씀인데 이는 예배의 설교로서 구현되며, 다른 하나는 은총의 매개로서의 성례전이다. 이는 그의 교회론과 예배론에서 계속 강조된 주제다.

이렇듯 예배 의식의 개혁에 대하여 미온적이었던 루터는 1523년 *Formula Missae*를 발표하였다. 그러나 그것은 로마 예식(미사)을 약간 개정한 것뿐 새로운 것이 아니었다.[37] 라틴어를 그대로 사용하였고, 향을 피웠으며, 로마 의식을 그대로 사용하였다. 다만 화체설에 근거한 성만찬 봉헌(oertory)을 반대하고 그 자리에 최후 만찬을 제정하신 예수의 말씀으로 대신한 것이 다른 점이었다.

급진적인 변화를 원하는 사람들을 견제하기 위해 1525년 비텐베르크 (Wittenberg)에서 실험을 거쳐 1526년에 내놓은 *Deutsche Messe*는 *Formula Missae*보다는 덜 보수적이지만, 영광송(*gloria in excelsis*)을 빼고, 그 대신 신경과 *Sanctus*를 넣었으며, 봉헌의 내용을 바꾸었고, 설교를 넣으며, 주기도문을 넣고, 성만찬 제정사를 넣고, 독일 찬송을 넣는 등이 개정되었을 뿐 여전히 보수적이었다.[38] *Deutsche Messe*는 루터교회의 예배 모형이 되었다.[39]

루터의 예전을 두고 비판의 소리가 더 높지만, 다른 한편 공헌으로 평가

---

35 Richard Spielmann, *History of Christian Worship*, 68.

36 *Ibid*.

37 Bard Thompson, *Liturgies of the Western Church*, 101.

38 Cheslyn Jones & others, ed., *The Study of Liturgy*, 252.

39 Bard Thompson, *Liturgies of the Western Church*, 130-137; Ilion T. Jones, *A Historical Approach to Evangelical Worship*, 123; 기독교한국루터회, 『예배 의식문』.

하는 소리도 경청되어야 할 것이다. 히즐롭(D. A. Hislop)은 루터의 예배야말로 하나님의 말씀 선포를 다시 회복함으로 예배를 성서적으로 바꾸어 놓았다고 평가한다. 그리고 희생제로서의 미사를 거부하고 오히려 죄의 사함을 강조했다는 신앙적 차원도 공헌이었다는 것이다. 그리고 만인제사직 사상에 근거한 회중 참여적 예배, 특히 독일어 찬송의 도입은 초대교회의 공동체성을 다시 회복한 공헌이었다는 것이다.[40] 다른 한편 루터의 예전은 보수적 성격을 띠면서도 루터의 '말씀'에 대한 신념이 지나치게 설교 중심

Deutsche Messe의 예전	기독교 한국 루터회 예배 의식(성찬 예배)
말씀의 예전(Liturgy of the Word)	※ 입장 찬송
① Introit or German hymn-입례 혹은 독일 찬송	※ 기도송(Kyrie)
② Kyrieeleison-자비를 구하는 기도(세 번)	※ 영광송(Gloria)
③ Collect-기도	※ 인사
④ Epistle-서신낭독	오늘의 교회력
⑤ Gospel-복음서낭독	• 구약성서
⑥ Apostle's Creed-사도신경(성만찬 준비)	• 오늘의 시편
⑦ Sermon or Homily-설교 혹은 호밀리(강론)	• 사도서간 봉독문
다락방 예전(Liturgy of the Upper Room)	성가대 찬양
⑧ Lord's Prayer-주기도	※ 복음서 봉독문
⑨ Exhortation-성찬 준비 강론	※ 신앙 고백(Credo) — 사도신경 혹은 니케아신조
⑩ Recitation of Words of Institution-성찬 제정사	찬송
⑪ Communion, hymns·sung-mean while-성찬분급-	설교
⑫ Post-communion Collect-성찬 후 기도	헌금
⑬ Aeronic Blessing-아론의 축복기도	• 봉헌영가(Offertory)
	일반기도
	※ 성찬 의식
	※ 거룩, 거룩, 거룩(Sanctus)
	※ 감사기도
	※ 주기도
	※ 하나님의 어린 양(Agnus Dei)
	성찬 분배
	※ 시므온의 노래(Nunc Dimittis)
	※ 기도
	※ 축도
	(※는 일어서서)

으로 예배를 이끌었으며, 이는 자칫 예배를 신자 하나하나의 신앙적 결단에 호소하는 개인주의로 전락할 위험성이 있다고 경고하는 비판도 있다.[41] 그러나 루터의 예배가 가지는 장점은 설교의 회복과 함께 성례전의 강조에 있다고 본다. 이는 초대교회의 교훈적(Didactic) 차원과 성만찬(Eucharistic) 차원의 회복이라고 보기 때문이다. 다만 카리스마적(Charismatic) 차원이 약해진 것이 결점이다. 그러나 그보다 근원적인 문제는 예배에 종말론적 차원이 결여되어 있는 데 있다는 점이다.

보수 그룹에 속하는 다른 예배는 성공회 예배이다. 1534년 영국 국회가 통과시킨 수장령(The Act of Supremacy) 이후 로마 교황청과 분리한 영국 교회는 로마 원리와 개신교 신학 사이의 중간 위치에 서서 예배 의식을 조심스럽게 변형하여 갔다. 1548년 토머스 크랜머(Thomas Cranmer)가 시작한 예배 개혁은 1549년 최초의 기도서를 내놓는 것에서 윤곽을 드러냈다. 그러나 라틴에서 영어로 바꾸고 예배의 통일성을 이루었을 뿐 죽은 자를 위한 미사를 위시하여 로마 미사의 대부분을 그대로 보전함으로 개혁은 이름뿐이었다. 그러나 계속되는 청교도와 대륙 개혁자들의 압력 때문에 1552년 기도서는 반교황적, 반로마적 성격을 띠었다.

1559년 로마가톨릭 여왕 메리의 통치가 끝나고 개신교의 여왕 '엘리자베스'가 등극하면서 영국교회의 예배는 1662년 『공동 기도서』(Book of Common Prayer)[42]를 제정함으로 절정에 이르렀다. 그러나 『공동 기도서』는 청교도들의 거센 반발을 일으켰으며, 남아서 개혁하는 온건중도파, 분리를 선언하고 숨어 버린 분리주의자(Separatist), 이민을 떠나 버린 준분리주의자로 갈라지는 비운을 낳고 말았다. 이렇듯 회오리바람을 불러일으킨 『공동 기도서』의 예전(Liturgy)은 다음과 같았으며(도식 참조), 이는 오늘의 성공회 예배의 근간을 이루고 있다.[43]

---

40 D. H. Hislop, *Our Heritage in Public Worship*(London: T. & T. Clark, 1935), 165-171.
41 Richard M. Spielmann, *History of Christian Worship*, 70.
42 Ilion T. Jones, *A Historical Approach to Evangelical Worship*, 133-135.
43 Oscar Hardman, *A History of Christian Worship*(Nashville: Cokesbury), 191-193; Horton Davies, *Christian Worship*, 52-53; 정철범, "성공회 입장에서 본 리마 성찬 예식

영국교회의 개혁은 교황의 권위를 규탄하는 데서 시작하여 예전와 개혁(liturgical reform)으로 나갔으나 결국은 개혁된 가톨릭주의로 끝나는 결과를 낳았다.[44] 미국 성공회는 영국 성공회의 기도서를 그대로 따랐으나 한국 성공회는 영국 성공회의 예전보다 더 보수적인 경향을 보였다.

영국교회 미사 (1552~1662)	미국 성공회 성만찬 예전	한국 성공회 성찬예식 순서
Lord's Prayer & Collect for Purity-주기도와 순결기도 Decalogue and Kyries-십계명과 기도송 Collect-연도	-Lord's Prayer & Collect for Purity -Decalogue, Kyrie, Summary, Collect	말씀전례 개회찬미(Hymn) 개회기도(Collect for Purity) 자비의 연도(Kyrie) 영광송(Gloria) 인사(Salutation)
Prayer for the King-왕을 위한 기도	-Collect of the Day-(오늘의 기도)	본기도(Collect for the Day)
Epistle-서신 낭독 Gospel-복음서 낭독	-Epistle -Gospel	구약 봉독 시편 낭독(Psalm) 서신 낭독(Epistle) 층계성가(Gradual Hymn) 복음서 낭독(Gospel)
Creed(and Sermon)-사도신경과 설교	-Creed -Sermon	설교(Sermon) 신앙고백(Creed)
Offertory and Sentence-봉헌	-Offertory	
Prayer for the Church Militant-교회 기도	-Prayer for the Church	중보기도(Intercessem)
Exhortation-교훈	-Exhortation	십계명
Invitation, Confession and Absolution, Comfortable Words-초청, 고백, 화해선언, 위로	Invitation, Confession, Absolution, Comfortable Words	죄의 고백(Confession) 사죄 선언(Absolution)
Sursum corda and Preface- 인사/Sanctus-거룩송	-Sursum corda Preface Sanctus	II. 성찬전례 평화의 인사(Peace) 봉헌례(Offering) 성찬기도 삼성창(Sanctus)
Prayer of Humble Access	-Prayer of Humble Access	축성문(Canon)

서,"「天神論檀」(1987.4.), 18-19.
44 Oscar Hardman, *A History of Christian Worship*, 169.

Memorial of Redemption-구원회상		
Prayer for the Sacramental Gift-성례전 기도	-Oblation of Elements	감사
Narrative of Institution-성찬 제정사 In vocation-기원	-Words of Institution	성찬 제정사 기념(Anamnesis) 성령임재(Epiclesis)
Communion-성찬분재(영성체) Lord's Prayer-주기도	-Communion -Lord's Prayer	송영(Doxology)/주기도하 나님의 어린양(AgnusDei) 영성체(Communion)
Prayer of Oblation or of Thanksgiving-성찬 기도 혹은 시키도	-Prayer of Thanksgiving	성체 후 기도
Gloria in excelsis-영광송	-Gloria -Blessing	축복기도 파견례(Dismissal) 폐회성가(Closing Hymn)

(2) 온건·중도 그룹: 츠빙글리와 칼뱅

츠빙글리의 종교개혁은 예배 개혁에서 두드러졌으며, 특히 1523년 미사에 대한 공격(An Attack upon the Canon of the Mass)과 1525년 주의 만찬의 사용(The Action or Use of the Lord's Supper)에서 미사의 '희생제' 사상과 예배의 규범으로서의 성만찬 사상을 비판하는 데서 나타나기 시작하였다. 한 걸음 더 나아가 츠빙글리는 교황, 행함으로 의로워짐, 금식, 순례, 수도원, 사제직, 죄의 용서, 면죄부, 연옥 같은 당시 로마가톨릭의 제도와 신조 모두를 거부하였다.[45]

이렇듯 비판적인 시각을 가지게 된 츠빙글리의 사상 뒤에는 그 어떤 물질적 요소(그것이 빵이든 포도주이든 물이든)도 살아 계신 하나님과 그의 영적 임재를 매개하는 통로(means of grace)가 될 수 없다는 신학이 뒷받침하고 있었다. 그 어떤 물질도 하나님의 은혜의 효험을 객관적으로 전달할 수 없기 때문이라는 것이다. 물질은 예수 그리스도 안에서 이룩하신 하나님의 구원의 징표에 지나지 않는다고 믿었다.[46] 그러므로 츠빙글리는 성만

---

45 Ilion T. Jones, *A Historical Approach to Evangelical Worship*, 123-124.
46 Richard M. Spielmann, *History of Christian Worship*, 75.

찬 자체를 거부하지는 않았으나 로마 미사의 화체설도, 루터의 공존설도 거부하였다. 그 대신 성만찬은 그리스도의 구원을 기억하는 기억설(memorial theory)을 제시하였다. 그리고 성만찬은 1년에 네 번만 실시할 것을 권고하였다.[47] 이 점에서 츠빙글리는 루터보다 훨씬 급진적이었다. 그리고 그의 영향력은 모든 개혁, 교회, 루터교회, 성공회, 자유교회로 널리 확대되어 갔다. 츠빙글리의 주일 예배 순서는 다음과 같았다.

(1) 성경 봉독

(2) 기도

(3) 설교

(4) 죄의 고백

(5) 설교 후

(6) 성만찬 테이블

(7) 예수의 죽음을 기억하는 기도

(8) 성경 봉독(고전 11:20-29)

(9) 영광송

(10) 요한복음 6:47-63

(11) 사도신경

(12) 집사의 강론

(13) 집사의 기도

(14) 성찬 제정

(15) 성찬 분급

(16) 시편 113편

(17) 축도[48]

---

47 Frank M. Segler, *Christian Worship*, 42.

48 Ilion T. Jones, *A Historical Approach to Evangelical Worship*, 124. 츠빙글리의 예배 개혁 과정과 더 자세한 예배 순서: Bard Thompson, *Liturgies of the Western Church*, 141-156.

그러나 1531년 츠빙글리의 죽음은 지도력을 장 칼뱅에게 이양하게 되었다. 그러나 장 칼뱅의 예배는 1차 제네바 사역의 실패(1536)를 거치면서 슈트라스부르크(Strassburg)에서 프랑스인 개신교회 목사로 있는 동안 소위 슈트라스부르크 예식(Strassburg rite)에 깊은 인상을 받고, 그것을 자신의 모형으로 받아들인 후 많은 부분을 변경하여 1540년 예배서를 출판함으로 윤곽을 지었다. 다시 제네바로 돌아온 칼뱅은 슈트라스부르크 예식을 소개하면서 매주 성만찬식을 제안하였다. 그러나 제네바시 의회는 이를 거절하였다. 그리고 1년에 네 차례만 성만찬식을 가지도록 하였다. 아직도 제네바는 츠빙글리의 영향력 아래 있었기 때문이었다. 여기서 나온 타협안은 성찬식을 월 1회에 가지는 것이었으며, 그 결과 성만찬이 없는 주일 예배는 성찬식과 관계되는 모든 순서를 배제시키기에 이르렀다. 이로써 예배는 완전히 설교 중심의 예배로 바뀌고 제네바 생리에 맞지 않는 슈트라스부르크 예식의 다른 부분도 취소되면서 예배는 목사 중심으로 급선회하였다.[49]

이 과정 뒤에는 칼뱅의 예배 신학이 깔려있었다. 이것은 예배 순서를 이해하는 데 대단히 중요한 차원이기도 하다. 한마디로 칼뱅의 예배 신학은 루터의 보수주의적 예배 신학과 츠빙글리의 다소 급진주의적 신학 중간에서 있었다. 칼뱅은 루터의 공존설 같은 성만찬에 그리스도의 객관적인 임재 이론을 반대함으로 루터의 입장과 달리했다. 그렇다고 성만찬을 은총의 매개로 보지 않는 츠빙글리의 입장도 거부했다. 칼뱅에게 성만찬은 은총의 매개였다. 그러나 그에게 가장 중요한 것은 성령의 역사와 하나님의 영적·성례전적 임재였다. 성찬식은 떡과 포도주를 통하여 성령께서 역사하시는 영적인 임재이고, 양육이며, 동시에 신자들은 신앙을 통하여 그리스도의 고난과 부활에 참여하는 행위라고 보았다.[50]

그러기에 칼뱅에게 성만찬은 교회 예배의 중심 예식이었다. 모든 주일

---

49 Bard Thompson, *Liturgies of the Western Church*, 185-196; Cheslyn Jones & others, ed., *The Study of Liturgy*, 258; Richard M. Spielmann, *History of Christian Worship*, 80-82.
50 Richard M. Spielmann, *History of Christian Worship*, 79.

예배는 성례전적이어야 한다고 그는 믿었다. 불행히도 그의 성례전 신학은 제네바에서 용납되지 않았으며, 그의 의도와는 달리 개혁교회 예배는 성만찬이 외면된 설교 중심으로 흘렀다.

1542년 『제네바 예식』(*Geneva Rite*)으로[51] 개정되어 제시된 칼뱅의 예배 순서는 다음과 같다.

말씀의 예전(The Liturgy of the Word)

성경 봉독(시편) Scripture Sentence

죄의 고백 Confession of Sins

용서를 위한 기도 Prayer for Pardon

시편 Metrical Psalm

기도 Collect for Illunination

성경 봉독 Lection

설교 Sermon

다락방 예전(The Liturgy of the Upper Room)

구제를 위한 헌금 Collection of Alms

중재기도 Intercessions

주기도 Lord's Prayer

성찬 준비(사도신경을 노래로) Preparation of Elements

성찬 제정사 Words of Institution

교훈 Exhortation

봉헌기도 Consecration Prayer

떡을 뗌 Fraction

성찬 분급 Delivery

---

51 Ilion T. Jones, *A Historical Approach to Evangelical Worship*, 127.

성만찬(시편 혹은 성경낭독) Communion
성찬 후 기도 Post Communion Collect
아론의 축복 기도 Aaronic Blessing

칼뱅의 영향은 오히려 존 녹스(John Knox)를 통하여 스코틀랜드로 퍼져나갔으며, 다시 녹스를 통해 영국 의회에 압력을 가해졌으며, 청교도의 영향을 거쳐 1645년 〈웨스트민스터 지침서〉(Westminster Directory) 제정으로 미국 개혁교회까지 확산되어 갔다.[52]

(3) 급진적인 그룹

예배에 관한 한 우파에 속하는 루터나 성공회, 중도파에 속하는 칼뱅 못지않게 미국 개신교회와 한국 교회에 깊은 영향을 끼친 그룹은 좌파에 속하는 급진 그룹이었다. 여기에는 청교도, 침례교, 회중교회, 퀘이커, 재세례파가 속하지만, 그중에서도 청교도의 영향은 지대했던 것으로 알려지고 있다.

청교도의 시작은 다소 모호하지만 1570년경 영국교회를 장로교회화하려던 케임브리지대 교수 토마스 카트라이트(Thomas Cartwright)가 면직되어 제네바로 쫓겨간 이후 영국교회와 예전을 비판하고 영국 의회에 계속 압력을 가하던 그룹을 퓨리탄의 형성이라고 볼 수 있을 것이다. 1573년 왕은 청교도를 탄압하지만, 그들은 1584년과 1586년 녹스 예전(Knox Liturgy)과 장로교 제도를 의회에 상정하여 통과되도록 노력하였다. 그러나 핍박은 계속되고 왕실은 영국교회의 손을 들어주었다.[53] 여기서 청교도는 종파, 섹트(Sect)로 몰리면서 숱한 고난을 당하였다.

청교도들이 영국교회 예배를 반대한 가장 큰 이유는 로마가톨릭교회의 우상화를 그대로 모방했다는 데 있다. 성찬에 무릎을 꿇게 하는 일, 결혼

---

52 Cheslyn Jones & others, ed., *The Study of Liturgy*, 259-262.
53 Bard Thompson, *Liturgies of the Western Church*, 311-316.

식 때 반지를 축복하는 일, 세례 때 십자가 사인을 하는 일 등이었다. 오히
려 예배는 하나님의 순수한 말씀과 성서의 권위에 그 근거를 두어야 하며,
사도 교회의 단순성과 생동력을 회복해야 한다는 신념에서 청교도는 영국
교회 예배와 교회력을 폐기했던 것이다. 그리하여 청교도의 예배는 (1)
성경 봉독(행 2:31-42), (2) 기도(살전 2:1; 느 8:6; 고전 14:14-16)를 목사가 인도
하고, 회중은 아멘으로 응답, (3) 찬양(시편과 엡 5:19), (4) 설교(하나님의
메시지, 성령의 감화), (5) 세례와 성만찬, (6) 훈련으로 구성되었다.[54]

급진적인 그룹에 속하는 또 하나의 종파는 재세례파(Anabaptist)였다.
이들은 유럽, 특히 스위스와 남쪽 네덜란드에서 활동한 신앙 운동체였다.
유아세례를 거부하고 성인 신자의 세례만을 수용한 그들은 로마가톨릭의
예전을 전면 거부하고 초대교회의 재연을 꿈꾸었다. 그들의 예배에는 형
식이 없었으며, 구성 요소만이 있었다. (1) 말씀의 설교, (2) 회중의 참여,
(3) 회중의 찬송, 특히 순교의 노래, (4) 신앙 고백(신경 암송이 아니라),
(5) 세례와 성만찬만을 인정하는 예배였다.[55]

또 다른 계보는 퀘이커이며, 일명 'The Society of Friends'라고도 불
린다. 조지 폭스(George Fox, 1624~1691)에 의해 시작된 퀘이커 운동은 영
국교회의 형식주의에 대한 반발로 무형식을 기본으로 하는 예배 공동체로
발전하였다. 예배는 성경을 통하여 인간 가슴 속에서 역사하시는 하나님
의 영을 기다리는 행위로서 정의한다. 하나님께서 영으로 말씀하시는 음
성을 듣는 것이 예배라는 것이다. 여기서 퀘이커의 예배는 제자들의 마음
과 양심에 비추는 내적인 빛을 경험하는 것이다. 침묵은 하나의 의식(rite)
이 아니라 성령의 임재와 인도하심을 대망하는 통로로서 이해한다. 예배
의 가장 중요한 목적은 하나님의 무한하신 자비 앞에 감사와 찬양 그리고
말없이 드리는 겸손이라는 것이다. 그러기에 퀘이커의 예배는 침묵 그 자
체에 목적이 있는 것이 아니라 순수하고도 단순한 통로를 통하여 하나님

54 *Ibid.*, 317-319.
55 Frank M. Segler, *Christian Worship*, 47.

의 계시와 성령의 인도하심을 기다리고 경험하는 데 있었다. 그러기에 그들은 모든 외적인 것(목사직, 교권화된 성례전, 예전)을 포기했던 것이다.[56]

급진적 그룹에 속하는 계보들의 예배는 표현 양식의 차이에도 불구하고 다음 몇 가지 공통적인 특징을 가지고 있다. 예전을 중요시하는 교회들은 여러 도시 안의 기득권을 가진 권위 집단과의 관계 안에서 예배 의식을 발전시킨 것이 특징이었다(루터는 비텐베르크, 부처는 슈트라스부르크, 칼뱅은 제네바, 녹스는 스코틀랜드에서). 그러나 비예전(non-Liturgical)적인 그룹으로 알려진 급진주의자(청교도, 재세례파, 퀘이커)들은 신앙을 고백하는 개교회(local congregation) 안에서 신앙을 표현하는 형식으로 예배를 표현한 것이 특징이다. 이들 자유교회(Free Church)들은 성서 중심의 예배, 성서에 근거한 긴 설교, 즉석 기도(기도문이 아니라 설교 앞과 뒤에 드리는 즉흥적인 기도 - extemporary prayer), 성만찬은 1년에 1회에서 4회, 성찬 제정과 분급은 회중이 앉은 상태에서, 교회력을 포기한 형태로 나타났던 것이다.[57] 개신교회는 교회사적 계보로 급진적 그룹에 속하는 청교도식 예배로부터 많은 영향을 받았으며, 그 결과 자유교회 예배 형식을 따르고 있다.

급진적 그룹의 교회가 드리는 예배는 말씀 중심, 회중 중심, 형식을 넘어선 영적 경험 등의 장점을 가지고 있다. 이는 예전 중심의 예배가 배워야 할 차원이다. 그러나 이들이 강조하는 설교 중심, 신앙 중심, 즉흥 기도 등은 신앙적 경험을 지나치게 내면화하거나 개인주의화할 위험성을 가진다. 계시의 객관성, 초월성과의 새로운 관계 정립이 뒤따라야 할 것이다.

4) 현대 교회의 예배

종교개혁의 열풍은 로마가톨릭과의 결별뿐 아니라 개신교회를 여러 갈래로 분열시키는 부작용을 동반하였다. 그리고 이 분열은 예배의 신학과

---

56 Horton Davies, *Christian Worship*, 70-73.
57 Richard M. Spielmann, *History of Christian Worship*, 70-73.

예전을 보수와 온건과 급진으로 나누어 놓는 원인이 되었다. 이에 대한 가장 민감한 반응은 로마가톨릭의 반종교개혁(counter-reformation)으로 나타났다. 반종교개혁은 교황의 사도 계승권과 무오설을 더 확실하게 강화하였으며, 다른 한편 예수회(Jesuit-Society of Jesus)를 조직하여 교육 개혁을 과감히 추진하였다. 그리고 새로운 선교 전략을 세워 개신교회의 확장을 저지했을 뿐 아니라 스페인, 이탈리아, 프랑스, 아일랜드를 가톨릭 국가로 머물게 했다.

예배에 관한 한 로마가톨릭의 반종교개혁은 두 가지를 더 강화하는 것으로 나타났다. 그 하나는 중세 미사 예전을 성례전적으로 더욱 심화시켰던 데 있었다. 이는 화체설의 교리에 의하여 뒷받침되었다. 다른 하나는 미사 예전을 통일된 예식으로 구조화하고, 사제의 제사 행위를 더욱 강화하였다. 이 결과 성만찬을 평신도에게는 연 1회로 제한하게 되었으며, 회중이 이해할 수 없는 라틴어 사용을 강화함으로 미사는 점점 사제의 독점이 되면서 회중으로부터 분리되었다.[58] 더 구체적으로 반종교개혁 이후의 미사는 설교를 예배에서 완전히 제외시켰고, 성경 봉독은 성자 이야기로 대치하였으며, 심지어 돈을 받고서야 미사를 집례하는 상업주의로까지 전락했다.[59]

이에 대해 개신교회는 사제직을 포기하고 목사(목자)상을 회복하였으며, 예배에서의 제사 기능, 죄의 용서, 모든 의식(ceremony)을 없애고, 그 자리에 설교를 되살리고 강단을 낮추고 성가대는 뒤로 앉게 하고 제단 대신 테이블을 놓는 등 예배의 개혁을 추구해 나갔다.[60] 그리하여 로마가톨릭은 심화된 예전주의로, 반대로 개신교회는 반예전주의로 양극화되는 양상을 띠게 되었다. 특히 침례교, 회중교회, 퀘이커, 경건주의 운동과 부흥운동으로 이어진 영적, 내적, 개인적, 회심적 경험을 강조하기에 이르렀으며, 이 경향은 극도의 반예전운동으로까지 퍼져나갔다. 현상은 종교개혁

---

58 *Ibid.*, 85-87.
59 Robert E. Webber, *Worship Old and New*, 74.
60 Ilion T. Jones, *A Historical Approach to Evangelical Worship*, 141-143.

으로부터 시작하여 미국 대륙을 휩쓸었던 대각성 운동과 거기서 이어진 부흥 운동이 절정을 이루었던 19세기까지로 이어졌다.[61] 예배의 중심을 설교가 차지했으며, 설교는 자연히 목사의 독점이 되었으며, 여기서 예배는 설교와 동일시되었다. 공동 예배(corporate worship)의 개념은 서서히 사라지고 예배는 설교자인 목사의 독무대로 변신하였다.[62] 로마가톨릭이 제사 행위로서의 성례전적 미사를 사제 중심으로 변형했다면, 개신교회는 말씀 선포로서의 설교를 목사 중심으로 변형하였다. 평신도를 모두 공동예배로부터 소외시키는 과오를 범하였다고 본다.

그러나 19세기를 기점으로 개신교회 사이에서 공동 예배의 필요성이 서서히 공감대를 형성하기 시작하였다. 여기에는 『앵글리칸 공동 기도서』(Anglican Book of Common Prayer)를 시작으로 1903년 장로교회(미)가 『공동 예배서』(The Book of Common Worship)를 내놓고 몇 차례 개정을 거쳤으며, 1931년 회중교회가 순례 찬송집(The Pilgrim Hymnal)을 내놓은 후 15개의 예배 의식을 제시하였으며, 1940년 미국감리교회가 『예배서』(The Book of Worship)를 내놓는 것으로 이어졌다.[63] 바로 이러한 공동 예배의 회복 움직임은 강단을 다시 배치하고 주보와 전단을 만들고 성만찬을 예배의 규범으로 받아들이며, 가운과 색깔 있는 스톨과 심지어 목걸이까지 등장하는 변화를 동반하였다.[64]

이 같은 공동 예배의 회복 운동은 1963년 미국 개신교 열 여섯 개 교단이 참여하는 코쿠(COCU, Consultation on Church Union)와 1947년 성공회, 회중교회, 감리교회, 장로교회가 통합하여 창출한 연합교회, 남인도교회(The Church of South India)의 실험용 예배서,[65] 더 나아가 1982년 세계교회협의회(WCC) 신앙과 직제위원회가 제정한 리마예식서(Lima Liturgy), 1983년 밴쿠버 세계대회에서 로마가톨릭만이 빠진 모든 교파의 참여 속

---

61 Richard M. Spielmann, *History of Christian Worship*, 91.
62 *Ibid*.
63 George Hedley, *Christian Worship*(N. Y.: The MacMillan Co., 1953), 22-26.
64 Ilion T. Jones, *A Historical Approach to Evangelical Worship*, 80-83.
65 Richard M. Spielmann, *History of Christian Worship*, 155-157.

에 드린 리마예식서[66] 그리고 1962년에서 1965년 사이에 열렸던 로마교회의 바티칸 제2 공의회(Vatical Council II)에서 결정한 예배의 혁명(미사는 자국어로, 초대교회로의 회귀, 설교 회복, 사제와 회중이 마주 보도록, 회중송 회복, 구약, 시편 낭독 회복, 중보기도 회복 등)으로 이어지는 일련의 개혁에서 점차 구체화되고 있다.

WCC 신앙과 직제위원회 신학분과는 현대 교회의 예배를 크게 다섯 가지로 유형화하고 있으며, 이는 신학적 해석을 위한 좋은 분석의 틀이 될 것이다. 현대 교회의 유형 그 처음은 예전적 예배이다. 정교회(Orthodox Church)가 실천해 오는 이 예배는 정해진 형식을 그대로 따르며, 교회력을 근거로 진행되는 것이 그 특징이다. 예전적 예배는 사제의 옷, 사제의 성례적 행위, 색깔 사용, 빛의 사용을 동반한다. 두 번째 유형은 자유 예배이며, 이는 주로 퀘이커가 중심이 되어 실천하는 예배 형식이다. 이 유형의 예배에서 가장 중요한 것은 성령의 자유로운 역사이며, 성령의 임재와 인도를 기다리는 침묵에서 이루어진다. 이것은 철저히 비예전적 성격을 지닌다. 세 번째 유형은 성만찬 중심의 예배이다. 로마가톨릭이 실천해 오는 예배 형식이다. 성찬 제단에 그리스도의 몸의 임재를 중심으로 드리는 예배가 그 특징이다. 네 번째 유형은 설교 중심의 예배이며, 회중교회, 침례교회, 감리교회, 장로교회가 오랜 기간 실천해 오는 형식이다. 여기서는 성서가 중심이 되며, 말씀 선포가 신앙의 사건화를 가져올 수 있다는 신념에서 이루어진다. 다섯 번째 유형은 공동 예배이며, 이는 정해진 형식을 따르지만 그리스도의 몸인 교회의 유기체적 표현으로서의 예배에 강조점을 두고 있다. 공동 예배는 성공회, 루터교회, 개혁교회가 여기에 속한다고 본다.[67]

그러나 세계교회협의회 신앙과 직제위원회 신학분과위원회 연구에 참여했던 세 사람인 에드월(Edwall), 헤이맨(Hayman), 맥스웰(Maxwell)은 다

---

66 박근원 편저, 『리마 예식서』(한국기독교교회협의회), 1987.
67 Pehr Edwall, Eric Hayman William Maxwell, *Ways of Worship*(N.Y.: Harper & Brothers), 18-34.

섯 가지 유형의 예배 분석 뒤에 최근에 일고 있는 한 가지 중요한 신학 운동을 소개하고 있다. 누가복음 14장 15절 이하에 나오는 잔치 비유를 근거로 성만찬을 화체냐 공존이냐, 기억이냐 영적 임재냐가 아니라 하나님 나라 잔치에 참여하는 행위로 보는 종말론적 해석으로 보아야 한다는 것이다. 여기서 예배는 예수 그리스도의 죽음과 부활을 기억하는 행위이고, 동시에 영광 속에 오실 그리스도의 임재를 대망하고 소망하는 행위라는 해석이다.[68] 여기서 암시하는 예배의 종말론적 해석은 예배를 어떤 유형에서 구조화하고 개혁할 것인가라는 소위 수평적 해석을 뛰어넘어 예배 그 자체의 본질을 성서적이고 신학적으로 새롭게 조명해야 하는 존재론적 해석이라고 본다. 이 문제는 예배 신학의 과제로 이어져야 한다고 본다.

2. 예배 회복

오랜 변화와 변천의 과정을 거쳐 오늘에 이른 예배는 한마디로 복잡하고 혼돈스러우며 때로는 왜곡된 모습으로 교회 안에 현존하고 있다. 그것은 예배 형식의 배열이나 예전 순서의 문제는 아니다. 문제는 초대교회가 표현했던 처음 예배의 의미를 퇴색시키고 그 자리에 이물질을 집어넣어 온 데 그 원인이 있다고 보아야 할 것이다. 스필만(R. Spielmann)은 이를 신학 부재에서 오는 예배의 위기라고 표현한다.[69]

신학 부재란 예배학자들까지도 성례전에 대한 신학적 성찰과 논거에만 관심을 집중하고 있을 뿐 예배 전체에 대한 신학적 논거에는 무관심이었다는 사실에서 드러나고 있다. 스필만에 의하면 예배 신학의 일차적 책임은 1,000년 가까이 예배를 성직자와 목회자가 독점함으로 평신도를 사실상 방관자로 전락시켜 온 예배를 다시 공동 예배(corporate worship)로 바꾸

---

68 *Ibid.*, 34-35.
69 Richard M. Spielmann, *History of Christian Worship*, 159.

어야 하는 데에 있다고 보았다.[70]

스필만과 사상의 맥을 같이하는 정교회 예전신학자 슈메만(Alexander Schmemann)도 오늘의 예배는 무엇보다 예배와 신학의 관계를 새롭게 수립하는 데 있다고 보았다.[71] 특별히 20세기에 들어서서 활발해진 예전 회복 운동(liturgical movement)과 에큐메니컬 서클의 대화 그리고 상징주의의 재발견에서 가속화되어 가는 예배와 신학의 관계 회복은 고무적인 것으로 받아들이고 있다.

슈메만은 여기서 예배와 신학의 관계에 대해 세 가지 역사적 유형을 들어 새로운 해석을 도출하려고 한다. 첫 번째 예배와 신학의 관계 유형을 슈메만은 교부형 혹은 교부 시대형(patristic type)이라고 불렀다. 교부 시대형의 중요한 특징은 예배 경험과 신학 사상 사이에 깊은 유기적 연관성이 형성되어 있다는 사실이다. 예배 경험과 신학 사상이 오늘처럼 따로 분리되어 있었던 것이 아니라 예배 경험은 곧 신학을 위한 환경이었으며, 신학의 살아 있는 원천이었으며, 동시에 모든 신학의 규범이었다는 것이다. 예배 경험을 떠난 신학은 존재하지 않았으며, 신학적 성찰 없는 예배 경험은 감성적 경험 그 이상이 아니었다. 그러기에 교부들은 예배 경험을 배제한 채 예배에 관하여 객관적으로, 사변적으로 성찰하는 것을 거부했다.[72]

슈메만은 두 번째 예배와 신학의 관계 유형을 스콜라형(scholastic type)이라고 불렀다. 스콜라형의 등장과 함께 교부 시대의 예배와 신학의 유기적 관계는 깨지기 시작하였다. 신학의 원천이고 규범이었던 예배가 신학의 객관적인 연구 대상이 되었다. 예배는 신학이 설정하는 틀과 사변적인 범주에 의하여 마구 난도질당하는 하나의 주제로 전락한 것이다. 이러한 스콜라 작업은 16~17세기 동방정교회의 비잔틴 신학과 러시아 신학에서 시작하여 20세기 로마가톨릭 신학과 개신교 신학에까지 확산되었으며,

70 Ibid., 160-161.
71 Alexander Schmemann, "Theology and Liturgical Tradition," Worship in Scripture & Tradition, ed. by Massey H. Shepherds, Jr.(N.Y.: Oxford Univ. Press, 1963), 165.
72 Ibid., 167.

그 결과 예배(*leitourgia*)를 신학적 개념의 한 주제와 기능으로 전락시키고 말았다는 것이다.[73] 바로 이것이 오늘의 신학이 무기력해진 원인일 뿐 아니라 예배를 신학의 근원으로부터 분리시켜 하나의 기능으로 전락시킨 원인이기도 하다.

그러나 슈메만은 세 번째 유형으로 등장한 예전 회복 운동에서 그동안 끊겨 온 예배와 신학의 관계 회복의 가능성을 모색하고 있다. 예전 회복 운동은 교부 시대 이후 최초로 예배를 신학의 사변적 놀이 대상으로부터 풀어 예배가 가졌던 본래의 신학적 의미와 위치에서 새롭게 조명하려고 하기 때문이다. 예전 회복 운동은 모든 의식주의, 경건주의, 심리적, 신비적 굴레로부터 예배를 해방시켜 예배 자체가 지녔던 본연의 성서적, 신학적 의미에서 재조명하고 있다는 이유에서 새로운 가능성을 제시한다.[74] 이것은 예배에 대한 신학적 논거를 열어 가는 데 중요한 전제가 된다.

그러기에 지금 진행되고 있는 예배 회복을 위한 신학적 논거는 크게 다섯 가지의 유형으로 분류될 수 있을 것이다. ① 그 처음은 응답과 축하로서의 예배와 신학이며, ② 두 번째는 만남으로서의 예배와 신학이다. ③ 세 번째는 기독론적·구속사적 사건으로서의 예배와 신학이며, ④ 네 번째는 선교로서의 예배와 신학이다. 그러나 가장 설득력 있는 신학 운동은 ⑤ 다섯 번째 유형인 역사·종말론적 만남과 대망으로서의 예배와 신학이다.

1) 응답과 축하로서의 예배 신학

예배의 본질을 새로이 조명하는 예배 신학적 시도는 앵글로 가톨릭을 대변하는 언더힐(Evelyn Underhill)에 의하여 이루어졌다. 그녀의 고전서 『예배』[75]에서 언더힐은 "예배란 영원자를 향해 드리는 피조물의 응답"[76]

---

73 *Ibid.*, 168.
74 *Ibid.*, 170.
75 Evelyn Underhill, *Worship*(N.Y.: Harper & Brothers, 1936).

이라고 정의한다. 언더힐은 계시도 논하고, 신 중심도 거론하며, 하나님의 자유로운 활동도 이야기하지만, 그의 하나님은 예수 그리스도를 통하여 구원을 이루어 주신 역사적 사건에 대해서는 언급이 없는 것이 특징이다. 그리고 그녀는 신을 향한 피조물의 응답은 일반적인 종교적 예전의 행위로, 제도화로 표현되는 것이라는 사실도 인정한다. 그리고 모든 응답적 예배 행위는 삶을 순화하고 변화하는 윤리적 차원까지를 동반하고 있음도 언급한다.

그러나 영원자를 향한 응답으로서의 예배는 인간에서 나오는 종교적 본능의 표현임을 분명히 하고 있다.77 경배, 거룩, 추구, 인식의 예전적 행위들은 순수한 인간의 내면적, 종교적 본능에서 오는 것이었다. 여기서 언더힐 예배 신학은 모든 일반 종교적, 컬트적, 본능적 행위로서의 예배 그 이상이 아니었다. 이것은 일반 종교사적인 정의로서는 의미가 있어도 언더힐의 예배 신학은 인본주의적, 신비적, 자연신론적인 해석의 틀을 넘지 못하고 있다. 더욱이 예수 그리스도의 구속사적인 사건과 그를 통한 하나님의 우주 구원의 계시가 배제되어 있는 한 언더힐의 접근은 기독교 예배 신학 정립에는 크게 도움이 되지 않는 것으로 평가할 수 있을 것이다.

신학적인 맥락에서는 차이를 보이면서도 예배를 인간의 행위로 보는 또 다른 이는 헨리 나우웬(Henri Nouwen)이다. 나우웬은 그의 유명한 저서 『창조적 사역』에서78 사실상 예배를 축하 행위(celebrating)로서 정의한다. 축하 행위로서의 예배가 가지는 의미가 절망과 좌절, 운명주의로부터 삶을 전환하고 수용하고 긍정하는 적극적인 차원의 표출에 있는 것은 사실이다.79 이러한 해석은 예배를 삶으로부터 도피 수단으로 삼는 현대 교회에 주는 참신한 접근임에 틀림없다.

이어서 나우웬은 축하 행위의 방법을 긍정(affirming), 기억(remembering), 대망(expecting)에서 찾는다. 긍정은 삶의 현재적 조건 그대로를 수용하고

---

76 *Ibid.*, 3.
77 *Ibid.*, 9.
78 Henri J. M. Nouwen, *Creative Ministry*(Garden City, N.Y.: Doubleday & Co., Inc., 1971).
79 *Ibid.*, 93.

긍정하는 일이며, 기억은 오늘의 경험을 가능케 하는 역사적 사실을 수용하는 일이며, 대망은 최후 만찬에서 제자들에게 기억을 당부하신 그리스도의 미래를 기다리라는 것이라고 설명한다.[80]

이러한 축하 행위가 어떻게 가능한 것인가? 이 질문을 두고 나우웬은 세 가지로 대답하고 있다. 첫째는 '소리 앞에 복종함'이다. 자연은 우리의 삶의 아름다움을 일깨워 주기 때문이라는 것이다. 두 번째는 '사람 앞에 복종함'이다. 사람의 소리를 진정 들을 수 있는 사람만이 예배를 통하여 삶을 보고, 느끼고, 만질 수 있기 때문이라는 것이다. 세 번째는 '하나님 앞에 순종함으로' 축하할 수 있다는 것이다. 안수(ordination)란 두려움의 삶을 넘어 하나님과 동행한다는 의미라는 것, 안수는 의식보다 하나님께 순종하는 내면적 자유를 의미한다는 것이다.[81]

나우웬의 축하 행위로서의 예배 신학은 하나님의 창조와 구원받은 경험으로서의 삶을 긍정적으로 수용하고 노래하는 창조적, 치유적 차원을 드러내고 있다는 점에서 긍정적 평가를 받는다. 그리고 기억과 대망의 주제는 역사 · 종말론적 언어와 일치하는 듯한 호소가 있는 것도 사실이다.

그러나 나우웬의 축하 행위로서의 예배는 예수 그리스도를 통하여 이루어 주신 하나님의 계시적, 구속적 사건이 소홀히 취급되었다는 데 문제가 있다. 예수 그리스도의 십자가와 부활 그리고 재림에서 약속된 하나님의 영원하고도 현재적이며 또 미래적인 구원을 축하하는 차원이 결여되어 있다는 점에서 나우웬은 인본주의적 한계를 벗어나지 못하고 있다. 이것은 오늘날 한국 교회에서도 시도되고 있는 축제로서의 예배가 가지는 신학적 문제와도 직결되는 것으로 볼 수 있다.

---

80 *Ibid.*, 96-100.
81 *Ibid.*, 103-110.

2) 만남으로서의 예배와 신학

예배와 신학의 관계를 새롭게 모색하는 두 번째 그룹은 훈(Paul W. Hoon) 과 마틴(Ralph Martin)에 의해 시도되는 만남으로서의 예배 사상이다.

훈은『예배의 통전』에서[82] 예배를 한마디로 "예수 그리스도를 통한 하나님과 인간의 예전적 만남"[83]이라고 정의한다. 이 짧은 정의는 몇 가지의 차원을 포함하고 있으며, 그 차원들 사이의 관계는 예배를 하나의 통전적인 양식(mode)으로 만든다고 보았다. 여기서 중요한 처음 차원은 삼위일체 되신 하나님의 계시이다. 창조주 되신 아버지 하나님, 구원자 되신 아들 하나님, 구속자 되시는 성령 하나님의 모습으로 인간에게 오시는 하나님이 예배의 중심이 된다는 것이다.[84] 이 하나님 계시 중심의 예배 이해는 앞서 논의한 언더힐의 종교 본능의 예배를 근본에서부터 수정하는 사상으로 평가된다.

훈의 삼위일체론적 하나님의 계시는 필히 예수 그리스도의 구원 사건에서 이해되고 해석되어야 하는 것이었다. 예수 그리스도의 내려오심과 올라가심은 하나님과 인간 사이의 예전적 대화(liturgical dialogue)를 가능케 하는 대제사장이셨기 때문이었다. 그러기에 예배가 하나님의 계시에 그 중심을 둔다면 그것은 예수 그리스도의 십자가(내려오심)와 부활(올라가심)에서 비로소 가능하다. 훈에 따르면 하나님의 우편에 앉으신 영광된 주로서의 그리스도이기에 이것은 종말론적인 의미를 가진다고 보았다.[85] 이 점에서 훈은 바르트 신학 선상에서 예배를 기독론적으로, 계시론적으로 해석하고 있다.

그러나 훈에게 예배의 또 다른 차원은 응답(response)적 차원이다. 응답은 언더힐의 일반 종교적 본능이 아니라 그리스도를 중심으로 말과 감정,

---

82 Paul W. Hoon, *The Integrity of Worship*(Nashville: Abingdon Press, 1971).
83 *Ibid.*, 79.
84 *Ibid.*, 114-115.
85 *Ibid.*, 120-121.

행동이 하나가 되는 인간의 총체적 응답이다.[86] 인간의 응답은 개개인의 응답이 아니다. 신앙 공동체로서의 응답이다. 더 정확히 표현하면 예배는 교회의 존재 양식이라는 것이다. 하나님의 계시에 대한 인간의 응답은 교회론적으로만 가능한 것이다. 그러므로 예배는 그리스도를 통해 오시는 하나님의 구원과 계시이며, 동시에 예배는 교회라는 공동체가 드리는 공동적 응답이고, 존재의 양식이다. 그러기에 훈에게 교회는 곧 예전적 의미다.[87]

설교와 성례전은 예배(하나님과 인간의 만남)의 두 구조며, 동시에 둘은 만남의 두 표현이기에 훈은 통일성을 가진다고 보았다. 오늘 로마가톨릭이 설교를 희생시키면서까지 성만찬을 극대화하고, 개신교회가 성만찬을 희생시키면서까지 설교만을 극대화하는 것은 문제가 있다.

만남으로서의 예배는 설교와 성례전을 회복해야 하는 통전적 예배 신학의 수립에 있다. 여기서 훈은 안수받은 목사를 예전적 신학자(liturgical theologian)라고 부른다. 그러나 목사는 예배의 독점자가 아니라 교회 공동체라는 장(場)에서 하나님이 오시고 인간이 응답하는 만남을 매개하는 찬송가, 기도, 설교, 성례전, 유아 세례 수행을 위해 부름받은 존재이다. 중요한 것은 목사의 예전적, 목회적 능력이 아니라 교회의 공동 예배를 통하여 하나님의 오심과 인간의 응답이 만나는 만남의 사건을 어떻게 매개하느냐에 있다고 본다.[88]

훈의 만남의 예배 신학이 가지는 장점은 계시와 응답이 만나는 자리를 예수 그리스도로 보고 있다는 사실에 있다. 예수 그리스도를 떠난 하나님과 인간의 만남의 자리는 예배를 끝없이 감정주의적, 신비주의적, 도피주의적으로 몰아가기 때문이다. 동시에 훈의 만남의 예배 신학은 예배를 교회의 존재 양식으로 보고, 예배는 공동적, 참여적, 예전적인 의미를 가진다는 점을 장점으로 평가할 수 있다.

---

86 James F. White, *Introduction to Christian Worship*, 17.
87 *Ibid.*, 102-103.
88 *Ibid.*, 81.

그러나 훈의 예배 신학은 만남 그다음으로 이어지는 다른 만남의 형식을 제시하는 못 하는 약점을 가진다. 물론 훈은 승천하셔서 하나님 우편에 앉아 계신 영광된 그리스도를 종말론적이라고 표현하고 있으며, 예배는 곧 선교라는 논리를 언급한 부분도 있으나[89] 훈의 예배 신학은 만남에서 시작되어 최후의 만남으로 이어지지 못하는 한계를 안고 있다. 예수 그리스도 안에서의 하나님과 인간의 만남은 다시 오실 것을 약속하시고, 이미 성령으로 역사 안에 오시고 계시는 예수 그리스도와의 제2의 만남으로 이어져야 했기 때문이다. 그러기에 훈의 만남의 예배 신학은 언더힐의 응답 사상과 나우웬의 축하 개념을 넘어선 사상임에도 틀림없으나 예배와 역사 사이를 이어 놓는 데는 크게 미흡한 것이었다. 만남은 역사성으로 이어져야 하기 때문이다.

만남으로서의 예배 신학을 주장하는 또 다른 예배 신학자는 랄프 마틴이다. 1964년 『초대교회 예배』(Worship in the Early Church)로 이미 유명해진 마틴은 1982년 『하나님 예배』에서[90] 그의 예배 신학을 심화하고 있다. 그러나 마틴은 오늘의 예배와 예배 갱신 운동 모두가 한 가지 중요한 과오를 범해 오고 있다는 비판에서 시작한다. 그것을 예배의 주관주의(subjectivism)라고 불렀다.[91] 예배를 통한 좋은 경험, 좋은 느낌, 감정적 도취가 마치 예배의 목적처럼 변질되었기 때문이다. 사실상 그 자리에는 예수 그리스도에게서 드러난 하나님의 신비와 계시는 무시된다. 이때 예배는 우상으로 전락한다는 것이다. 특히 워체스터 성당 주임신부인 베이커(T. G. A. Baker)가 시도하는 새로운 예배는 과도한 심미적, 감정적, 영적 차원만을 강조하고 있으며, 모든 예전을 성직자의 독점에 맡기는 교권주의로 흘렀다고 비판하고 있다.[92] 이 같은 비판은 신학 부재에서 오는 한국 교회의 각종 주관주의를 향해 주는 경고이기도 하다.

---

89 Ibid., 108-111.
90 Ralph Martin, The Worship of God(Grand Rapids, Michigan: Wm B. Eerdman, 1982).
91 Ibid., 5.
92 Ibid., 2.

마틴에게 예배의 궁극적인 목적은 교회의 목적과 동일한 것이어야 한다는 전제에서 출발한다. 교회의 목적은 오고 있는 하나님 나라를 축하하고, 찬양하며, 징표가 되는 데 있다는 것이다. 여기서 예배의 목적은 하나님을 찬양하는 데 있으며, 그의 통치를 고백하고, 선포하는 것에 있다.[93] 종말론적인 예배는 구체적으로 창조와 구원을 통해 오시는 주님을 찬양하는 계시적 차원과 인간의 응답 차원으로 나타나야 한다는 것이다.[94] 여기서 마틴은 종말론적인 예배와 만남의 예배의 새로운 결합을 시도하고 있다. 예배는 공동적(corporate)이어야 하며, 그리스도인 안에서의 삶의 나눔(koinonia)이어야 하며, 형식(form)과 성령의 자유로운 역사의 관계가 유지되어야 하는 구체적인 제언도 제시한다.

그러나 훈과 마틴의 문제는 예배의 종말론적 해석이 만남과 형식과 공동적인 예배 구조 안에서 일괄되게 이어지지 못한 데 있다. 종말론적 해석과 예배 형식이 연결되지 않고 있다. 그것은 결국 그가 제시하는 종말론적 예배 신학의 모호성에 기인한다.

3) 기독론적 · 구속사적 사건으로서의 예배와 신학

예배의 본질을 신학적으로 조명하려는 세 번째 학파는 기독론적 · 구원사적 모티프에서 접근하는 바르트(Karl Barth)와 올맨(J. J. von Allmen)의 주도로 있었다.

바르트의 중심 사상은 신적인 예배 사건,[95] 기독론적인 예배 신학이라고 정의된다. 예배는 교회의 행위이기 이전에 예수 그리스도의 일회적인 구원 사건이었다. 골고다에서 하나님의 아들이 욕을 당하시고(humiliated son of God), 부활에서 인자가 들림받은(exalted son of Man) 예수 그리스도

---

93 *Ibid.*, 4.
94 *Ibid.*, 6-11.
95 Karl Barth, "The Event of Divine Worship," *Theological Foundations for Ministry*, ed. by Ray Anderson.

의 구속적 행위가 곧 처음 예배였다는 것이다. 처음 예배가 되신 예수 그리스도가 하나님과 인간 사이의 언약을 완성하셨다는 것이다. 바로 이 골고다와 부활 사건을 일깨우고 힘을 주는 성령께서 그리스도의 공동체를 불러 모으시고 세우신다는 것이다.[96]

예배는 예수 그리스도의 사건을 대변하는 교회 공동체의 특수한 사건이다. 그러나 이 특수한 사건으로서의 예배는 "내 이름으로… 두세 사람이 모인 곳…"이라는 기독론적 공동체 안에서만 가능하며, 여기서 드리는 공동적(communio) 예배는 네 가지의 원리를 따라 수행된다고 바르트는 해석한다. 처음은 인간의 말로 말씀을 전하고 응답하는 영적 교제(신경, 노래, 자유로운 증언, 설교)이고, 두 번째는 주님의 이름으로 모인 사람을 그리스도의 형제로 인정하는(성령의 일깨우는 힘에 의하여) 세례이고, 세 번째는 영원한 생명을 보존하는 예수의 만찬에 참여하여 떡과 포도주를 먹고 마시는 일이며, 네 번째는 두세 사람 모인 공동체가 아버지 하나님을 향해 함께 드리는 기도, 주기도와 공동 기도였다.[97]

그러므로 바르트의 예배 신학은 예수 그리스도의 십자가와 부활이 처음 예배였으며, 성령의 일깨우시고 세우시는 능력 안에서 부름받은 교회(그리스도의 대변적 공동체)는 그리스도의 이름으로 두세 사람이 모인 공동체를 통하여 ① 말로 고백하고(신앙 고백과 설교), ② 세례를 통해 형제로 받아들이며, ③ 영생을 보존하는 주의 만찬에 참여하며, ④ 아버지께 드리는 공동 기도를 예배의 핵심으로 삼았던 것으로 요약된다.

바르트의 해석은 그리스도 사건과 교회 예배를 별개의 사건으로 분리시켜 온 모든 예배 행위를 근본에서 수정하는 신학으로 받아들여진다. 모든 예배의 교권주의적인 왜곡이나, 신비주의적인 도피나, 주관주의적 감정주의는 예수 사건과 성령의 역사와 교회 예배를 신학적으로 연결시키지 못한 신학에서 온 것이었기 때문이다. 이것은 바르트의 위대한 공헌이다.

---

96 *Ibid.*, 330-331.
97 *Ibid.*, 335-341.

다만 바르트의 예배 신학은 그리스도 사건과 종말론적 연관성이 약화된 것, 거기서 나타난 그리스도의 역사 현존과 교회 예배의 관계를 소홀히 한데 있다고 본다.

기독론적·구속사적 모티프에서 예배에 접근하는 이는 아바(Raymond Abba)와[98] 올맨[99]이다. 그러나 여기서는 올맨의 사상만을 간단히 분석하고 평가하고자 한다.

올맨은 바르트와 같이 예배의 근원을 예수의 생애에서 찾는다. 예수의 삶 자체가 하나님께 영광을 돌리는 제사장적, 예전적 삶이었으며, 해방과 화해를 선포하는 구원의 삶이었기 때문에 참 예배는 예수의 삶, 십자가, 부활, 승천 그 자체였다는 것이다. 그러기에 참 예배는 하나님 앞에서 우리를 대신하여 드리신 예수의 제사(히 4:14, 8:2)였다.[100]

그러나 바르트로부터 올맨이 입장을 달리하는 해석은 예수의 사역을 둘로 나누어 예배와 연결시키는 부분이다. 올맨에 의하면 예수의 생애, 십자가 부활까지는 지상적 사역에 속하며 그것은 지상적 컬트(earthly cult)로 이어지고, 승천과 재림까지는 예수께서 하늘의 성소에 영광된 몸으로 들어가시는 하늘의 사역이며 그것은 천상적 컬트(heavenly cult)가 된다는 것이다.

교회의 예배는 예수의 지상적 컬트를 통해 예수의 삶과 죽음 그리고 부활을 축하하는 행위이고 동시에 예수의 천상적 컬트를 통해 영광 중에 다시 오실 때까지 하늘의 주님을 축하하는 것으로 해석한다.[101] 교회 예배는 예수 그리스도의 구원에서 오는 두 컬트(지상과 천상의)를 다시 포착(recapitulation)하는 행위이다. 다시 포착함으로서의 예배는 크게 두 차원에서 시행된다. 그 하나는 아남네시스(anamnesis, 회상 혹은 기억)이며, 이는 예수 그리스도의 구원을 회상(회복)함으로 예수 사건을 현재화하는 것이다. 이는 과거의 단순한 재연이 아니라 그리스도의 죽음을 기억함으로 그의 사역에 참여함

98 Raymond Abba, *Principles of Christian Worship*, 허경삼 역(서울: 대한기독교서회, 1974).
99 J. J. von Allmen, *Worship: Its Theology & Practice*(N.Y.: Oxford Univ. Press, 1965).
100 *Ibid.*, 21-24.
101 *Ibid.*, 25-26.

을 말한다. 아남네시스는 말씀 선포를 통해 세상을 향하신 하나님의 뜻을 가지신 그리스도의 뜻을 증거하는 것으로 나타나서 성만찬을 통해 세상을 자신과 화해하신 하나님의 사랑에 참여하는 것으로 나타난다.[102] 두 번째 차원은 에피클레시스(epiklesis)이다. 에피클레시스란 세상 끝날까지 함께 하신다는 약속, 예수의 이름으로 두세 사람이 모인 곳에 임재하신다는 약속, 최후 만찬에서 예배를 제정하신 예수의 임재의 약속을 의미한다. 또한 교회 예배가 이루어지는 곳에는 그리스도께서 부활의 주로서 임재하는 것을 의미한다.[103] 교회는 자의대로 그리스도의 임재를 조정할 수는 없으며, 다만 마라나타(maranatha), 주여 어서 오시옵소서의 간구만을 드릴 뿐이다. 에피클레시스는 그리스도의 자유로운 행위에서만 가능하기 때문이다. 그러므로 모든 예배는 에피클레시스의 약속과 경험을 가능케 하지만, 자동적이거나 완전하거나 조정되는 것은 아니다. 그 완성은 마지막 파루시아(parousia, 재림)에서 이루어진다.

그러므로 올맨에게 예배는 역사 속에 들어오신 예수 그리스도에게서 완성된 구원의 역사(지상적, 천상적)를 요약하고, 다시 포착하고, 긍정하고, 반복하는 행위인 것이다. 화이트(James F. White)는 올맨의 예배 신학을 세 가지 용어로 집약하여 설명한다. 그 처음 용어는 '다시 포착함'이고, 이는 그리스도께서 이룩하신 구원의 역사를 성령의 역사 안에서 재포착하는 행위를 의미한다. 두 번째 용어는 에피파니(epiphany)며, 이는 그리스도의 현현을 의미한다. 세 번째는 심판이라고 불렀다. 예배는 세계를 향한 심판의 증거이며, 동시에 소망의 약속이기 때문이다.[104]

바르트와 마찬가지로 올맨의 예배 신학의 장점은 예수 그리스도의 구원 사건 그 자체가 하나님 앞에 드렸던 근원적이고도 최초의 예배였다는 해석에 있다. 이는 예배를 응답이나 만남으로 보는 예배 신학이 빠지기 쉬운 절충주의의 위험을 근본적으로 시정한다. 그리고 예배의 성서적 이해

---

102 *Ibid.*, 34-38.
103 *Ibid.*, 26-29.
104 James G. White, *Introduction to Christian Worship*, 18-19.

를 가장 심도 있게 포착했다고 볼 수 있다. 그러나 올맨의 예배 신학은 예배의 계시성이 역사성과 연결되지 못했다는 약점을 지닌다. 계시의 반복 차원만이 강조되었을 뿐 그 계시적 사건이 하나님이 창조하시고 약속하신 역사의 완성과 어떻게 연관되는지의 논거가 거의 빠져 있다는 것이다.

4) 선교로서의 예배와 신학

① 응답과 축하로서의 예배, ② 만남으로서의 예배, ③ 기독론적·구속 사적 사건으로서의 예배는 그 귀결이 신앙 공동체인 교회의 예배에서 끝나는 듯한 인상을 남긴다. 데이비스(J. G. Davies)는 이것을 내면화된 예배 신학이라 불렀으며, 과거의 예배 신학 대부분은 이 범주에 속해 왔다고 비판한다.[105] 이제 내면화된 예배 신학에 대하여 새로운 도전장을 낸 이는 데이비스이고, 도전의 방법은 예배를 본질적으로 선교라는 모티프에서 새롭게 조명하는 일이었다. 이것은 예배와 신학의 관계를 새롭게 모색하는 네 번째 범주이다.

먼저 데이비스는 지난날의 예배 신학이 걸어 온 방향이 틀린 것은 아니지만, 내면화 쪽으로 흘러온 것에 대해 비판하는 것으로 시작한다. 내면화란 예배의 목적을 그리스도의 몸을 세우는 데 두며, 세례는 교회의 구성원 만들기를 위한 것이며(전통적으로 세례는 교회 입회식의 의미를 가지고 있었음), 성만찬은 개개인의 삶을 지탱하고 보전하기 위한 것이었다는 것이다.[106] 내면화(inwardly) 그 자체가 잘못된 것이 아니라 그것이 외면화(outwardly)와의 관계, 특히 선교라는 차원과의 관계에서 상호 보완적이지 못한 데 문제가 있다는 것이다. 데이비스는 예배를 본질적으로 선교, 특히 하나님의 선교(missio Dei)에서 보아야 한다는 예배 신학을 제시하고 있다. 이것은 예배를 수직적 차원에서만 보아 오던 과거의 틀에서 벗어나 예배를 수평

---

105 J. G. Davies, *Worship and Mission*(N.Y.: Association Press, 1967), 70.
106 *Ibid.*, 70.

적 지평에서 보려는 새로운 시도로서 볼 수 있다.

선교로서의 예배의 궁극적인 근거는 교회가 수행하는 선교에 있지 않다. 삼위일체 하나님께서 수행하는 모든 구원이 곧 선교라는 것이다. 하나님이 일하시니 우리도 일한다는 것이다. 세례는 교회나 목사가 행하는 것이 아니라 성령을 통하여 그리스도께서 인치시는 활동이며, 성만찬은 목사나 사제가 집례하는 것이 아니라 성령으로 그리스도께서 친히 집례하는 것으로, 이를 선교라고 부른다.107 그러므로 예배를 선교에서 보아야 한다는 신학적 논거는 세상을 향해 교회가, 성직자가 무엇을 하는 것이 아니라 아버지와 아들과 성령 하나님께서 세계를 향한 활동을 선교로 해석하는 데서 출발한다.

이러한 신학적 전제에서 데이비스는 세례와 성만찬을 예증으로 접근한다. 세례를 통해 그리스도와 함께 죽고, 그리스도와 다시 산다는 의미는 교회의 교적부에 교인으로 등록하는 데 그 목적이 있는 것이 아니라 세상을 위해 고난받으신 그리스도의 죽음에 참여하는 것이어야 한다는 것이다.108 세상에서 그리스도의 죽음과 고난을 드러내는 고난받는 공동체로 보냄을 받는 의미가 세례라는 것이다. 그러나 지난날 교회는 교회의 제도적 안정을 위해 그리스도의 화해 사역을 포기해 왔다는 것이다.

선교적 차원에서 성만찬은 어떤 의미를 가지는가? 세례가 그리스도의 고난 사역에 참여하는 안수의 행위라면, 성만찬은 그 안수의 의미를 새롭게 갱신하는 행위다. 세례가 그리스도에게 복종케 하고 그의 사역에 동참케 하는 것이라면, 성만찬은 그 헌신을 계속 새롭게 다짐하는 행위다. 세례가 종말론적인 의미라면, 성만찬도 종말론적이라는 것이다.

데이비스의 선교적 접근은 예배 신학을 새로운 차원으로 전환시킨 계기라고 본다. 내면과 외면 사이의 새로운 관계를 하나님의 선교에서 모색했다는 점은 대단히 설득력 있는 해석이다. 그리고 예배가 항시 교회의 독

---

107 *Ibid.*, 71.
108 *Ibid.*, 76-78.

점처럼 내면화되면 될수록 교회는 세계로부터 점점 떨어져 나간 단절을 경험해 왔기 때문에 데이비스의 예배 신학은 새로운 화해의 지평을 열어줄 가능성이 큰 것으로 평가할 수 있다.

그러나 데이비스의 예배 신학에도 문제 하나가 숨어있다고 본다. 그것은 하나님 선교신학이 안고 있는 내적 문제와 관련되어 있다. 하나님 선교신학의 장점은 선교의 주체를 하나님께로 환원한 것이며(교회로부터), 선교의 일터를 교회가 포함된 세계로 확대한 것이며, 교회를 세계 안에서 선교를 수행하시는 하나님의 선교에 참여하는 증인 공동체로 재정의한 데 있다. 여기서 교회의 정체성은 증언이요 섬김인 것이다.

그러나 문제는 하나님의 선교신학에 구조는 있으나 종말론적인 역사가 없다는 데 있다. 과거, 현재, 미래를 꿰뚫는 에스카톤(eschaton)이라는 종말의 때가 없기 때문에 삼위일체 하나님의 역사가 다시 추상적으로 끝나는 한계를 가지고 있다.[109] 예를 들어 이미 논의한 세례가 그리스도의 고난에 참여하는 선교적 행위라 한다면, 모이는 교회는 외면한 채 세상으로 나가 어떤 모습으로 고난에 동참한다는 것을 의미하는 것인지, 개인적으로 사회 변화에 참여하는 것을 뜻하는 것인지에 대한 해답이 없기 때문이다. 고난에 참여한다는 의미는 그리스도인의 윤리적 결단과 섬김 그 자체가 구원이 될 수 있다는 오해의 여지를 두고 있기 때문이다. 예배를 선교의 차원에서 본 것은 획기적인 전환으로 평가되지만, 역사적이고도 종말론적 해석이 결여되어 있다는 점에서 예배와 선교를 또다시 인간과 교회의 손에 내맡기고 마는 위험에 빠질 수도 있다고 본다.

5) 역사 · 종말론적 만남과 대망으로서의 예배

제5의 예배 신학은 예배를 역사 · 종말론적 만남과 대망의 모티프에서 조명하고, 해석하고, 실천을 모색하는 신학과 운동이다. 그러나 역사 · 종

---

109 은준관, 『신학적 교회론』 제15장.

말론적 예배 신학은 이미 기존하는 응답과 축하, 만남, 기독론 · 구속사적 사건, 선교로서의 예배 신학 그 어느 것도 거부하거나 배제하지 않는다. 오히려 역사 · 종말론적 예배 신학은 기존의 예배 신학이 포착하지 못한 성서의 증인 하나님의 통치와 역사 변혁과 종말의 약속이라는 근원적인 모티프를 제시함으로 예배 신학의 새로운 가능성을 모색하고 있다.

샐리어스(Don E. Saliers)는 최근 20년 사이에 부각된 예배 신학의 특징을 종말론적 접근이라고 부른다.[110] 예배 신학의 종말론적 접근은 20세기 신학의 중심 주제로 부각된 조직신학과 성서신학의 종말론에서 온 것이었다. 성서신학의 종말론은 슈바이처(A. Schweitzer), 다드(C. H. Dodd), 불트만(R. Bultmann), 케제만(E. Kasemann)에 의하여 주도되었으며, 근대신학은 몰트만(Jürgen Moltmann), 발타자르(Hans Urs von Balthasar), 죌레(Dorothee Solle) 같은 신학자들에 의하여 주도되어 왔다고 본다.[111]

이러한 종말론적 모티프는 예배 신학을 통하여 새로운 해석의 빛을 찾기 시작하였다. 여기의 선구자는 미국 러시아정교회(AmericanRussian Orthodox)의 슈메만(Alexander Schmemann)이며, 과르디니(Romano Guardini), 태프트(Robert Taft), 웨인라이트(Georey Wainright) 등이 하나의 학파를 형성하고 있다.[112] 이들이 추구하는 중심 주제는 예배(의식)에서 종말론적 본질과 문화 형태 사이의 올바른 관계를 모색하고 표현하는 데 있다. 그리고 이러한 예배의 종말론적 접근은 해방신학에서는 예배를 세계 구원을 대망하는 사건과 운동(모름지기 정치 · 사회적 운동)에 가난한 자들로 참여하게 하는 원동력으로 해석한다. 다른 한편 로마가톨릭은 제2 바티칸 공의회를 계기로 기도 본문(prayer texts), 성경 봉독, 상징, 모든 예전까지도 종말론적 소망을 근거로 하는 개혁으로 바꾸었다는 것이다.[113]

종말론적 예배 신학의 선구자 슈메만은 오늘의 예배 위기는 예배

---

110 Don E. Saliers, *Worship as Theology*(Nashville: Abingdon Press, 1994), 50.
111 *Ibid.*, 종말론과 교회의 관계에 대한 신학적 논의는 졸저, 『신학적 교회론』, 352-449.
112 Don E. Saliers, *Worship as Theology*, 13.
113 *Ibid.*, 51.

(leitourgia)가 종교적 의식(儀式, cult)으로 전락하는 데 있다고 비판함으로 시작한다.114 교회를 교회 되게 하는 교회의 표현인 예배가 거룩한 행위를 위한 의식(rite)과 제도로 바뀌면서 오늘의 예배는, 특히 정교회의 예배는 신자 성화(sanctify)만을 목적으로 하는 심미주의(aesthetic)와 신비주의(mystical)에 빠졌다고 비판한다.115 슈메만에 의하면 이 변질은 비잔틴 예전에서 두드러지게 나타났으며, 그것은 성직자의 신성화(sacralization)와 평신도의 격하로 이어지면서 성(聖)과 속(俗)으로 교회와 세계를 갈라놓은 비극을 가져왔다는 것이다.116 슈메만의 비판은 정교회만의 문제가 아니라 모든 오늘의 교회가 직면한 예배의 위기다.

이 위기를 극복하는 길은 메타모포시스(metamorphosis)를 부르는 변혁을 통하여 예배의 본질, 구조와 형식을 개혁하는 데 있다고 본다. 슈메만은 이 변혁의 근거를 초대교회에서 찾는다. 초대교회의 예배가 유대 키두시(kiddush)에서 성만찬의 틀을 가져왔으며, 유대 할례로부터 기독교적 세례의 틀로 가져왔으나 결국 초대교회는 과감히 유대 의식을 포기하고, 예배를 교회의 새로운 표현 양식으로 승화시켰다는 것이다. 예배를 승화시킬 수 있었던 가장 중요한 계기는 교회가 의식에서 생겨난 종교집단이 아니라 예수 그리스도를 통하여 이미 역사 속에 현존하며 또 장차 올 하나님 나라에 의하여 부름받은 거룩한 하나님 백성으로서 태동된 데 있었다. 예배는 의식이 아니라 하나님 나라 백성의 존재 양식이었다. 기독교의 예배는 성과 속을 갈라놓는 종교 행위가 아니라 역사 안에 현존하는 거룩한 백성의 존재론적 표현이었다.117

그러기에 슈메만에게 예배는 초대교회의 존재의 양식이며, 초대교회는 본질상 하나님 나라에 참여하는 공동체였기에 예배는 처음부터 의식이자 종말론적이었다는 것이다. 예배는 교회의 문화적, 종교적 활동과 기능

---

114 Alexander Schmemann, "Theology and Liturgical Tradition," 176-177.
115 Alexander Schmemann, *Introduction to Liturgical Theology*(N.Y.: St. Vladimir's Seminary Press, 1986), 31.
116 Alexander Schmemann, "Theology and Liturgical Tradition," 176-177.
117 *Ibid.*, 172-173.

이 아니라 교회의 신앙과 삶 그 자체였다. 거꾸로 표현하면 교회는 예배를 통하여 존재한다.[118] 이러한 신학적 이해에서 세례와 성만찬은 화체설, 공존설, 기억설 등 성례전의 요소들이 마치 예배 신학의 주제처럼 전락시킨 신학적인 언어 놀이가 잘못된 것이면, 역사에 오고 있는 하나님 나라의 가시적 징표이며, 교회의 종말론적 삶의 통로(means)로 다시 회복해야 할 것을 촉구한다. 그리고 세상 안에 있으나 세상의 것은 아닌 교회가 역사 안에서 하나님의 종말의 약속(eschaton)을 증언하는 선교로 표현되어야 했다.[119] 슈메만은 여기서 종말론의 이름으로 교회의 비의식화(非儀式化)와 비문화화, 비교권화를 통하여(metamorphosis) 본래의 예배 회복을 촉구하고 있다. 이것은 예배 신학이 추구하는 중요한 패러다임 전환이다.

돈 샐리어스(Don E. Saliers)는 예배를 종말론적 모티프에서 해석하는 또 다른 예배 신학자이다. 샐리어스의 예배 신학은 종말론적 프락시스(praxis of eschaton)[120]로 부르는 틀(frame) 안에서 모든 예배 행위를 해석한다. 종말론적 프락시스는 부활하신 주님과 예배 회중 사이의 만남을 의미하며, 이것은 주일(Lord's day)에서 구체화되었다고 본다. 종말론적 프락시스로서의 주일은 빈 무덤을 발견한 여인들의 증언에서 온 것이었다. 주일은 부활의 날을 의미한다. 주일은 제8일로 알려졌으며, 이는 주간의 시작과 동시에 오고 있는 미래에 참여한다는 의미에서 제8일이다. 1세기 말, 2세기 초 바나바 서신에 따르면 제8일인 주일은 주간의 시작과 함께 부활하시고 승천하신 주님의 날이라는 의미로서 주일과 승천 사이를 연결시키고 있다.[121] 중요한 것은 주일과 주일 사이라는 의미는 시간의 연장이 아니라 예수 그리스도의 죽음과 부활과 승천의 리듬을 집약하는 시간이라는 데 있다.[122] 종말론적 시간이라는 것이다.

그러므로 찬양하고, 성경을 봉독하고, 가르치고, 기도하고, 성찬을 나

---

118 *Ibid.*, 173-174.
119 *Ibid.*, 174.
120 Don E. Saliers, *Worship as Theology*, 51-52.
121 *Ibid.*, 53.
122 *Ibid.*

누는 모든 예배 행위 그 자체는 바로 신학적 행위이며, 동시에 그것은 종말론적 징표이다.[123] 이것은 예배의 종말론적 예술(eschatological art)과도 같은 것이다.[124]

종말론적 프락시스 안에서 종말론적 예술로서의 예배는 어떻게 표현되었는가? 유월절은 과거의 기억을 재연하는 것이 아니라 하나님의 자유케 하시는 능력과 만나는 행위로 변화됨을 의미한다. 수난절은 죽음을 기억하는 행위가 아니라 죽음에서 영원한 생명으로 이끌어 가시는 하나님의 약속과 만나는 행위다. 디다케(didache)에 따르면 주님의 날(주일)에 떡을 떼고 성만찬을 나누는 회중 가운데 임재하시는 주님과의 만남은 한 주간이 기도와 노동에서 주님을 증거하는 거룩한 틀로 바뀐다는 것이다.[125] 여기서 시간과 예배 행위가 주일(부활하신 날)의 종말론적 프락시스로부터 새로운 의미를 갖는다. 이것은 교회력이 가지는 최초의 의미였다.

돈 샐리어스는 한 걸음 더 나아가 종말론적 행위(징표) 또는 예술로서의 예배는 세례와 성만찬, 기도를 통해 더 선명하게 드러난다고 본다. 세례를 통해 그리스도와 함께 죽고 그리스도와 함께 다시 산다는 바울의 증언은 세례를 통해 그리스도인은 그리스도의 죽음뿐 아니라 부활에 이미 참여함으로 새로운 피조물로 변화되었음을 의미한다. 이것은 종말론적 사건이고 행위다. 회개와 죄의 용서받은 종말론적 사건인 것과 같이 세례는 죽음에서 새 생명으로 태어나는 종말론적인 사건이다. 이것은 오늘뿐 아니라 오는 시대에도 진행되는 통치와 치리에서 오는 사건이다.[126]

성만찬(eutharist)은 그리스도와 함께 죽고, 그리스도와 다시 사는 종말론적 경험이 개개인의 경험과 신앙 공동체 안에서 지속되는 행위이다. 교제(communion)로서의 성만찬은 새 예루살렘의 그림자요, 하나님 영광의 미리 맛봄이며, 기억의 행위(anamnesis)이다. 여기서 주의 만찬은 계급 간

---

124 *Ibid.*, 9.
125 *Ibid.*, 53-54.
126 *Ibid.*, 56-59.

의 갈등, 권력 투쟁, 인종차별 등 오늘의 정치, 사회의 모든 긴장을 오고 있는 하나님 나라의 소망 안에서 용서와 화해의 시험장으로 바꾸어 놓는다. 결국 예배와 예배하는 회중은 자신과 교회, 이 역사를 하나님 영광의 자리에도 초대하고 있기 때문이다.[127]

끝으로 종말론적 예술로서의 예배는 기도, 특히 주기도에서 절정을 이룬다고 샐리어스는 해석한다. 주기도의 핵심은 "나라에 임하옵시며"의 하나님의 통치와 치리를 간구하는 데 있다. 이는 종말론적인 하나님의 통치를 향한 간구며, 예배는 이를 처음부터 반복하는 기도였다. 다시 말하면 예배는 하나님의 최후 승리를 간구하는 종말론적 행위였다. 신약성서의 마지막 기도인 마라나타, 주여 오시옵소서는 이미 오셨고, 오실 분께서 주의 이름으로 모인 두세 사람 가운데 오시기로 약속하신 임재를 간구하는 것이었다.[128] 기도는 인간의 탄원이고, 간구였으나 주의 임재를 간구하는 탄원이었다.

---

127 *Ibid.*, 60-67.
128 *Ibid.*, 49-50.

3 장
설교(*Kerygma*)

교회는 본질상 예수 그리스도의 부활하심과 다시 오는 약속을 통하여 역사에 돌입하는 하나님의 통치(하나님 나라)를 신앙으로 분별하고, 그 오심을 소망하며, 역사를 변혁하여 가시는 인도하심에 참여하는 증인 공동체이다. 바로 이 역사·종말론적 공동체인 교회는 그 존재 표현 양식인 예배 행위에서 유대주의의 영향을 받았으면서도 유대주의의 컬트(cult, 종교적 의식과 제도)는 과감히 넘어섰다. 이것을 슈메만(Alexander Schmemann)은 메타모포시스(metamorphosis)라 불렀다. 변혁이었다.

그래서 초대교회는 예배를 제외, 컬트(cult)가 아니라 레이투르기아(*leitourgia*)로 승화하였다. 레이투르기아는 종교의식이 아니라 하나님 백성의 존재였으며, 생활의 표현이었다는 의미이다. 초대교회의 예배는 하나님 나라를 경험하고, 분별하고, 감사하고, 증언하는 신앙적 표현 그 자체였다. 그러기에 초대교회는 예배를 종교적 행위로 보지 아니하고 하나님과 이웃과 세계를 향한 신앙적 응답과 결단으로 보았으며, 이것이 레이투르기아의 의미였다.

초대교회의 레이투르기아는 특정한 예배 순서나 형식이 없었다. 구성 요소들만이 존재했다. 구성 요소들은 크게 세 차원으로 이루어졌으며, 그 처음은 카리스마적(charismatic) 차원이었다. 여기에는 찬양, 감사, 기도가 포함되는 영적 차원이 속한다. 두 번째는 디닥틱(didactic) 차원이었으며, 여기에는 말씀의 선포와 가르침이 포함된다. 세 번째는 유카리스틱(eucharistic) 차원이었으며, 여기에는 떡을 떼는 일(*koinonia*), 세례, 성만찬이 포함되었다. 중요한 것은 카리스마, 디다케, 유카리스트가 종교의식(cult)이 아니라 하나님의 역사·종말론적 공동체로 태동한 초대교회 공동체의 삶 그 자체였으며, 존재의 표현 양식이었다.

그러나 긴 역사 전 과정을 거치면서 레이투르기아는 다시 컬트로 변질되어 오늘에까지 이르렀다. 로마가톨릭은 성례주의(sacramentalism)와 사제주의(sacerdotalism)로 전환하면서 종말론적인 레이투르기아는 의식으로 바뀌었으며, 개신교회는 여러 갈래로 갈리면서 결국 모든 예배를 설교주의로 집약시키는 또 다른 컬트를 만들어 내고 말았다.

여기서부터 설교와 성례전은 대립적 관계에 놓이기 시작했다. 개신교회 설교를 중심에 놓고, 예배를 설교주의로 몰아가는가 하면 로마가톨릭, 정교회, 성공회는 성례전을 중심에 놓고 예배를 성례전주의로 끌고 가고 있다. 그뿐 아니라 예배의 초점을 설교에 두든 성례전에 두든 오늘의 모든 교회는 예배를 컬트화함으로써 삶과 신앙의 표현 양식이어야 하는 하나님 백성 공동체의 삶으로부터 설교와 성례전을 떼어놓고, 그것들을 설교자와 사제의 권위 아래 두는 교권화주의에 빠져 있다.

여기서 우리는 크게 두 가지와 씨름해야 하는 과제 앞에 서 있다. 그 하나는 설교와 성례전이 가지는 신학적 문제가 무엇인지를 밝히는 일이다. 다른 하나는 역사·종말론적 공동체의 레이투르기아 안에서의 설교와 성례전의 위치와 그 둘의 상호 연관(correlate)의 자리를 회복하는 데 있다.

1. 성서에 나타난 설교

설교의 성서적 기원에 관해 학자들 사이에 차이가 있는 것은 사실이다. 홀란드(Dewitte T. Holland)는 고대 이스라엘 시대에 살았던 노아와 모세를 각각 "의의 설교자"나 "바로에게 메시지를 전한 설교자"로 호칭하면서 이를 '예언자적 설교'(prophetic preaching)로 범주화한다. 그러나 아론의 설교는 '예전적 설교'(liturgical preaching)로 구분한다. 이는 제사와 밀접히 관계된 것이었다.[1] 그러나 법궤가 블레셋인들의 손에 넘어가고, 제사장들이 타락하면서 설교는 예언자들의 교육과 훈계의 중요한 미디어로 바뀌었으며, 그 후로 설교는 예언자적 전통에서 자리를 확실히 해 온 것으로 해석한다. 예언 전통의 설교는 죄의 회개를 촉구하고, 종교적·도덕적 삶의 도를 가르치며, 역사의 미래를 예고하는 내용으로 진행되도록 하였다.[2]

홀란드의 해석과 일치하면서도 설교의 특성을 오히려 여호수아의 고별 연설에서 찾고 있는 설교학의 대가 브릴리오트(Yngve Brilioth)는 고대 이스라엘의 설교를 세 가지 요소에서 해석한다. 설교는 ① 사사, 제사장, 예언자들에 의해 자유로운 언어로 구사된 영적 위로와 각성이었고, ② 역사적 상황을 전제로 하고 있었으며, ③ 모인 회중(assembled congregation)을 향해 선포되었다.[3] "설교는 계시와 영감에서 오는 말씀의 증언뿐 아니라 역사 안에서 하나님은 그의 백성을 어떻게 구원하셨는가"라는 역사적 사건을 기억하고 되풀이하는 행위였다.[4] 즉, 말씀의 역사화이다. 말씀의 역사화는 종교를 하나의 의식(rite), 제사 행위(sacrifice) 혹은 예전적 규범으로 전락시키는 컬트를 넘어서서 하나님과 인간과 역사의 관계를 보다 역동적으로 해석하고 규명하는 고등종교의 특색이다. 예언 전통에서 설교는 하나님의 뜻을 해석하고 백성에게 훈계하는 예언자들에 의하여 선포되었으며, 건물 안에서가 아니라 장 마당(market place)에서 이루어졌다.[5] 그러므로 포로기 이전(기원전 586년 이전) 초기 제사장에 의해 주도되었던 예

---

1 Dewitte T. Holland, *The Preaching Tradition*(Nashville: Abingdon Press, 1980), 13.
2 *Ibid.*, 14. Holland는 여기에 사무엘, 나단, 엘리야, 요엘, 미가, 이사야, 예레미야, 에스겔, 다니엘, 학개, 스가랴 등 예언자 모두가 여기에 속한다고 보았다.
3 Yngve Brilioth, *A Brief History of Preaching*(Philadelphia: Fortress, 1965), 2.
4 *Ibid.*, 3.
5 Raphael H. Levine, "Preaching in the Jewish Tradition," *Baker's Dictionary of Practical Theology*, ed. by Ralph G. Tombull(Grand Rapids, Michigan: Baker Book, 1967), 31.

전적 설교(liturgical preaching)는 점차 약화되었고, 그 대신 예언자적 설교(prophetic preaching)로 크게 발전하였다.

그러나 포로기 이후(기원전 586년 이후) 설교는 그 형태와 방법에 있어 급격한 변화를 가져왔다는 사실에 모든 학자는 동의하고 있다. 그것은 회당(synagogue)의 등장과 깊이 연관되어 있었다. 레빈(Raphael H. Levin)에 따르면 포로기 이전의 예언자적 설교와 포로기 이후 회당에서의 호밀리(homily)로 변신한 역사적 과정 사이에 한 가지 중요한 계기가 있었다는 것이다. 그것은 예루살렘 귀환과 성전 개축 이후에 일어난 종교개혁이었다. 수문 앞 광장에 모인 회중에게 에스라가 율법책(토라, Torah)을 읽음으로 시작된 집회는 에스라의 해석과 레위 사람들의 가르침으로(느 8:1-2) 이어졌다. 레빈에 따르면 수문 광장 집회는 예언자적 설교로부터 회당 설교로 전환하는 시점이 되었으며, 가장 큰 특징은 안식일에 율법책을 읽고 그 책을 해석하는 것으로 바뀌는 계기가 되었다는 것이다.6 최초로 토라가 낭독되고, 낭독된 토라를 해석하는 형식으로 설교의 형태가 바뀌었다.

이것은 회당의 등장과 함께7 구체화 되었다. ① 셰마(Shema)-② 18가지 축복기도-③ 율법서(Torah)와 예언서 낭독-④ 호밀리-⑤ 축도(Benediction)로 구성되었던 회당 예배의 가장 중요한 특징은 성경 봉독과 호밀리의 밀접한 관계였다. 포로기 이전의 예전적 설교나 예언자적 설교에는 성경 봉독과 그 분문을 해석하는 주해 부분이 없었던 것이 특징이었다면, 회당에서의 설교는 예배라는 틀 안에서, 특히 성경 봉독과 주해가 밀접하게 연관되어 설교가 진행되었던 것이 특징이었다.8 그러기에 회당에서의 설교는 호밀리라는 주해(exposition)였으며, 이는 많은 경우 비공식적인 강의 형식이었으나 그 목적은 회중을 가르치고 세우는 데 있었다. 그리고 호밀리에는 엄격한 설교와 가르침의 구분이 없었으며, 오히려 가르침의 함축적인 의미로 사용되었다. 기원전 1세기경 회당의 호밀리는 달샤님(Darshanim)

---

6 *Ibid.*, 5. Yngve Brilioth도 이 점을 강조한다.
7 회당의 기원에 관한 논의는 필자의 『신학적 교회론』, 71-80.
8 Yngve Brilioth, *A Brief History of Preaching*, 5.

이라 불리는 성경학자들이 등장하면서(혹은 달굼, 미드라슈) 성경의 영적 차원은 사라지고 성경 본문만을 연구하는 문자주의로 흘렀던 것으로 알려지고 있다.[9] 다른 한편 디아스포라(diaspora) 회당에서 달샤님과 다른 여행하는 설교자·교사, 마기드(Maggid)가 등장하여 비유와 이야기를 중심으로 영적 메시지를 전파하였다. 이것은 비공식적인 틀에서 가르치는 또 다른 유대주의 전통이었다. 후일 바울의 설교는 마기드 전통에 속한 것이었다.[10]

그러므로 구약과 설교의 유산은 크게 세 가지로 요약될 수 있을 것이다. ① 그 처음은 제사장들이 중심이 되어 예배와 관련하여 실시한 예전적 설교(liturgical preaching)였다. ② 그다음은 제사장들이 타락한 시점에 등장한 예언자들의 예언자적 설교였다. 예언자 설교의 특징은 시공을 뛰어넘어 아무 때나 아무 데서나 외쳤던 데 있다. 그러나 ③ 세 번째 유산은 포로기 이후에 등장한 회당에서의 설교였으며, 이때부터 성경 봉독과 주해라는 새로운 관계를 중심으로 형성된 호밀리가 출현하였다.

구약의 설교가 신약의 설교로 넘어오면서 누가 가교 역할을 했는가? 세례 요한의 메시아 도래의 선포와 쿰란 공동체의 묵시문학적 종말론의 선포를 가상할 수 있으나, 많은 학자는 안식일날 회당에 들어가서 성경을 읽고(이사야의 글) 그 글을 해석하신 예수의 설교야말로 회당의 호밀리와 신약의 설교(kerygma)를 잇는 사건이라고 보았다.[11] 그래서 기독교 설교의 역사는 나사렛 회당에서의 예수의 가르침에서 시작했다고 보아야 한다는 것이 브릴리오트의 주장이다.[12]

따라서 기독교 설교의 시작인 예수의 설교는 주해적 차원(exegetical)이었으며, 예수께서 성경 본문을 읽고 그것을 해석했다는 데 근거를 둔다. 또한 모든 설교는 주해적 차원을 가진다는 의미이다. 그러나 동시에 예수

---

9 *Ibid*.
10 *Ibid*., 6. 그리고 Raphael H. Levine, "Preaching in the Jewish Tradition," 32.
11 Yngve Brilioth, *A Brief History of Preaching*, 8, Dewitte T. Holland, *The Preaching Tradition*, 16-17.
12 *Ibid*., 7.

의 설교는 예전적 차원도 포함하고 있었다는 사실에 주목한다. 회당이라는 공동체와 회당 예배라는 특별한 틀 안에서 수행하신 설교였기 때문이다.[13] 여기서 예수의 설교는 주해적이며, 예전적이라는 이유에서 유대교와의 연속성을 드러내고 있다. 그리고 이 두 차원은 모든 설교가 추구해야 할 양면성이기도 하다.

그러나 예수의 설교에는 제3차원이 있었다. 이 3차원은 주해적 차원과 예전적 차원의 예언자적 선포, 흡수함이었다.[14] 이는 임박한 하나님 나라를 선포함으로써 인간과 역사의 죄에 대한 회개를 촉구하는 선언이다. 예언자적 선포는 하나님 완성의 때를 선포하는 일이었으며, 거기에는 심판이 동반되는 종말의 예고이기도 했다.[15] 이것은 설교의 역사·종말론적, 예언자적 선포의 차원이었다. 여기에는 후일에 문제가 된 설교(kerygma)와 가르침(didache) 사이의 구분이 없었다. 그러므로 예수의 설교는 예전적이고, 주해적 차원으로 표현되면서도 동시에 예언적 차원을 통하여 예전과 주해를 초월하는 3차원에서 요약될 수 있다. 예수의 설교는 구약 제사장들의 예전 설교, 회당의 주해 설교, 예언자들의 예언 설교를 수용하면서도 임박한 하나님 나라의 심판과 회개를 선포함으로써 3차원을 자신 안에서 완성하는 것이었다.

예수의 설교가 구약과 신약을 잇는 가교이면서도 하나님의 통치와 그의 나라를 선포하는 제3차원에서 전적으로 새로운 차원을 열어놓았다면, 예수 그리스도의 설교와 교부 시대를 잇는 또 다른 가교는 사도 바울과 그의 설교였다. 특별히 부활하신 그리스도와의 만남은 바울의 설교를 예수의 죽음과 부활 사건을 새롭게 해석하는 역학으로 작용했다.[16] 바울의 설교는 케리그마(선포)로 명명되며, 이는 종말론적 사건의 의미를 가진다고 불트만(R. Bultmann)은 풀이한다. 여기서 바울의 설교는 예수 그리스도의 죽음

---

13 *Ibid.*, 8-9.
14 *Ibid.*, 10.
15 James H. McDonald, *Kerygma and Didache*(London: Cambidge University Press, 1980), 20-21.
16 *Ibid.*, 30.

과 부활 사건의 해석이고 증언이라는 의미에서 종말론적인 것이다.[17] 이것은 그의 사도적 설교(apostolic preaching) 속에 깊이 반영되었다.

그러나 맥도날드(James H. McDonald)에 따르면 바울의 설교는 동시에 예언적 차원을 포함하고 있었던 것으로 해석한다. 여기서 예언적 설교는 영적 감동(pneumatic inspiration)과 해석(interpretation), 선포(intelligible proclamation)로 이어지는 것을 의미한다.[18] 그러나 서신 전체를 통하여 바울은 한 가지를 분명히 하고 있다. 예언과 영적 은사의 고귀함에도 불구하고 그것들은 반드시 공동체를 세우는 일(edification of the community)을 위한 것이어야 한다는 사실이었다. 영적 은사와 예언은 반드시 코이노니아를 전제로 하는 공동체에 의하여 규제되며, 그 안에서 이루어져야 한다는 의미를 가지고 있었다. 예배에 관한 신약의 유일한 본문으로 알려진 고린도전서 14장에서 바울은 예배의 모든 구성 요소(예언, 방언, 계시, 지식, 가르치는 일, 찬송시, 가르치는 말씀, 방언, 통역)는 반드시 덕을 세우는 일을 위한 것임을 분명히 하고 있다.[19]

그러나 설교학적 접근에 관한 한 바울의 설교가 가지는 특성은 그의 종말론적 설교와 예언적 설교에 이어 호밀리아(*homilia*)적 설교에 있었다고 맥도날드와 윌슨은 해석한다. 파라클레시스(*paraclesis*)란 권고(exhortation), 위로(comfort), 참음과 인내를 의미하며, 이를 근거로 하는 설교는 호밀리이다. 호밀리는 선포와 예언과는 달리 대화와 친밀성을 전제로 하는 설득이고 논리의 전개이다.[20] 여기서 호밀리의 등장은 유대교 회당의 전통으로부터 영향을 받은 것도 사실이지만, 그보다는 헬레니즘(Hellenism)으로부터 생성되어 세계적 문화 양식으로 퍼져나온 일종의 문화 혁명으로부터 온 압력이었다. 그것은 냉소적 디아트리베(cynic diatribe)라고 불린 당시 스토익 철학의 논쟁법이 문명 깊숙이 침투하였기 때문이며, 그것은 교회의

---

17 *Ibid.*, 2-3.
18 *Ibid.*, 31-32.
19 Ferdinand Hahn, *The Worship of the Early Church*, 68.
20 James H. McDonald, *Kerygma and Didache*, 39; Paul Scott Wilson, *A Concise History of Preaching*(Nashville: Abingdon Press, 1992), 25.

설교를 보다 수사학(rhetoric)과 웅변학에 근거를 두고 구성해야 하는 시대적 압력으로 작용했다.21

그래서 바울의 설교는 그 형식 면에서 헬레니즘의 영향을 받았으며, 그 것은 이야기(narrative) 중심이었던 유대 전통보다는 오히려 성경을 개념적이고 사상적인 논조에 따라 해석하는 틀에 더 의존했다.22

윌슨(Paul S. Wilson)은 수사학에 영향을 받은 바울의 호밀리의 구조를 넷으로 구분한다. ① 처음 구조는 엑소디엄(exordium)으로 불리는 서론이며, ② 두 번째 구조는 나라치오(narratio)로 불리는 문제 제기 혹은 문제 요약이다. ③ 세 번째 구조는 콘퍼마치오(confirmatio)로서 논거의 부분이다. 논제를 나누어 설명하고 한 이론을 가지고 다른 이론을 비판하는 과정을 뜻한다. ④ 네 번째 구조는 콘쿠르시오(conclusio)로 불리는 결론이다.

이러한 구조의 틀을 가지고 고린도전서 15장 1-58절에 나타난 바울의 호밀리를 분석한 맥(Burton L. Mack)의 예증을 살피는 것23은 흥미있는 일이다.

성경 본문: 고린도전서 15:1-58

제목: 부활

I. Exordium(서론) ― 15:1-2 고린도 교인에게 주는 복음 수용의 재각성

II. Narratio(문제 제기)

　　① 15:3-11

　　부활하신 그리스도께서 어떻게 고린도까지 전파되었는지!

　　② 15:12-19

---

21 James H. McDonald, *Kerygma and Didache*, 40-42. cynic diatribe(냉소적 매도)는 고대 '에픽테투스'(*Epictetus*)의 현대적 연구에서 더 구체화되고 있다. 그 스타일은 '논쟁적', '짧은 문장 사용', '웅변학적 질문', '질문과 응답', '반복', '맹렬한 비난과 매도'로 이어진다.
22 Paul Scott Wilson, *A Concise History of Preaching*, 25.
23 *Ibid.*, 25; Burton L. Mack, *Rhetoric and the New Testament*(Minneapolis: Fortress Press), 18.

어떤 이는 부활이 없다 하는 사람들 - 부활이 없다면 우리는 거짓 증인, 그리고 우리는 불쌍한 자

③ 15:20

그리스도는 부활을 통하여 잠자는 자들의 첫 열매

III. Confirmatio(논거)

① 15:21-28(paradigm)

아담 안에서 모든 사람이 죽은 것같이 그리스도 안에서 모든 사람이 삶을 얻으리라.

그리스도께서 왕 노릇

하나님께 복종

② 15:29-34 반대자와 예증

부활이 없다면(반대자) 왜 세례를 받는가?

나는 날마다 죽노라

③ 15:35-44 유비(analogies)

하나님이 주시는 형체는 종자마다 다르다(하늘에 속한 자 - 땅에 속한 자)

죽은 자의 부활-썩을 것으로 심고 썩지 아니할 것으로 다시 살며 육의 몸 - 신령한 몸이 있다.

④ 15:45-50 인용

첫 사람 - 흙에 속한 자

둘째 사람 - 하늘에 나셨다.

IV. Conclusio(결론) — 15:51-58

나팔 소리가 나매 죽은 자들이 썩지 아니할 것으로 다시 살고 우리도 변화하리니 하나님께 감사 형제들아 견고하며 흔들리지 말며 주의 일에 더욱 힘쓰는 자들이 되라.

여기서 바울의 설교는 부활하신 예수 그리스도와 만나고 경험한 이후

표출된 것이었기에 그것은 본질상 종말론적이었으며, 동시에 신령한 은사를 근거로 하는 예언도 강조한 것으로 보아 바울의 설교는 예언자적 차원을 포함하고 있었다. 그러나 그것은 공동체의 덕을 세우는 목적과 그 테두리 안에서만 가능한 것으로 보았기 때문에 예전적 성격으로 인해 규제되는 것이었다. 그러나 바울의 설교는 당시 헬레니즘화된 문화 속에 복음을 전파하기 위해 호밀리의 설교 형식을 취하였던 것으로 요약될 수 있다. 중요한 것은 바울의 이 3차원적 설교는 각기 별개의 것이 아니라 호밀리 안에서 부활의 종말론적 증거와 공동체의 덕을 세우는 목적이 깊이 깔린 채 하나의 통합 과정을 이루고 있었다는 사실이다.

2. 변형

설교의 변화는 사도행전의 설교에서부터 바울의 설교를 거치면서 그 속도를 더하여 갔다. 그러나 설교의 성서적 유산과 역사적 변형 사이의 한계를 결정짓기는 어려운 시대적인 복합적 상황이 작용했다. 예를 들어 사도 시대와 후기 사도 시대에 들어서면서 유대인 기독교(Jewish Christianity)에서는 회당 전통에 따라 본문을 성경주해하는 회당식 주해 설교(expository sermon, 일명 Jewish homily)가 계속 실천되었으나, 이방 기독교(Gentile Christianity)에서는 헬라와 로마 문화와의 절충의 산물로 나타난 카리스마적 설교가 더 강력한 위치를 차지했다.[24] 스토익적인 디아트리베(Diatribe)의 영향에서 온 것이었다. 그 결과 설교는 성경 본문보다는 점점 이성적 해석(rational exposition), 공동체를 세우는 교육적 설교, 카리스마적 예언의 성격으로 편중되었다. 회당 전통인 성경 본문의 주해로서의 호밀리(주해 설교)는 이방 기독교에서 점차 약화되었으며, 이것은 바울의 설교 구조에서도 나타났다.[25] 그러므로 설교의 역사적 변형은 이미 사도 시대로부터 시작되었

---

24 Yngve Brilioth, *A Brief History of Preaching*, 18.

던 것으로 보는 것이 일반적 해석이다.

설교의 역사적 변형은 후기 사도 시대로부터 본격적으로 시작하여 교부 시대에 들어서면서 가속화되었다. 이때 등장한 설교의 형태는 한마디로 헬라식 호밀리(Greek Homily)였다. 헬라식 호밀리는 바울의 설교 가운데서도 그 흔적을 찾을 수 있었으나, 그보다는 폴리카르포스(Polycarp) 감독에게 보내는 이그나티우스(Ignatius)의 편지 가운데 최초로 명시된 데서 기원을 찾는다.26 그리고 로마와 고린도를 향해 쓴 클레멘스의 제2 서신, 멜리토(Melito of Sardis)의 부활절 설교에서 헬라식 호밀리는 강력히 표현되었다. 특히 멜리토의 설교는 헬라적인 연설과 혼동될 정도로 수사학에 의존되었던 것으로 전해지고 있다. 그리고 헬라식 호밀리는 순교자 저스틴(Justin Martyr)의 『제1 변증론』에서도 언급됨으로 이미 기독교에서는 수사학에 근거한 설교가 깊게 자리 잡아가고 있었음을 보여 준다.27 그러나 한 가지 분명한 사실은 이때의 호밀리는 예배 시간에 사도와 예언자의 글을 읽고 난 후 감독이 주는 교훈(exhortation), 공동 기도, 주의 만찬으로 이어지는 예전적인 틀(liturgical context) 안에서 실시되었다는 점이다. 이것은 중요한 역사적 유산이다.

여기서 캐롤(Thomas K. Carroll)은 2세기에 드러난 헬라식 호밀리야 말로 기독교의 설교를 카리스마적 예언으로부터 교권적 · 계급적 사제의 점유물로, 성서적 논쟁(biblical diatribe)으로부터 고전적 수사학(classical rhetoric)으로 바꾸어 놓았다고 해석한다.28 호밀리는 이미 감독의 점유물이 되어 감독이 집례하는 예배에서만 유효하며, 하나님의 보좌를 상징하는 의자에 앉아(cathedra) 감독이 주는 교훈만이 그 의미를 가지기 시작했다. 여기서 예언자적 설교와 케리그마(kerygmatic) 설교는 사라지고, 분명한 주제 위에 조직적인 논리와 결론으로 이어지는 호밀리로 전환되었다.29 이로써

---

25 *Ibid.*, 17-18.

26 *Ibid.*, 18.

27 *Ibid.*, 18-22.

28 Thomas K. Carroll, *Preaching the Word*(Wilmington, Delaware: Michael Glazier, 1984), 21.

헬라식 호밀리의 등장은 성서적 유산으로서의 주해 설교(expository preach-ing), 하나님 나라를 선포하는 케리그마적·예언자적 설교는 자취를 감추게 하고 그 대신 수사학에 근거한 논리와 논거만이 남게 되었다. 예전적 틀은 살아 있었으나 그것마저 공동체적인 회중의 틀이 아니라 감독이 집례하는 예배 의식으로 전락하였다.

그러나 기독교 복음의 전통과 헬라식 호밀리의 상충하는 두 요인을 통합하고, 새로운 설교 문화를 창출하는 작업은 교부 시대에 들어서면서 오리게네스(Origen)과 크리소스토모스(Chrysostom)에 의하여 시도되었다. 여기서는 오리게네스만을 다루고자 한다. 이름을 붙인다면 이것은 기독교적 호밀리(Christian homily)의 출현이라고 할 수 있을 것이다. 이는 유대 회당식 호밀리와 헬라식 호밀리로부터 깊은 영향을 받으면서도 그것들과는 다른 기독교식 호밀리를 시도한 것이었다. 헬라식 호밀리가 주로 철학자가 학생에게 강의하거나 교훈을 전달하는 형식이라면, 기독교적 호밀리는 예배의 한 부분으로서 회중을 위해 전하는 성경 본문에 관한 담화의 성격이었다.[30]

서기 254년경 데시우스 황제의 핍박으로 일찍 죽음을 맞이한 오리게네스는 175개의 기독교적 호밀리를 남겨 놓았다. 주해적 호밀리(exegetical homily)의 성격을 띠었던 오리게네스의 호밀리는 성경주해와 언어수사학을 통합한 최초의 시도로 평가되고 있다.[31] 그런 의미에서 오리게네스는 기독교적 호밀리의 창시자 중의 하나이기도 하다.

---

29 *Ibid.*, 23-29. 고전적 수사학(Classical Rhetoric)이란 Plato, Aristotle, Cicero, Quintiltan 으로 이어지면서 형성된 '설득의 예술'(art of Persuasion)에 근거한 학풍을 뜻한다. '설득의 예술'로서의 수사학은 ① 문제발굴(invention), ② 배열(arrangement), ③ 스타일(style), ④ 기억(memory), ⑤ 전달(delivery)의 과정을 의미한다. 멜리토(Melito)는 설교와 수사학을 결합한 최초의 시도자이나, 그는 수사학은 설교를 위한 섬김일 뿐 목적이 되어서는 안 된다는 점을 분명히 하고 있다.

30 Joseph T. Lienhard, S. J. "Origen as Homilist," *Preachers in the Patristic Age*, ed., by David G. Hunter(N.Y.: Paulist Press, 1989), 36.

31 성경주해와 수사학을 통합하는 첫 시도라는 견해에는 Yngve Brilioth, Thomas K. Carroll, Joseph T. Lienhard, S. J, Paul Scott Wilson이 속한다.

기독교적 호밀리의 선구자였던 오리게네스에 관하여 토마스 캐롤은 네 가지 설교적 차원에서 그 의미를 풀이한다. 오리게네스의 호밀리는 첫째로 예전적 차원(liturgical dimension)을 가지고 있었다. 예전적 차원은 설교자와 회중이 함께 하나님의 음성을 듣는 일, 성령께 드리는 간구를 의미했다. 설교 도중에 회중으로 함께 그리스도의 임재를 간구하는 공동 기도에 참여하도록 초청하였다.[32] 호밀리는 주일 아침 공회(성만찬이 주어지는), 금식과 성만찬이 주어지는 수요일과 금요일 오후 3시, 성만찬이 없는 매일과 주일 아침에 주어졌다. 그러나 주일 공동 예배 동안은 성경 봉독이 있을 때마다(구약, 서신, 복음서) 그 사이에 짧은 호밀리가 주어졌던 것이 특징이다. 성만찬이 없는 매일 아침 예배에는 구약만을 2~3장 읽었으며, 그 후에 호밀리와 기도로 끝났다.[33] 이는 호밀리가 철저하게 예전적 틀 안에서 실시되었음을 의미한다.

두 번째는 예언자적 차원(prophetic dimension)이었다. 예언자적 차원은 가르치는 일과 회개를 촉구하는 말씀의 증언이었다. 그러나 이 예언자적 차원이 감독의 직권 아래 독점되면서 그 역학은 깨지기 시작했으며, 오리게네스는 이에 반발한 것으로 전해지고 있다.[34]

세 번째는 주해적 차원(exegetical dimension)이었으며, 이것은 오리게네스의 호밀리를 독특한 것으로 만들었다. 주해는 성경 본문의 해석이다. 그러나 구약은 신약에 의하여 조명되어야 한다고 보았으며, 그 둘 사이의 연계는 유형론(typology)과 유비(allegory)의 방법으로 이루어져야 한다고 믿었다. 물론 궁극적인 의미는 하나님의 은혜에 의하여 주어지는 것이라는 여백을 남기고 있다.[35]

아울러 오리게네스는 인간의 3중 구조, 즉 육(body)과 영혼(soul), 영(spirit)을 원리로 하여 성경 본문을 ① 글(letter) · 문자적(literal) · 역사적 (historical)

---

32 Thomas K. Carroll, *Preaching the Word*, 43.
33 David G. Hunter, ed., *Preachers in the Patristic Age*, 40-41.
34 *Ibid.*, 47-51.
35 *Ibid.*, 51-52.

차원과 ② 신비적(mystical)·영적(spiritual) 차원과 ③ 도덕적(moral)·비유적(allegorical) 차원이라는 3차원에서 접근하였다.[36]

캐롤은 오리게네스의 호밀리 네 번째를 설교학적 차원(homiletical dimension)이라고 불렀다. 당시 궤변론자들(second sophists)과 멜리토의 수사학적 설교와는 달리 오리게네스의 설교 스타일은 단순하고 직설적이었던 것이 특징이었으며, 이는 크게 적중했던 것으로 전해진다. 그 음조(tone)는 대화식이고 담화식이었다.[37]

오리게네스의 설교학적 공헌도 당시 이질적이던 헬라식 호밀리(수사학에 근거한)를 기독교적 호밀리로 승화하여 통합을 시도했던 데 있었다. 오리게네스는 설교학(homiletics)의 기초를 놓은 최초의 사람으로 평가된다. 그리고 오리게네스의 예전적, 예언적, 주해적, 설교학적 차원들을 모두 포용하려 했던 시도는 통전적인 관계 모색이라는 점에서 높이 평가할 수 있을 것이다. 특히 오리게네스는 호밀리를 exordium(서론), 성경의 신비적 주해, 실천적 응용으로 구조화한 예배와 밀접하게 관계하여 이해하고 접근했다는 것은 좋은 유산으로 남는다. 여기서 오리게네스는 주해(exegesis)와 설교(preaching, 선포)를 통합시키는 업적도 남겼다. 그러나 문제는 오리게네스의 설교 구조에도 역시 역사·종말론적 차원으로서의 설교적 차원은 결여되어 있으며, 이것은 당시 교회가 얼마나 교권화 일로에 있었던가를 보여 주는 단면이라고 볼 수 있다.

설교학(homiletics)의 형성 과정에서 오리게네스가 주해(exegesis)와 선포(preaching) 사이를, 성경 본문과 수사학에 근거를 둔 헬라식 호밀리 사이를 절묘하게 통합함으로써 교회 호밀리의 자리를 설정한 선구자라 한다면, 설교의 구조를 이론화함으로 사실상 설교학을 만들어 낸 이는 성 어거스틴이었다. 물론 오리게네스와 어거스틴 사이에 몇 가지 중요한 설교학적 시도가 있었던 것은 사실이다. 수사학적 차원을 강조하는 나지안주스

---

36 Thomas K. Carroll, *Preaching the Word*, 52; David G. Hunter, ed., *Preachers in the Patristic Age*, 47.

37 Thomas K. Carroll, *Preaching the Word*, 58-61.

의 그레고리우스(Gregorious of Nazianzus), 주제적 차원을 강조하는 니사의 그레고리우스(Gregorious of Nyssa), 교리문답식 설교(catechetical)를 강조한 예루살렘의 시릴(Cyril of Jerusalem), 주해적 차원을 강조한 바실(Basil the Great), 헬라식 호밀리의 대가 크리소스토모스(John Chrysostom)의 시도들은 각기 설교학 형성에 큰 공헌들을 남겼다.38 그러나 이 모든 시도는 어거스틴에 이르러 하나의 통합된 구조로 재구성되었다.

성 어거스틴의 설교론에 보다 직접적인 영향을 끼친 것은 키프리아누스(Cyprianus)의 유비법과 암브라시오(Ambrose of Milan)의 성경 본문에 대한 영적이고 윤리적인 주해였던 것으로 전해지고 있다.39 그러나 어거스틴은 자신의 설교 사역을 적극적으로 수행하는 동안 순수한 설교는 363개, 요한복음 주해 124개, 요한일서를 중심으로 하는 10개의 호밀리, 그외의 수많은 주해를 남겼다.40 그는 설교나 주해를 자신이 직접 쓰거나 메모로 남긴 열정의 설교가이기도 했다. 그리고 모든 설교는 라틴어로 쓰였으며, 일명 라틴 설교(Latin sermon)로 알려진 그의 설교는 오랜 세월 교회와 교부의 설교를 강박해 왔던 헬라식 속박(Greek yoke)을 넘어서서 새로운 형태를 창조하는 계기가 되었다고 브릴리오트는 해석한다.41

무엇이 어거스틴으로 헬라식 속박으로부터 설교를 자유하게 한 것인가? 그것은 생명력이 성경에서 오는 지혜에 있으며, 수사나 웅변에 있지 않다는 해석에 근거를 두고 있다. 이것은 그동안 설교가 수사에 예속되어 온 헬라식 속박으로부터 자유롭게 하며, 오히려 수사가 설교를 섬기고 봉사하는 시종으로 바뀌어야 한다는 새로운 해석이었다. 이 말은 수사나 웅변이 필요 없다는 것이 아니다. 하나님의 지혜가 인간의 고귀한 언어와 표현으로 나타났던 아모스의 경우처럼 수사와 웅변은 하나님의 지혜 시종으로서의 자리를 가진다는 것이다.42 여기서부터 설교는 새로운 신학적 차

---

38 *Ibid.*, 63-98.
39 Yngve Brilioth, *A Brief History of Preaching*, 41-45.
40 *Ibid.*, 48.
41 *Ibid.*, 46., Thomas K. Carroll, *Preachers in the Patristic Age*, 167.
42 Yngve Brilioth, *A Brief History of Preaching*, 50; Thomas K. Carroll, *Preachers in the*

원을 경험한다. 이는 예수 그리스도의 설교가 예전적이었고, 주해적이었으나 동시에 하나님 나라를 선포하시는(예언자적 차원에서) 하나님의 계시와 역사 개입이 설교의 중심이었던 구조를 다시 회복하는 틀이었기 때문이다. 하나님의 계시와 하나님의 지혜는 설교에 있어 수사와 웅변보다 우선하며, 그것들을 초월하는 능력이기 때문이다.

어거스틴의 이 같은 사상은 그의 『기독교교리』(De Doctrina Christian)[43] 제4권에 드러나 있으며, 그것은 당시 문화와 교회를 주도하고 있던 키케로(Cicero, 웅변학)보다 성서적인 지혜와 삶이 우선해야 한다는 사상을 논거 중심으로 서술하고 있다. 서문의 한 글은 다음과 같다.

> 만일 어떤 이가 웅변적으로 말할 수 없거든, 그는 지혜롭게 말해야 할 것이다.
> 그러나 그가 만일 지혜롭게 산다면 그 삶이 곧 설득력 있는 웅변이 될 것이다.[44]

이 대원리 안에서 어거스틴이 발전시킨 설교의 몇 가지 원리를 브릴리오트는 다음과 같이 요약하고 있다. 그 첫째는 어거스틴에게 있어 설교는 기본적으로 성경주해며, 성경을 주해하는 틀 안에서 수행하는 영적 수사학(spiritual rhetoric)이라는 것이다. 그러므로 설교의 가장 중요한 원리는 기도 가운데서 하나님의 인도하심을 간구하는 일이며, 동시에 듣는 이들에게 감동(지적, 감정, 의지에 호소하는)을 줄 수 있는 지혜의 말씀을 전할 수 있어야 한다는 것이다(영적 수사학). 여기서 지혜의 설교자는 연설자나 웅변가보다 위대하기 때문이다. 웅변은 지혜의 겸손한 시종 이상이 아니다.[45]

Patristic Age, 168-169.

43 Saint Augustine, *On Christian Doctrine*, tr. by D. W. Robertson(N.Y.: The Liberal Arts Press, 1958). 이 책은 전 4권으로 구성되어 있다. 특별히 제4권은 수사학과 설교의 관계에 대한 논거로 진행된다. 로마의 웅변학(Cicero)과 설교의 관계를 재구성하는 중요한 사상이며, 그것은 설교학 형성에 기틀과도 같은 것이었다.

44 *Ibid.*, xx.

45 Yngve Brilioth, *A Brief History of Preaching*, 50.

어거스틴의 원리에 따르면 설교자는 세 가지 과제를 가지고 회중에게 다가서야 한다는 것이다. 그 첫째는 잘 가르침(*docere*)으로 듣는 이의 지성(intellect)에 호소해야 하고, 두 번째는 기쁨과 즐거움(*delecture*)으로 듣는 이의 감정(feeling)에 호소해야 하며, 세 번째는 설득과 영향력(*flectere*)을 행사함으로 듣는 이의 의지와 결단(will)에 호소해야 한다는 것이다.[46]

아울러 어거스틴이 제시한 설교의 세 가지 스타일에 대해서 브릴리오트는 다음과 같이 요약한다. 처음 스타일은 자제하는 스타일(*genus submissum*: restrained)이며, 이 형태는 기교나 웅장함이 없이 주제와 내용을 최대한 성실히 드러내고자 표현을 자제하는 스타일이다. 두 번째 스타일은 온건한 형태(*temperatum*: moderate)다. 세 번째 스타일은 화려한 스타일(*grande*: grand style)이며, 이는 과장된 몸짓, 과장된 언어 등을 사용하는 형으로 분류했다. 그러나 어거스틴 자신은 화려한 스타일을 거부한 채 자제하는 형을 권장한 것으로 보인다. 자제하는 스타일에서 사람들은 설교를 오히려 더 지성적(*intelligentia*)으로, 기쁨으로(*libenter*), 순종적(*obedienter*)으로 수용하기 때문이다. 여기에는 기교 없는 아름다움이 있기 때문이라는 것이다.[47]

브릴리오트에 따르면 어거스틴의 설교는 주해적 차원(주로 요한복음과 시편), 예전적 차원, 예언적 차원 모두를 포괄하고 있는 것으로 나타나며, 특히 주해와 예전적 차원이 교회력과 깊이 관계되는 내용으로 표출되었다(고난주간, 부활절, 승천, 오순절, 크리스마스, 현현절 등).[48]

어거스틴의 설교학적 공헌은 당시 로마의 웅변학을 설교 전달 형식과 설교 스타일에까지 과감히 접목하여 현대 설교학의 '커뮤니케이션'의 원

---

46 *Ibid.*, 51.
47 *Ibid.*
48 *Ibid.*, 55-60. Thomas K. Carroll은 어거스틴의 설교를 3차원이 아니라 4차원에서 구성되었다고 해석한다. 그 처음은 '예언적·예언자적' 차원이며, 두 번째는 '교리문답식·신비적' 차원이며, 세 번째는 '주제적·주해적' 차원이며, 네 번째는 '설교학적·수사학적' 차원이다. *Preachers in the Patristic Age*, 182-196.

리를 제시했다는 데 있다. 그리고 설교의 성서적 전통인 예전적, 주해적, 예언적 차원들을 자신의 설교와 주해 속에 폭넓게 반영했다는 사실도 포함된다. 그러나 어거스틴을 설교학의 대부로 부르는 가장 큰 이유는 수사학과 웅변학의 종노릇을 하던 성경주해와 설교를 과감히 탈출시켰다는 데 있었다. 하나님의 지혜를 설교의 궁극적인 원리로 다시 회복시킨 것이다. 이 큰 원리 안에서 성경주해와 수사학과 웅변학을 수용한 것은 설교를 기교에 두지 않고, 진리 위에 다시 올려놓았다는 평가를 받을 수 있다. 기교는 진리를 위한 봉사와 시종이어야 한다는 것이 어거스틴의 이론이었기 때문이다.

어거스틴에게서 드러난 설교학의 가능성은 서기 476년 로마제국의 멸망과 함께 등장한 유럽의 혼란과 암흑기에 들어서면서 그 황금기를 상실하기 시작했다. 미사에서 설교는 사라졌으며, 그 자리는 예식(liturgies)으로 대치되었다. 선포적(kerygmatic) 차원은 자취를 감추고 교회 의무만이 강조되었다. 이런 상황에서 설교는 오히려 교회 제도 밖에 있다. 비신자들을 향해 선교를 펼쳤던 선교사들(아일랜드에서 수도원을 건립한 콜롬비아[Colombia, 521~597], 독일인에게 전도한 보니파티우스[Bonifatius, 675~754], 덴마크에서 선교한 안스카리오[Anschar, 801~865])에 의하여 선교의 수단으로 사용되고, 보전되었을 뿐이었다.[49]

중세기에 이르러 설교는 교회의 자리(liturgical context)도 잃었으며, 더욱이 예언자적 차원(prophetic)은 자취를 감추었다. 다만 설교 회복을 위한 시도의 흔적들은 남아 있다. 그 처음은 캐롤리니안 부흥(Carolinian Renaissance)으로 알려진 기간에 일어난 개혁이었다. 독일을 정복한 프랑크 황제 카롤루스(Karolus, 742~814)는 신성로마제국의 꿈을 위해 설교를 정치적 방법으로 사용하였다. 선교사 훈련을 위해 세운 훈련원에서 Alcuim(734~804)이 사용한 호밀리가 그 흔적으로 남아 있다.[50] 그러나 이 같은 시도는 설교의 본래 위치

---

49 Dewitte T. Holland, *The Preaching Tradition*, 31-33.
50 Yngve Brilioth, *A Brief History of Preaching*, 70.

의 회복이 아니라 정치적 목적을 위해 이용된 수단에 불과했다.

중세기에 나타난 설교 회복의 본격적인 시도는 서기 1,000년을 넘기면서 일어난 십자군 운동과 깊이 관련되어 있었다. 성지 회복에 대한 호소의 수단으로 사용된 설교는 강렬한 어조와 전쟁 선동의 호소로 이어졌으며, 이는 많은 자원자를 불러 모으는 도구로 사용되었다. 여기에는 Urban 1세 교황, Peter Bernard 등 유명한 설교자가 포함되었다.[51] 그러나 이것 또한 정치적 목적에 사용된 설교였으며, 설교의 교회적 위치 회복은 아니었던 데 문제가 있다.

서기 1504년 동서 교회가 분열된 이후 서방 교회는 예배를 예전(liturgy)으로 바꾸고, 감독이 호밀리를 독점하면서 예언적 의미의 설교는 또다시 교회 밖에 있었던 수도원에서 유지하게 되었다. 도미니칸(Dominicans)과 프란체스코칸(Franciscan, 여기에는 Anthony, Aquinas, Eckhart, Ferrer 같은 이들이 있었다) 수도사들이 말씀 선포와 고전 수사학을 통합하는 놀라운 시도를 펼쳤다.[52] 이들은 매우 효과적인 설교가들이었으며, 많은 청중을 불러 모았었다. 그러나 이런 시도마저 설교의 교회적 위치를 회복하지 못했다. 그 결과 교회는 예식이 중시되는 미사로, 설교는 교회 밖으로 이동하는 전도자들의 손에 맡겨지는 이분화로 갈라졌다.

그러나 설교의 역사적 변형 과정에 종교개혁은 대단히 중요한 시기며 의미였다. 어거스틴 이후 약 1,000년간 교회·예배·예전적 위치를 상실했던 설교가 종교개혁자들에 의해 그 자리를 되찾았기 때문이다. 여기에는 두 가지 이유가 뒷받침되고 있다. 하나는 중세 수도원 운동, 영국에서 일어난 위클리프(John Wycliffe)의 성서 중심의 개혁 운동, 체코에서 일어난 후스(John Huss)의 개혁 운동이 남긴 성경 말씀에 근거한 설교 회복이었다.

다른 하나는 종교개혁자 실존적인 신앙 경험의 근원이었던 오직 성서(*sola scriptura*), 오직 은총(*sola gratia*), 오직 믿음(*sola fides*) 사상이었다.

---

51 Dewitte T. Holland, *The Preaching Tradition*, 33-44.
52 *Ibid.*, 37-39.

성경 선포를 통하여 말씀이 되는 것을 믿었기 때문이다. 여기서 루터와 칼뱅은 공히 성례전만을 교회에 두고, 설교를 사실상 교회 밖으로 추방했던 중세 교회의 잘못을 설교와 성례전을 교회 안에, 교회의 표지로 회복시킴으로 일대 수정을 가하였다. 이는 교회는 말씀이 올바로 선포되고(설교), 성례전이 올바로 집행되는 한 성도의 교제라고 정의한 루터의 교회론에서 반영되었다. 그러기에 루터와 칼뱅은 어거스틴 이후 설교의 교회적 위치를 회복하는 데 기여한 공헌자들이었다.

루터는 성경을 독일어로 완역하고, 400개 이상의 논문과 책을 냈으며, 37개의 찬송가를 쓰고, 2,300개의 설교를 남겼다. 대부분 그의 설교는 율법과 복음과의 관계, 기독론적 해석, 성경 본문 주해의 형식을 가지고 있는 것이 특징이다. 칼뱅은 2,000개의 설교를 남겨놓았다. 칼뱅은 설교가 교훈(exhortation)의 목적을 가져야 함을 강조하면서도 성령의 내적인 역사를 강조함으로써 어거스틴적인 해석에 더 가까운 면을 보여 주고 있다.[53] 두 사람은 공히 설교에 대한 열정과 헌신도 대단하였다. 루터는 주일날 5~6시에 서신을 중심으로 설교하고, 8~9시에 복음서를 중심으로 설교했으며, 오후에는 몇 개의 시리즈를 만들어 연속적 설교를 한 것으로 알려지고 있다. 그리고 주간에도 3~4차례에 걸쳐 설교했으며, 그때마다 선포(preaching), 주해(exposition), 본문 응용(application), 영적 의미(spiritual meaning)를 드러낸 설교자로서의 저력을 드러냈다.[54]

루터와 칼뱅이 설교의 교회적 위치 회복을 이루었다는 공헌과 함께 설교 실천을 향한 두 사람의 헌신은 큰 감동으로 받아들여진다. 그러나 두 사람은 공히 설교에 관한 어떤 이론도 제시하고 있지 않다는 약점을 가진다. 설교 실천에는 강했으나 설교 이론에는 취약했던 것이다. 설교학적으로는 공헌한 바가 적다는 의미이다. 많은 횟수의 설교만이 강조되었을 뿐 설교의 예전적, 주해적, 예언적 차원에 대한 해석이 빈약했다는 비판을 면

---

53 Paul S. Wilson, *A Concise History of Preaching*, 94-101.
54 Yngve Brilioth, *A Brief History of Preaching*, 111, 114.

치 못한다. 이것은 종교개혁자들을 무비판적으로 영웅화하는[55] 개신교 신학자들의 약점이요, 나아가서 개신교회에는 마치 설교만이 존재하는 것 같은 인상을 남긴 원인이 되기도 했다.

설교의 역사적 변형 과정은 결국 어거스틴 이후 중세와 종교개혁기를 거치면서 설교의 교회적 위치 유무만을 제외하고는 설교의 신학적·사상적 발전에 아무런 공헌도 하지 못했다.

오히려 설교의 역사적 변천은 신대륙 미국의 정치적, 종교적 상황과 맞물리면서 새로운 국면을 맞이하였다. 이것은 근대 설교의 패러다임을 결정 짓는 중요한 요인이 되었다.

처음 상황은 식민지 미국(colonial America)에 모여든 국제 정치 세력들의 긴장과 그 틈새를 뚫고 청교도들이 외친 새 시온(new Zion) 건설의 꿈을 설교를 통해 펼침에 있다. 당시 이민자 중 목사인 존 코튼(John Cotton, 1584~1652), 토마스 후커(Thomas Hooker, 1586~1647), 존 데이븐포트(John Davenport, 1597~1670)는 고도의 훈련을 거친 지식인으로서 공동체 지도자와 설교자의 역할을 함께 수행하였다. 때에 따라 3시간 설교를 계속하기도 했던 청교도 전통의 설교는 하나님의 주권성과 인간의 무기력을 때로는 교리로, 추상적 주해로, 신학적 주제에 따라 선포했던 것으로 알려지고 있다.[56] 그러나 다른 한편 미국에 종교의 자유라는 이름으로 몰려든 좌파계(재세례파, 메노나이트, 모라비안) 지도자들은 개개인의 종교적 경험을 최우선으로 강조하기 시작했다. 국가 종교를 반대하고 나선 이들의 자유교회적 성향은 설교를 목사의 독점으로부터 평신도의 권한으로까지 확대하는 변화를 가져왔다. 이것들은 미국의 대각성 운동(The Great Awakening)의 선행적 계기가 되었다.

미국 개신교의 일대 변화는 18세기에 일어난 대각성 운동에서 출현하였다. 대각성 운동은 프렐링후이센(Theodore Jacob Frelinghuysen), 테넌트

---

55 *Ibid.*, 112.
56 Dewitte T. Holland, *The Preaching Tradition*, 51-52.

(William Tennent) 부자에 의하여 선도되었으나, 그보다는 에드워드(Jonathan Edward)의 복음주의적 설교와 300명이 넘는 회심자의 신앙적 폭발이 기폭제가 되었다(1734~1735). 여기에 가세한 이가 영국으로부터 온 화이트필드(George Whitefield)였다. 화이트필드는 설교 시 강단을 자유롭게 왕래하였으며, 원고 없이 설교하였으며, 흥미 있는 이야기들을 사용하였으며, 강단에서 드라마를 연출하였다. 그는 10년간 미국에 머물면서 매 주일 40시간의 설교를 계속하는 정열을 쏟았다.[57]

그러나 장로교를 Old light와 New light로 갈라놓았으며, 동부뿐 아니라 중부, 남부 식민지 지역을 감정과 느낌의 신앙으로 그 종교적 분위기를 바꾸어 놓았다. 여기서 설교는 새로운 모습으로 변모하였다. 원고 없는 설교, 직설적이고도 즉흥적인 설교가 가장 인기 있는 설교로 자리 잡기 시작했다.[58] 이것이 오늘날 부흥 설교의 원형이 되었다.

설교의 역사적 변형은 19세기, 특히 시민전쟁 이후의 미국의 급격한 자본주의화 상황에서 새로운 계기를 맞이하였다. 홀란드(Holland)는 이때를 개혁의 시대라고 부른다. 다양한 형태로 확산된 설교의 유형은 성서적이고 고전적인 해석의 규범(주로 예전적, 주해적, 예언적 차원을 의미)으로는 해석될 수 없는 복합성을 지니게 되었다. 헨리 워드(Henry Ward)는 설교를 노예해방, 이민자, 세금 문제, 여성 인권 등 사회 문제 해결에 초점을 두고 구성하였으며(사회적 설교), 브룩스(Philip Brooks)는 깊은 성경 연구에 근거한 하나님의 구원을 설교(목회적 설교)로 구사했으며, 무디(Dwight Moody)와 애슐리(William Ashley)는 하나님의 사랑과 죄의 회개를 촉구하면서도 극적인 몸짓으로 강단을 장악하는 대중 집회식 설교를 창출했다(복음주의적 설교).

이 같은 설교의 다원화 현상은 20세기에 넘어오면서 더욱 심화된 모습으로 변모하였다. 그 하나는 자본주의 사회에서 발생하는 경제적 불의에 대한 교회의 비판적 응답으로 나타난 사회복음이었다. 라우션부시(Walter

---

57 *Ibid.*, 58-60.
58 *Ibid.*, 60.

Rauschenbusch), 헤론(George Herron), 글래든(W. Gladden)이 주도한 사회 복음 운동은 하나님의 나라를 사회 구조 속에 실현하는 신유토피아를 설교했다. 그러나 사회복음이 담고 있는 낙관주의는 니부어(Reinhold Niebuhr) 같은 이의 신랄한 비판을 받았다. 그리고 니부어는 바르트와 부르너와 함께 신정주의 설교라는 새로운 설교 유형을 만들어 내기에 이르렀다.[59] 설교의 다원화 현상은 20세기 중반을 기점으로 더욱 극단적인 모습으로 다극화되었다. TV 교회와 영상 설교, 흑인교회의 설교, 오순절 설교, 독립 교회의 등장과 함께 나타난 TV 설교(빌리 그레이엄, 패트 로버트슨, 로버트 슐러, 오랄 라버트) 등이 그 예들이다.

19세기와 20세기에 걸쳐 설교가 고전적이고 전통적인 틀을 깨면서 다원화되고 다극화되는 기간에 학문은 서서히, 꾸준히 현대 설교학(modern homiletics)을 이론화해 왔다는 사실은 중요한 의미를 가진다. 스탠필드 (Vernon L. Stanfield)에 의하면 현대 설교학은 1847년 비넷(Alexander Vinet) 이 『설교학』(Homiletics)을 출간하고, 그것이 프랑스와 독일에서 교과서로 쓰이기 시작한 데서 기원을 찾는다.[60] 그리고 설교학의 학문적 형성은 존 브로더스(John A. Broadus)의 『설교 준비와 전달에 관한 논거』[61]의 출판과 함께 본격화되기 시작하였다. 여러 과정을 거쳐 최근의 설교학은 설교를 성서 중심으로 그 연구의 방향을 전환하고 있는 것이 특징이다. 여기에는 블랙우드(A. W. Blackwood), 밀러(Donald G. Miller), 빙그렌(Gustave Wingren), 올맨(J. J. von Allmen) 등의 공헌이 큰 것으로 알려지고 있다.[62]

---

59 *Ibid.*, 71-81.
60 Vernon L. Stanfield, "The History of Homilecties," *Baker's Dictionary of Practical Theology*, ed, by Ralph G. Turnbull, 54.
61 John A. Broadus, *A Treatise on the Preparation and Delivery of Sermons*(N.Y.:Harper & Row, 1870).
62 John A. Broadus에게서 본격적인 설교학 연구는 1870년 Austin Phelp의 A.S. Hoyt, *Vital Elements of Preaching*(1914); Dawson Bryan, *The Art of Illustrating Sermons* (1938); C.H. Doda, *The Apostolic Preaching and Its Development*(1936); Ilion Jones, *Principle and Practice of Preaching*(1956)의 연구들을 거치면서 오늘에 이르렀다. Vernon L. Stanfield, "The History of Homiletics," 54-55.

3. 현대 설교의 유형

리셔(Richard Lischer)가 제시하는 7가지 범주에 따라 현대 설교학을 분석하는 접근 방법이 설득력 있는 범주고 해석이지만,[63] 우리는 여기서 다소 전통적인 범주를 따라 오늘의 설교학의 체계와 사상을 분석할 것이다.

① 현대 설교학을 형성하는 하나의 유형은 복음주의 설교(Evangelical Preaching)이다. 복음주의 설교는 대각성 운동에 그 기원을 두고 있으며, 그 후 무디(D. L. Moody), 토리(Reuben A.Torrey), 채프맨(J. W. Chapman), 애슐리(William Ashley)에 의하여 하나의 학풍을 형성했다. 복음주의 설교의 특색은 신앙과 영성을 강조하면서 회개와 결단을 촉구하는 데 있다. 그리고 교회를 세우는 데 크게 기여한다는 장점도 지닌다. 복음주의 설교는 단순하고, 직설적인 언어 사용을 강점으로 하고 있다.[64] 대부분의 부흥 설교는 이 범주에 속한다고 볼 수 있으며, 많은 목회자의 설교도 여기에 속한다고 볼 수 있다. 복음주의 설교는 초대교회의 케리그마 설교에 가깝다고 해석할 수 있다.

그러나 복음주의 설교는 몇 가지의 결정적인 약점을 가지고 있다. 성서 본문에 대한 주해(exposition)가 결여되어 있으며, 성서적 · 신학적 기초가 취약해지는 위험성을 안고 있다. 신학적 기초가 없는 설교는 자칫 감정주의, 주관주의에 빠지는 약점을 가진다. 그것은 삶과의 단절을 가져오는 신앙으로 이어지기 쉬운 위험을 안는다. 회심에 강조를 두지만, 그 회심이 역사와 삶의 지리와 연관되지 않는 한 신앙적 회심은 일시적인 변화로 끝날 뿐, 그것이 삶과 역사의 구조적 변화로까지 이어지기는 어렵다는 한계를 가진다.

② 현대 설교학에서 중요한 위치를 차지하고 있는 두 번째 유형은 '삶의

---

63 Richard Lischer, *Theories of Preaching*(Durham, NC: The Labyrinth Press, 1987). Lisher는 설교학을 ① 무엇이 설교인가?, ② 사건으로서의 설교, (3) 성서해석으로서의 설교, ④ 수사로서의 설교, ⑤ 듣는 자의 설교, ⑥ 성령과 설교, ⑦ 신학, 말씀, 성례전이라는 범주에서 해석한다.
64 Paul S. Wilson, *A Concise History of Preaching*, 90-93.

상황 설교(Life-Situation Preaching)이다. 자유주의 신학과 사회복음 운동의 산물이기도 한 삶의 상황 설교는 오랫동안 뉴욕의 리버사이드 교회(Riverside Church)의 목사였던(1931~1951) 포스딕(Harry Emerson Fosdick) 목사에 의해 주도되었다. 삶의 상황 설교는 성서에서 출발하지 않는 것이 특징이다. 인간과 인간의 문제와 사회 문제, 특히 인권 문제나 사회 부정부패에서 출발하여 결론에 이르지만, 결론마저 성서에서 오는 것은 아니었다.[65] 삶의 상황 설교는 제목 혹은 주제 설교(topical sermon)의 형식을 취하는 것이 통례다.

삶의 상황 설교는 루이스(Ralph L. Lewis)가 연출한 귀납적 설교(inductive preaching)였다. 연역적 설교(deductive preaching)가 주어진 전제와 결론, 원리에서 출발하여 그것을 계속 변호해 가는 속성이라면, 귀납적 설교는 구체적인 경험, 사실과 사건에서 출발하여 그 하나하나 사이를 이어가고 또 세워 가는 과정을 중시한다.[66] 귀납적 설교는 설교자가 청중과 함께 호흡하고 수용하고 응답하도록 돕는 과정을 의미하며, 그러기 위해 개념과 원리보다는 이야기, 비유, 농담을 사용하여 계속 흥미와 관심을 지탱해 가는 설교이다.

귀납적 설교에는 8가지 유형이 있으나[67] 통상적인 형식에서 본다면 ①

---

65 Ralph L. Lewis, *A History of Preaching*, 176-178.
66 Ralph L. Lewis, Inductive Preaching(Westchester, Ill.: Crossway Books, 1983), 81.
67 *Ibid.*, 83-96.
　〈여덟 가지 유형〉
　① 열거식 설교(Enumeration Preaching)
　ㄱ) 삶과 관계된 사례 -잠정적 결론
　ㄴ) 또 다른 사례 - 잠정적 결론
　ㄷ) 또 다른 사례 - 잠정적 결론
　ㄹ) 또 다른 사례 - 잠정적 결론
　ㅁ) 결론
　② 두 번째 유형 - 탐험식 설교(Exploration Preaching)
　ㄱ) 근대의 사건 혹은 사례(구원과 관계된)(개인, 가족, 회중의 영역)
　ㄴ) 지역의 영역에서 생긴 일
　ㄷ) 스포츠 영역에서 인용되는 사례
　ㄹ) 자연과 동물의 세계에서 얻는 사례
　ㅁ) 성서적 내용과 연관비결론

사람들이 있는 곳(삶의 자리), ② 삶과 관계된 경험, ③ 전기적인 사례들, ④ 이야기, ⑤ 분석과 비유, ⑥ 대표적 사례들, ⑦ 질문, ⑧ 대화, ⑨ 성경, 이야기, ⑩ 다른 자료들, ⑪ 성경, ⑫ 결론으로 이어지는 구조를 가진다.

그러므로 귀납적 설교의 특징은 삶의 문제에서 시작하며 삶의 사례들을 통해 설명하거나 분석하고, 삶의 결론으로 끝마치는 형식을 취한다. 여기에는 계시도, 성령의 개입도, 성서적 해석도 들어오지 않는 약점이 있다.

그러나 귀납적 설교, '삶의 상황 설교'는 몇 가지 설교학적 장점을 가진다. 연역적 방법과는 달리 언제나 삶과 인간 그리고 사회 문제를 중심으로 하기 때문에 설교는 현실감과 실존 의식이 강력히 드러날 수 있다는 강점을 지닌다. 그러기에 성경 분문에 매이지 않고 자유자재로 오고 갈 수 있는 지적 자유(intellectual freedom)가 주어진다.

그러나 삶의 상황 설교는 몇 가지 치명적 약점과 위험성마저 안고 있다. 가장 큰 약점은 비성서적이다. 성서 본문과 무관할 뿐 아니라 성서주해와

---

③ 세 번째 유형 - 전기식 설교(Biographical Preaching)
ㄱ) 서론(모세의 전기)
ㄴ) 출생, 갈대상자, 개인교수(궁전), 바로의 손자, 이집트의 궁전과 학교
ㄷ) 정체위기, 영웅화, 40년 방황,
ㄹ) 떨기나무, 애굽으로 10가지 재앙,
ㅁ) 출애굽, 광야,
ㅂ) 결론
④ 네 번째 유형 - 이야기식 설교(Narrative Preaching)
서론-장면-장면-장면-장면-결론
⑤ 다섯 번째 유형 - 분석설교(Analogy Preaching)
설정(문제설명)-비교-설명-비교-설명-비교-결론
⑥ 여섯 번째 유형 - 원인 추적 설교(Casual relation Preaching)
질문: 무엇이 이 결과를 가져왔나?-사례-잠정적 이유-사례-잠정적 이유-사례-장점적 이유-결론
⑦ 일곱 번째 유형 - 문제해결식 설교(Problem Solving Preaching)
문제 제기(질문)-설명-잠정적 문제 해결-설명-잠정적 문제 해결-설명-잠정적 문제 해결-결론
⑧ 여덟 번째 유형 - 제거식 설교(Elimination Sermon)
질문-사례-잘못된 해답-사례-잘못된 해답-사례-잘못된 해답-결론(정답)

는 먼 거리에 있다. 성서를 인용하지만 그것은 설교자의 사상을 보완하기 위한 참고서 정도의 수준으로 전락한다. 그러기에 삶의 상황 설교는 인간의 삶의 문제와 씨름한다는 창조적 차원에도 불구하고 설교자의 인간적, 도덕적, 윤리적 교훈과 충고 이상이 될 수 없는 한계를 가진다. 신학적으로는 하나님의 말씀과 성령의 개입을 원천적으로 차단한 채 휴먼 토크(Human Talk)에서 시작하여 그것으로 끝나는 인본주의의 위험을 안고 있다. 로디(Clarence S. Roddy)는 삶의 상황 설교는 문제 제기와 분석에서 떠나 치유에는 취약한 한계를 안고 있다고 평가한다.[68]

③ 현대 설교학에 등장한 세 번째 유형은 신정통주의 설교(Neo Orthodox Preaching)이다. 신정통주의 설교는 자유주의 신학의 허구를 비판하는 것으로, 하나님의 말씀 사건에 궁극적인 권위를 두는 신학 혁명, 특히 바르트 말씀의 신학에서 온 것이었다. 특별히 하나님의 말씀의 세 형식인 계시된 말씀, 기록된 말씀, 선포된 말씀의 관계 안에서 바르트의 설교는 그리스도를 증거하는 말씀이었으며, 기록된 말씀인 성서의 주해를 통해서만이 가능한 것이었다. 그러면서도 설교는 인간의 언어로 표현되는 말씀 사건이었다. 성경 본문과 인간의 삶의 자리 사이, 중간 공간에 서 있는 인간의 언어 활동이면서도 그것은 그리스도 안에서 하나님의 화해를 증거하는 말씀 사건이 된다는 것이다.[69]

바르트 말씀의 신학과 설교신학은 유럽에서는 에벨링(Gerhard Ebeling)에게로, 미국에서는 루이스(Edwin Lewis)와 니부어(Reinhold Niebuhr)에게로 이어졌다. 에벨링에 따르면 말씀의 본질 그 자체가 해석이며, 인간의 해석은 인간이 말씀을 이해하는 것이었다.[70] 그러므로 설교는 말씀을 이해하는 것이 아니라 인간을 해석하는 사건이라는 것이다. 루이스는 자유주의의 종교적 환상을 비판하면서 하나님의 계시와 구원을 선언하는 위치

---

68 Clarence S. Robby, "The Classification of Sermons," *Baker's Dictionary of Practical Theology*, ed. by Ralph G. Turnbull, 61-62.
69 Richard Lischer, *Theories of Preaching*, 338.
70 *Ibid.*, 167.

의 설교 회복을 강조하고 나섰다. 니부어는 현대 산업 사회의 문제를 성서가 정의하는 죄와 타락에서 보았으며, 그 해결은 하나님의 은혜 안에서만 가능하다는 루터적 해석을 수용하여 확대하였다. 인간과 사회는 하나님의 심판 아래 있으며, 하나님의 은혜만이 삶과 역사의 해결임을 증언하였다.[71]

신정통주의 설교가 가지는 장점은 성서 중심으로 돌아오면서도 성서와 하나님의 말씀 사이를 구분함으로써 성경주의(Biblicism)를 극복한 데 있었다. 오히려 하나님의 말씀, 특히 계시된 말씀과 성경 사이를 선포로서의 말씀인 설교를 통하여(성령의 역사) 연결될 수 있다고 주장한 것은 설교의 신학적 위치를 회복하는 근거를 마련한 것이었다. 신정통주의 설교는 성서를 해석하는 주해적 차원과 그리스도를 증거하는 예언자적 차원의 회복을 가능케 하는 것으로 평가된다. 그러면서도 설교의 사건화는 신앙 공동체인 교회를 세우는 공동체 차원까지를 포괄하는 것으로 본다. 그런 의미에서 신정통주의 설교는 예수 그리스도의 설교에 근접해 있다고 볼 수 있다. 그러나 신정통주의 설교의 약점은 종말론적 차원과 역사의 차원이 취약한 데 있다.

④ 현대 설교학의 네 번째 유형은 심리학적 설교(Psychological Preaching)이며, 이는 삶의 상황 설교와 유사하면서도 심리학과 심리 치유에 더 많은 비중을 두는 것이 특징이다. 필(Norman Vincent Peale)에 의해 대변되는 심리학적 설교는 복음이란 최종적으로 인간의 마음과 가슴을 새롭게 하는 역학이어야 한다는 논거에 근거한 것이었다. 이를 위해 필 박사는 시장 언어, 유머, 대화 등의 비전통적인 매체로 사람들 속에 파고들었다.[72]

심리학적 설교는 사람들과 쉽게 연결하는 방법을 가지고 있으며, 시장 언어(market language)를 사용하여 대화적 관계를 쉽게 열어 가는 장점을 가진다. 그리고 사람들의 심리적 요구에 만족을 주는 강점도 가진다. 그러나 심리학적 설교는 너무도 인간적이기에 그것이 장점이면서도 그 이상의 차원들을 상실할 위험이 내재한다. 그것이 영적이든, 계시적이든, 역사적

---

71 Ralph G. Turnbull, *A History of Preaching*, 178-182.
72 *Ibid.*, 184-188.

이든 성서가 증언하는 소중한 것들은 여기서 망각되어 있다. 좋은 인간 충고로, 상담으로 끝날 수는 있어도 하나님과 회중의 만남과 결단은 여기에서 찾을 수 없는 것이 약점이다.

⑤ 현대 설교학의 다섯 번째 유형은 철학적 설교(Philosophical Preaching)이다. 틸리히(Paul Tillich)에 의해 대변되는 철학적 설교는 그의 신학적 방법론인 '상호 연결의 방법'(Method of Correlation)에 근거하고 있다. 설교는 인간의 실존적, 철학적 질문에서 출발해야 한다는 것이다. 그러기에 틸리히에게 설교학적 원리나 웅변학적 기교는 중요하지 않았다. 오히려 인간 실존의 문제, 특히 불안의 물음을 진단하고 분석하는 것이 중요했다. 바로 이 인간의 질문에 대한 해답으로서의 신학은 새로운 존재(New Being)인 예수 그리스도(*Kerygma*)이며, 그를 받아들이는 것을 구원이라고 불렀다. 그러기에 틸리히에 있어 설교는 변증적(apologetic)이며 동시에 복음적(kerygmatic)이어야 했고, 신학적이며 동시에 실존적이고 문화적이어야 했다.[73]

틸리히에 의해 대변되는 철학적 설교는 신앙의 결단을 강조하는 복음주의 설교와 삶의 문제 해결을 강조하는 심리학적 설교, 삶의 상황 설교 양극을 상호 연결하는 방법으로, 이러한 종합(synthesis) 시도는 큰 장점이다. 이는 특히 신앙과 삶 사이를 계속 이원화해 오는 한국 기독교의 문제를 새롭게 연결시킬 수 있는 설교의 구조로 평가받는다. 그리고 설교의 구조와 전달 과정에서도 철학적 설교는 인간의 물음과 신학적 해답 사이를 오가며 연결시키는 역할을 창출할 수 있을 것이다.

그러나 틸리히의 설교 구조의 문제는 인간의 실존적 물음과 신학적 해답을 연결시켜 주는 고리가 무엇인가라는 질문에 있다. 틸리히는 이를 상징(symbol)과 언어(language as communication)로 보고 있다.[74] 만일 그렇다면 하나님의 살아 있는 계시와 성령의 역사는 어떻게 되는 것인가? 상징과 언어가 매개체라면 설교는 인간의 질문과 신학적 해답 사이를 인위적으로

---

73 *Ibid.*, 188-191.
74 Robert W. Duke, *The Sermon as God's Word*(Nashville: Abingdon Press, 1980), 30-38.

연결시키는 언어 놀이의 위험성에 빠지게 된다.

⑥ 현대 설교학의 여섯 번째 유형은 주해 설교(Expository Preaching)이다. 20세기에 들어서서 보다 뚜렷한 윤곽을 드러낸 주해 설교는 반하우스(Donald Grey Barnhouse, 1895~1960), 오켄가(Harold John Ockenga, 1905~1985), 리스(Paul Stromberg Rees, 1900~1991), 그레이(James M. Gray, 1881~1935) 같은 이들에 의해 구조화되었다.[75] 반하우스는 본문을 성서 전체의 빛에서 선택했으며, 원문을 번역하고 설명하는 형식을 취하였다. 성서의 진리를 자신의 삶에 비추어 찾아가는 형식으로 설교를 구성하고 구사하였다. 오켄가는 설교를 인위적으로 정하지 않고 명상, 기도, 성경 연구, 삶의 성찰이라는 일련의 신앙적인 순례로부터 자연스럽게 나오도록 했다. 그다음 성경을 주해하기 위해서는 주간마다 조직적인 과정을 거쳐 제목이 떠오르게 했으며, 성서 본문이 말하고자 하는 사건과 계시를 따라 그 의미를 해석해 가는 방법을 취했다.[76] 본문과 본문을 통해 주어지는 계시를 따라 그 의미를 해석했다는 것이다. 이것이 주해 설교의 원리였다.

주해 설교가 본문 설교로부터 구별되는 가장 결정적인 분기점은 주해 설교는 본문의 내적 의미를 찾는 일이며, 더 나아가 그것이 삶과 역사 속에 어떻게 현존하는 메시지로 나타나는가를 추구하는 데 있다. 그러므로 주해 설교는 본문 주해, 구분의 의미, 본문의 내적 의미, 삶과 역사의 현존으로까지 이어지는 신앙의 역사화에 초점을 두는 것이 특징이다. 설교학적 논의에 관한 한 주해 설교는 구조상으로나 구성과 구사에 있어서 성서적 설교에 가장 근접한 형태임에 틀림없다고 본다. 다만 하나님 나라와 하나님의 역사 통치라는 궁극적인 틀에서 볼 때 주해 설교 역시 역사 변혁적 차원은 다소 약한 것으로 평가될 수 있을 것이다.

---

75 Ralph G. Turnbull, *A History of Preaching*, 247-249.
76 *Ibid.*, 247-248.

4. 구원사 설교

위에서 논의한 이론들을 정리하고 종합적인 비판을 제시하고 결론에 이르렀다. 설교의 구약적 유산은 세 가지였음을 상기한다. 그 하나는 제사장 계보에서 온 예전적 설교(Liturgical Preaching)였고, 다른 하나는 예언자 계보에서 온 예언적 설교(Prophetic Preaching)였다. 세 번째는 회당 계보에서 온 주해 설교(Expository Preaching) 혹은 호밀리(Jewish homily)였다.

예수 그리스도는 나사렛 회당에서 성경을 펴서 읽은 후 말씀하신 사역에서 회당 전통인 호밀리와 유대적 차원을 모두 수용한 것으로 보았다. 회당의 예전을 따랐다는 의미에서 예언적 차원과 주해적 차원을 모두 수용한 것으로 해석했다. 그러나 예수 그리스도의 설교는 임박한 하나님 나라를 선포하고 회개(metanoia)를 촉구하심으로써 예언적 차원을 핵심으로 삼았다. 문제는 임박한 하나님 나라의 임재의 선포는 주해적 차원과 예전적 차원을 수용하면서도 그것을 초월하는 생명력이었던 데 있었다.

하나님 나라를 선포하는 종말론적 차원은 예수 그리스도의 십자가와 부활, 재림의 약속에서 실현하였다. 예수 그리스도 자신이 하나님 나라의 실현이었으며, 케리그마였으며, 복음 그 자체였다.

바울의 설교는 예수의 부활을 만나고 난 후에 부활과 재림에 대한 증거였다는 이유에서 종말론적이었다. 이 종말론적 차원 때문에, 주해적 차원이 바울에게서 기독교 신앙을 약화시킨 것은 사실이다. 그러나 바울에게는 영적 은사를 해석하고 선포하는 예언자적 차원과 교회의 덕을 세우는 데 있어야 한다는 예전적 차원이 계속 강조되었다. 그러면서도 바울은 복음과 이방 세계 사이의 가교를 헬레니즘의 호밀리(Greek homily)의 형식을 빌려 이어놓으려 했다.

그러나 어거스틴은 호밀리를 하나님의 지혜를 섬기는 종으로서의 위치에서 했다는 점에서 당시 그리스와 로마 수사학의 노예가 되었던 설교를 제자리에 되돌려 놓는 공헌을 남겼다. 그러나 18~20세기에 들어서면서 설교는 다원화를 지나 다극화 현상으로 치솟았다. 오늘의 설교는 분석할 수 없을 정도로 혼란에 빠졌다.

그러나 여기서 한 가지 중요한 시도를 모색하고자 한다. 성서적이고 역사적인 해석의 틀을 현대 신학적 언어로 바꾼 다음, 그것으로 오늘의 설교를 분석하고 비판한 후 종합적인 제언을 제시하고자 한다.

호지슨(Peter C. Hodgson)은『성령의 바람』(Winds of the Spirit)[77]에서 기독교 해석학에는 두 차원이 아니라 세 차원이 있음을 분명히 드러내고자 한다. 첫 번째는 Pretext(본문 이전 메시지)이다. Pretext는 모든 것의 근원(ontological status)이다. 하나님 자신이시고, 로고스(logos)다. 그다음 차원은 Text(본문)다. 그러나 Pretext는 Text를 통해서 얻을 수 있기 때문에 둘은 불가분의 관계에 놓인다. 세 번째 차원은 Context(삶과 역사의 상황)다. 삶의 자리 차원이다.[78] 성령은 이 3차원이 엮어 놓은 신앙의 규범이다.

이 3차원에서 현대 설교의 유형들을 분석하면 다음과 같다. 복음주의 설교(evangelical preaching)는 Pretext에는 가까우나 Text와 Context를 외면하는 약점을 가진다. 삶의 상황 설교(life-situation preaching)와 심리학적 설교(psychological preaching)는 Context에는 강하지만, Pretext와 Text에 취약한 면을 드러낸다. 철학적 설교(philosophical preaching)는 Context와 Text에는 다소 강하지만, Pretext를 상실하거나 Pretext를 조작할 위험성마저 있다. 신정통주의 설교(Neo-Orthodox preaching)는 Pretext와 Text 사이에는 강하지만, Context에는 취약한 것으로 나타난다. 주해 설교(Expository Preaching)는 Text에도 강하고 Pretext에도 강하며, Context에도 강할 수 있는 구조를 갖추고 있는 것이 사실이다. 주해 설교는 Text에서 시작하여 Pretext를, Context와의 연관을 모색하는 과정을 거쳐야 하기 때문이다. 그래서 오늘의 설교학이 가장 높이 평가하는 주해 설교는 적어도 세 차원을 모두 포용하고 수용하고 실현할 수 있는 구조를 가졌다

---

[77] Peter C. Hodgson, *Winds of the Spirit*(Louisville, Ky.: Westminster John KnoxPress, 1993).
[78] *Ibid.*, 11.

고 본다.

여기서 주해 설교의 가능성을 전제하면서 몇 가지 중요한 신학적인 단서가 붙어야 할 것을 분명히 하고 싶다.

첫째로 설교의 생명력은 주해 설교의 구조를 따른다고 해도 그것이 자동적으로 생겨나는 것은 아니다. 본문(text), 내적 의미(inner meaning), 상황(situation) 사이를 오가며 연결을 시도하더라도 그것은 단순한 인간 사고나 논리로는 해결할 수 없는 것이기 때문이다. 주해 설교의 구조를 따른다고 해도 그 속에는 예수의 십자가 부활 사건에서의 오고 있는 하나님 나라의 임재와 약속을 경험하고 증언한 바울의 역사·종말론적인 차원이 설교에 있어야 한다. 부활하신 그리스도와의 만남은 모든 것을 포기하고 새로운 역사와 새로운 세계를 향한 결단으로 이어진 사건이었기 때문이다. 하나님 나라를 향한 어거스틴의 헌신과 추구는 모든 수사와 논리보다 우선했다. 설교의 생명력은 예수 그리스도의 설교에서처럼 임박한 하나님의 임재를 선언하는 데 있으며, 설교의 구조 논리 주해는 하나님 나라를 증언하는 통로여야 한다. 그러므로 설교는 Pretext로서 예수 그리스도 안에서의 하나님의 나라를 보고 분별하고 경험하고 헌신하는 데서 시작에 이르러야 한다.

두 번째 단서는 Pretext로서 하나님 나라의 임재의 자리는 삶과 역사의 자리이기에 Context를 보는 신학적인 해석이다. 말씀이 육신이 되신다는 의미는 하나님 나라는 하나님이 창조하신 역사와 삶 속에 현존한다는 의미이다. 말씀의 역사화이다. Context는 타락으로 얼룩진 심판의 대상이다. 그러나 동시에 Context는 구원을 약속받은(Promissionary) 역사며, 하나님께서 일하시는 일터(divine gestalt)이며, 동시에 구원될 가능성(redeemable)의 역사다. 이스라엘의 구원사나 교회의 역사는 바로 우주적 Context 안에서만 그 의미와 자리를 갖는다. 여기서 부활에서 약속된 종말을 소망으로 세계 전도에 나섰던 바울의 역사의식이나 로마제국의 멸망 속에서 드러나는 하나님의 도성(*civitas Dei*)의 도래를 보았던 어거스틴의 역사의식은 Pretext와 Context의 연결을 보는 혜안이었다.

세 번째는 Pretext와 Context 사이 관계의 증거로 쓰여진 Text에 대한 진지하고도 성실한 주해(exposition)다. 여기서는 성서신학, 고고학, 비평학, 주석 등 전문화된 연구와 학문적 도움을 필요로 한다. 주해를 주관적으로 한다는 일은 매우 위험한 일이다. 바울은 여기서 자신의 훈련된 지식을 (유대적이고도 헬라식인) 주해에 사용하였으며, 어거스틴도 자신의 수사학적 훈련을 투입했다.

Pretext, Context, Text는 설교의 필수 요건이다.

준비와 경험의 설교는 다음 설교의 구성 단계에 들어간다. 설교의 구성은 거꾸로 Text를 주해하는 일을 최우선으로 한다. Text를 주해할 때 중요한 것은 Text를 하나님 나라 앞에 복종시키는 자세로 임하는 것이다. 설교자가 본문을 이해하는 것이 아니라 본문이 증거하고자 하는 바를 겸허하게 수용해야 하는 것이다.[79] 이것이 본문 주해이며, 호지슨은 이를 비판적 참여(critical engagement)라고 했다.

설교 구성 다음은 Pretext의 선포, 증언의 단계이다. 케리그마이고, 예언자적 차원이고, 복음 선포의 차원이다. 그것은 예수 그리스도의 십자가, 부활, 승천 그리고 재림에서 오고 있으며, 오기로 약속한 하나님 나라와 하나님의 통치라는 역사 · 종말론적 모티프와의 연관 내지는 빛 아래서 구원과 화해의 선포이어야 한다. 하나님의 통치라는 Tensive(이것은 성서의 전체적인 증언임)를 떠난 단편적인 선포나 예언(Steno)은 대단히 위험하다. 구원 사건 하나하나 소중하지만, 그것들은 역사를 창조하고 이어가시는 하나님의 통치하심(reign of God) 안에서 보아야 하기 때문이다. 주해 설교에서 본문 주해로 이어지는 내적 의미가 중요한 단계이지만, 그 내적 의미는 하나님의 통치라는 Pretext에서 의미를 갖기 때문이다. 칼뱅과 스펄전(Spurgen)은 Text와 Pretext 사이의 연결을 인위적으로 시도하는 것을 경고하면서, 그것은 성령의 감동으로 이루어야 함을 경고한다. 설교 구성 마

---

79 Richard Lischer, *Theories of Preaching*, 175.

지막 단계는 Context와의 씨름이다.

Context는 다시 둘로 나뉜다. 하나는 인간의 삶과 역사의 모든 문제를 포괄하는 큰 틀의 Context다. 여기에는 인류가 경험하는 전쟁, 죽음, 기아, 인권, 정치 경제의 불의, 성의 타락, 가정 붕괴, 청소년 범죄 등 전 사회적, 국가적, 국제적 문제들을 포함한다. 하나님의 통치는 이 모든 문제에 심판과 은총으로 관여하기 때문이다. 다른 하나는 경영적 상황으로서의 Context이다. 개인, 가정, 교회, 이웃의 문제 같은 직접적인 경험들과의 씨름이다. 이 경험은 상징으로, 이야기로, 때로는 영상매체로 삼아 살아 있는 공동의 경험으로 끌어들이는 일은 중요한 것이다.

Context가 과감히 설교 구성에 들어오면서도 중요한 것은 바로 그 Context와 인간 문제는 Text를 통해 다가오는 Pretext, 하나님의 계시와 하나님의 통치에 의해서만이 이해되고 치유될 수 있다는 사실이다. 설교는 어떤 형태이든 Pretext, Text, Context의 3차원을 포용해야 하며, 오고 있는 하나님 나라를 선포하고(Pretext), 주해하고(Text), 회개와 변화를 촉구할(Context) 때 그 설교는 날마다 그리스도와 죽고 그리스도와 함께 다시 사는 종말론적 사건이 된다.

4 장
성례전(Sacrament)

학문적 논의 과정에는 설교와 성례전의 관계에 대한 심층적인 연구가 결여되어 있다. 더더욱 세례와 성만찬의 관계에 관한 논의가 결여되어 있는 것은 역설이다. 세례 문제는 흔히 견진례(confirmation)와 연결지어 논의해 왔지만 세례와 견진례, 성만찬의 관계는 단절된 상태로 남아 있는 것이 관례처럼 되어 있다. 여기서 우리는 기원부터 추적하고, 역사 변천에서 어떤 관계를 모색해 왔는지를 살필 것이다.

1. 세례(Baptism)

현대 신학에서 세례 문화가 쟁점화된 것은 1943년 바르트(Karl Barth)가 한 강의에서 유아세례를 비판한 데서부터였다.[1] 그 후로 세례에 관한 연구와 서적들이 유럽과 영국을 중심으로 쏟아져 나왔으며, 특히 영국교회와 스코틀랜드 교회는 유아세례의 의미를 더욱 옹호하고 신학화하는 방향으로 전환하였다. 그리고 세계교회협의회(WCC)는 1927년 로잔(Lausanne)과

---

1 E. A. Payne, "Baptism in Recent Discussion," *Christian Baptism*, ed. by A. Gilmore (Chicago: The Judson Press, 1959), 17-20. Georey Wainwright, *Christian Initiation* (Richmond: John Knox Press, 1969), 7-8; Hans Conzelmann, *An Outline of the Theology of the New Testament*(N.Y.: Harper & Row, 1969), 47.

1937년 에든버러(Edinburgh)에서 모인 신앙과 직제(Faith & Order) 모임에서 세례의 신학적 의미와 해석을 더욱 강화하였다.[2]

1) 세례의 성서적 근거

세례의 신학적 문제는 "세례의 기원이 언제인가?"에서 시작한다. 쿰란의 후속인가? 세례 요한의 세례인가? 예수 자신이 받으셨던 세례인가? 혹은 예수께서 부활하신 후 제자들에게 명령하신 위임(마 28장)에서인가? 또는 오순절 경험 이후 예루살렘교회에서 시작된 것인가? 이 물음들에 대한 대답은 세례의 기원을 밝히는 일뿐 아니라 세례의 의미와 내용까지도 달리하기 때문에 이 물음은 신학적 논의에서 중요한 위치에 있다.

세글러(Frank M. Segler), 콘첼만(Hans Conzelmann), 노아크스(K. W. Noakes)는 세례의 기원을 레위기와 에스겔서에 나오는 '신적인 청결'의 의미로 사용된 물과 세례 요한 당시의 쿰란(Qumran) 공동체가 입회를 위해 철저한 과정을 거쳤던 정결 의식에 두는 입장에 서 있다.[3] 구약과 쿰란으로부터 영향을 받았다고 해석하는 이들은 그것이 세례 요한의 세례로 이어진 것으로 해석하고 있다. 다만 세례 요한의 세례는 죄의 회개를 첨가한 점이 달랐다. 그러기에 요한의 세례는 물의 세례이며, 죄의 회개 세례였고, 성령의 세례는 아니었다.[4] 그러나 요한의 세례는 오시는 이, 메시아에 대한 증언이었으며, 그의 세례는 물과 죄의 회개를 통한 메시아적 백성을 모아들이는 잠정적인 예식이었다.[5] 여기서 요한의 세례는 '종말론적' 의미다.

그러나 특히 노아크스(Noakes)에게 문제가 되는 것은 세례 요한에게 나

---

2 E.A. Payne, "Baptism in Recent Discussion, Christian Baptism," ed., by A.Gilmore, 15-22.
3 Frank M. Segler, *Christian Worship*, 140-141; Hans Conzelmann, *An Outline of the Theology of the New Testament*, 47; K. W. Noakes, "From New Testament Times until St. Cyprianus," *The Study of Liturgy*, ed., by Cheslyn Jones, Georey Wainwright, Edward Yamold, S. J., 80.
4 Hans Conzelmann, *An Outline of the Theology of the New Testament*, 48.
5 K. W. Noakes, "From New Testament Times until St. Cyprianus," *The Study of Liturgy*, 81.

아가 세례를 받았다는 예수의 수세에 있었다. 노아크스에게 요단강에서의 예수의 수세, 복음서 기자들의 눈에 비친 예수의 수세는 모든 세리와 죄인들과 함께하는 예수 사역의 출발점이었다. 세례는 메시아적 사역의 시작이었다. 그뿐 아니라 예수의 수세는 성령의 임재로 인한 새 언약의 시작이고 동시에 새 시대의 개막이었다.6 그리고 예수의 부활 이후 세례는 교회 안에서 실시된 죄의 회개와 용서, 성령을 받는 일과 교회의 일원이 되는 통로(means)가 되었으며, 바울과 모든 사도도 이 범주 안에서 세례를 수행하였다. 그러기에 세례의 형식은 세례요한으로부터 왔으나 세례의 구원사적 의미는 예수의 수세에서 시작되었다고 해석한다.

그러나 마틴(Ralph Martin), 헌터(A. M. Hunter), 개렛(T.S. Garrett) 같은 이들, 특히 마틴은 요한복음만이 예수와 제자가 세례를 베풀었다고 증언하고 있을 뿐 공관복음은 예수께서 세례를 주었다는 증언을 하지 않고 있다는 점을 들어 기독교 세례의 시작을 오순절 이후 초대교회가 실시한 공동체에 입회하는 의식에서 찾아야 한다는 점을 강조하고 있다.7 "모든 족속으로 제자를 삼아 아버지와 아들과 성령의 이름으로 세례를 주고"(마 28:19)는 부활하신 후 예수께서 명령하신 대위임이었으며, 오순절 이후 예수의 이름으로 세례를 주었던 초대교회의 입회 예식(rite of initiation)으로 이어졌던 것으로 풀이한다.8

예수 그리스도의 수세에 중심을 두고 세례를 해석하는 이들은 세례를 구원론적으로 해석하는 경향을 보이는가 하면, 부활 이후 오순절 사건을 중심으로 해석하는 이들은 세례를 초대교회의 입회 예식(entry rite)으로 해석하는 경향은 매우 흥미 있는 대조이다. 전자를 세례에 대한 기독론적 접근이라 한다면, 후자는 세례에 대한 교회론적 접근이라고 할 수 있다.

---

6 *Ibid*.

7 Ralph Martin, *Worship in the Early Church*, 92-93; A. M. Hunter, *Introducing New Testament Theology*(London: SCM Press, LTD, 1957); T. S.Garrett, *Christian Worship*(N.Y.: Oxford University Press, 1961).

8 Ralph Martin, *Worship in the Early Church*, 93-101.

그러나 웨인라이트(Georey Wainwright)는 두 해석을 하나의 구조로 통합하고 있다. 성서에 나타난 세례를 '기독론적'과 '교회론적'으로 본 것이다. 웨인라이트에 따르면 기독교 세례의 근원은 예수 자신의 수세(세례받으심)에 있다. 예수의 수세는 그의 구원 사역의 표상(prefiguration)이었다. 이 점에서 웨인라이트는 앞의 학자들의 해석과 일치한다. 요단 강가에서의 예수의 세례는 하나님의 아들 되심의 인침이었으며, 동시에 그것은 인간의 죄의 용서를 위해 갈보리에서 희생당하는 죽음의 예시였다.9

여기서 기독교 세례란 엄밀한 의미에서 그리스도의 세례에 참여하는 행위이다. 참여한다는 뜻은 세례를 통하여 우리는 그리스도와 함께 죽고, 그리스도와 함께 다시 사는 일에 참여한다는 의미이다(롬 6장, 골 2장). 바로 이런 의미에서 세례는 기독론적이다.10 여기서 웨인라이트는 예수의 수세(요단강)에서 세례의 기원을 찾으며, 동시에 '그리스도의 죽음과 부활에서 참여하는 세례'라는 의미에서 기독론적이라고 말할 수 있다. 여기서 세례를 통하여 우리는 그리스도 안에서 죄의 사함, 의로워지는 은총, 하나님의 자녀가 되는 일, 성령의 인침, 메시아적 백성으로 인침을 받는다.11 이것은 세례의 기독론적 차원이다.

그러나 웨인라이트는 여기서 머물지 않는다. 바로 '기독론적 의미의 세례'는 '교회론적 의미'를 동반하고 있다는 것이다. 세례는 우리를 그리스도의 몸의 한 지체로 만들기 때문이다. 한 세례, 한 그리스도, 한 성령의 의미는 유대인이나 헬라인이나, 남자나 여자나 세례를 통하여 그리스도 안에서 성령이 하나 되게 하시는 통일성을 의미한다. 세례의 교회론적 의미란 세례를 통하여 그리스도의 지체의 구성원들이 되어 영원한 교제(*koinonia*)를 나눈다는 의미이다.12 이 점에서 웨인라이트는 후자 그룹 학자들의 해석을 수용하여 기독론적 이해와의 연결점을 찾고 있다. 그러나

---

9 Georey Wainwright, *Christian Initiation*, 8.
10 *Ibid.*, 9.
11 *Ibid.*, 9-10.
12 *Ibid.*, 10.

세례의 성서적 의미는 여기에 머물지 않는다. 세례는 그리스도와 그의 몸인 교회에 참여시킬 뿐 아니라 오고 있는 종말, 하나님 나라를 유업으로 받을 자로 물과 성령으로 거듭나게 하는 중생의 사건이다. 하나님 나라 소망 안에서 거듭난다는 의미는 곧 종말론적으로 거듭남을 의미한다. 여기서 세례는 옛것은 죽고 새것을 덧입는 경험을 말하며, 이것은 다시 세계로부터 도피가 아니라 개인의 삶과 공동의 삶을 세례적 윤리로 살아가고 증언함을 의미한다. 종말론은 엄밀한 의미에서 역사를 떠난 것이 아니라 역사와 삶을 하나님의 뜻으로 변화해가는 변혁적 삶과 윤리를 동반한다.[13] 이것은 웨인라이트가 성서의 세례를 신학적으로 구조화한 해석이다. 그러기에 세례는 기독론적이며, 교회론적이며, 종말론적이며, 동시에 윤리적인 의미를 가진다. 성서에 나타난 세례는 그 기원이 예수와 수세에 있든, 요한의 세례에 두든, 예수의 대위임과 오순절 경험 이후에 두든 그 중심적 의미는 세례를 통하여 그리스도 안에서의 죄 사함이라는 구원론적 의미(기독론적, 교회론적)와 삶 전체가 변화된(종말론적, 윤리적) 역사적 책임을 살아가는 것에 있다.

2) 변형

그러나 예배와 마찬가지로 세례도 역사적 과정을 거치면서 큰 변화를 동반하였다. 역사적 변화는 크게 두 단계로 대분할 수 있으며, 하나는 교부 중세 시대를 묶어 동·서방 교회의 시대로, 다른 하나는 종교개혁 이후의 개신교회 시대로 나눈다.

교부 중세 시대의 세례는 사도 시대의 단순성으로부터 복잡한 예식으로 변모하였던[14] 것이 특징이었다. 디다케와 저스틴은 세례 이전의 교육(pre-baptismal catechesis)을 강조한 데서 시작하여(준비 기간 금식, 가르침, 신

---

13 *Ibid.*, 10-11.
14 T. S. Garrett, *Christian Worship*, 25.

앙 고백, 신앙생활) 세례는 물이 있는 밖에서 침례(immersion)의 방법으로 실시하되 삼위일체 하나님의 이름으로 하였으며, 세례 직후 수세자를 회중 앞에 소개하고 공동 기도와 평화의 입맞춤을 한 후 곧이어 성만찬(eucharist)에 참여케 한 것으로 알려지고 있다.[15] 감독이 세례하였고, 안수나 성령의 은사에 대한 언급은 없었던 것이 특징이다.

그러나 세례가 보다 복잡한 예식 행위로 변모하게 된 역사적 계기는 서기 3세기 테르툴리아누스(Tertullianus)의 『세례론』(de Baptism)과 히폴리투스(Hippolitus of Rome)의 『사도적 전통』(Apostolic Tradition)에 나타난 제문(祭文, formula)이었다. 영지주의자들의 도전에 대해 세례를 변호했던 터툴리안은 세례를 부활절에 실시했으며, 감독이 물 세례를 집례했으며, 장로가 기름을 부으면 감독은 안수하는 예식으로 바꾸었다. 예식의 가장 두드러진 특색은 세례 전 3년간 세례를 준비하는 학습 기간을 두었던 데 있었다. 그리고 세례 전 3주간 집중적인 준비가 선행되어야 했으며, 세례 예식은 침례, 안수, 기름 부음, 성령의 임재 기도, 최초의 성만찬으로 이어졌던 것이 특색이다.[16]

---

15 Ibid., 22; C. Jones, G. Wainwright, Edward Yamold, ed., The Study of Liturgy, 88-89.
16 테르툴리아누스과 히폴리투스의 입회 예식(rite of initiation)의 구조는 다음과 같았다.
  ① 3년간의 세례 준비를 위한 교육
  ② 세례 3주 전 집중적인 교육에는 '금식', '삶의 점검', '숨을 내뿜으며 하는 귀신 쫓는 일'(excorcism by means of exsulation), '악마 포기 선언', '교리교육', '수세자의 반복'이 전제된다.
  ③ 세례 예식
  가) 물의 축복
  나) 세 번 '악마 포기 선언'(Hippolitus는 이때 귀신 쫓는 일을 위한 기름 부음)
  다) 세 번 침례(수세자는 이때 나체로 물에 들어감)
  라) 물에 나온 후 (흰옷을) 입히고 감독 앞에 서게 함
  마) 감독이 안수하고 기름을 부음(삼위일체 하나님의 이름으로)
  바) 기름 부음과 함께 성령의 임재를 간구하는 기도사 – 최초의 성만찬(성만찬 전 우유와 꿀을 마시게 함, 약속의 땅에 들어가는 상징).
  C. Jones, G. Wainwright, E. Yamold, ed., The Study of liturgy, 90-92; T. S. Garrett, Christian Worship, 22-24.

존스, 웨인라이트, 아놀드가 공동 편집한 연구에 따르면 서기 3세기에 이미 복잡한 예식으로 변모한 세례는 4~5세기, 중세기를 거치면서 더 세분화되고, 다양화되었고, 성직화(감독의 권한 확대)되어 갔다.

세례 준비 기간이 길수록 좋다는 사상이 확산되면서 암브라시오, 어거스틴, 크리소스토모스, 제롬 때에는 세례 그 자체보다 세례 준비 기간(catechumenate)의 의식(ceremony)을 더 강화하였다. 그리고 부활절 세례 예식을 앞두고 40일 전에 세례받기 원하는 수세자의 등록 과정을 철저히 감독하고 강화하였다.17 이것을 등록 의식(ceremony of enrollment)이라고 불렀다.18 그리고 세례 의식은 최후의 입회 의식(rite of initiation)으로 이어

---

17 C. Jones, G. Wainwright, E. Yamold, ed., *The Study of liturgy*, 95-97.
　예식은 4가지 요소를 더 강화하였다.
　① 수세자의 앞머리를 따라 십자가의 상징
　② 수세자의 입에는 소금을 넣었다(지혜로 인한 치유와 보전을 상징함)
　③ 안수
　④ '귀신 내쫓는 일'(excorcism)
18 *Ibid.*, 97-99.
　등록 의식 절차는 다음과 같았다.
　① 40일 전에 장로에게 이름을 준다.
　② 수난절 시작과 함께 대부(godparent) 혹은 대모(godmother)와 함께 수세자는 감독 앞에 나타나야 한다.
　③ 감독 앞에서 '삶과 신앙'의 점검을 위한 심사를 받는다.
　④ 마귀 쫓아내는 예식으로 이어진다.
　가) 염소털로 만든 거친 삼베옷을 입는다.
　나) 무릎을 꿇는다.
　다) 얼굴을 가린다.
　라) 머리를 숙인다.
　마) 손은 높이 든다.
　바) 겉옷을 벗는다.
　사) 사제 중 하나가 수세자의 입에 입김을 불어 넣는다.
　아) 순결체 되는 두려움으로 가득 차게 한다.
　자) 마귀를 쫓아낸다.
　차) 사탄의 굴레로부터 자유케 되었다는 소리를 듣는다.
　⑤ 수난절 기간 매일 교육에 임한다(성서, 부활과 신앙, 구약의 도덕률, 교리와 신조, 주기도문을 공부함).

졌다. 입회 예식은 다음과 같이 진행되었다.

① 세례용 물통(baptistery)의 입장으로 시작하고

② 감독은 수세자의 콧구멍(nostrils)과 귀를 만지고(서방 교회에서만)

③ 마가복음 7장 34절을 아라멕과 라틴말로 반복하고

④ 온몸에 올리브기름을 바르고(귀신 쫓는 기름)

⑤ 사탄을 포기하는 선서를 하고

⑥ 그리스도와 계약을 맺고(동쪽을 향해)

⑦ 세례물을 축복하고

⑧ 세 번 침례하고(흐르는 물이 무릎까지 닿으면 감독이 머리에 손을 얹고 물밑으로 누른다)

⑨ 머리에 기름을 붓고

⑩ 세족식을 가지고(물에서 나오면 감독은 수세자의 발을 씻는다)

⑪ 흰옷을 입히고(순결의 상징)

⑫ 성령의 인침을 기도하고

⑬ '투광'(illumination) - 촛불을 켜고

⑭ 성만찬에 참여한다(흰옷을 입고 촛불을 들고 교회 안으로 들어가 떡과 포도주를 분급 받은 후 우유와 꿀을 마셨다. 이것은 약속의 땅에 들어가는 상징이다).19

그러나 6세기로부터 시작하여 16세기(종교개혁 시)에 이르는 중세기의 세례 예식은 또 다른 큰 변화를 가져왔다. 하나는 동방 교회와 서방 교회의 분열에 따른 예식의 변화였으며, 다른 하나는 세례(baptism)와 견진례(confirmation)의 분리였다. 개렛의 해석에 의하면 세례 예식의 변화 뒤에

---

⑥ 40일 동안 금식(목욕은 금지되고[목요일만 제외] 결혼도, 음식도 금지된다).

19 *Ibid.*, 100-108. 비잔틴의 예식(Byzantine rite)은 그 순서와 강조에 있어 서방의 예식과 다른 것도 많으나 그 구조와 사상은 거의 같은 것이다. Georey Wainwright, *Christian Initiation*, 21-23.

는 한 가지 변인(variable)이 크게 작용했다. 그것은 감독(bishop)들이 모든 예식에 대해 지나치게 집착했던 데 있었다.[20]

중세기에 교회가 성장하면서 이방인들이 신자가 되고, 이 과정에서 세례 전의 엄격했던 교육(catechumenate)이 자연히 쇠퇴해 간 원인도 문제였지만, 그보다는 감독의 권한이 교회 치리뿐 아니라 세속적 영역으로까지 크게 확대되면서 사실상 모든 세례 예식에 참석하여 기름을 붓는 예식(chrism)과 안수를 할 수 없는 상황에까지 이르렀음에도 예식의 독점권을 포기하지 않고 계속 주장한 데 있었다. 그 결과 세례와 견진례를 분리시키든지 감독이 참여하는 장로들의 집례를 허용하는 선택을 취할 수밖에 없었다.[21] 그러나 동방 교회는 서방 교회로부터 다른 세례 예식을 선택하였다. 장로들의 집례가 허용되었으며, 기름 붓는 예식(Chrism)에 사용되는 기름의 봉헌은 메트로폴리탄(Metropolitan: 대주교 같은 위치)이나 지역 감독들에 의하여 이루어졌으며, 안수는 폐지시켰다. 그리고 유아세례를 허용하였다.[22]

그러나 서방 교회는 모든 세례 의식에 참석이 불가능하면서도 감독이 계속 기름 붓는 예식(Chrism)과 안수를 계속 고집하여 입회 예식을 둘로 갈라놓는 결과를 낳고 말았다. 즉, 물의 세례는 유아기에 하게 되고, 견진례는 7년 뒤에 감독이 직접 수행하는 예식으로 나뉘게 되었다. 여기서 세례와 견진례는 사실상 분리되었다. 그 후 물은 중생뿐 아니라 성령의 은사도 함께 주어지는 완전한 예식으로 바뀌었다. 그리고 견진례는 어린아이들에게 신앙이 성숙되도록 '힘'(strength)을 더해주는 것으로 바꾸었다.[23] 여기서 세례와 견진례는 7년을 공백으로 하는 두 예식으로 갈라지게 되었다.

본래 견진례의 어원인 'confirmatio'는 서기 640년 파우투스(Fautus)라는 사람의 설교에서 처음 사용되었으며, 이는 물의 세례 이후 성령의 임재

---

20 T. S. Garrett, *Christian Worship*, 27.
21 *Ibid.*
22 *Ibid.*
23 *Ibid.*, 27-29.

를 힘입어 싸움에서 이기는 힘을 주는 성례전적 행위라는 의미를 가지고 있었다. *confirmatio*는 로마교회뿐 아니라 모든 세례 예식에 통용되었다. 그러나 감독의 집례권의 고집으로 입회 예식은 세 부분으로 나뉘게 되었다. 물의 세례, 견진례(일곱 살 때), 성만찬은 각각 독립적인 예식으로 분리되고 말았다.24

이렇듯 세례가 교부 시대와 중세기에 오면서 복잡하고도 신비스러운 의식으로 바뀌고, 그 뒤에는 감독의 집례 독점권이 작용하면서 세례는 사도 시대의 단순성은 깨지고 성서에 없는 '기름 붓는 예식', '안수' 같은 요소들이 들어서는 현상으로 나타났다. 더욱이 성령 세례와 종말론적인 구원이 물의 세례를 통하여 경험되는 것으로 이해하고 실천했던 사도행전과는 달리, 성령의 임재와 인침을 성례전적 의식 안에 묶어 두는 것으로 나타났다. 터툴리안과 히폴리투스가 '기름붓는 예식'과 '안수'를 성령의 임재를 자동으로 보장하는 것으로 이해한 것은 극히 비성서적이었다.25 성령의 은사는 하나님께서 주시는 자유로운 은혜에 속하는 것으로서 그 어떤 예식이나 의식에 매어 놓을 수는 없기 때문이다. 여기에서 교부 시대·중세 시대의 세례 의식이 고도로 예전화되면서 중세기의 세례 예식은 비성서적 요소들의 첨가와 감독들의 교권화로 인하여 초대교회의 기독론적, 종말론적 차원을 상실한 성례주의에 빠진 이유가 되었다.

세례의 역사적 변형 두 번째 시기는 종교개혁과 개신교 시대로 구분되며, 이때의 종교개혁자들은 이중적인 신학 논쟁을 벌여야 했다. 하나는 중세 로마가톨릭의 라틴 의식을 거부하는 일이었으며, 다른 하나는 유아세례를 거부하는 재세례파(Anabaptist)의 이론과 실천을 비판하는 일이었다.

존스, 웨인라이트, 아놀드는 로마교회의 라틴 의식을 반대하는 종교개혁자들의 이유 다섯 가지를 다음과 같이 열거한다. 첫 번째, 삼위일체 하나님의 이름으로 주는 물의 세례 외의 다른 의식들은 본질적인 것이 아니

---

24 C. Jones, G. Wainwright, E. Yarnold, ed., *The Study of liturgy*, 114-117.
25 T. S. Garrett, *Christian Worship*, 25-26.

기 때문에 '기름', '촛대', '소금' 등의 사용을 반대했다. 두 번째, 본질의 것이 아닌 첨가물들은 모두가 미신이라는 이유 때문이다. 세 번째, 빈 교회에서나 수시로 실시하는 유아세례는 세례의 교회적 차원(공동적이고 공적인)을 벗어난 것이기 때문이다. 네 번째, 대부(代父) 선정에 충분한 배려가 없었기 때문이다. 다섯째, 라틴어로 집례하는 것은 무의미하기 때문이다. 이상의 다섯 가지 이유로 종교개혁자들은 로마교회의 라틴 의식을 반대했다.[26] 한마디로 종교개혁자들은 성서에서 증거되지 않은 비본질적 첨가물들을 신성화하여 세례를 마치 신비적인 의식으로 전환함으로써 신앙적 차원으로부터 세례를 분리시킨 로마교회의 세례 예식을 받아들일 수 없었다.

그러나 종교개혁자들은 또 다른 싸움을 수행해야 했다. 그것은 유아세례를 전면 부인하는 재세례파와의 싸움이었다. 유아세례와 견진례 모두를 비성서적이라고 보는 재침례주의자들은 세례는 신앙을 고백할 수 있는 연령의 사람에게만 가능하고 유효하다고 보았다. 그들은 유아세례 대신 어린이의 헌신예배를 적극 권장하였다.[27] 그러나 종교개혁자들은 재세례파의 이론을 다음 다섯 가지 이유로 반대하였다. 첫째, 아브라함과 언약을 맺으신 하나님은 그리스도 안에서 새 언약을 맺으셨으며, 이 언약 안에는 기독교 부모들의 자녀들은 하나님 백성 되는 자격이 주어졌기 때문이다. 두 번째, 유대인 어린이가 할례에 의한 언약이었다면, 기독교인 유아들은 세례에 의해 언약에 들어온다. 세 번째, 예수께서 어린이를 환영하고 용납한 것처럼 교회는 세례를 통하여 용납해야 한다. 네 번째, 믿는 부모가 거룩하면 자녀도 거룩하므로 세례를 받을 자격이 있다. 다섯 번째, 신약에서 가정(가문) 이 세례를 받았다는 의미는 어린이들도 포함되어 있었다는 것이다. 이상의 이유는 유아세례를 신학적으로 뒷받침하는 것으로 믿었다.[28]

그러면서도 종교개혁자들 사이의 유아세례 예식 구조는 상당한 차이를 드러내고 있다.

---

26 C. Jones, G. Wainwright, E. Yarnold, ed., *The Study of liturgy*, 120-121.
27 T. S. Garrett, *Christian Worship*, 32-33.
28 C. Jones, G. Wainwright, E. Yarnold, ed., *The Study of liturgy*, 121.

아래 도식에서 보는 것처럼 유아세례에 관한 한 루터는 츠빙글리나 부처, 칼뱅보다 훨씬 보수적인(예배에서처럼) 반면에 다른 개혁자들은 로마가톨릭 예식으로부터 과감히 탈피하여 사도 시대의 단순성을 회복하려 하였다.

루터	츠빙글리	부처	칼뱅
① 귀신 쫓는 일 시작 (excorcism)	① Flood-prayer	① 목사-훈계	① 어린이 교육(주일 오후 혹은 아침 기도 이후)
② 어린이 이마와 가슴에 Sign	② 복음서 낭독(마가복음 10장)	② 주기도문-모두	
③ 기도(소금 대신)	③ 어린이 이름	③ 사도신경-모두	② 목사의 설교-세례의 의미
④ Flood-prayer	④ 목사-삼위일체의 이름으로 세례	④ 대부로 하여금 어린이 양육을 하도록 위임	③ 기도(어린이 위한)
⑤ 귀신축출(삼위체의 이름으로)	⑤ 흰옷을 입힘(유아가 입는 흰옷-Chrisom)	⑤ 아기의 이름을 따라 세례를 줌(삼위일체의 이름으로)	④ 주기도
⑥ 복음서 낭독(마가복음 10:13-16)		⑥ 설교-목사(주일)	⑤ 대부에게 교육위임
⑦ 주기도-모두			⑥ 사도신경
⑧ 어린이-세례반에서 세례			⑦ 어린이 세례(삼위일체의 이름으로)
⑨ 흰옷을 입힘			
⑩ 기도			

그러나 견진례에 와서 루터와 부처의 입장이 뒤바뀌는 현상이 나타났다. 견진례에 대해서 루터는 한마디로 하나님이 제정하신 것이 아니라 인간들의 발명이기 때문에 이를 거부했다. 그러기에 루터에게는 견진례가 없었으며, 그 대신 성만찬에 어린이들이 참여하기 전 배워야 한다며 소교리문답서를 내놓았다. 여기서 칼뱅도 루터처럼 견진례를 반대하였다. 그것은 성령이 증거하지 않는 예식이기 때문이다. 오히려 어린이들은 '주기도문', '신조', '십계명'을 말할 수 있는 때부터 성만찬에 참여시켜야 한다고 보았다. 그래서 루터와 칼뱅은 세례와 성만찬 사이에 견진례가 아니라 교리문답과 주기도, 신조와 십계명을 다리로 놓았다. 그러나 부처는 안수와 견진을 그 사이에 둠으로써 영국교회와 함께 견진례를 인정하는 보수적입장을 보여 주었다.[29]

그러나 종교개혁자들의 문제는 보다 깊은 곳에 있었다. 존스, 웨인라이트, 아놀드는 종교개혁자들의 문제는 중세 로마교회의 잘못된 세례 예식

---

29 *Ibid.*, 128-131.

을 근본적으로 수정하려다가 오히려 해결 대신 문제를 더 악화시킨 데 있다고 비판하고 있다. 입회 예식을 유아세례 예식 따로, 견진례를 후기로 (부처) 분리시킴으로써 사실상 로마교회가 범했던 세례와 견진과 성만찬의 분리를 그대로 답습하는 우를 범했다고 보고 있다.[30] 이러한 상황 속에서 동방 교회만이 유아세례를 포함하는 세례 예식(물의 세례)과 견진례와 성찬식을 하나의 의식(single ceremony)으로 엮어 가고 있다는 사실에 주목할 필요가 있다.[31]

3) 세례 회복

세례의 신학적 문제는 "세례가 누구에게서 시작되었고 그것이 교회론적으로 어떤 의미를 가지는가?"라는 초대교회의 질문에서 발화되었다. 그러나 세례는 처음부터 그리스도의 고난에 참여하는 '구속사적' 의미와 '그리스도의 몸의 한 지체'가 된다는 교회론적 의미가 연계되어 이해되었고 실천되었다. 여기에 웨인라이트는 오고 있는 하나님 나라의 소망과 중생의 삶을 덧붙여 세례의 종말론적, 윤리적 차원을 심화시켜 해석한 바 있다.

그러나 문제는 교부 시대에 들어서면서 세례가 신앙적 · 신학적 문제로부터 하나의 의식(rite)의 문제로 전환되면서 초대교회의 신앙적, 종말론적, 윤리적 통전성의 세례는 역동성을 잃기 시작한 데 있었다. 디다케와 저스틴을 통해 드러난 세례는 세례 이전의 catechesis, 삼위일체 하나님의 이름으로 실시한 침례, 성만찬으로 이어지는 구조였다. 이것은 '통전 의식'(single ceremony)의 의미를 가진다. 세례 따로, 견진례 따로, 성만찬 따로의 단절된 의식이 아니라 셋을 자연스럽게 입회 예식 안에 통합시켰던 것을 의미한다.

중세에 와서 세례는(서방 교회) 완전히 세 가지 별개의 의식으로 분리되

---

30 *Ibid.*, 133.
31 *Ibid.*

었다. 세례, 견진례, 성만찬은 시간적으로 서로를 떼어놓은 채 사실상 연결을 상실한 의식으로 탈바꿈하였다. 종교개혁자들의 수정 작업은 몇 가지 비본질적 요소(기름 사용, 촛대, 소금 등) 제거에 역점을 두었으나 단절된 세례와 견진례와 성만찬 사이를 이어놓는 데는 미흡하였다. 더욱이 초대교회의 세례가 지녔던 '기독론적'이고, '교회론적'이며, '종말론적'이고 '윤리적' 차원의 신앙적·신학적 의미를 회복하는 데는 크게 미흡하였다.

그리하여 종교개혁기로부터 19세기에 이르는 동안 교회마다 다른 이해와 실천의 틀을 가지고 방향 없는 의식으로 세례를 몰아가고 있었다. 이때 동방 교회만이 세례와 견진례와 성만찬을 통합된 의식으로 실천하고 있었다. 그러나 서방 교회(로마가톨릭)은 여전히 세례와 견진례, 성만찬을 분리시켜 실천하고 있다. 영국교회(성공회)는 루터와 칼뱅과는 달리 견진례를 세례의 약속을 갱신하는 기회뿐 아니라 성만찬에 참여하는 선행 조건으로 사용하고 있다. 그러나 개신교회들은 크게 세 그룹으로 나누어진 채 세례 문제에 접근하고 있다. 한 그룹은 세례와 견진례와 성만찬을 각각 분리시켜 실천하는가 하면, 다른 한 그룹은 물의 세례만을 성례적 의미로 인정하고 견진례는 성례전이 아니라 약속의 갱신으로만 수용하고 있다. 세 번째 그룹은 성인 세례만을 인정하고, 유아세례와 견진례를 모두 부정하고 있다.[32]

세례 문제는 크게 두 가지 문제로 집약된다. 하나는 세례의 통전적 의미와 의식이 깨짐으로써 세례의 신학적 의미가 퇴색된 데 있다. 다른 하나는 세례의 신학적 의미와 교권의 한 수단으로(교인 만들기) 전락한 나머지 세례가 지녔던 깊은 신앙적·신학적 차원을 상실한 데 있다. 세례는 본래 '십자가의 죽음'을 예시하고 세례를 받으셨던 예수의 죽음에 함께 죽고 다시 사신 부활에 참여하는 '기독론적' 사건이었다. 그리스도의 죽음과 부활에 참여한다는 의미는 곧 그리스도의 몸에 참여하는 것이었으며, 이는 교회의 일원이 되는 것이었다. 이것은 교회 공동체적 차원의 참여였다. 교회 공동체의 참여는 역사와 삶을 장차 완성할 하나님 나라의 임재를 소망하

---

32 *Ibid.*, 133-134.

는 삶으로 이어져야 했다. 이것은 '종말론적 윤리'를 동반하는 것이었다. 오늘의 세례는 이 차원들을 상실한 채 형식과 의식, 교권적 관심의 영역으로 전락한 것이다.

세계 교회는 19세기 이후 세례 회복을 위한 교회적·신학적 몸부림을 시도해 오고 있으며, 이것은 매우 고무적인 것으로 평가된다.

세례 회복을 위한 신학적인 갱신 움직임은 19세기 영국의 옥스퍼드운동을 계기로 영국교회가 견진례의 성례전적 중요성을 제기한 데서 시작하여, 19세기에서 20세기 그리고 제2 바티칸 공의회로 이어지면서 펼쳐 온 로마가톨릭의 소위 예전운동(liturgical movement)으로 확산되고 있다.

19세기 세계 교회의 선교의 확대는 선교지에서 유아세례 못지않게 성인세례의 중요성을 절감하는 계기가 되었으며, 20세기에 들어서서 교회사를 완전히 바꾸기 시작한 에큐메니컬 운동은 세례 신학의 회복을 모색하는 길고 지루한 연구 과정을 거치면서, 결국은 보다 큰 통합을 지향하고 있다. 이 모든 과정에서 드러나는 한 가지 특색은 세례와 견진례와 성만찬을 분리하여 실천해 오던 옛 구조를 넘어서서 하나의 통합된 기독교적 이니시에이션(Christian Initiation)의 구조로 바꾸어 가려는 경향이다.[33] 이는 미래 교회 연합운동과 교회 일치에도 적지 않은 의미와 중요성을 부여할 신학 운동으로 평가된다.

세례 신학을 몇 마디로 정의하기는 어렵지만, 세례 신학은 크게 세 가지 흐름으로 요약될 수 있을 것이다. 하나는 제2 바티칸 공의회를 계기로 로마가톨릭이 지향하는 세례 신학이다. 유아세례의 신학적 근거를 하나님과 어린이의 새로운 관계 형성에 두고 풀이하고 있다는 사실은 유아세례를 비판한 바르트에 대한 반교뿐 아니라 적극적으로는 하나님의 자녀로 양육해야 한다는 패러다임 전환을 의미한다. 즉, 교리교육(catechesis)으로부터 기독교교육으로의 전환을 뜻한다. 또한 성인 세례 이해에 있어서도 세례는 '기독론적' 차원과 '교회론적' 차원의 양면을 회복해야 하는 것으로 전환

─────────────

33 *Ibid.*, 135.

하였다. 세례는 부활하신 그리스도와의 만남과 삶, 복종을 위한 성례전이라는 의미에서 기독론적인 것이다. 동시에 세례는 교회가 예배를 통하여 표현하는 공동의 행위(기도하고 환영하고 참여하는)라는 의미에서 교회론적 (ecclesiological)이다.34 이는 로마가톨릭의 고도의 성례주의(sacramentalism)로부터 기독론적이고도 교회 공동체적 성례전으로의 전환 가능성이다.

세례 신학의 두 번째 흐름은 세계교회협의회(WCC)가 지속·추진해오는 예배 개혁 속에 나타나 있다. 1974년 아크라(Accra) 문서, 1979년 세례에 관한 루이빌(Louisville)협의회, 1982년 세례에 관한 리마 본문(Lima Text)으로 이어지는 진행 속에서 형성된 세례 신학은 정교회(Orthodox)와 침례교회까지 포함된 모든 개신교회의 참여를 포괄하고 있다는 점에서 고무적이다.

에큐메니컬 세례 신학은 세례는(유아세례와 성인 세례 모두 포함된) 무엇보다 먼저 그리스도의 전 사건(Total Christ Event)에 그 뿌리를 둔다는 신앙적·신학적 고백에서 출발하고 있다.35 예수의 요단강 수세는 그 자체의 의미보다는 '고난받는 종'으로 예수를 인도한 세례였다. 예수의 세례는 십자가 고난의 예시요 길이었다. 여기서 우리가 세례를 받는다는 의미는 예수 그리스도의 고난에 참여하는 행위를 의미한다. 이것은 초대교회가 실시했던 세례의 기독론적 차원의 회복이다. 어떤 방법으로 참여하는가? 성례전으로? 아니다. 참여의 방법은 부활하시고 다시 완성하실 그리스도의 약속과 능력 안에서 새 삶을 살아가는 제자의 길을 통해서이다. 이것은 '종말론적 윤리'의 회복이다. 여기서 세례는 예수 그리스도에게서 임재하는 하나님 나라의 징표(Sign)다.36 이러한 신학적 도출은 정교회 대표와 유아세례를 반대하는 침례교회 대표까지 동참함에서 큰 의미가 있다.

---

34 Loma Brockett, R.S.C, "The Theology of Baptism," *Christian Baptism*, ed., by A. Gilmore, 77-88.

35 Gunter Wagner, "Baptism from Accra to Lima," *Ecumenical Perspectives on Baptism, Eucharist and Ministry*, ed., by Max Thurian(Geneva: W.C.C. 1983), 14.

36 *Ibid.*, 14-18.

그러나 이 협의 과정에서 문제가 된 것은 세례를 철저한 신앙 고백 위에
두고자 하는 그룹과 세례를 성령께서 인치시는 성례전으로 보는(견진례를
강조하는) 그룹 사이의 양극적인 대립에 있었다. 결정적인 결론에는 도달
하지 못했으나 협의 과정은 잠정적인 대안을 만들어 내는 데 합의하였다.
워그너는 이를 제3 모형이라고 불렀다. 제3 모형은 유아세례(침례교회를
제외한 모든 개신교회와 정교회)는 성장 후의 신앙적 고백과 헌신을 반드시
동반하는 '이니시에이션'(initiation, 기독자가 되는)의 전 과정의 한 부분으로
해석하는 것이다. 여기서 신앙과 헌신은 그리스도의 몸의 구성원이 되는
데 필요한 세례의 열매로 해석되었다. 여기서 사실상 유아세례와 성인 세
례가 공히 수용되었을 뿐 아니라 '견진례'(유아세례에 따르는)와 '신앙 고백'
(성인 세례의 근거) 모두를 연결시키는 새로운 해석이 등장한 것이다.[37]

그러나 여전히 문제는 남았다. 유아세례와 신앙 고백과 헌신 사이를 누
가 어떻게 책임질 것인가라는 질문이었다. 이 사이를 '견진례'와 '향유를
바르는 성례'(chrismation)를 제시하는 그룹과 그것들을 반대하는 그룹 사
이에서 또다시 제3의 대안으로 제시된 것은 기독교교육과 기독교적 교리
교육학(catechesis)이었다. 다시 말하면 유아세례와 신앙 고백과 헌신 사이
는 교회가 실시하는 신앙 양육과 가정에서 부모와 대부가 시행하는 기독
교적 양육이 그 다리를 이어줄 수 있다는 권고였다.[38]

중요한 것은 유아세례-견진례-성만찬으로 연결 짓는 교회나 유아세
례를 거부하고, 신앙 고백에 근거한 성인 세례만을 강조하는 교회 모두가
기독교적 양육이라는 매개를 세례와 연관해야 한다는 새로운 인식의 도출
이었다. 유아세례는 기독교교육을 통하여 신앙 고백과 헌신에 이르게 해
야 하며, 성인도 기독교교육적 과정을 거쳐 세례에 임해야 한다는 공감대
형성이었다. 이것은 넓은 의미에서 제2 바티칸 이후 로마가톨릭이 추구하
는 신학적 흐름과 맥을 같이한다.

---

37 *Ibid.*, 22-25.
38 *Ibid.*, 25.

이 같은 에큐메니컬 신학 형성에 많은 영향력을 행사해 온 웨인라이트는 그의 초기 세례 신학을 선교신학의 관점으로 풀이했는데, 이를 세례 신학의 세 번째 가능성이라고 볼 수 있을 것이다. 그는 무엇보다 세례 신학의 프리엄블(preamble, 서장)을 선교에서 보기 전에 "예수 그리스도에서 시작된 하나님 나라의 때와 그의 재림에서 오실 때 사이에서 교회는 하나님 나라의 기쁜 소식을 선포함으로써 하나님의 선교에 참여한다"라는[39] 선교신학적 구조에 두고 있는 것은 대단히 인상적인 접근이다. 이것은 선교신학적 접근이며 동시에 종말론적 해석이다.

여기서 교회는 복음을 받아들이는 모든 사람에게 아버지와 아들과 성령의 이름으로 세례를 주도록 위임되었다. 여기서 세례는 선교적 의미를 가진다. 세례를 받은 이들은 세례 공동체의 일원이 되며, 동시에 그 공동체의 선교에 동참하도록 부름받았다. 다시 말하면 세례는 그리스도의 몸인 교회를 세우는 일뿐 아니라 선교에 참여하는 의미다.[40]

이 모든 논의로부터 우리는 세례 신학의 가능성 몇 가지를 요약하고자 한다. ① 첫째로 에큐메니컬 신학의 방법론으로부터 우리는 각기 다른 교회의 전통과 신앙 고백을 존중해야 하는 방법론적 전제는 수용한다. 여기서 유아세례를 긍정하든 부정하든 신학적인 정죄는 금물이다. 차이점들을 있는 그대로 수용하는 것이 중요하다고 본다.

② 두 번째로 차이점들을 초극하고 새로운 신학적 연결을 가져올 수 있는 성서적 · 신학적 패러다임을 모색하는 일이다. 여기서 유아세례의 찬반론, 견진례에 대한 찬반론으로는 문제 해결을 위한 접근조차 어렵기 때문이다. 중요한 것은 세례의 신학적 의미를 성서적이고도 역사적인 모티프에서 찾는 일이다.

③ 세 번째, 바로 이 성서적 · 신학적 패러다임을 웨인라이트는 일찍이 4차원에서 논의한 바 있었으며, 이것은 세례 신학을 회복하는 데 중요한

---

39 Georey Wainwright, *Christian Initiation*, 71.
40 *Ibid.*

틀이 될 것이다. 그 첫째가 기독론의 회복이다. 세례는 예수의 수세에 근거를 두지만, 그것은 십자가의 죽음을 예시하는 세례였다는 점에서 세례는 처음부터 하나님과 그의 나라를 이 땅에 실현하는 중요한 구원의 매개였다. 세례의 기독론적 차원의 회복이란 모든 세례는(그것이 유아세례든 성인 세례든) 그리스도의 고난에 참여한다는 의미다. 그러므로 세례는 성례전이기 전에 그리스도의 고난에 참여하는 구원사적·기독론적 사건이다. 근래 정교회나 로마가톨릭도 세례를 그리스도의 제사장직에 참여로 해석하는 것은 의미 있는 일이다.

세례 신학의 두 번째 차원은 그리스도의 고난과 부활에 참여하는 세례는 동시에 그의 몸인 교회 공동체에 참여한다는 것이다. 그러나 그리스도의 고난에 참여하는 신앙적·전제 없는 교회 공동체에의 참여는 자칫 세례를 또다시 교권의 수단으로, 교회 확장의 수단으로 전락시킬 위험에 빠진다. 세례의 교회론적 차원은 감독이나 주교의 독점이나 신비적인 성례를 말하는 것이 아니라 하나님 백성 모두가 세워가는 공동체에 참여하고, 기도하고, 환영하고, 교제를 나누는 코이노니아적 차원을 의미한다. 오늘의 문제는 세례가 교회 공동체와의 연관이 없는 하나의 성례전적 행사로 전락한 데 있다.

세례 신학의 세 번째 차원은 세례는 오고 있는 하나님 나라, 완성의 때를 대망하는 종말론적 행위라는 차원이다. 세례는 완성된 것이 아니라 하나님 나라 안에서 끊임없이 회개하고 용서받고 증언하고 선교에 임하는 종말론적 순례를 위한 하나님의 인침이라고 본다. 바로 여기에 기독교교육과 기독교적 양육이 자리를 잡아야 한다. 여기서 기독교교육이란 세례받은 자로 예수 그리스도와 만나고, 그의 고난에 동참하며, 하나님 나라 소망을 알게 하고 믿음으로 응답하게 하는 모든 과정을 의미한다. 세례의 종말론적 차원이란 삶과 역사, 신앙까지도 하나님의 약속 안에서 끊임없이 변화해가는 순례의 시작이기 때문이다.

세례 신학의 네 번째 차원은 윤리적인 삶의 전환이다. 삶과 역사와 신앙 모두를 하나님의 나라와 그의 뜻을 이 땅에서 증언하고 섬기는 일을 위해 끊임없이 헌신하는 결단을 의미한다.

만일 세례의 성서적 의미가 이 4차원적 틀에서 해석될 수 있는 것이라면, 그것은 세례의 양면성(유아세례와 성인 세례)을 수용하면서 그 세례의 의미를 새롭게 정리하는 것이 중요한 과제라고 본다. 견진례를 하거나 하지 않거나는 교회의 전통에 따라 달리할 수도 있으나, 중요한 것은 견진례가 지나치게 신비화되거나 교권의 손에 의해 독점되는 것을 넘어서서 세례와 견진례와 성찬이 기독론적이고도 교회론적이며, 교회론적이면서도 종말론적이며, 종말론적이면서도 윤리적인 차원으로 재해석되는 것이라고 본다. 그러기에 세례의 신학적 문제는 성례전적으로 접근할 것이 아니라 신학적으로, 더 구체적으로는 역사 종말론적으로 풀어가는 때 새로운 실천적 가능성까지도 열릴 수 있을 것이다.

2. 성만찬

교회의 분열이 세례 문제보다 성만찬 문제를 둘러싸고 일어났다는 것은 기독교 세계의 아픔이었다. 한 성령, 한 그리스도를 고백하면서도 주님의 식탁(The Table of the Lord)에 함께 앉는 일은 서로가 거부해 왔다. 이것은 로마가톨릭과 개신교회 사이의 문제만이 아니라 같은 개신교회 안에서도 서로 다른 성만찬 이해가 분열에 또 분열을 가져왔다.

그러나 1960~1980년대를 거치면서 불기 시작한 신예전운동(New Liturgical Movement)에서 발화된 에큐메니컬 대화는 성공회와 로마가톨릭, 성공회와 루터교, 루터교와 개혁교회, 루터교회와 로마가톨릭의 공동 연구로 이어지면서 일대 변화를 가져오기 시작했다.[41] 2000년의 분열의 아픔을 안은 기독교 세계의 새로운 도약을 향한 일치의 첫걸음이었다. 여기에는 1982년

---

41 John Reumann, *The Supper of the Lord*(Philadelphia: Fortress Press, 1985), IX.

에 제정되고 발표된 리마 예문이 결정적인 전환점을 마련하였다.[42]

　7성례를 주장하는 로마가톨릭까지를 포함하여 전 기독교 세례가 하나의 공감대를 이루어 가고 있는 것은 오늘의 혁명적 특징이기도 하다. 공감대란 세례와 성만찬은 주님 예수께서 제정하시고 명하신 두 성례이며, 이들은 구원에 필요한 성례전이라는 이해이다.[43] 그러나 세례는 '단 한 번만'(once-for-all)의 성례이고, 그리스도에게로 향하는 전환의 의미(과거를 버리고 새 삶을 덧입는 종말론적 사건)를 가지며, 성만찬은 날마다 식사를 하는 것과 같이 순례도상에 있는 삶과 신앙을 지탱해 주기(sustaining) 위해 반복되는 성례라는 이해이다. 더욱이 성만찬은 공동 식사의 개념으로 부각되면서 그리스도와 함께, 예배하는 성도와 함께하는 공동체성(solidarity)을 강조하는 것을 그 특색으로 하고 있다.[44]

1) 신약의 성만찬

　성만찬의 성서적 증언은 그 용어가 가지는 다양성 때문에 혼돈을 불러일으키기도 한다. 그중에서도 가장 많이 사용되고 인용되는 용어는 '최후의 만찬'(The Last Supper)이며, 이는 예수께서 십자가에 달리시기 전날 그의 제자들과 함께 나눈 식사를 의미한다. 그리고 최후 만찬은 그 후 초대교회에서 실시한 주의 만찬(The Supper of the Lord)으로 발전해 간[45] 근거가 되었으며, 여기에는 떡(bread)과 포도주(wine)를 나누는 예식이 포함되어 있었다고 류맨(John Reumann)은 해석한다.[46]

　그러나 최후 만찬이라는 이름은 초대교회, 특히 고린도교회를 향한 바울의 서신(고린도전서)에 여러 가지 이름으로 바뀌었던 것이 특징이다. 예

42 Ibid., IX.
43 John Macquarrie, "Baptism, Confirmation, Eucharist," Signs of Faith, Hope and Love, ed., by John Greenhalph, Elizabeth Russel(Colins, 1987), 57-58.
44 Ibid., 67.
45 James F. White, Introduction to Christian Worship, 203.
46 John Reumann, The Supper of the Lord, 1.

를 든다면 주님의 식탁(고전 10:16), 거룩한 교제(고전 10:16-17), 식사(고전 11:25), 제단 제물(히 13:10) 등의 다양한 명칭들이 주어졌다.[47]

그중에서도 1,800년 동안 가장 강력한 표현으로 사용되어 온 용어는 유카리스트(eucharist)였으나 역설적으로 이 용어는 성서에서는 사용되지 않았다. 여기에는 역사적인 변인이 하나 깔려 있다. 그것은 서기 2세기에 넘어오면서 성만찬을 식사(Agape Meal)로부터 분리하면서 성만찬을 '유카리스트'라고 부르기 시작한 것이다.[48]

2세기 이후 사용되기 시작한 유카리스트가 어떤 성서적인 근거에서 유래되었는가? 이 물음에 대한 해석은 학자들마다 다소 다른 자료에 의존하고 있어서 이는 앞으로의 연구 과제로 계속 남는다. 다만 레멘(Helmut T. Lehmann)은 유카리스트는 특별히 기쁨과 즐거운 마음으로 떡을 나눈 감격(agalliasis)에서 온 것으로 해석하며, 특별히 그 감격은 예수께서 부활하신 후 부활의 현존을 경험한 제자들과의 식사에서 표출된 것이었다고 해석한다.[49]

그러나 류맨은 비록 신약에서는 유카리스트라는 말을 직접 사용한 적이 없다는 사실을 인정하면서도 2세기부터 사용된 유카리스트의 어원은 하나님을 찬미하는 것과 축복의 의미가 포함된 유대 전통에서 온 것, 특히 베라카(Berakah: 히브리어)에서 유래된 것이라는 해석을 제시한다. 더욱이 고린도전서 10장 16절에 나오는 축복(eulogia: 헬라어)과 고린도전서 10장 30절에 나오는 감사(eucharistia), 요한복음 6장 11절에 나오는 축사(eucharistein)에서 유카리스트의 어원을 찾고 있는 일반적 접근에 동의하고 있다.[50] 유카리스트는 초대교회의 용어가 아니라 2세기 이후에 사용된 용어였다. 다만 유카리스트는 공동 식사로부터 분리되면서 사용되기 시작한 용어였으며, 성서적 근거는 용어 사용 이후에 뒤로 소급하여 찾은 것이다. 유카리스트는 감격, 축복, 감사라는 신앙 경험으로부터 온 것이라는 데는 모두

---

47 *Ibid.*
48 *Ibid.*, 2.
49 Helmut T. Lehmann, ed., *Meaning and Practice of the Lord's Supper*(Philadelphia: Muhlenberg Press, 1961), 45-46.
50 John Reumann, *The Supper of the Lord*, 2

가 일치한다.

그러나 성만찬의 논거는 "성만찬의 기원이 무엇이냐?"라는 물음에서 보다 복잡하고도 심화된 논쟁으로 확산되어 왔다.

성만찬의 성서적 논거 접근은 전통적 방법으로 분류되는 해석이다. 여기에는 페릭스 서로트(Felix L. Cirlot),[51] 바클레이(William Barclay),[52] 콘첼만(Hans Conzelmann),[53] 화이트(James F. White)[54] 등이 속한다. 이들이 시도하는 전통적인 접근 방법에는 몇 가지 중요한 공통적인 논제들이 깔려 있다. 그 하나는 성만찬의 최초의 기원은 십자가에 달리시기 전날 제자들과 함께 나누셨던 예수의 최후 만찬이었으며, 그 최후 만찬은 구약의 유월절 식사(Passover Meal)와 밀접히 관계되어 있었다는 사실의 강조이다. 서로트는 최후의 만찬이 유대주의 하브로스(*Haburoth*) 식사라는 전통에서 온 것이라고 해석한다. 하브로스 식사는 안식일과 함께 식사가 시작되는 것으로 ① 포도주 축복, ② 키두시(*Kiddush*)-그날의 축복, ③ 빵의 축복, ④ 주식(main meal), ⑤ 교제를 위한 술의 축복, ⑥ 찬송으로 끝마침으로 이어졌으며, 이것은 초대교회의 사랑의 애찬(Agape Meal)의 원형이었다는 것이다.[55]

바클레이는 성만찬의 시작은 예수의 최후 만찬에서 온 것이었으며, 그것은 누룩 없는 빵을 사용한 유월절 식사였다고 본다.[56] 콘첼만은 고린도 교회에서 실시한 말씀 사역은 회당 예배에서 온 것이었으며, 비신자까지도 참여가 허용된 말씀 중심의 예배는 오전 중에 실시되었다고 본다. 그러나 저녁에만 실시된 식사는 주의 만찬(고전 11:20)이었다.[57] 화이트(James F. White)는 초대교회 예배 전체가 희생을 강조하는 성전 예식, 말씀과 기도

---

51 Felix L. Cirlor, *The Early Eucharist*(London: SPCK, 1939).
52 William Barclay, *The Lord's Supper*(Philadelphia: Westminster Press, 1967).
53 Hans Conzelmann, *An Outline of the Theology of the New Testament*(New York: Harper & Row, 1969).
54 James F. White, *Introduction to Christian Worship*(Nashville: Abingdon Press, 1980).
55 Felix L. Cirlot, *The Early Eucharist*, 1-13.
56 William Barclay, *The Lord's Supper*, 17.
57 Hans Conzelmann, *An Outline of the Theology of the New Testament*, 51.

와 축복(berakah)을 강조하는 회당 예배, 최후 만찬에 결정적인 영향을 준 유대 가정 식사와 전통 모두를 포괄한다고 보았다.[58] 표현과 강조는 달라도 이들은 성만찬의 기원을 예수의 최후 만찬에 두었으며, 그것은 유대 전통의 연장이거나 혹은 유대 전통에 깊은 영향을 받았던 것으로 해석하고 있다.

그러나 현대 신학적인 접근을 시도하는 류맨은 예레미야스(Joachim Jeremias), 로스(Robert Roth), 보른캄(G. Bornkamm)의 연구를 배경으로 다락방에서의 주의 만찬을 유월절 식사로 보고, 유일한 성만찬의 시작으로 보아 온 전통적 해석을 부정하고 있다. 그 이유는 다락방 만찬이 어떤 형태의 것이었고, 떡과 포도주를 들고 무슨 말씀을 하셨는지가 분명치 않은 현대 성서신학에 근거하고 있다.[59]

류맨에게는 다락방 논의보다 더 중요한 차원은 예수의 지상 사역 전체 속에 드러내 주신 제자들과 죄인들, 세리와 창녀들과의 탁상 교제와 대화였다.[60] 죄인들을 용서한다는 주제와 그들과 함께 먹고 마셨다는 코이노니아(교제)의 주제가 예수께서 선포하신 하나님 나라를 미리 경험하는 것이었다. 그뿐만 아니라 예수의 지상 사역에서 5,000명을 먹인 기적의 기사(막 6:31-44, 8:1-10)에서 "떡과 물고기를 가지사, 하늘을 우러러 축사하시고, 떡을 떼어, 제자들에게 주어…"라는[61] 축복은 다락방에서의 최후 만찬만을 신비화해 오고, 성례전화해 온 역사적 오류에 대해 시정을 가하는 근거가 된다는 것이다. 이러한 해석은 개렛, 레만, 콘첼만에 의하여 강력한 동조와 지지를 받았다.

그렇다면 다락방에서의 최후 만찬과 5,000명을 먹이시고 죄인과 세리들과 함께 먹고 마신 예수의 식사와는 어떤 관계에 놓이는 것인가? 류맨은 여기서 새로운 종합을 시도한다.

---

58 James F. White, *Introduction to Christian Worship*, 204-205.
59 John Reumann, *The Supper of the Lord*, 2-3.
60 *Ibid.*, 4.
61 *Ibid.*, 4-5.

다락방 최후 만찬만을 성만찬의 근거로 삼았을 때 그것은 필연적으로 성례전주의(sacramentalism)에 빠지고 만다. 반대로 죄인과 세리와의 식사와 교제만을 강조하면 그것은 역사 도피적인 종파주의(sectarianism)에 빠지게 된다. 그러나 다락방에서의 특별한 식사, 최후 만찬은 예수께서 제자와 죄인들과 나누신 교제와 식사라는 예수의 전 사역의 틀과 관계에서 보아야 한다는 것이다.62 예수의 전 사역을 통해 보여 주신 제자와 죄인들과의 식사 속의 탁상 교제와 대화라는 큰 틀에서 제자들과의 최후 만찬을 보고 해석할 때, 그 다락방 식사(배신당하신 날 밤)에서의 떡과 포도주는 새로운 의미를 가지게 된다.63

이렇듯 예수의 전 사역에서 보여 준 죄인들과의 교제와 다락방에서의 제자들과의 최후 만찬의 통합된 관점은 초대교회의 실천으로 넘어오는 과정에 가장 중요한 계기를 거치게 된다. 그것은 십자가에서 죽었다가 다시 사신 부활 사건이었으며, 부활하신 후 예수께서 제자들과 나누신 식사였다.64 그래서 초대 기독교인들의 성만찬은 생선 식사(fish meal)였을 가능성이 높다고 레만은 풀이한다.65 그러나 부활 이후 예수께서 제자들과 나누신 식사의 의미는 그들이 이해할 수 없었던 예수의 고난과 죽음 뒤에 숨어있었던 하나님의 구원을 (부활하신 예수의 현존 앞에서) 새롭게 회고할 뿐 아니라 그리스도께서 재림하실 때 완성하시는 하나님 나라 잔치(Messianic Banquet)를 미리 경험하는 계기가 되었다.66 이것은 예수의 행적과 십자가를 회고하는 계기뿐 아니라 장차 임할 하나님 나라 잔치를 미리 맛보고 대망하는 종말론적 축제였다. 이것은 복음서 전체를 중심으로 증언된 내용을 신학적으로 해석하고 재구성한 성만찬의 성서적 논거다.

그러나 아직도 문제는 남아 있다. 하나는 위에서 논의한 "성만찬의 성서적 이해(예수의 사역에서 나타난 죄인들과의 식사와 교제, 다락방 최후 만찬의

---

62 Ibid., 5.
63 Ibid., 8.
64 Helmut T. Lehmann, ed., Meaning and Practice of the Lord's Supper, 45-47.
65 Ibid., 46.
66 Ibid., 46-47; John Reumann, The Supper of the Lord, 8.

의미, 부활의 감격 속에 나눈 식사)가 초대교회에서는 어떻게 구조화된 경험으로 나타났는가"라는 연결의 문제이다. 특별히 예수께서 죄인과 세리들과 함께 나누신 식사와 교제라는 차원과 다락방에서 제자들과 나누신 예수의 최후 만찬이라는 차원이 초대교회에서는 '아가페 식사'(Agape meal)와 '주의 만찬'(Lord's Supper)으로 구별되면서도 통합된 교제 행위로 나타났다.

사도행전 2장 46절 "… 집에서 떡을 떼며…"와 고린도전서 11장 21절 이하 "이는 먹을 때에 각각 자기의 만찬을 갖다 먹음으로 어떤 이는 시장하고 어떤 이는 취함이라…"를 주석하는 성서학자는 당시 예루살렘교회와 고린도교회의 성만찬과 아가페 식사는 분리가 아니라 통합된 의식이었음이 분명하다는 해석에서 출발한다.[67] 초대교회는 성만찬(Holy Communion)을 독립적으로 실시한 것이 아니라 '사랑의 애찬'(love feast) 또는 '자선 애찬'(feast of charity)이라고 불린 아가페 식사와의 연관 속에서 이루어졌다는 의미이다(유 12장). 바로 이 사랑의 애찬과 성만찬은 다음의 틀 안에서 진행되었던 것으로 해석한다.

① 잔치(feast)는 오후나 저녁 시간에 가진다. 여기에는 부자와 가난한 사람 모두가 참여한다. 단, 음식은 부자들이 준비한다.

② 준비된 음식들을 위한 기도와 축복

③ 공동으로 식사

④ '사랑의 입맞춤'(Kiss of Charity, 벧전 5:14)으로 식사를 끝마친다.

⑤ 손을 씻는다.

⑥ 예언자나 다른 지도자들의 인도하에 기도와 찬송을 부른다.

⑦ '성만찬'(Holy Communion) 혹은 '떡을 떼는 일'(고전 11:21, 25).[68]

---

67 J. R. Dummelow, ed., *A Commentary on the Holy Bible*(New York: MacMillan Co., 1961), 822.

68 *Ibid.*; Felix L. Cirlot, *The Early Eucharist*, 13.
서로트는 초대교회가 실시한 '아가페 식사'(agape meal)의 원형적 모델을 유대 전통인 여기서 중요한 것은 성만찬(Holy Communion, 주의 최후 만찬에서 근거를 찾음)과 아가페 식사(죄인과 세리들과 식사와 교제를 나누었던 예수의 사역에서 그 근거를 찾음)가 별개의 예식이 아니라 주의 만찬(The Lord's Supper)이라 불리는 한 예배, 한 예식이었다는 데 있다.[69] 그리고 초대교회의 성만찬(Holy Communion)은 신비적인 것도, 성례전적인 것도, 교권적인 것도 아니라 처음부터 하나님 나라의 예식이었으며, 모든 사람, 특히 죄인들과 소외된 사람까지 초대하는 사랑의 공동 식사(agape meal)의 틀과 구조 안에서 실시되었던 종말론적인 행위였다는 사실이다.

2) 변질

그러나 주의 만찬(The Supper of the Lord)은 고린도교회 부자 교인들의 남용에 의해 변질되기 시작하였다. 고린도교회 교인들의 남용은 가난한 자와 노예들과 함께 음식을 나누어 먹어야 했던 애찬(Agape Meal: 이는 주의 만찬의 중요한 부분이었음)을 부자들이 모두 먹어 치웠던 데 있었다. 그로 인해 가난한 자와 노예들은 배고픔을 안은 채 자기 처소로 가야 했다(고전 11:21).[70] "먹으러 모일 때에는 서로 기다리도록" 되어 있던 애찬(사랑의 식사)에 가난한 자와 노예들은 음식을 먹지 못하고 노동 때문에 늦게 오는 틈을 타 부자들이 음식을 먼저 먹었던 것이 문제가 되었다(고전 11:33).

부자들의 남용에 대하여 바울은 해결의 길을 제시했다. "시장하거든 집에서 먹을지니"(고전 11:34)라는 충고였다. 그러나 이것은 한 가지 예측하

Haburoth 식사에서 찾는다.

① 비공식적 순서: 가져온 음식과 음료수에 축복(포도주 축복은 뒤에)

② 공식적인 식사: 축복, 모두가 있는 데서 한 지도자가 떡을 뗌

③ 식사 후 떡과 포도주를 축복함

④ '키두시컵'(Kiddushcup) 그날의 축복기도

⑤ 술의 축복: 술을 마심

69 J. R. Dummelow, ed., *A Commentary on the Holy Bible*, 822.

70 Hans Conzelmann, *An Outline of the Theology of the New Testament*, 52; John Reumann, *The Supper of the Lord*, 8.

지 못한 결과를 가져오기 시작했다. 배고픔을 채우기 위해 함께 나누었던 공동 식사, 사랑의 애찬으로부터 주의 만찬을 분리하기 시작하게 된 것이었다. 사랑의 공동 식사(agape meal)로부터 주의 만찬의 분리는 죄인들과 함께 식사를 나누었던 예수의 교제와 대화, 다락방에서 가졌던 제자들과의 최후 만찬, 부활하신 후 나누신 식사, 하나님 나라의 사랑을 나누는 종말론적 축제인 주의 만찬을 둘로 갈라놓는 시점이 되었다. 여기서부터 성만찬은 애찬으로부터 분리되면서 애찬은 서서히 사라져 가기 시작하였다.[71]

류맨에 의하면 성만찬(Holy Communion)과 공동 식사(애찬)의 분리는 초대 예배에 몇 가지 중대한 변화를 가져왔다. 공동 식사라는 공동체적 유대와 관계가 사라지면서 예배는 떡과 포도주만을 강조하는 성례전으로 바뀌기 시작한 것이다. 그리고 몸을 상징하는 떡과 피를 상징하는 포도주를 분리하기 시작하였다. 그리고 점차 떡 그 자체, 포도주 그 자체의 신빙성을 강조하는 방향으로 흘렀다. 그 결과 마가복음의 기록 시기나 고린도전서 기록 시기에 교제의 관계로부터 떡과 포도주 그 자체가 예수의 죽음과 부활을 전달(convey)하는 신비적 매개로 변화되기 시작하였다. 그리고 본래의 주의 만찬의 때(성만찬과 사랑의 공동 식사가 함께 진행되었던)는 저녁이었으나, 성만찬이 사랑의 애찬으로부터 분리되면서 성만찬은 아침 시간으로 옮기게 되었다.[72] 이 모든 변화의 근원은 모든 성도가 참여하는 사랑의 식사로부터 성만찬(떡과 포도주 예식) 분리에 있었다.

이렇게 시작된 성만찬의 역사적 변질은 교부 시대를 거치면서 중세에 이르러 더욱 교권화되고, 제도화되었다.

레만(Helmut T. Lehmann)은 교부 시대에 나타난 성례전을 크게 두 가지 신학적 범주로 구분한다. 첫 번째는 성만찬의 상징주의(symbolism)적 이해로서, 여기에는 알렉산드리아 학파 교부들이 속한다. 아타나시우스, 유세비우스, 그레고리우스, 바실 등의 상징주의자들은 한마디로 성만찬을 영

---

71 John Reumann, *The Supper of the Lord*, 9.
72 *Ibid.*, 10-11.

적인 양식(spiritual food)으로 해석하는 특색을 가지고 있었다.[73]

레만은 두 번째 신학적 범주는 실재주의(Realism)였다.[74] 실재주의의 특징은 그리스도의 몸과 피가 떡과 포도주와 신비적으로 연합된다는 데 있었다. 실재주의적 성례전을 처음 주장한 저스틴은 그의 예배 예전에서 감독(당시 회장으로 호칭된)이 드리는 성만찬 기도(Eucharistic Prayer)에서 떡과 포도주는 그리스도의 몸과 피로 변화된다는 주문을 제시하였다.[75] 성만찬에 대한 실재주의적 이해는 저스틴에서 이레니우스, 히폴리투스, 예루살렘의 시릴(Cyril), 니사의 그레고리우스(Gregorious of Nyssa)로 이어졌으며, 여기에는 '이집트적인 헬라주의 사상의 마술적 예술'(Magic art of Egyptian Hellenism)을 반영하는 에피클레시스(Epiklesis, 성령 임재) 사상이 결정적인 영향을 준 것으로 해석한다.[76] 이렇듯 성만찬의 신학적 이해와 교회의 실천이 교부 시대에 오면서 실재주의로 급변하게 된 역사 뒤에는 임박했다고 믿었던 예수의 재림이 지연된 것이 결정적인 원인이었으며, 심화된 로마의 박해가 교회를 신비화 방향으로 몰고 갔다.[77]

그러나 성만찬이 중세의 화체설(Transubstantiation)로 변질되기 전 교부시대의 성만찬을 특색지어 준 신학적 사상은 '희생'(Sacrifice)이었다. 희생사상은 순교자들의 윤리적 행위를 위한 기도에서 유래하였다. 그다음은 제단에 바쳐진 헌물 위에 희생의 의미를 부여하였다. 이때부터 떡과 포도주는 희생적인 봉헌으로 드려졌다(이레니우스). 희생은 사람이나 헌물을 의미하지 않고 사제에 의하여 그리스도의 몸과 피를 대신 봉헌하는 희생을 선언하는 것으로 바뀌었다(히폴리투스 키프리아누스(Cyprianus)). 성만찬의 기도(eucharistic prayer)는 그리스도의 희생을 재연하는 신학으로 바뀌었다.[78]

이로써 교부 시대의 성만찬은 아가페 식사라는 교회의 종말론적 공동

---

73 Helmut T. Lehmann, ed., *Meaning and Practice of the Lord's Supper*, 62-63.
74 *Ibid.*, 63.
75 C. Jones, G. Wainwright, E. Yarnold, *The Study of Liturgy*, 171.
76 Helmut T. Lehmann, ed., *Meaning and Practice of the Lord Supper*, 64-65.
77 John Reumann, *The Supper of the Lord*, 56.
78 Helmut T. Lehmann, ed., *Meaning and Practice of the Lord's*, 66-69.

체적 교제와의 단절로부터 시작하여 사제가 그리스도의 위치에 서서 그리스도의 희생을 아버지께 드리는 자리에까지 온 것이다. 결국 성만찬은 사제가 바치는 희생 제사로 바뀌었다.[79]

5세기를 계기로 교부 시대로부터 중세기로 넘어오면서 성만찬의 문제는 성만찬에 그리스도가 어떻게 현존하는가라는 교리적 논쟁으로 초점을 바꾸었다. 여기서 암브라시오와 어거스틴은 각기 상반되는 신학적 관점을

---

79 John Reumann, *The Supper of the Lord*, 58. 서기 7세기를 전후하여 실시한 예배 예전은 다음과 같았다. C. Jones, G. Wainwright, E. Yarnold, *The Study of Liturgy*, 182-201.

서방 예전	시리아 예전	애굽 예전(일명 '성 마가 예전')
I. Introduction-서막	I. 서막	I. Eucaristic Prayer-성 만찬의 기도
ⓐ Introit-입례-시편찬송	ⓐ Oering of the Altar-제단에 헌	ⓐ Preface-찬양, 감사
ⓑ Kyries-자비를 베푸소서	물 바침	ⓑ Epicleis-성령 임재를 위한 기도
ⓒ Gloria in Excels1s-영광송	ⓑ Kiss of Peace-대화식 평화의	ⓒ Oertory Prayer-봉헌기도
ⓓ The Collect-연도	입맞춤	ⓓ Words of Institution-성찬 제정
II. The Liturgy of the Word-말씀	ⓒ Lavado-거룩한 행실을 위한 성례	ⓔ Anamnesis-주의 죽음과 부활
의 예전	ⓓ Cornmemorization of the	을 기억
ⓐ Readings-성경 봉독	Living & the Dead-죽은 자와 산	ⓕ Prayer of oering-바친 것을 위
ⓑ Chant-성경 봉독 사이의 찬트	자의 이름을 부르고 기념	한 기도
ⓒ Sermon-설교-(감독 homily)	II. Eucaristic Prayer-성만찬의 기도	ⓖ Second Epiclesis-제2 성령 간
ⓓ Creed-신조	ⓐ Introduction Dialogue-인사	구기도
ⓔ Catechumens의 퇴장-미세례	ⓑ Preface-찬양, 감사	ⓗ Concluding doxology-송영
자(교육중의)	ⓒ Sanctus-거룩—(이사야 6:3)	II. Communion-성만찬
III. The Prayers of the Faithful-	ⓓ Prayer-기도	ⓐ Anaphora-떡을 떼는 일
세례받은 이들의 기도	ⓔ Words of Institution-제정	ⓑ Lord's Prayer-주기도
ⓐ Kiss of Peace-평화의 입맞춤	ⓕ Anamnesis-주의 죽음과 부활	ⓒ Communion of Clergy-성직
ⓑ Oertory-헌물 봉헌	을 기억	자 성찬
세례자가 가져온 헌물을 감독이 봉헌	ⓖ Prayer of oering-봉헌기도	ⓓ Anamnesis-주의 고난 기억
ⓒ Eucaristic	ⓗ Epiclesis-성령 임재의 기도	ⓔ Communion-성찬식
Prayer(Anaphora)-성만찬의 기도	ⓘ Prayer for the Livmg & the	ⓕ Post-Communion Prayer-성
㉠ Dialogue-Introductory-인사	Dead-산 자와 죽은 자를 위한 기도	만찬식 이후의 기도
Prayer-기도	ⓙ Commemoration of the	ⓖ Dismissal-폐회
㉡ The Preface-서문(인사)	Saints-성자 기념	
㉢ Sanctus-거룩, 거룩, 거룩	ⓚ Doxology-송영	
㉣ Commendation fo oerings-	III. Communion-성만찬	
헌물의 희생	ⓐ Lord's Prayer-주기도	
㉤ Epiclesis-헌물 위에 성령의 임재	ⓑ Breaking of Bread-떡을 뗌	
㉥ Words of Institution-성찬 제	ⓒ Mixing- 술과 섞음	
정의 말씀(아멘으로)	ⓓ Prayers for the Church-교회	
㉦ Anamnesis-수난, 부활 승천을 기억	를 위한 기도	
㉧ Prayer of oering-봉헌기도	ⓔ Dialogue-대화	
IV. Communion-성만찬	ⓕ Communion-성찬	
ⓐ Kiss of Peace-평화의 입맞춤	ⓖ Psalm & Hymn-시편 찬송	
ⓑ Breaking of Bread-떡을 뗌	ⓗ Sacristy-남은 것을 보관소로	
ⓒ Fernebtys(누룩)	ⓘ Prayer of Thanksgiving-감사	
(교황이 떡 하나를 미사에서 봉헌, 주	기도	
일마다 각 교회는 이를 실시)	ⓙ Closing-폐회	
ⓓ Mixing-봉헌된 빵과 성만찬 술을 섞음		
ⓔ Lord's Prayer-주기도		
ⓕ Communion-성찬분급		
ⓖ Blessing(축복기도)		
ⓗ Post-Communion Prayer		
(감사기도)		

제시하였다. 암브라시오는 해석함의 실재주의적 관점인 그리스도의 몸과 피로 변하는 떡과 포도주를 설교한 반면에 어거스틴은 "그리스도는 영적으로, 능력으로 성만찬에 현존한다"고 해석함의 실재주의를 거부하였다.[80] 이 두 사람의 신학적 갈등은 수 세기 동안 계속되어 온 실재주의(Realism)와 상징주의(Symbolism) 사이의 갈등으로 더욱 확산되었다. 특별히 실재주의 사상의 범람에 대해 어거스틴의 사상은 일대 수정뿐 아니라 성만찬 이해에 새로운 신학적 근거를 마련하였다. 어거스틴에게 있어 '보이는 것은 보이지 않는 것의 징표'에 지나지 않는 것이었다. 떡과 포도주는 그리스도의 몸과 피가 될 수 없으며, 그것들은 그리스도의 영적 임재의 징표들이다.[81]

이러한 실재주의와 상징주의의 사상적 갈등은 9세기 이후 중세에 나타난 두 상징적인 인물에 의해 심화되었다. 실재주의는 베네딕투스(Benedictus) 수도사였던 파사시어스(Paschasius Radbertus, 785~860)에 의하여 계승되고 확대되었다. 그의 『주의 몸과 피에 관하여』(On the Body and Blood of the Lord)에서 그는 사제가 성 만찬을 제정하고 떡과 포도주를 봉헌하면 마리아에게 나시고 십자가에서 죽고 다시 사신 그리스도의 몸과 피만이 남는다고 피력하였다. 어떻게 이런 일이 가능한 것인가? 그것은 하나님의 기적에 의해서만 가능하다고 대답한다.[82] 이것도 실재주의의 부활이라는 의미와 후일 로마가톨릭의 화체설을 위한 신학적 사상이었다.

그러나 중세에 나타난 또 다른 인물 수도사 라트람너스(Ratramnus)는 파사시어스의 실재주의 사상을 부정하고 나섰다. 그는 성만찬 봉헌 이후에도 '떡과 포도주'는 그대로 있으며, 변화가 있다면 그것은 영적으로 그리스도의 몸과 피가 된다고 설파하였다. 그것도 신앙으로 참여하는 사람에

---

80 John Reumann, The Supper of the Lord, 62.
81 William Barclay, The Lord's Supper, 69; Helmut T. Lehmann, ed., Meaning & Practice of the Lord's Supper, 72-73.
82 William Barclay, The Theologies of the Eucharist in the Early Scholastic Period(1084~1220) (Oxford, London: Clarendon Press, 1984), 70.

게만 경험되는 영적 변화라는 것이다.[83] 특별히 메이시(Gary Macy)는 이 접근을 신비적 해석(Mystical Approach)이라고 불렀으며, 여기에는 어거스틴, 라트람너스, 안셀름(Anselm), 아벨라드(Abelard) 등이 속한다고 보았다.[84] 이들은 구원은 그리스도와의 영적이고 신비적인 연합에서 오는 난제로 보았다.

그러나 중세기 성만찬 신학은 상징주의적·신비적 해석을 거부하고 화체설(Transubstantiation Theory)을 선택하였다. 이것은 실재주의 부활이었다. 11세기 켄터베리 대주교 랜프레인(Lanfrane), 힐데버트(Hildebert), 스테펜(Stephen), 특별히 아퀴나스(T. Aquinas)에 의해 주창된 신학은 화체설의 근거가 되었다. 성만찬에 "떡과 포도주의 본질(substance)은 그리스도의 몸과 피로 화체(transubstantiated)되고, 변화(converted)되고, 오직 떡과 포도주의 형태(accident)만이 남는다"는 것이다.[85] 서기 1215년 제4차 라테란 공의회(Fourth Lateran Council)는 드디어 성만찬의 화체설을 공식화하였다. 그리고 공의회는 화체설에 근거한 성례전을 집례하고 참여하는 규칙들을 제정하고 발표하였다. 이것은 중세 신학과 교회 실천의 방향을 결정짓는 공식적인 교리가 되었다(성례전 외에 삼위일체론, 성육신, 교회론도 포함되어 있었다).[86] 그리스도의 몸과 피가 봉헌된 떡과 포도주에 임존하기 때문에 둘 중의 하나만 받아도 전 그리스도를 받아들인다는 교리에까지 이르렀다. 이것은 결국 평신도를 포도주로부터 배제하는 성만찬으로 합리화되었다.[87]

바로 중세의 화체 성만찬 뒤에는 사제의 제사권이 깊숙이 깔려 있었다고 레만은 주장한다. 안수에 의한 사제만이 미사를 집례하며, 떡과 포도주를 그리스도의 몸과 피로 화체하는 기적을 수행할 수 있었다. 동시에 사제만이 인간의 사죄를 위해 하나님께 그리스도의 몸과 피를 희생으로 바칠

---

83 William Barclay, *The Lord's Supper*, 70; John Reuman, *The Supper of the Lord*, 63; Gary Macy, *The Theologies of the Eucharist in the Early Scholastic Period*, 73, 103.

84 Gary Macy, *The Theologies of the Eucharist in the Early Scholastic Period*, 73, 103.

85 John Reumann, *The Supper of the Lord*, 63.

86 Eric G. Jay, *The Church*, 108.

87 John Reumann, *The Supper of the Lord*, 63-64.

수 있는 권리를 가지고 있었다. 연옥에 있는 영혼들을 위한 소원을 담은 미사(Votive Mass)까지 사제의 권한에 주어지면서 미사의 수(數)는 주간 50여 회로 늘렸다. 그러나 평신도는 언제나 방관자의 위치에 머물러야 했다. 결국 평신도가 성만찬에 참여하는 것은 1년에 3번으로 제한하였다.[88]

이 같은 중세 로마가톨릭의 '화체설'에 근거한 성체 미사에 대해 강력한 반대와 비판을 가한 사람은 위클리프(John Wycliff)였다. 1380년 내놓은『성찬론』(De Eucharistia)과 후의『트리오로고스』(Triologus)에서 위클리프는 화체설을 비성서적 우상 숭배로 끌고 갈 뿐 아니라 그리스도의 성육신(Incarnation) 사상을 근본적으로 왜곡시켰다고 비판했다. 위클리프는 성만찬이 봉헌된 후에도 떡은 떡으로 남는다는 신학적 입장을 분명히 하였다. 다만 떡과 포도주는 봉헌된 이후 비유적으로(figuratively) 그리스도의 몸과 피가 되는 것이라고 했다.[89] 위클리프의 성만찬 신학은 어거스틴 신학의 재해석이었으며 그것은 화체설에 대한 정면 도전이었다. 이 도전은 루터의 저항을 자극했으며, 후일 영국교회의 성만찬 신학 형성에 큰 영향을 끼쳤던 것으로 알려지고 있다.

이어 중세 로마가톨릭의 미사는 루터의 공격 대상이 되었다. 특히 희생제사로서의 미사, 평신도를 소외시키는 미사, 그러면서 그것도 연 1~3회로 제한하는 미사, 소원을 담은 미사가 비판의 대상이 되었다.[90] 루터에게 희생제로서의 미사는 잘못된 종교성을 부추기고, 구원을 마치 인간의 희생(a sacrificium)과 공로(opusbonum)로 혼돈시키는 위험성을 안고 있었기 때문이었다.[91]

그러나 종교개혁 운동이 전 유럽으로 확산되면서 주의 만찬(성만찬) 문제는 오히려 종교개혁자들 사이에 첨예한 신학적 문제와 논쟁으로 부각되었

88 Helmut T. Lehmann, *Meaning and Practice of the Lord's Supper*, 76-83.
89 David B. Knox, *The Lord's supper from Wycliff to Cranmer*(Exeter: The Paternoster press, 1966), 11-16.
90 John Reumann, *The Supper of the Lord*, 64.
91 William H. Willimon, *World, Water, Wine and Bread*(Valley Forge: Judson Press, 1980), 63.

다. 특별히 루터와 츠빙글리 사이의 논쟁은 성례전 신학을 양극으로 몰아갔다.

서기 1520년에 내놓은 작은 논문 "바빌론의 포로"(De Captivitate Babylonica)에서 루터는 로마가톨릭의 7성례 중에 네 가지를 비성서적으로 규정하고, 세 가지만(세례, 성만찬, 회개)을 수용하였다(회개는 그 후 성례전적 의미를 상실했기 때문에 사실 두 성례만이 인정되었다). 그러나 던스(Duns) 이후로 성만찬은 성례전의 범주를 벗어나 독립적으로 논의되어 왔으며, 루터도 성만찬을 세례로부터 분리시켜 그 의미를 추구하였다.[92]

여기서 우리는 루터의 성만찬 이해를 흔히 츠빙글리와의 논쟁에서 접근하는 통상적 방법과는 달리 논쟁 이전부터 일관되게 추구해 온 루터의 신학 사상과의 연관성에서 찾는 제베르크(Seeberg)의 접근을 따르고자 한다. 제베르크에 의하면 루터의 성만찬 이해는 커뮤니오(Communio) 사상에서 보아야 한다는 것이다. 커뮤니오는 그리스도와의 교제와 하늘과 땅의 있는 모든 성도와의 교제를 말하며, 모든 축복과 고난, 섬김에 동참하는 것을 뜻한다.[93] 이 커뮤니오로서의 교제는 떡과 포도주로 상징되는 주의 만찬에서 오는 것이라고 루터는 믿었다.

여기서부터 루터의 관심은 그리스도의 몸의 현존(bodily presence of Christ)으로 옮겼으며, 성만찬에서의 그리스도의 몸의 현존은 사랑의 교제인 커뮤니오를 세우기 위한 것으로 이해하였다. 이로써 성만찬에서의 그리스도의 몸의 현존은 루터에게 강력한 신념이 되었으며, 바로 이 근거에서 루터는 1520년 떡과 포도주의 본질은 그리스도의 몸과 피로 화체되고 오직 떡과 포도주는 그 형체(accident)만이 남는다는 화체설을 공식적으로 부정하였다.[94] 이어 루터는 자신의 신학적 이해를 제시하였다. "떡과 포도주는 징표들이며, 그 징표 안에 진정한 그리스도의 몸과 피가 현존한다"는 것이다. 떡의 본질은 그대로 남지만, (화체되는 것이 아니라) 떡과 함께 그리

---

92 Reinhold Seeberg, *The History of Doctrines*(Grand Rapids, Michigan: BakerBook House, Vol. n, 1961), 282-283.
93 *Ibid.*, 285-286.
94 *Ibid.*, 287.

스도의 몸이 동시에 주어진다는 것이다.[95] 그리스도의 몸의 현존을 의식하는 것은 죄의 용서와 은혜 안의 신앙을 돈독하게 할 뿐 아니라 그리스도와의 교제와 이웃을 섬기는 사랑의 동기를 주는 것이라고 하였다.[96] 이것이 루터의 본래적인 성만찬 이해였으며, 후대에 이를 공존설(Consubstantiation Theory)이라고 불렀다.[97]

그러나 문제는 1522년을 시점으로 성만찬을 순수한 상징으로 보는 보헤미안 형제들의 견해, 홀란드의 호니어스(Honius)가 제시한 '이다'는 곧 '상징한다'로 바꾸어 성만찬 제정을 이해한다는 주장 그리고 칼슈타트(Carlstadt)가 주장하는 "이것은…"은 그리스도의 몸이요, "나를 기념하여 받아먹으라"는 곧 떡을 의미한다는 주장에 맞서게 된 루터는 성만찬에서의 그리스도의 몸의 현존을 다시 주장하면서, 이번에는 '그리스도의 몸이' 어떻게 현존한다는 해석의 과제를 발전시켜야 했다.[98] 이것은 유명한 츠빙글리와의 논쟁으로 발전한 계기가 되었다.

루터와 츠빙글리 사이의 경쟁 관계는 성만찬 신학의 문제만은 아니었다. 남부 독일과 스위스 종교개혁의 기수로 부각된 츠빙글리와 종교개혁의 바람을 전 유럽에 확산시키던 루터 사이의 정치적·교권적 주도권 경쟁도 그 배경에는 깔려 있었다. 그러나 1524년과 1528년에 걸쳐 진행된 성만찬 논쟁은 가열되었으며,[99] 그것은 1529년 'Marburg Colloquy'로 알려진 토론에서 절정에 이르렀다.

그러나 루터와의 논쟁 이전 츠빙글리는 자신의 성만찬 신학을 발전시켜 오고 있었다. 츠빙글리의 성만찬 이해는 요한복음 6장 63절에 나오는

---

95 *Ibid.*, 287.
96 *Ibid.*, 288.
97 Helmut T. Lehmann, *Meaning and Practice of the Lord's Supper*, 90.
98 Reinhold Seeberg, *The History of Doctrines*, Vol. II, 288. 루터는 1523년에 내놓은 *Formula Missae*에서 '희생', '공로', 화체'에 관계된 순서를 빼는 예배 개혁을 시도했으나, 그것은 여전히 보수적이었다. 1526년에 다시 내놓은 *Deutsche Messe*에서는 독일어로 평신도 참여, 독일어 찬송 사용, 설교 중심으로 바꾸는 몇 가지 개혁의 공을 남겼다. William H. Willimon, *Word, Water, Wine and Bread*, 64-65.
99 Williston Walker, *A History of the Christian Church*, 364-365.

"… 육은 무익하니라"는 구절을 근거로 그리스도의 몸의 현존은 하늘에 있으며, 그러므로 성만찬에 그리스도의 육적 현존은 있을 수 없다는 결론에서 시작했다. 따라서 성만찬 제정의 말씀들은 상징적으로 해석되어야 한다. 성만찬에서 몸의 현존을 부정하는 대신 츠빙글리는 성만찬을 기억(memorial)으로 정의한다.

루터의 육적 현존 이해를 반박하고, 루터를 정치적 궁지에 몰아가기 위한 츠빙글리의 성만찬 이해는 간단한 것이었다. "떡과 포도주는 우리를 위해 희생된 몸과 피의 징표이다. 이 징표들은 바쳐진 몸과 피를 드러내고 (signify) 구원을 기억나게 하는 것이다. … 오직 신앙만이 이를 이해하고 수용할 수 있다. … 그러므로 본질적으로나 참으로가 아니라 신앙의 명상(contemplation)을 통해서 그리스도는 성만찬에 임재한다"고 정의했다.100 그러기에 츠빙글리에 있어 성만찬은 그리스도의 구원을 되새기는 기억의 축제이고, 회중은 그리스도인의 삶을 살아가는 신앙 고백이었다.

츠빙글리와 그의 동료들이 제시하는 성만찬 신학뿐 아니라 그들의 인신적이고 정치적인 도전은 루터를 괴롭혔으며, 드디어 루터는 그의 기독교론 이해로부터 그리스도의 편재론(Christis Ubiquity)을 가지고 반격하였다. "하나님 우편에 앉아 계시다"는 말은 아버지 옆의 황금 의자를 의미하는 것이 아니라 하나님의 전능한 능력을 의미하는 것이며, 이는 하나님은 어디에나 계시다는 의미라고 해석했다.101 1529년 Marburg Colloquy는 화해에까지 이르지는 못했지만, 14개의 신앙 조항과 성만찬의 '떡과 포도주'는 그리스도의 제정으로 된 것과 이 몸과 피를 영적으로 먹고 마시는 일은 모든 그리스도인에게 필요한 것이라는 사실을 합의하는 선에서 끝났다.102

그러나 종교 개혁기의 성만찬 신학 논쟁은 제3의 해석의 단계로 발전하였다. 그것은 루터와 츠빙글리 사이에 섰던 장 칼뱅의 성만찬 신학이었다. 칼뱅에게 가장 핵심적인 질문은 그리스도의 몸이 우리에게서 멀리 떨어져

100 Reinhold Seeberg, *The History of Doctrines*, 318-320.
101 John Reumann, *The Supper of the Lord*, 68.
102 Reinhold Seeberg, *The History of Doctrines*, Vol. II, 330.

있음에도 불구하고 어떻게 그리스도의 몸이 우리에게 양식(food)으로 올 수 있는가였다. 이 물음에 대하여 루터는 하나님의 전능한 능력 안에서의 그리스도의 육의 현존이라 대답했으며, 츠빙글리는 신앙으로 기억하는 행위에서 가능한 것으로 보았다. 그러나 칼뱅은 제3의 해석을 제시한다. 즉, 그것은 성령의 능력 안에서 일어난 것으로 보았다. 지역적으로 갈라져 있는 것들을 성령은 자유로이 연합하고 있으며, 이는 믿음으로만 받아들일 수 있다.[103]

여기서 칼뱅은 츠빙글리의 '기억설'보다는 오히려 루터의 '현존설'에 더 가깝다고 본다. 그러나 루터가 그리스도의 육적 현존을 주장하는 반면 칼뱅은 성령의 매개를 통한 그리스도의 임재를 주장함으로써 다른 입장을 제시하였다.[104] 이 세 가지 신학적 이해는 종교개혁 운동을 여러 갈래로 나누는 근원이 되기도 하였다.

3) 성만찬 신학

중세기 종교개혁을 전후하여 발화되었던 성만찬 신학 논쟁은 주로 성만찬 신학이라기보다는 성만찬 요소인 떡과 포도주를 중심으로 쟁점화되었던 것이 특징이었다. 떡과 포도주의 본질이 그리스도의 몸과 피로 변화된다는 화체설, 떡과 포도주는 변하지 않고 그 안에 그리스도의 육적 임재를 주장하는 공존설, 떡과 포도주는 단 한 번만 있었던 그리스도의 구속적인 죽음을 상징할 뿐이라는 기억설 혹은 기념설, 성령의 매개로 그리스도께서 떡과 포도주를 통하여 임재한다는 영적 임재설은 모두가 떡과 포도주를 중심 소재로 펼친 신학들이었다.

17세기에서 20세기 사이의 성만찬 신학은 큰 변화 없이 자기들의 고백과

---

103 *Ibid.*, 414.
104 이양호, "칼뱅의 성찬론,"『현대와 신학』, 제18집(연세대 연합신학대학원, 1994, 6), 74-90. 또한 성만찬에 관한 칼뱅의 종교개혁적 시도는 William H. Willimon, *Word, Water, Wine and Bread*, 69-70.

전통을 따라 더 보수화하거나 심화시켜 간 것이 특징이었다. 로마가톨릭은 트렌트 공의회(Council of Trent, 1545~1563)를 계기로 화체설을 근간으로 하는 희생 미사와 사제 권한을 더욱 강화하였다. 루터교회는 로마가톨릭과 개혁교회들(Reformed Churches)을 비판하면서도 자신들은 그리스도의 임재설에 관한 한 로마가톨릭에 가까이 가고 있었다. 정통주의에 반발하고 나섰던 경건주의 교회는 성만찬 교리보다는 뜨거운 경험 쪽으로 신앙의 초점을 옮겼다. 영국교회(Anglicanism)는 19세기 트랙터리안 운동(Tractarian Movement, 일명 Oxford movement)을 계기로 더욱 가톨릭화하였다.[105]

그러나 성만찬 신학은 20세기에 이르러, 더 구체적으로는 1982년 세계교회협의회가 공식 제정하고 발표한 리마 예전을 계기로 일대 변화를 맞이하였다. 1927년 로잔회의, 1974년 아크라(Accra) 회의, 1978년 방골라(Bangola) 회의, 1982년 리마 회의를 거치면서 세계교회협의회, 특히 '신앙과 직제' 위원회는 "세례, 성만찬, 사역"(Baptism, Eucharist and Ministry), 일명 B.E.M. 을 위한 최대 공약을 만들어 내게 되었다. 여기에는 50여 년의 긴 노고가 담겨 있으며, 그 과정은 경쟁(competition), 공존(coexistence), 협동(cooperation), 헌신(commitment), 커뮤니언(communion)의 진통을 거쳐 온 것이었다.[106] 이것은 2,000년의 교회 분열과 상처를 하나의 그리스도의 공동체로 전환하고 치유할 수 있는 기적이고 혁명이었다. 그리고 그 산물인 B.E.M. 문서와 리마 예전은 세례교회의 미래를 밝게 비추는 신학적 영감이고 길잡이가 될 것이다.

이러한 역사적 배경을 두고 20세기에 형성되고 있는 성만찬 신학은 크게 네 범주로 분류될 수 있을 것이다.

하나는 알렉산더 슈메만(Alexander Schmemann)에 의해 대변되는 정교회(Orthodox)의 성만찬 신학이다. 슈메만의 성만찬 신학은 인간은 누구나 유카리스트의 제사장들로 창조되었다는 창조 신학에서 출발하고 있다. 유

---

105 John Reumann, *The Supper of the Lord*, 70-74.
106 William H. Lazareth, "1987: Lima and Beyond," *Ecumenical Perspectives on Baptism, Eucharist and Ministry*, ed., by Max Thurian, 186-195.

카리스트의 제사장이란 세계를 하나님께 봉헌하는 것을 의미하고, 이 봉헌에서 인간은 삶의 선물을 받는다. 그러나 타락과 함께 인간은 제사장적 능력을 상실했다.107 이 슈메만의 접근은 유카리스트를 교회의 예전으로 국한하고, 제사장을 성직자 혹은 사제로 특권화해 온 전통적인 틀을 넘어 제사장이라는 삶과 창조와 세계가 곧 유카리스트의 장이 되고, 모든 인간은 제사장이라는 창조 신학적 의미다. 그러나 타락과 함께 제사장적 능력을 상실한 인간과 이 세계에 예수 그리스도를 통하여 하나님과 하나님의 나라가 임재했으며, 이는 가장 기쁜 소식이었다(joy). 여기서 기독교는 처음부터 이 예수 그리스도의 기쁨을 노래하고 감사하는 공동체 행위다.108 이 슈메만의 접근은 유카리스트의 장(場)인 세계의 타락을 그리스도의 기쁨(하나님과의 기쁨)을 통해 새로운 유카리스트의 장으로 변화시킨다는 의미를 가진다. 그리스도를 통한 기쁨은 세상으로부터의 도피가 아니라 오히려 세계를 향한 새로운 기쁨의 여정을 뜻한다.

여기서부터 슈메만은 레이투르기아(Leitourgia)라는 신앙 공동체의 예배에 접근한다. 이스라엘의 예배는 오고 있는 메시아를 대망하도록 세계를 준비시키기 위한 공동적 행위였고, 교회의 예배는 예수 그리스도에게서 오신 하나님과 오고 있는 그의 나라를 대망하도록 이 세계를 준비시키는 사역이라는 것이다. 그러기에 성만찬 예식은 종교적 의전이거나 컬트가 아니다. 성만찬(eucharist)은 주님의 기쁨에 들어가는 교회의 입장(entrance)이다.109

여기서 슈메만은 과감한 신학적 제언을 서슴지 않는다. 성만찬 예식은 하나님 나라로 들어가는 교회의 행진(procession) 혹은 여행(journey)이라고 한다. 그리스도의 현존으로 들어간다는 의미는 삶의 궁극적 실재를 보게 하는 4차원에 들어간다는 뜻이다.110 어떻게 여행이 가능한 것인가? 여행은 집을 떠난다는 의미고, 모든 사회적 계급의식을 버리고 새 삶의 공동

---

107 Alexander Schmemann, *For the Life of the World*(Crest Wood, N.Y.: St. Vladimirs Seminary Press, 1963), 17.
108 *Ibid*., 24-25.
109 *Ibid*., 25.
110 *Ibid*., 27.

체에 모여든다는 의미라는 것이다.111

그렇다면 4차원으로 여행하는 유카리스트와 교회의 예배 예전(liturgy)은 어떤 관계에 놓이는 것인가? 슈메만은 교회의 예배 예전은 4차원으로 여행하는 기독자·순례자의 삶의 여정이고, 공동의 행위라고 보는 듯하다. 슈메만의 약점은 이 관계를 암시하고 있을 뿐 분명히 밝히지 않는 데 있다.

정교회 예전은 장엄한 송영(solemn doxology)에서 시작한다. 이는 하나님 나라를 향한 여행 선포다. 두 번째는 입장이며, 제단으로 신자들이 모이는 것을 뜻한다. 옛것을 버리고 장차 올 새로운 세계를 향해 떠났다는 의미이다. 세 번째 예전은 말씀의 예전이다. 말씀의 선포는 성례전적 행위이며, 인간의 말은 하나님의 말씀으로 하나님 나라의 계시로 변화된다. 네 번째 예전은 성만찬 예전(eucharistic liturgy)이며, 여기서 떡과 포도주는 우리의 삶과 이 세계를 하나님 앞에 바친다는 의미다. 삶 자체가 유카리스트(감사)며, 이는 하나님을 향한 사랑과 찬양의 운동이다. 여기서 *Anamnesis*(그리스도와 세계를 기억하는 일), *Anaphora*(봉헌), *Epiclesis*(성령 임재), *Sanctus*(거룩), Communion(성만찬)의 모든 예전(liturgy)은 하나님 나라를 향한 여정의 구체적 행위이다.112

정교회 성만찬 신학을 새로운 관점에서 해석하는 슈메만이 창조와 삶과 세계를 곧 유카리스트의 장으로 보고, 그리스도 안에서 임재한 하나님 나라를 진정한 유카리스트(기쁨)로 보는 것은 성례전과 교회의 예식을 사제의 독점물로 보아 오던 사상을 근본적으로 바꾸어 놓는 전환점으로 평가된다. 그리고 성만찬을 떡과 포도주의 요소로 보지 않고, 하나님 나라(제4차원)로 여행하는 교회와 신자들의 진정한 삶의 순례라고 해석하는 것은 성만찬을 종말론적 행위로 해석하는 새로운 시도로 평가된다. 그러나 슈메만의 약점은 하나님의 역사 개입과 하나님 나라의 현존을 계시적 차원에서 보지 않음으로써 하나님 나라는 역사와 관계없는 미지의 세계로 신

---

111 *Ibid.*
112 *Ibid.*, 27-42.

비화시킨 데 있다. 그 결과 성만찬은 제4차원을 향해 인간이 여행하는 것 같은, 마치 장망성을 떠나 낙원을 향해 한없이 걸어가는 존 번연의 『천로 역정』에 나타난 기독교 같은 인상을 남긴다. 이는 마치 인간이 천국을 향해 걸어 올라가고 거기에 들어가는 신비적인 여정처럼 성만찬을 신비주의화 하려는 약점을 가진다. 그러나 슈메만의 성만찬 신학의 공헌은 예전주의 와 형식주의를 넘어서서 하나님 나라와 삶과 세계를 여정, 행진이라는 이 름으로 연결하여 성만찬의 예전적 의미를 부여했다는 데 있다.

20세기 성만찬 신학의 두 번째 범주는 로마가톨릭 신학자 헨리 나우웬 (Henri Nouwen)에 의하여 제창된 부재(absence) 속의 현존(presence)의 성 만찬 이해다. 비록 로마가톨릭의 공식적인 성만찬 신학을 대변하고 있지 는 않지만, 나우웬의 독특한 종말론적 해석은 우리의 관심을 끌기에 충분 한 것으로 보인다.

나우웬에 의하면 오늘 교회, 사역, 성만찬, 사회 전반에 파고든 문제는 지나치게 현존을 강조하는 데 있다. 환자를 심방하고, 예배를 자주 드리며, 많은 성경 공부에, 많은 파티에, 많은 게임으로 항시 삶과 신앙은 무언가 에 의해 가득 차 있어야 하는 것 같은 현존의 문화, 현존과 목회에 심취되 어 있다. 그러나 이것은 위험한 것이라고 본다. 부재(不在)의 차원을 잃고 있기 때문이라고 본다.

여기서 나우웬은 하나님 계시의 신비는 그리스도가 우리에게 오시는 현존뿐 아니라 그리스도의 부재(leaving)를 통하여 우리와 가까이 계신다 는 역설에 있으며, 우리의 신앙과 성만찬의 의미는 바로 이 현존과 부재의 신비에서 보아야 한다고 본다.[113] 그리스도의 부재에서 그는 우리 존재의 중심에 함께 하심을 경험하며, 여기서 그를 기억하는 행위는 단순한 과거 의 구원을 되새기는 것이 아니라 삶의 위기와 고난 중에 우리의 삶을 지탱 해 주는 생명력의 기억이다.

사역이란 우리의 부재(leaving)의 선언을 통해 하나님의 영이 활동하는

---

113 Henri J. M. Nouwen, *The Living Reminder*(N.Y.: Seabury Press, 1977), 42.

공간을 만들어 놓는 것이며, 우리는 부재는 곧 하나님의 현존을 가능케 하는 것이다. 물론 나우웬에게 있어서 현존이 있는 후의 부재이며, 바로 이 부재 속에 새로운 현존이 가능하다.114

성만찬에서 떡과 포도주를 먹고 마시는 행위는 그리스도의 부재(absence)를 슬퍼하는 행위이다. 그러나 바로 이 그리스도의 부재 안에서의 떡과 포도주는 그리스도의 현존을 기뻐하는 행위이다. 그리스도는 아직 재림하시지 않았지만(부재), 주님의 성찬에 참여함으로써 우리는 하나님의 임재의 약속을 소망하는 순례에 있게 된다고 보았다. 여기서 우리는 그리스도의 부재 안에서 그의 약속을 기억함으로써 이미 우리 가운데 오셔서 우리를 양육하시고 지탱하시는 그의 현존을 축하한다. 그러므로 성찬에 초대될 때 우리는 그리스도의 현존만을 경험하는 것이 아니라 그의 부재를 경험하는 것이며, 감격과 기쁨만이 아니라 슬픔과 아픔도 축하하는 행위가 된다. 따라서 성만찬은 그리스도의 부재 속에 그리스도의 십자가와 부활을 기억하는 행위이며, 바로 이 기억에서 그리스도는 우리 안에 현존하고 계심을 경험하고 축하하는 것이라고 결론 짓는다.115

나우웬의 성만찬 신학은 종말론적 시간 이해에서, 특히 부재와 현존의 역설을 통하여 떡과 포도주의 의미를 그리스도와 만나고(부재 속에서) 그리스도에 의해 삶과 신앙이 양육되고 지탱되는 치유적 차원에서 해석했다는 점에서 매우 독창적인 것으로 평가된다. 적어도 나우웬은 떡과 포도주의 요소(element)를 중심으로 하는 논쟁이나 그것을 신비화하려는 위험성을 훌륭히 극복하고 있었다. 나우웬의 성만찬은 인간 경험적 · 치유적 · 목회적 가능성을 품는 신학으로 평가받는다.

20세기 성만찬 신학의 세 번째 범주는 세계교회협의회(WCC)의 신앙과 직제위원회가 45년간의 수고 끝에 1982년 탄생시킨 B.E.M. 문서와 리마 예식서를 포함하는 에큐메니컬 성례전 신학이다.116 이 문서와 예식서는

114 *Ibid.*, 44.
115 *Ibid.*, 45-47.
116 박근원 편저, 『리마 예식서』, 서울, 한국기독교교회협의회, 1987. 박 교수는 여기서 "리마

또 다른 하나의 문서나 예배 순서가 아니라 지난 교회 분열의 아픔을 극복하고 한 교회로 향하는 일치의 기틀이고, 대화합의 결실이라는 이유에서 이것은 2,000년 만의 기적이요 혁명이라 부를 수 있다.

존 류맨(John Reumann)은 B.E.M. 문서가 공식적으로 채택되기까지의 영향을 끼친 몇 가지 요인들을 다음과 같이 설명한다. 성만찬에서 하나님의 창조를 강조해 온 정교회와 1960년대 당시의 세속 신학의 영향이 그 하나이며, 20세기에 활발히 진행되어 온 예전 회복 운동(Liturgical movement)이 또 다른 요인이었다. 그리고 피셔(LukasVischer), 라자렛(William Lazareth) 같은 에큐메니컬 지도자들의 헌신적인 뒷받침이 있었다.

1982년 B.E.M.의 구조는 다음과 같이 도식화된다.[117]

성만찬(Eucharist)의 의미	신학적 주제	중심적 그리스 용어
The Eucharist as Thanksgiving to the Father (아버지께 드리는 감사로서의 성만찬)	Father (아버지 하나님)	*eucharistia*
The Eucharist as Anamnesis or memorial of Christ(그리스도를 기억함으로서의 성만찬)	Christ (예수 그리스도)	*anamnesis*
The Eucharist as Invocation of the Spirit (성령 임재를 기도함으로서의 성만찬)	Spirit (성령)	*epiklesis*
The Eucharist as Communion of the Faithful (성도의 교제로서의 성만찬)	Ecclesiology (교회론)	*koinonia*
The Eucharist as Meal of the Kingdom (하나님 나라 식사로서의 성만찬)	Eschatology mission world (종말론, 선교, 세계)	*eschaton missio*

성찬 예식서의 의의와 가치", "리마성만찬 예식서", "리마성만찬 예식서 해설" 등 리마 예식서의 역사와 구조를 자세히 설명하고 있다.
리마성만찬 예식서(32-40).
·개회의예전 (1) 개회찬송 (2) 인사 (3) 죄의 고백 (4) 용서의 선언 (5) 자비의 연도 (6) 영광송·말씀의 예전 (7) 오늘의 기도 (8) 구약성서 봉독 (9) 명상의 시편 (10) 사도서신 봉독 (11) 할렐루야 영창 (12)복음서 봉독 (13) 설교 (14) 침묵 (15) 신앙 고백 (16) 중보기도·성만찬예전 (17) 준비기원 (18) 인사의 교환 (19) 처음 기원 (20) 삼성창 (21) 성령임재의 기원 I (22) 성만찬제정사 (23) 기념사 (24) 성령 임재의 기원 II (25) 추모의 기원 (26) 마지막 기원 (27) 주의 기도 (28) 평화의 인사 (29) 분병례 (30) 하나님의 어린양 (31) 성만찬에의 참여 (32) 감사의 기도 (33) 폐회찬송 (34) 분부의 말씀 (35) 축복기도 (36) 아멘
117 John Reumann, *The Supper of the Lord*, 142.

성만찬의 첫 번째인 'The Eucharist as Thanksgiving to the Father' (아버지께 드리는 감사로서의 성만찬)는 창조, 구원, 성화, 세계와 교회를 통하여 이미 이룩하신 하나님의 위대한 일과 앞으로 성취하실 미래로 아버지께 감사와 찬양을 드리는 의미다. 찬양과 감사는 전 창조를 대변하는 교회의 감사이며, 이는 예수 그리스도를 통해서만 가능한 것이다. 여기서 땅의 소산이며, 인간 수고의 결실인 떡과 포도주를 아버지께 믿음과 감사함으로 바치는 것이 성만찬이라는 것이다.[118]

성 만찬의 두 번째 의미인 'The Eucharist as Anamnesis or memorial of Christ'(그리스도를 기억함으로서의 성만찬)는 십자가에서 죽으심으로 단한 번의 '희생양'이 되면 예수 그리스도의 중보를 기억하는 행위이다. 예수 그리스도의 죽음을 기억하는 행위는 그의 현존을 경험하는 일이며, 장차임할 그의 재림을 미리 맛보는 일이다. 그리고 그리스도를 기억하는 행위는 중보기도와 종의 도를 따르는 우리의 결단으로 이어진다.[119]

성만찬의 세 번째 의미인 'The Eucharist as Invocation of the Spirit' (성령의 임재를 기도함으로서의 성만찬)은 예수 그리스도의 십자가를 기억하고 선포하는 일에 성령의 임재와 은사를 아버지께 간구하는 기도이다. 성령께서 성만찬을 진정한 (감사) 경험으로 이끌어 가실 것이다.[120]

성만찬의 네 번째 의미인 'The Eucharist as Communion of the Faithful' (성도의 교제로서의 성만찬)은 성령의 임재에 의하여 그리스도의 현존을 경험한 교회의 감사와 찬양(아버지께 드리는)의 행위는 성도 간의 교제를 만들어 낸다는 것이다. 떡과 포도주를 먹고 마심으로 우리는 그리스도와 하나가 되고, 동시에 하나님 백성과 하나가 되며, 나아가 이 세계와 역사와도 하나가 되는 경험으로 오게 된다. 성만찬은 모든 사람을 (가난한 자, 감옥에 갇힌 자, 자유를 빼앗긴 자까지) 한 하나님의 가족으로, 형제와 자매로 화해하는 사건이다.[121]

---

118 *Ibid.*, 153.
119 *Ibid.*, 155-157.
120 *Ibid.*, 158.

성만찬의 다섯 번째 의미인 'The Eucharist as meal of the Kingdom' (하나님 나라 식사로서의 성만찬)은 종말론, 선교, 세계라는 주제와 연관된다. 성만찬은 전 우주를 완성하시는, 새롭게 하시는 하나님의 통치 비전을 열어 주며, 바로 하나님 통치의 징표들은 정의와 사랑과 평화로 나타난다. 교회는 이 성만찬을 통하여 역사의 징표들을 인해 감사하며, 하나님 나라의 도래를 대망하고 축하한다. 그러기에 성만찬은 하나님 나라를 미리 맛보는 행위이며, 세례를 새롭게 하시는 하나님의 선교로의 부르심이다. 가장 중요한 선교는 세상을 위한 중보기도이다. 여기서 떡과 포도주는 하나님 나라를 증거하는 교회의 사도적 여정과 순례를 위해 주어지는 양식이다.[122]

위에서 논의한 신학적 의미들을 담은 B.E.M. 문서 속의 성만찬 신학은 무엇보다도 성만찬을 신학 사상의 놀이로 전락시켜 온 2,000년 역사의 과오와 실패를 극복하려고 시도한 창조적이고도 종합적인 패러다임이라는 평가를 받는다. 더 이상 떡과 포도주의 요소(element) 문제에 매달리지 않고 성만찬의 의미를 삼위일체론적(아버지, 아들과 성령), 교회론적, 종말론적, 선교론적 차원에서 접근했다는 시도는 일대 전환이었다. 그리고 교회 분열의 소재였던 성만찬을 교회 일치와 화합의 공감대로 전환시킨 큰 공헌으로 남는다.

다만 한 가지 비판 겸 제언을 하자면 B.E.M. 문서에 담겨 있는 성만찬 신학은 많은 교파의 전통과 신학적 유산을 존중한 나머지 한 가지 주제로 연결시키지 못한 채 거대한 종합 전시장 같은 신학 체계가 되었다는 약점을 가진다는 것이다. 이것은 교회연합운동의 한계이기도 하다.

그러나 존 류맨이 논평한 대로 슈바이처(Schweitzer)가 통곡할 정도로 아쉬워했다는 사실은 성만찬을 하나님 나라 잔치(식사)의 미리 맛봄이라고 하는 신학적 주제를 5주제 중 맨 처음에 놓지 않았을까 하는 질문이다. 하나님 나라는 구원의 궁극적인 목적일 뿐 아니라 창조 · 구원 · 종말을 이

---

121 *Ibid.*, 162-164.
122 *Ibid.*, 165-166.

어 놓는 하나님의 통치와 그 통치를 실현해 가는 구조이고 장(場)이기 때문이다. 바로 이 지평 위에서 아버지와 아들과 성령의 역사는 더 분명해지며, 나아가 교회의 선교적 사명도 더 확실해지기 때문이다. 그리고 B.E.M. 문서의 신학은 구조상으로는 훌륭하나 하나님의 창조와 언약, 그리스도와 교회 그리고 종말로 이어지는 구원의 드라마에서의 하나님의 통치하심과 구원이라는 성서적·구원사적 관점에서는 취약한 것으로 보이기 때문이다. 성만찬을 종말론적 순례를 위한 양식으로 표현하면서도, 그 종말론적 순례의 장(場)은 논의되지 않고 있다는 이유에서 B.E.M. 성만찬 신학은 역사성이 취약한 것으로 보인다.

그러나 20세기 성만찬 신학의 다섯 번째 범주는 성만찬의 종말론적 주제를 극대화한 웨인라이트에 의해 대변되고 있다. 웨인라이트는 지난날의 성만찬 신학이 저질러 온 근본적인 과오는 지나치게 성만찬에서의 그리스도 현존의 문제에 집착하는 존재론적(ontological) 방법에 치우쳐 온 데 있다고 본다.[123] 그 표현은 달랐으나 화체설, 공존설, 기억설, 영적 임재설 모두가 예수의 십자가 사건이라는 과거에만 강조를 두고 성만찬을 해석함으로써 그리스도의 재림에서 오는 시간성(특히 미래)을 망각했다는 것이다. 지난날의 접근은 공히 하나님 나라의 메시아적 잔치라든가, 마지막 날의 하나님 백성의 공동 식사라는[124] 사상은 외면하고 있기 때문에 성만찬을 자연히 개인주의적이고 신비주의적 경향으로 몰아왔다고 비판한다. 이것은 예리한 분석이고 비판이다.

웨인라이트는 대안으로 성만찬의 종말론적 해석을 제시하며, 그것은 본질상 성서적이라고 본다. 복음서와 바울서신은 최후 만찬(복음서)이나 주의 만찬(바울) 모두를 예수의 다시 오심의 차원에서 보고 있기 때문이다. 이 같은 종말론적 해석은 20세기에 부각된 성서신학자, 조직신학자들의 종말론적 연구에 의하여 새롭게 조명되었다.[125] 한마디로 성만찬의 종말

123 Georey Wainwright, *Eucharist and Eschatology*(N.Y.: Oxford University Press, 1981), 1-2.
124 *Ibid.*, 2.

론적 해석은 예수 그리스도의 구원(십자가)을 기억하고(과거), 그리스도와의 교제를 경험할 뿐 아니라(현재) 완전한 하나님 나라에서 펼쳐질 메시아적 잔치를 대망하는 미래적 행위라는 것이다.[126]

이렇듯 종말론적 관점에서 성만찬을 풀어가는 웨인라이트는 성만찬을 크게 네 가지로 정의하고 있다. 첫째, 성만찬은 하나님 나라를 맛보는 taste이다. 여기서 맛봄이란 떡을 먹고 포도주를 마심으로써 육감(physiological)과 종교적 경험(religious awareness)뿐 아니라 시적 가능성(poetical potentialities)을 포함하는 것이라고 본다.[127] 두 번째로 성만찬은 하나님 나라의 징표이다. 징표란 오고 있는 하나님 나라를 선포하는 의미이며, 의와 평화와 기쁨을 가져오는 하나님의 현존을 선포한다는 의미다. 세 번째로 성만찬은 하나님 나라의 이미지라는 것이다. 이미지는 예시(prefiguration)의 의미이다. 성만찬이 하나님 나라는 아니지만, 하나님 나라의 질(qualities)을 포착한다는 의미이다. 네 번째로 성만찬은 하나님 나라의 신비(mystery)이다. 신비란 드러난 것과 숨어있는 것 사이의 긴장이며, 성만찬의 신비라는 예수 그리스도 안에서 보여 주신 하나님의 구원과 아직은 완전히 실현되지 않은 하나님 나라 사이, 하나님의 신비다.[128]

웨인라이트의 성만찬 신학의 가장 큰 공헌은 무엇보다도 성만찬을 존재론적으로만 해석해 온 지난날의 성만찬 신학의 방법론을 근본에서부터 수정한 데 있었다. 그리고 새로운 방법론인 종말론적 해석을 대안으로 제시한 데 있다. 중요한 것은 종말론적 관점에서 접근하는 성만찬은 존재론적 해석을 부정하는 것이 아니라 과거에만 초점을 두어 왔던 존재론적 해석에 오고 있는 하나님 나라라는 차원을 투영함으로써 성만찬을 과거, 현재, 미래의 사건으로 바꾸어 놓았다는 데 있다. 이것은 성만찬을 지나치게 교권적이고 신비주의적이며, 개인적이고 비역사적이었던 성만찬 신학과 실

---

125 *Ibid*., 3-16 종말론에 대한 신학적 논의에 관하여 은준관, 『신학적 교회론』, 355-411.
126 Georey Wainwright, *Eucharist and Eschatology*, 3.
127 *Ibid*., 151-152.
128 *Ibid*., 152-154.

천을 공동체적이고 미래적인 현재로, 역사적 사건으로 바꾸어 놓는 패러다임의 전환이라고 볼 수 있다.

웨인라이트의 종말론적 성만찬 신학의 약점이 있다면, 그것은 종말론적 논의를 지나치게 '이미'(already)와 '아직은 아닌'(not yet)이라는 구속사적 해석에 의존하고 있다는 것이다. '이미'와 '아직'의 구속사적 종말론은 '이미'와 '아직' 사이를 중간기(between times)로 보고, 그 기간을 마치 교회 시대, 성만찬 시대로 확대하려는 위험을 안고 있기 때문이다.[129] 구속사적 종말론의 성만찬 신학은 오히려 몰트만의 역사·종말론적 해석으로 재수정되어야 할 것이다.

주의 만찬에서 그리스도의 구속적인 약속은 대망하며(anticipate), 이 대망은 그리스도의 고난을 기억함에서 온다. 주의 만찬에서 그리스도의 과거와 미래가 동시에 현재를 만든다… 결국 주의 만찬은 역사의 종말론적인 징표이다.[130]

그러기에 역사·종말론에서 보는 성만찬은 단순한 '이미'와 '아직은 아닌 것' 사이에서 하나님 나라의 맛봄이고, 징표이고, 이미지이고, 신비(웨인라이트)이며, 동시에 성만찬은 죄로 이끌어 가는 세상의 권력들로부터 회중을 자유롭게 함이며, 이 세계 안에서 하나님의 평화와 의를 실현하기 위해 열려 있는 교제의 식사다.[131] 다시 말해 역사 변혁적인 의미의 성만찬 신학이다.

---

129 구속사적 종말론에 관한 논의는 은준관, 『신학적 교회론』, 355-411.
130 Jürgen Moltmann, *The Church in the Power of the Spirit*(London: SCM Press LTD, 1977), 243.
131 *Ibid.*, 243-244.

제III부

세움 받은
공동체(Called Up Community)의
존재 양식

1 장
교육(*Didache*)

하나님 백성 공동체를 세우는 사역은 성령의 역사가 원초적인 힘을 부여한다. 동시에 교회는 신앙 공동체를 세우는 과정에 케리그마 다음에 가르치는(*didache*) 사역을 사용해 왔다. 문제는 디다케와 케리그마(*kerygma*, 말씀 선포)가 어떤 관계에 있었느냐는 쟁론이 오랫동안 문제가 되어 왔다는 데에 있다. 흔히 케리그마는 설교이고, 설교는 예배의 한 부분인 반면 디다케는 교육이고, 교육은 설교와는 관계없는 지적 행위라고 이원화해 온 것이 역사의 이해였다.

케리그마와 디다케의 단절 현상은 19세기에 시작된 학문적 논의에서 더 심화되기 시작하였다. 1892년 칼러(Martin Kahler)가 쓴 책에서 "참 그리스도는 설교된 그리스도이며, 설교된 그리스도는 신앙의 그리스도"라고 말한 것이 20세기 바르트와 불트만으로 이어지면서 '말씀의 선포'인 케리그마가 신학의 중심 주제로 부상하였다.[1] 그러나 케리그마와 디다케 사이의 단절 문제는 1936년에 쓴 다드(C. H. Dodd)의 『사도적 설교』[2]에서 가열되었다. 다드는 신약에서 케리그마와 디다케는 날카롭게 구별되고 있다고 전제한다. 케리그마는 비기독교 세계에 복음을 선포하는 설교인 반면 가르침(didaskein)은 이미 신앙을 가진 회중에게 기독교적 삶과 사상을 가르

---

1 James I. H. McDonald, *Kerygma and Didache*, 1.
2 C. H. Dodd, *The Apostolic Preaching and Its Developments*(London: Hodder & Stoughtion Limited, 1950).

치는 행위라고 풀이한다.[3] 그러나 문제는 디다케는 아니고 케리그마만이 인간을 구원하는 능력이라고 해석하는 데부터였다.[4] 이 다드의 해석은 불행한 결과를 낳았다. 이때부터 디다케(교육)는 케리그마(설교)의 부속물처럼 해석되기 시작한 것이다. 그리고 교회 실천에서도 설교는 우위에, 교육은 하위에 두는 이분법적 구조로 이어졌다. 그 결과 교육을 교회 공동체의 표현 양식으로부터 밖으로 혹은 교회 변두리로(예: 주일학교) 밀어 보내는 불행을 자초하였다.

오늘의 교회 교육의 문제는 여기에 있다고 본다. 교육(didaskein)이 하나님 백성 공동체의 세움을 위한 표현 양식으로부터 사실상 쫓겨나 하나의 하위 기능으로 전락되었기 때문이다.

그러나 다행히도 최근의 성서신학과 세계 신학은 다드의 구분을 비판하고, 오히려 케리그마와 디다케는 그리스도의 복음을 전하는 데 서로가 보완해야 하는 양면성으로 보기 시작했다.[5] 기능상 구별은 있으나 케리그마와 디다케는 복음을 전파하는 본질상 하나로 연합되어 있다는 사실을 부각시키기 시작한 것이다. 그리스도의 복음과 하나님 나라를 전하는 양면성의 관계라는 차원에서 교육(didache)에 접근하고자 한다.

1. 성서적 유산

구약의 교육은 크게 두 단계로 나뉜다. 하나는 포로기 이전(기원전 586년 이전)이며, 이 기간은 고대 히브리 시대였다. 다른 하나는 포로기 이후(기원전 586년)이며, 이때의 교육은 유대주의 교육이었다.[6]

첫 번째 단계인 고대 히브리 교육은 크게 제사장, 예언자, 가정의 부모

---

3 *Ibid.*, 7-8.
4 *Ibid.*, 8.
5 James I. H. McDonald, *Kerygma and Didache*, 5.
6 Lewis J. Sherrill, *The Rise of Christian Education*(New York: The MacMillan Co.,1944), 6, 31.

에 의하여 수행되었던 것이 특징이었다. 제도화되고 교권화되기 이전 제사장의 본래 사역 중에는 제사보다 오히려 거룩한 신탁(sacred oracle)으로 알려진 말씀 사역이 중심적 위치에 있었다.[7] 물론 제사장은 하나님과 하나님 백성 사이의 중개자였으며, 제사 행위를 주도한 사역자였으나 그 과정에서도 제사장은 하나님의 뜻을 선포하고, 하나님의 뜻에 치중했으며, 예배와 윤리까지 가르쳤다. 제사장은 처음 교사였다.[8] 교육은 하나님의 계시를 해석하는 일과 제사 행위로부터 분리되어 있지 않았다. 백성을 가르치고 상담하는 모든 사역이 교육적 의미와 교육적 차원을 포함하고 있었다.

이어 고대 히브리 교육에는 예언자들이 속한다. '네빔'(nebim) 혹은 '보는 자'(seers)로 알려진 예언자들도 있었으나 이들보다는 남·북왕국 분열 이후 등장한 예언자들이 히브리 교육자들이었다. 예언자들의 사역은 역사의 사건 속에서 말씀하시는 하나님의 음성과 계시를 보고 전하는 데 있었다. 그리고 그들은 인간들로 넓은 역사의 지평을 식별하게 하였으며, 여기서 지평을 꿰뚫고 다가오는 하나님의 통치하심을 분별하고 응답하도록 가르쳤던 것이다.[9] 예언자들의 가르침은 하나님의 계시를 분별하는 일과 하나님 앞에 응답하도록 회개를 촉구하는 것이었다. 중요한 것은 교육이 선포와 계시로부터 분리되지 않았다는 것이다. 하나님 통치의 선포 그 자체가 교육적 의미를 담고 있었다.

고대 히브리 교육의 세 번째는 이스라엘의 가정 교육이었다.

히브리 가정과 가정 교육에 대하여 각별한 관심을 쏟은 셰릴(Lewis Sherill)은 히브리 가정 교육의 특징을 몇 가지로 서술한다. 첫 번째는 가정의 삶 자체가 하나님 계시의 통로였다는 점이다. 가정의 삶은 아이의 출생, 소년들의 직업 훈련, 소녀들의 가사 훈련, 아버지의 토라 교육과 암기가 포함되었다.[10] 두 번째 가정 교육은 가정에서 실시한 종교의식을 통한 교

---

7 James D. Smart, *The Rebirth of Ministry*, 58; Walther Eichrodt, *Theology of the Old Testament*, 295-396.

8 Lewis J. Sherrill, *The Rise of Christian Education*, 8-10.

9 *Ibid.*, 14-15.

10 *Ibid.*, 17-21; 은준관, 『교육신학』(서울: 대한기독교서회, 1976), 85-89; 김재은, "구약성

육이었다. 종교적 의식은 안식일의 등불 켜기(*Sabbath lamp*), 유월절 제정, 할례, 출생 40일에 드리는 어머니의 번제와 속죄제, 셰마(신 6:4-9) 혹은 시편 91편 낭독, 아침 기도에 입는 탤리트(*tallit*)와 목에 두르는 지지트(*zizit*), 하나님의 말씀을 써서 넣는 작은 박스인 테피린(*tefillin*), 문간에 붙여 놓는 메주자(*Mezuzah*), 성인식으로 알려진 '바 미즈바'(*Bar Mizwah*), 안식일, 유월절과 장막절 등으로 이어진 모든 의식이 종교교육적 의미를 담는다.[11]

그러기에 고대 히브리 교육은 크게 세 가지 의미와 특색을 가지고 진행되었던 것으로 요약된다. 처음은 제사장 교육, 예언자들의 교육, 가정 교육 모두가 제도적 · 공식적인 교육의 형식을 취하지 않고 비제도적 · 비공식적인 교육의 형식을 선택했다. 두 번째로 하나님의 계시와 만나고 경험하는 자리를 구체적인 삶과 직접 연관된 매개와 의식에 두었다. 삶과 의식이 곧 하나님의 계시와의 만남과 경험의 자리였으며, 그것은 곧 교육의 내용이었다. 셋째로 히브리 교육, 특히 셰마를 중심으로 하는 가정의 종교의식은 자신들을 이집트에서 해방하고, 시내산 언약에서 하나님 백성으로 삼아 야웨 하나님의 구원 사건을 기억(historical memory)을 통하여 역사화해 갔다는 의미다. 출애굽과 시내산 언약의 일회적 사건(존재론적 사건)을 역사의 현재와 미래에 역사화해 갔다는 것은 중요한 의미를 지닌다. 그러기에 고대 히브리 교육은 종교교육일 뿐 아니라 민족을 지탱해 간 민족 신앙 교육이었다.

구약에 나타난 두 번째 단계의 교육은 기원전 586년 남왕국이 바빌론 앞에 항복하고 포로가 되어 바빌론 땅에서 유배 생활을 시작한 데서부터 예수의 탄생 때까지를 포괄하는 기간이다. 이 기간에 이러한 정치적 변화는 극한적이었다. 바빌론 통치, 페르시아의 통치(기원전 538~333), 마케도니아 통치(기원전 333~165), 마카베오왕국(유다 독립 · 자치 시대: 기원전 165),

---

서시대의 종교 교육," 오인탁, 주선애, 정웅섭, 은준관, 김재은, 『기독교 교육사』(서울: 도서출판사 교육목회, 19-27).

11 Lewis J. Sherill, The Rise of Christian Education, 22-28; 김재은, "구약성서 시대의 종교 교육," 『기독교 교육사』, 23-28.

로마 통치(기원전 63~로마 멸망)로 이어진 외세의 정치적 압박은 이스라엘 민족의 생존 그 자체를 위협한 것이었다.12

특별히 바빌론으로 끌려온 유대인들은 자유에서 선민의식이 하루아침에 무너지는 신앙적 충격을 경험하였다. '출애굽 동기'가 깨지고 새로 등장한 '유배 동기'(exile motif)에서 하나님의 뜻과 예루살렘 성전의 의미와 자신들의 신앙을 조명해야 하는 상황에 온 것이었다. 여기서 유배는 하나님의 심판이었을 뿐 아니라 이방 땅에서 하나님을 새롭게 만나고 경험하는 역사적 계기가 되었다고 웨버는 해석한다.13 이 같은 상황에서 태동된 것이 회당(Synagogue)이었다. 언제 회당이 생겨났는가라는 학문적 토의는 지금도 계속되지만,14 이때 회당은 유배와 깊이 관련되어 있었으며, 동시에 다시 회복될 예루살렘의 꿈을 꾸는 일종의 종말론적·순례적 공동체였다.15

여기서 우리는 회당의 예배와 교육의 관계가 어떤 모양으로 구조화되었는가를 살필 것이다. 회당은 고대 히브리 시대의 비공식적이고도 민족적인 교육 구조로부터 공식적이고 제도적인 교육으로의 전환이었으며, 이후로 회당의 예배와 교육은 유대주의를 태동시키고 수천 년간 이를 지탱해 오는 제도적 터전이었기 때문이다.

회당의 처음 구조는 예배였다. 여기에는 찬양과 기도, 주해 그리고 공동체적 요구라는 3차원적 기능이 수행되었다. 회당의 예배는 미시나(Mishna) - 십계명 - 예언자 편지 - 토라 낭독 - 셰마 - 제사장의 축도 등의 순서에 따라 진행되었다. 대부분 제사장이나 레위 사람이 집례하였으며, 예배는 매일 드려졌던 것으로 알려지고 있다. '구원의 날'(day of atonement)에는 대제사장의 집례로 진행되었다고 카플라운은 해석한다.16 그러나 보우덴은 카플

---

12 *Ibid.*, 30.

13 George W. Webber, *Today's Church*(Nashville: Abingdon Press, 1979), 12-13.

14 은준관, 『신학적 교회론』, 83-88. 회당의 기원에 관한 논의는 현재까지 유대교 학자와 구약 학자들 사이에 활발히 진행되고 있다.

15 John Bright, *A History of Israel*(Philadelphia: Westminster Press, 1971), 350-351.

16 Uri Kaploun, *The Synagogue*(Philadelphia: Jewish Publishing Society of America,

라운의 해석에 동의하지만, 집례가 제사장에 의하여 수행되었다는 대목에서 "제사장이 있는 한"[17] 이라는 단서를 붙임으로써 회당 예배가 항상 제사장의 집례에 따르지 않았음을 암시하고 있다. 어떻든 회당이 제사 중심으로부터 예배와 말씀, 교육 중심으로의 전환이었다는 데 의미가 있다.

회당의 두 번째 구조는 교육이었다. 이것은 첫 번째 구조보다 더 핵심적 위치에 있었다. 회당은 'Didaskaleia'라고 불릴 만큼 강력한 영향력을 지닌 교육 기관이었다.[18] 예배에서의 토라가 계시로 받아들여지면서 토라를 가르치는 호밀리(homily)를 통하여 교육이 진행되었다. 그러기에 회당에서의 예배와 교육은 뗄 수 없는 상호 관계를 형성하였다. 이것은 제사 중심의 예배로부터의 혁명적 변화였다.[19]

회당의 예배와 교육의 통합적 기능은 그대로 둔 채 회당으로부터 발전한 교육 기관이 출현하였다.

스위프트(Fletcher H. Swift)는 이것이 초등학교(elementary school)와 소페림학교(Schools of the Soferim)라고 설명한다.[20] 초등학교에서는 주로 서기관과 하잔(Hazzan)인 교사들의 율법을 교수하였으며, 소페림학교에서는 서기관이 되려는 사람들을 위한 전문 교육이 행해졌던 것으로 전해진다.

이에 대해 루이스 셰릴(Lewis Sherrill)은 유배 이후에 등장한 회당과 그 회당으로부터 생겨난 교육 기관들이 Beth Hassepher 혹은 '책의 집'(house of the book)이라 불린 초등학교와 Beth Hammidrash 혹은 Beth Talmud 라고 불린 중등학교(secondary schools) 등으로 나타났다고 풀이한다. 중등학교는 배움의 집(house of study)이라는 의미를 내포하고 있었으며, 이는 토라의 연구와 해석을 포함하는 고등교육을 의미했다.[21] 스위프트와 셰릴

1973). 7.

17 Derrick J. Bowden, *The World of the New Testament*(Oxford: Headington Hill Hall, Reliious Education Press, 1971), 69.

18 Lewis J. Sherrill, *The Rise of Christian Education*, 45.

19 *Ibid*.

20 Fletcher H. Swift, *Education in Ancient Israel*(Chicago, London: The Open Court Publishing Co., 1919), 91-102.

21 Lewis J. Sherrill, *The Rise of Christian Education*, 52-63.

은 학교 교육에 관한 해석에서는 일치한다. 그러나 셰릴은 스위프트가 밝히지 않은 또 다른 교육 기간의 존재를 드러내고 있다. 그것은 아카데미(Academy)며, 이는 서기 70년 산헤드린이 무너지고, 바리새파 지도자들, 특히 랍비들이 주도권을 잡기 시작하면서부터 랍비 양성을 위한 신학교로 발전하였다.[22]

이렇듯 회당의 출현과 회당에서 태동한 교육 기관들에서는 25명 단위로 구성된 학교 교사직을 맡았던 하잔에 의하여 종교교육이 수행되었다. 하잔은 회당에서 나팔을 불어 안식일을 알렸고, 토라 낭독을 위해 두루마리를 가져오는 일, 새 기도문을 선택하는 일, 본문을 선택하는 일, 찬송을 작곡하는 일 등 회당 의식과 주역을 맡았던 것으로 알려지고 있다.[23]

회당에서 하잔은 학교 교사였는가? 하잔이라고 동일하게 칭해진 또 다른 하잔이 있었는가의 문제는 학자들 사이에서 해결되지 않고 있지만, 한 가지 분명한 것은 하잔은 교육을 전담한(회당과 학교에서) 전문인으로서 봉급을 받지 않고 토라를 가르쳤다.[24] 대부분 하잔은 회당 의식과 초등학교 교육을 담당하는 일에 제한되어 있었다.

하잔 외의 또 다른 교육자는 서기관(Scribes) 혹은 소페림으로 불린 사람들이었다. 제사장과 예언자의 시대가 지나가고 새롭게 태동된 소페림은 글을 쓰는 사람으로서, 에스라가 소페림의 첫 번째 사람으로 추정되고 있다.[25] 소페림은 소페림 후보를 교육하는 율법학자며, 교육자였다.

회당 공동체는 예루살렘 파괴 이후 성전을 대신하는 대체 형태로 나타났지만, 회당은 성전 신화를 비신화한 공동체로서 역사에 등단하였다. 예루살렘 성전을 유일한 옥좌로 신격화했던 신앙은 이방, 전 우주 어느 곳에서도 하나님을 만나고, 경배하고, 말씀을 경청할 수 있는 새로운 신앙으로 변화되었다. 그러나 회당은 성막처럼 잠정적 공동체의 의미였다. 그러나

---

22 Ibid., 64.
23 Uri Kaploun, The Synagogue, 16.
24 Lewis J. Sherrill, The Rise of Christian Education, 56.
25 Fletcher H, Swift, Education in Ancient Israel, 81.

회당은 성막의 순례적 공동체는 아니었다. 성막이 하나님의 계시와 인도하심을 따라 약속의 땅을 향해 걸어간 종말론적 공동체였다면, 회당은 하나님의 계명이 기록된 율법과 전통(안식일과 할례)을 배우고, 설교를 듣는 말씀과 율법 공동체로서 변모하였다. 이는 이스라엘의 정체성 보존을 위해 (이방의 위협 속에) 필연적으로 발전된 형태이기도 하다.

비록 회당 예배와 회당에게 교육의 주도권을 넘겨주면서도 포로된 이스라엘인들은 조상들로부터 전해 온 가정 교육을 더욱 심화하였다. 이때 가정 교육도 더 세분화되고, 엄격한 의미의 방향으로 강화되었다.[26] 다만 이때의 가정 교육은 '토라'를 중심으로 가르쳤고(아버지), 암기하고 복종하는 좀 더 엄격한 규칙으로 진행되었던 것이 특징이었다.[27]

고대 히브리인의 교육이 삶과 역사를 큰 틀로 하는 비공식적 형식을 선택했다면 포로기 이후 유대인들의 교육은 회당과 학교와 가정을 중심으로 발전되었으며, 가정 교육을 제외하고는 교육은 점차 공식적, 제도적 성격을 띠기 시작하였다. 그 후 이스라엘의 긴 역사적 여정 속에는 회당과 가정만이 남는 비운으로 이어졌으며, 바빌론 포로기 디아스포라에서 시작한 에스라의 회당을 원형으로 하고 있다.

그러나 포로기 이후의 유대주의 교육이 제도화되고 공식화되었다 하더라도 한 가지 중요한 현상은 교육을 그들의 신앙과 삶 그리고 공동체적 표현 양식으로 삼았다는 것이다. 교육을 무엇을 성취하기 위한 수단과 기능으로 전락시킨 것이 아니라 하나님의 계시와의 만남, 계시를 기록한 토라를 배우고 암기하고 그대로 살아가는 신앙과 삶과 공동체의 통로로 만들었다. 이것은 오늘처럼 교육을 목적 성취를 위한 수단과 기능으로 전락시킨 소비주의와 기능주의에 대한 경고이기도 하다. 적어도 유대인들은

---

26 Lewis J. Sherrill, *The Rise of Christian Education*, 47-52. 가정 교육과 교육 내용에 대한 더 자세한 설명은 Fletcher H. Swift, *Education in Ancient Israel*, 49-50; Willian Barclay, *Educational Ideals in the Ancient World*(GrandRapids, Michigan: Baker Book House, 1959), 12-39.
27 Lewis J. Sherrill, *The Rise of Christian Education*, 47-52.

교육을 통하여 신앙과 삶을 끊임없이 역사화해 갔다.

그리고 교육의 성서적 유산은 예수 그리스도의 사역에 와서 정점을 이룬다. 예수의 가르침은 유대주의 전통으로부터 유래하였으면서도 유대주의를 완전히 변화시킨 양면을 가지고 있었다. 예수의 교육은 유대주의의 완성이며, 동시에 새로운 시작이었다. 그러나 예수의 교육 문제는 몇 가지 학문적이고 기술적인 문제를 안고 있다. 가장 큰 문제는 신약성서 예수의 교육에 관해 직접적인 정보를 제공하고 있지 않는 데서 오는 혼란이다.[28]

그러나 부분적이고 분산적이기는 하나 복음서는 예수의 가르침에 대해 몇 가지 중요한 사실을 증언하고 있다. 복음서에서는 예수의 가르침을 10차례 디다케(가르침)라는 용어로 표현하고 있으며, 구체적으로 마태복음에 2회, 마가복음에 4회, 누가복음에 1회, 요한복음에 3회 등장하고 있다.[29]

그리고 예수의 교육을 유형별로 보면 크게 세 가지로 분류된다. 하나의 유형은 비유(parable)로 대변되는 은유법일 것이다. 셰릴은 예수의 비유는 특별히 하나님 나라를 선포하고 가르칠 때 날카로운 빛을 던지기 위한 불꽃 같은 것이었다고 해석한다.[30] 구스리(Donald Guthrie)는 이를 은유(metaphors)라고 불렀다. 그리고 예수께서는 이야기와 예화의 방법으로 영적인 진리를 설명하였으며, 이는 충격적이었다고 본다.[31]

예수께서 사용하신 두 번째 유형은 논쟁법 혹은 토론법(polemical or argument)이었다.[32] 이 방법은 주로 비판적이고 적대적인 태도로 다가오는 서기관, 바리새인들, '사탄의 왕자'(막 3:23)의 도전에 대하여 진리의 심오함을 역으로 보여 주기 위한 것이었다.

예수께서 사용하신 세 번째 교육의 유형은 '도제'(apprenticeship) 교육이었다.[33] 하나님 나라의 증언자로 삼으실 제자들에게 사용하신 가르침의

---

28 William Barclay, *Educational Ideals in the Ancient World*, 235.
29 Lewis J. Sherrill, *The Rise of Christian Education*, 86.
30 *Ibid.*, 90.
31 Donald Guthrie, "Jesus," *A History of Religious Educators*, ed. by Elmer L. Towns (Grand Rapids, Michigan: Baker Book House, 1975), 18, 21.
32 *Ibid.*, 20; Lewis J. Sherrill, *The Rise of Christian Education*, 91.

형식이 도제 교육이었다. 거닐면서, 기도하면서, 식사를 나누면서, 기적을 베풀면서, 장차 받아야 할 십자가의 비밀을 나누는 과정에서 예수께서는 제자들을 자신과의 인격적 연합으로 이끌어 갔다. 이 교육이 도제 교육이었다. 즉, 도제 교육의 열쇠는 함께함과 대화였다.

그러기에 예수의 교육은 유대 회당으로부터 영향을 받았으면서도 회당 예배와 학교의 제도적인 교육을 넘어서서 삶을 장(場)으로 하는 창조적이고 혁명적인 교육을 수행하였다. 예수의 교육은 아덴의 신화를 만들었던 소크라테스의 대화 교육을 훨씬 능가하는 것이었다. 그러나 예수의 교육에는 아직 해결되지 않은 쟁점 하나가 남아 있으며, 이것은 새로운 신학적 해석을 필요로 한다. 그것은 예수를 교사로만 볼 것인가, 예수는 교사 이상의 어떤 분이셨는가의 질문이다. 이 질문에 대한 신학적 논거는 교회 공동체 안에서 교육의 자리매김에도 결정적인 의미와 방향을 제시하기 때문에 중요한 논거로 부상되었다.

예수 그리스도의 이미지에 대한 잘못된 견해들은 역사적으로 다양하게 나타났다. 예수를 혁명가로 보는 체 게바라(Che Gevera), 예수를 도덕적 모범으로 보는 자유주의 신학, 예수를 기적 행하는 자로 보는 신비주의자들의 공통적인 한 가지는 예수 그리스도를 그의 전 사건(total event)에서 보지 못한 데 있었다. 이데올로기의 눈으로 예수를 보았을 때 이데올로기 뒤 하나님의 구원 비밀을 볼 수 없었던 것이었다.

예수는 혁명적인 교사였으나 예수를 교사로만 이미지화했을 때 '토터스 크리스터스'(totus Christus)를 보지 못한다는 데 문제가 있다. 이것은 하르나크(Adolph Harnack)가 범한 신학적 과오였다고 뮤어헤드(Gan A. Muirhead)는 비판한다.[34] 하르나크는 예수는 "하나님의 아버지 되심과 인류의 형제 됨"을 가르친 단순한 교사였을 뿐이었다고 말함으로 복음서가 증언하는 예수상을 보지 못했다고 뮤어헤드는 비판한다. 하르나크의 실패는 예수를 교

---

33 Lewis J. Sherrill, *The Rise of Christian Education*, 92.
34 Ian A. Muirhead, *Education in the New Testament*(N.Y.: Association Press, 1985), 65.

사로 보았다는 사실이 아니라 교사 이상의 예수상을 보지 못한 데 있었다. 이와는 반대로 예수의 나심과 십자가, 부활만을 강조함으로써 예수의 지상 사역을 배제시키는 신학적 해석도 잘못된 것이다. 바로 이 결과는 케리그마(복음 선포)와 디다케(가르침) 사이를 갈라놓았으며, 많은 경우 설교는 우위에, 교육은 하위 기능으로 갈라놓는 비극으로 이어져 왔다.[35]

예수의 교육은 지상의 사역, 십자가 사건, 부활 그리고 재림의 약속이라는 하나님 나라의 임재에 대한 가르침이고, 해석이고, 비유였다는 차원에서 보아야 할 것이다. 그의 혁명적 교육은 하나님 나라를 가르치고 해석하는 총체적인 매개였다.

그러나 교육의 성서적 유산이 초대교회에서 어떻게 표출되었는가의 문제는 어려운 과제다.

교육과 밀접히 (구별되면서도) 연관된 설교는 세 가지 차원의 의미가 있다. 그 첫째는 예수 그리스도의 복음을 선포한다는 의미다. 케리그마(kerygma)라고 부르는 그리스도의 구원 사건을 선포하는 것이 설교이다. 설교의 두 번째 차원은 구약의 예언이 예수의 수난과 부활에서 완성되었다는 증언이다. 설교의 세 번째 차원은 권고(exhortation)며, 권고는 회개의 촉구와 믿음의 권유를 포함한다고 보았다.[36]

설교와의 밀접한 (구별되면서도) 연관성을 가지는 교육은 사도행전 2장 42절에 나오는 "저희가 사도의 가르침(didache)을 받아 서로 교제하고 떡을 떼며 오로지 기도하기를 힘쓰니라"에서 그 기원을 가진다. 초대교회의 교육은 일차적으로 설교자이기도 했던 사도들에 의해 수행되었으며, 그다음은 안디옥 교회에 등장한 교사(didaskalos)에 의하여 계승되었다고 본다.

기본적인 전제로부터 셰릴은 초대교회의 교육을 다섯 가지로 설명한다. 그 처음은 히브리 성서의 기독교적 해석이고, 두 번째는 기독교 전통(세례 예식 같은 것)의 가르침이었다. 세 번째는 신앙 고백을 위한 가르침이며, 네

---

35 *Ibid.*, 66.
36 *Ibid.*, 140-142.

번째는 예수의 생애와 말씀을 가르치는 일이었다(말로 가르침, oral instruction). 다섯 번째로 '두 길'(Two Ways)로 알려진 도덕적이고도 윤리적인 규범을 가르치는 일이었다고 해석한다.37 특히 기독교 가정이었으며, 가정에서의 자녀교육을 주의 말씀 안에서 훈계하는 양육(paideia)이라고 보았다.38

그러나 교육의 근거가 되는 신약 교회에 관한 에드워즈(O. C. Edwards, Jr.)의 연구는 초대교회의 신학적 특색을 드러내는 중요한 연구이다. 에드워즈에 따르면 예수의 부활과 예루살렘 멸망(서기 70년) 사이에 팔레스타인에는 두 개의 교회의 흐름이 있었다고 전제한다. 하나는 예루살렘교회였다. 예루살렘교회는 정통 유대인 기독교인들로 구성되었으며, 12제자가 지도자였으며, 예수의 죽음과 부활, 메시아 되심을 믿으면서도 예수를 토라(율법)의 완성으로 보았던 것이 특색이었다.39

그러나 다른 공동체인 헬라어를 말하는 유대인(Hellenistic Jewish Christians)들이 예루살렘으로 이주해 온 이후 기독교인이 되어 예루살렘교회 성도들이 되었으나, 성전 유대인들의 박해로 인해 이들은 안디옥과 다른 이방 지역으로 흩어져 이방 설교를 시작하였다. 바울의 가세로 이방 교회들이 그 후 등장하였다. 그러나 에드워즈의 연구에 의하면 예루살렘교회와 이방 교회 외에 제3의 기독교 공동체가 이미 존재해 온 것으로 해석된다. 이것을 에드워즈는 '팔레스타인 기독교 공동체'(Palestine Christian Community)라고 부른다. 케제만에 의하면 이 교회는 부활 이후 다시 오실 그리스도를 대망하였으며, 예언자들을 통하여 말씀하시는 성령을 믿었던 종말론적 공동체였다는 것이다.40

예루살렘교회는 사도 중심 구조였으며, 그리스도를 메시아로 신앙하면서도 예수를 토라의 완전한 해석자로 보는 율법주의적 교회였다. 교육

---

37 *Ibid*., 144-151.
38 *Ibid*., 153-159.
39 O. C. Edwards, Jr., "The New Testament Church," *A Faithful Church*, ed. by John H. Westerhoff III & O. C. Edwards, Jr. Wilton(Connecticat: Morehous-Barlow Co., Inc., 1981), 18.
40 *Ibid*., 16, 19.

을 포함하는 모든 사역은 사도 중심이었고, 율법주의적이었다. 그러나 팔레스타인 공동체는 예수를 임박한 재림에 오시는 인자(Son of Man)로 보았으며, 사역은 분량대로 모든 신자가 받은 카리스마적 은사였다. 특히 말씀하시는 성령의 역사에 큰 비중을 두었다. 이 팔레스타인 공동체 사역은 받은 은사를 따라 분담하는 사역이었다는 데 있다.[41] 설교, 예언, 교육은 오고 있는 하나님 나라를 대망하는 종말론적 신앙 안에서 그리스도와 그의 몸을 섬겼다는 것이다. 여기서 설교는 선포이지만 교육적 의미를 동반하였다. 예언은 비전을 말하지만 교육적 의미를 가지며, 교육은 성도를 세우는 일이지만 선포적·예언적 차원을 동반하고 있었다는 것이다.[42]

예루살렘교회도 아니고, 헬라어로 말하는 이방 교회도 아니라, 팔레스타인 기독교 공동체(Palestine Christian Community)는 초대교회 공동체의 표상이었다고 주장한다.[43] 이 공동체는 종말론적이며, 카리스마적이며, 공동체적이며, 참여적이었다. 설교와 교육은 이 틀에서 보아야 한다는 것이다.

그러나 기독교가 이방 문화와의 접촉에서 하나님 나라의 지연, 로마의 박해, 이단설의 등장, 1세 사도들의 순교와 죽음 등이 작용하면서 점차 제도화되어 갔다. 이때부터 모든 사역은 카리스마적 차원을 상실하고 점차 제도적이고도 율법적인 역할로 전락하기 시작했으며, 교육은 점진적으로 감독의 독점물로 바뀌기 시작하였다.

2. 케리그마와 디다케의 단절·변질

교육의 변질은 한 가지 특색을 가지고 진행되었다. 전문성의 이름으로 교육을 신앙 공동체로부터 분리시켰으며, 그 결과 초대교회의 긴밀한 역

---

41 *Ibid.*, 21.
42 *Ibid.*, 19.
43 이 같은 논의는 마태공동체, 마가공동체, 누가공동체, 요한공동체를 말하는 최근 신약신학의 논의에 의해 점차 확인될 수 있을 것이다.

학 속에 있었던 케리그마(kerygma)와 디다케(didache)를 갈라놓기 시작하였다. 이 단절은 하나님의 말씀의 두 통로였던 설교와 교육을 따로따로 갈라놓는 비극을 초래하였다.[44]

신앙 공동체, 특히 예배로부터 가르침을 갈라놓기 시작한 것은 서기 4~6세기에 걸쳐 예배 의식을 둘로 나누면서부터였다. 한 예배 의식을 미사 카테쿠메노룸(Missa Catechumenorum)이라고 불렀으며, 이는 아직 세례받지 않은 사람들을 가르치기 위한 교육 미사였다. 그러나 한 예배 의식은 '미사 피델리움'(Missa Fidelium)이라고 불렀으며, 이는 세례받은 자의 예배였다.[45] 성만찬 예전(Eucharist)이 이 예배의 중심이었다. 셰릴에 의하면 이 같은 두 예배로의 나눔 자체가 성경 봉독과 가르침, 성만찬을 한 예배 예식으로 통합하였던 2세기의 예배로부터의 변질이었다는 것이다.[46] 그러나 6세기(서기 550년)부터는 세례 준비자들(catechumens)이 줄면서 예비 신자미사(missa catechumenorum)에서 실시한 설교와 가르침마저 사라져 갔다. 남은 것은 성경 봉독뿐이고, 나머지 미사는 사제의 예식으로 장식되었다.[47] 이로써 6세기를 기점으로 가르침이나 훈계 혹은 호밀리는 예배로부터 완전히 제거되었다.

여기서 문제된 것은 예비 신자 교육(catechumenate) 자체가 2세기부터 고도의 수준과 엄격한 훈련의 과정으로 발전되었던 것으로 알려지고 있다.[48] 이때 고도로 전문화된 예비 신자 교육은 세례를 준비하는 사람에게만 한정된 기간 실시하고, 세례 이후에는 교육은 단절시켰다는 것이었다. 그리고 교육을 예배로부터 분리하였다.

교육을 예배로부터 분리시켜 하나의 독립적인 영역으로 전문화시킨 상

---

44 James D. Smart, *The Teaching Ministry of the Church*(Philadelphia: Westminster Press, 1954), 19.
45 Lewis J. Sherrill, *The Rise of Christian Education*, 183. *missa catechumenorum*과 *missa fidelium*의 순서는 184-185.
46 *Ibid.*, 183.
47 *Ibid.*, 185-186.
48 *Ibid.*, 186-197.

징적 의미는 알렉산드리아의 교리문답학교(Catechetical School of Alexandria)에서 크게 부각되었다. 클레멘스와 오리게네스에 의해 설립되고 추진된 교리문답학교는 이방의 철학 학교들의 모형을 따라 세운 고등교육 기관이었다.[49] 그 결과 교육은 교회 밖으로, 특히 예배로부터 분리시킨 후 교회는 신비적인 영역으로, 교육은 지적인 영역으로 이원화되기 시작하였다. 이것은 교회 교육을 분열시킨 비극적 현상의 시작이었다.

이 같은 예배와 교육 사이의 분열은 중세기에 이르러 극도의 이원화 현상으로 치솟았다. 중세기에 나타난 학교의 출현은 학교 기독교교육이라는 새로운 가능성을 열어 놓은 역사적 의미이면서도 교회 교육적 차원에서는 교육과 예배(교회)를 더욱 갈라놓는 원인이 되었다.

중세기에 출현한 학교들은 크게 세 가지 모습으로 등장하였다. 처음은 수도원 학교(Monastic School)였다. 세속화에 대한 저항으로 금욕주의와 은둔주의를 표방했던 수도원이었지만, 수도원은 공히 수도사가 되려는 사람과 일반인을 위한 교육을 강화하였다.[50] 수도원 학교는 교회가 거의 포기한 교육을 들어 기독교 신앙과 사상을 전승한 교육 기관이라는 긍정적 평가를 받기에 충분하였다.

두 번째 학교는 본당 학교(Cathedral School)였으며, 감독이 주재하는 교회를 본당(대성당)이라고 불렀다. 처음에는 감독이 교수였으나 점차 숄라스티쿠스(*scholasticus*)라 하는 특수 사제들에게 교수직은 넘어갔으며, 성서와 신학을 중심으로 라틴어, 헬라어, 문학과 철학, 수학까지를 포함하는 포괄적인 교육을 실시하였다.[51] 그리고 신학과 의학, 법학은 그중에서도

---

49 Leonel L. Mitchell, "The Ancient Chruch", *A Faithful Church*, ed. by John H. Westerhoff III & O. C. Edwards, Jr., 53.

50 Kenneth O. Gangel Warren B. Benson, *Christian Education: Its History and Philosophy* (Chicago: Moody Press, 1983), 107-108; Lewis J. Sherrill, *The Rise of Christian Education*, 249-254; 강희천 "수도원학교의 교육," 『기독교교육사』, 오인탁, 주선애, 정웅섭, 은준관, 김재은(서울: 도서출판 교육목회, 1992), 102-110.

51 Kenneth O. Gangel, Warren B. Benson, *Christian Education: Its History and Philosophy*, 108-109.

중요한 과목으로 부상하였다. 이는 대학 출현의 결정적인 틀과 계기가 되었다.

세 번째는 대학(universitas)의 출현이었으며, 초기에는 대학 책임자를 감독이 임명하였다. 그러나 길드(guild)의 강화로 점차 교수와 학생 조합(union)이 생겨나면서 대학의 주권은 점차 교수와 학생의 손으로 넘어가기 시작하였다. 결국 대학의 발전은 히브리적인 유산의 추구라는 차원과 고전 헬라 사상을 종합해 가는 새로운 학풍을 조성하기에 이르렀다.52

이처럼 중세기는 학교의 출현과 학교들을 통하여 기독교교육을 강화하려 했던 것이 하나의 특색이었다. 그리고 학교 교육사에 지대한 공헌을 남겼다. 공식 교육의 모형인 중세 대학은 엄밀한 의미에서 기독교 학교였으며, 모든 학교의 모형은 본래 기독교 학교였다는 역사적 근거가 되기도 한다. 그러나 대학이 새로운 학문의 추구라는 차원(인본주의의 태동)과 고대 그리스 철학의 재연이라는 차원과 결합하면서 신학과 기독교 전통은 점차 밀리기 시작했던 것으로 알려지고 있다.

그러나 교회 교육 차원에서 중세 교육은 두 가지 문제를 드러내고 말았다. 그 하나는 교육을 교회로부터 분리하여 교육을 학교에 위임한 결과 초대교회가 실현하였던 교육과 예배, 교육과 설교, 교육과 회중 사이의 통전적 관계가 중세에 와서 완전히 단절되고 말았다. 다른 하나는 교회 안에서 그나마 유지되어오던 가르침(catechesis)과 가르침으로부터 이어졌던 입회(입교) 과정이 중세에는 단절되었거나 존재하지 않게 되었다. 그리고 교리문답서(catechism)를 제외하고는 교육을 대치할 만한 다른 제도는 존재하지 않았다. 거기에다 예배 의식은 사람이 알아듣지 못하는 방언과 기술로 변해 가고 있었다.53 남은 것은 교리문답서뿐이었다.54

중세의 교리문답서의 흐름은 종교개혁으로 이어지면서까지 계속되었으며, 그것은 루터교회, 개혁교회, 영국교회에서 나온 예수회(Jesuits), 재

---

52 Ibid., 109-110; 강희천, "대학의 출현과 신학의 발전,"『기독교 교육사』, 125-132.
53 Milton McC. Gatch, "Basic Christian Education from the Decline of Catechesis to the Rise of the Catechisms," A Faithful Church, 79.
54 Ibid., 79-80.

세례파교회까지 파급되었다. 사제나 목사의 질문이 시작되면 부모가 이에 대답하고(세례 시), 처음 신앙 고백 때에는 어린이들도 답하는 형식으로 교리문답서는 구성되었다.[55]

이러한 교리문답서의 흐름은 루터에게도 큰 영향을 끼쳤으며, 그것은 1520년에 쓴 루터의 중요한 글들 속에 반영되었다. 『독일 귀족에게 호소함』, 『바빌론 포로』, 『기독자의 자유』는 루터의 성례전 신학과 기독교인의 신앙뿐 아니라 공교육을 향한 루터 개혁의 의지를 담고 있다.[56]

교리문답서의 영향은 특별히 비텐베르크(Wittenberg)교회 회중의 기독교교육을 위해 쓴 루터의 '약식'(brief form)에서 반영되기 시작하였다. 약식으로 알려진 교리문답서는 십계명, 사도신경, 주기도문 해석을 포함하고 있었다. 그리고 이 약식은 1522년 기도서에 포함된 후 계속된 개정판에도 포함시킨 것으로 알려지고 있다.[57] 1525년 『독일어미사』 서문에 루터는 더 좋은 학습을 위해 질문과 대답 형식의 교육을 주장하고, 이를 실천하였으나 신자들의 무식과 목사들의 무능력 때문에 루터는 크게 실망하였다.[58] 이에 대해 루터는 1529년 유명한 *Small Catechism*(『소교리문답서』)을 완성하기에 이르렀다. 소교리문답서가 나오자 곧바로 교회와 학교 그리고 가정에서 사용되기 시작했으며, 라틴어와 독일어로 출판되면서 유럽 전역으로 퍼져 나갔다. 그리고 대륙의 종교개혁을 이끌어 간 중요한 매개가 되었다.[59] 그리고 소교리문답서는 대교리문답서 혹은 독일교리문서(*German Catechism*) 뿐 아니라 가르침의 기본 틀이 되었다. 특별히 목사와 부모가 가르쳐야 할 책임이 강조되면서 두 교리문답서는 교육 내용과 교육 방법의 지침이 되었다.[60]

그리고 루터의 교육적 공헌은 교리문답서의 범주를 사회화하는 데로

---

55 William Haugaard, "The Continental Reformation of the Sixteenth Century," *Ibid.*, 118.
56 *Ibid.*, 120.
57 *Ibid.*, 120-121.
58 *Ibid.*, 122.
59 *Ibid.*
60 *Ibid.*, 122-124.

이어졌다. 루터의 교육 사상은 그가 쓴 두 논문에서 찾는다. 한 논문은 "기독교 학교 설립 및 유지에 관하여 독일 각 도시의 시장 및 시평의회 회원에게 보내는 글"(*To the Councilmen of all Cities in Germany that they establish and maintain Christian School*)[61]이라는 글이었다. 또 다른 하나는 "아동들을 학교에 입학시켜야 할 의무에 관한 담론"(*Sermons on the Duty of Sending Children to School*)[62] 루터는 첫 논문에서 다음과 같이 말한다.

> 전 독일을 통하여 우리는 슬픔을 경험하고 있다. 어찌하여 모든 학교는 자멸하도록 버림을 받고 있으며, 대학들은 허약해졌고, 수도원들은 쇠퇴하고 있는가?[63]

이것은 중세 교회의 주권 하에 있던 교육 상황에 대한 루터의 통탄이었다. 대학과 수도원 학교, 본당 학교는 상류계급의 자제와 사제만이 공부할 수 있었던 고등 교육 기관이었으며, 고전(古典)과 고등 학문(advanced study)은 교수의 전유물이 되었고, 반면에 대중에게는 국어만을 해독할 수 있는 초보의 국어 학교만이 있었다. 그것마저 교회의 절대적인 통치하에 있었다. 여기서 루터는 교육의 세 가지 변화를 촉구하고 실시하였다. 첫째는 교육 자체 중요성의 강조다. 루터가 뜻하는 중요성이란 곧 민중을 위한 우수한 학교의 건립이었다.

> 소년과 소녀들을 위하여 어느 곳에서나 학교들을 설립해야 할 것은 성서와 하나님을 위해서이다. 사회와 세례를 유지하려면 훌륭한, 기술이 있는 남녀들이 나와야 하며, 그들의 정치는 선한 것이어야 하기 때문에 백성들은 자기 자녀들을 잘 길러야 한다.[64]

---

61 Martin Luther, *Works of Martin Luther*, vol. IV(A. J. Holman Co., & the Castle Press, 1931), 103-130.
62 Donald J. Butler, *Religious Education*(New York: Harper & Row, 1962). 31.
63 Kendig B. Cully, ed., *Basic Writings in Christian Education*(Philadelphia: Westminster Press, 1960), 138.
64 *Ibid.*, 145.

신앙인의 만인제사직이라는 신학은 좋은 시민 양성, 세속적인 지도자 양성이라는 교육으로 발전하였으며, 그것은 결국 공교육(公敎育, public education)을 출현시킨 데 이르렀다. 이것은 서민 교육 기회 균등화를 의미했다. 이처럼 교회 지배로부터의 탈피, 상류층의 독점 교육으로부터의 평등화 작업은 루터가 종교개혁과 함께 교육계에 끼친 위대한 업적이기도 하다. 공교육에는 교리문답서와 번역된 이솝 이야기 혼북(horn book, 국어 학습), 음악, 체육, 지리, 역사, 산수 등이 포함되어 있었다.[65] 여기서 루터는 신앙과 생활을 하나의 장(場)으로 묶는 새로운 교육적 시도와 교회 교육, 민중 교육을 개발한 처음 사람이 되었다. 루터에게 와서 비로소 교육 내용과 교육과정의 성(聖)과 속(俗)은 새로운 통일을 찾게 되었다. 이를 배경으로 1523년 루터는 소녀들을 위한 학교 설립에 나섰으며, 1527년 그는 자기 집에 소녀들을 교육할 여교사의 기숙사를 만들기로 했다.[66] 중세기 대학이 오늘의 대학의 모델이 되었다면 루터의 공교육에 대한 헌신은 오늘의 공교육의 시초가 되었다.

둘째로 루터가 변화를 촉구한 것은 가정에서의 부모의 교육적 책임이었다. 루터는 신명기 32장 7절과 시편 78편 5-8절을 인용하면서 가정에서의 자녀교육은 부모의 책임이며 이는 신의 명령[67]이라고 보았다. 버틀러(Donald J. Butler)는 루터의 가정 교육이 후대에 기독교개혁교회, 루터교회, 네덜란드에 깊은 영향을 끼쳤다고 보며 결정적으로 19세기에 호레이스 부시넬(Horace Bushnell)이 기독교교육의 처음 학자로 인정받도록 그에게 영감을 주었다고 보고 있다.[68]

마지막으로 루터는 교육 행위, 교육 기관, 유지를 위한 국가와 정부의 책임을 강조하였다.

---

65 김용기, 『서양교육사』(서울: 경기문화사, 1960), 124.
66 Karl Holl, *The Cultural Significance of the Reformation*(N.Y.: Meridian Book, Inc), 110.
67 Kendig B. Cully, ed., *Basic Writings in Christian Education*, 141.
68 Donald B. Butler, *Religious Education*, 35-36.

의회원과 정부 관리의 할 일은 젊은이들을 위하여 가장 훌륭한 관심을 기울이는 일이며, 돌보는 일이다. 전시(全市)의 재산과 명예와 생명이 그들에게 있은 즉 인간과 신을 향하여 그들의 책임은 옳게 수행되어야 한다.[69]

구체적으로 시 정부는 시 안에 있는 모든 젊은이와 어린이를 위하여 의무교육을 실시할 것이며, 그 교육에 필요한 시설, 경영을 전적으로 책임을 져야 할 것이라고 강조했다. 이렇듯 공교육과 의무교육을 강조하는 동시에 종교 지도자 양성, 훌륭한 교사 양성을 위해 특출한 학생들을 선발하여 계속 훈련시켜야 할 것을 강조한 것으로 보아 고등교육의 필요성과 교사 훈련을 역설했다고 볼 수 있다.[70]

교육 분야에서 루터가 헌신한 바는 결코 작은 것이 아니었다. 당시 외면되었던 민중의 교육 균등화 작업, 공교육의 실시, 성서를 고전에서 학교와 민중의 성서로 바꾸어 놓은 것, 의무교육을 위한 시(市) 정부의 책임 등은 현대 교육에 미친 큰 영향이다. 그러나 공교육적 책임을 전적으로 시 정부의 책임만으로 전가시킴으로 이른바 국가 통제 교육, 심지어는 후대에 독재주의적 교육에 관해 위험의 씨를 심어 놓았다는 평가를 받고 있다. 오히려 시 정부와 함께 교회와 사회는 새로운 의미의 인간 형성을 위한 공동 책임을 말했어야 했을 것이다. 그러나 국가의 신성한 책임만을 고조(高調)한 나머지 정치적으로 후대의 나치를 유발했다는 비판을 받는다. 기독교 교육적으로 본다면 루터는 성서와 신앙을 장(場)으로 하는 교육론을 펼쳤으나, 교육과정은 교회, 가정, 사회보다도 학교를 너무 강조한 결과 오히려 공식 교육론만을 전개시켰다는 평가가 불가피하다.

그러나 루터는 종교개혁뿐 아니라 교육 개혁에서도 독보적인 위치에서 있었던 것은 사실이다. 특별히 기독교적 교육을 회중 교육으로, 목사의 교육적 사명으로, 부모의 교육적 책임으로 복귀시키려는 루터의 시도는 단

---

69 Kendig B. Cully, ed., *Basic Writings in Christian Education*, 142.
70 *Ibid*.

절되어 온 교육과 공동체의 관계를 회복하는 중요한 계기가 되었다. 그리고 기독교교육을 위한 국가의 책임을 강조함으로 공교육을 기독교교육의 가능성으로 부각시킨 것도 큰 공헌이었다. 그리고 가정 신앙 교육의 가능성도 결코 소홀히 취급하지 않은 루터의 교육 실천은 기독교교육사에서 하나의 전기를 마련하였다고 본다.

다만 교회 교육에서 루터는 교육과 공동체의 관계 회복을 지나치게 교리문답서에 의존함으로 교육(didache)과 설교(kerygma)와의 관계 회복, 교육과 예배의 관계 회복, 더욱이 교육을 신앙 공동체의 표현으로 회복해야 하는 역사적 과제에는 다소 미흡했던 것으로 보인다. 교리문답서의 중요성에도 불구하고 그것이 교회 공동체가 세움을 받는 교육에까지는 미치지 못한 것으로 보이기 때문이다.

이렇듯 중세 때 시작되어 루터에게서 강렬하게 부각되었던 교리문답서는 스위스와 라인강 북쪽 지방의 모든 개혁교회(Reformed Churches)에까지 이어졌다. 그것은 루터교회 내용과는 다른 것이었다. 취리히의 레오 유트(Leo Jud), 불링거(Herry Bullinger)에 이어 부처(Bucer), 칼뱅으로까지 이어지면서 제네바와 하이델베르크의 교리문답서는 국제적으로 파급되었다.[71]

1542년에 개정한 제네바 문답서(Geneva Catechism)를 통해 칼뱅은 기독교 신앙과 지식을 강화하려 했으며, 칼뱅은 주로 신앙, 십계명, 기도, 말씀, 성례전에 관한 것들이었다. 그리고 어린이 교육은 주일과 수요일 예배를 통하여 강화하였다. 주일 예배에서 어린이들로 말씀을 듣고, 명상하고, 설교를 기록하도록 하였으며, 수요예배에서는 설교를 듣고 한 시간 동안 시편을 노래하도록 하였다. 교리문답서와 어린이들의 예배 교육을 강화하려는 칼뱅의 초기 의지였으며, 실천이었다.[72] 이것은 칼뱅이 교육과 예배의 관계를 회복하려 했던 시도들이었다.

그러나 당시의 정치적, 종교적 혼란은 칼뱅의 교육적 시도를 지속하도

---

71 William Haugaard, "The Continental Reformation of the Sixteenth Century," *A Faithful Church*, 124-129.

72 Elmer L. Towns, "Jean Calvin,"(1509~1564) *A History of Religious Educators*, 168-169.

록 허용하지 않았다. 제네바로 다시 돌아온 이후 칼뱅은 교육적 시도를 학교 설립으로 옮겼으며, 스콜라 프리비타(Schola Privita)라는 일종의 초등학교와 스콜라 퍼브리카(Schola Pulica)라는 고등교육 기관을 설립하는 것으로 나타났다. 여기서는 고전과 역사, 웅변학은 물론 성서 주석이 중요한 과목으로 자리 잡고 있었다.[73] 칼뱅도 교육을 수행하는 기관을 학교만이 아니라 가정(부모의 양육적 책임), 교회(목회자들의 교리문답적 교육의 책임), 국가라는 폭넓은 개념을 가지고 제네바에서 과감히 교육 개혁을 전개했다.

정도의 차이는 있으나 칼뱅도 중세 교회나 루터처럼 교육과 예배, 교육과 설교, 교육의 공동체적 표현으로 구조화하고 연결시키는 데는 다소 미흡했던 것으로 보인다. 교회의 표지는 말씀 선포인 '설교'와 '성례전'으로 끝났을 뿐, 설교와 교육의 관계는 이어지지 않았다. 이 결과 예배의 최우선순위는 설교로 나타나고, 교육은 이차적이고도 부차적 기능으로 밀려났다. 이차적 기능이 학교 설립이었으며, 기독교교육을 학교 교육에 위임한 것으로 해석한다. 이것은 어떻게 보면 시대성의 한계에서 온 것인지도 모른다.

그러나 세움 받은 신앙 공동체의 구조와 실천으로서의 교육 논의에서 기독교교육의 새로운 꽃을 피웠다고 평가되어 온 주일학교의 등장이 오히려 교육과 교회 사이를 양극화시켜 온 장본인이었다는 역설 앞에 직면한다. 이것은 대단한 아이러니가 아닐 수 없다. 주일학교 운동은 교회의 교육 부재에 대한 대안으로 등장했으면서도 그것은 교회로부터 교육을 단절시키는 계기가 되었기 때문이다.

1780년 레이크스(Robert Raikes)에 의해 시작된 주일학교(Sunday School) 운동은 확실히 기독교교육사에서 하나의 혁명이고 역사적 사건이었다.[74] 주일학교의 평가는 다음 몇 가지 긍정적 논조에서 가능할 것이다.

첫째로 18세기 영국의 주일학교 운동은 당시 모든 교회가 포기한 교육적 차원과 책임을 대신 짊어지고 등장한 강력한 교육적 대안이었다. 비록

---

73 *Ibid.*, 170-171.
74 은준관, 『기독교 교육현장론』(서울: 대한기독교출판사, 1988), 125-137; 정웅섭, "주일학교 교육의 역사," 『기독교 교육사』, 297-331.

사회 구원의 비전으로 시작한 주일학교였기에 엄밀한 의미에서 교회 교육은 아니었으나 오히려 예수께서 하나님 나라를 선포하고 가르치셨던 자리를 회당이 아닌 삶의 자리로 삼으셨던 원초적인 구조에 더 근접했다는 해석이다. 삶과 사회로부터 소외된 노동 청소년들을 기독교교육의 주체로 선택했다. 그런 의미에서 주일학교는 기독교 사회 교육의 처음 모형이었다.

두 번째로 주일학교 운동은 뜻과 헌신을 다 바친 한 평신도에 의하여 발화되고 모형화되었다. 그 후 주일학교 운동은 200년을 흘러오는 동안 평신도 운동의 아방가르드가 되었으며, 지금도 주일학교는 평신도의 손에 의해 전승되고 진행되고 있다. 이는 초대교회, 특히 팔레스타인 기독교 공동체 안에 사도만이 아니라 예언자, 교사들이 각기 받은 은사를 따라 교회 사역에 동참했다는 공동 사역의 구조에 근접한 것으로 해석한다. 설교는 물론 교육까지도 목회자의 독점물처럼 되어 온 교회의 역사적 변질에 대한 말 없는 도전이고 변형이며, 대안이 주일학교였다.

세 번째로 주일학교 교육은 미국이나 한국에서 교회 성장의 동력이며 동시에 신자 양육의 유일한 기독교교육 기관으로 자리매김해 왔다. 주일학교 교육은 어린이와 청소년을 신자화해 온 가장 효율적인 기관이었다. 특별히 일본의 제국주의 통치 아래 있었던 한국적 상황에서 주일학교는 신앙 교육의 중심이고, 인간 교육의 장이었으며, 나아가 사회 변화의 기수이기도 했다.[75]

그러나 주일학교는 많은 역사적 공헌과 유산에도 불구하고 한가지 치명적인 약점을 가지고 지금까지 행진을 계속하고 있다. 그것은 주일학교의 책임이 아니면서도(교회가 교육을 먼저 포기했기 때문에 일차적 책임은 교회에 있다) 결과적으로 주일학교는 교육을 교회로부터, 설교와의 관계로부터, 예배와의 관계로부터 단절시켜 온 원흉처럼 되어 버린 데 있다. 지난 200년간 사실상 교회와 주일학교는 한 지붕 두 가족의 형태를 지금까지 유지해 오고 있는 것이 현실이다.

---

75 은준관, 『기독교 교육현장론』, 137-142.

3. 하나님 백성을 세우고 양육하는 교육

지난 2,000년 동안 신앙 교육이 부재(不在)한 것은 아니다. 기독교교육은 다양한 형태로 발전되어 왔다. 교리문답학교(catechical school), 교육 미사, 수도원 학교, 본당 학교, 대학, 공립학교, 교리문답, 주일학교로 다변모하며 발전해 왔다. 이 모두 기독교교육의 소중한 유산들이다.

그러나 실천신학적 문제는 신앙 공동체로부터 단절되어 온 데 있었다. 교회는 신앙만이 강조되고, 교육은 교회 아닌 다른 기관에 의하여 수행되는 지적 행위(intellectual activity)라는 이분법적 사고가 형성된 데 있었다. 다양한 교육 형태가 교회는 반지성적(anti-intellectual) 공동체이고, 교육은 신앙과는 연관 없는 심리학이나 교육학, 사회학에 의존하는 일종의 반신앙적(anti-fiduciary) 행위로 계속 분열되어온 데 있었다.

그러나 20세기에 들어서서 교육에 대한 관심은 살아나기 시작했으며, 그것은 교회적으로나 학문적으로 교육의 구조를 전환하는 기틀이 되고 있다.

로마가톨릭 서클에서는 유럽을 중심으로 미국과 전 세계로 확산되어가는 교육신학적 움직임이 활발하게 진행되고 있다. 예전과 교리교육학(catechesis)을 다시 연결시키려는 운동이다.[76] 교리교육학은 교리문답을 통달하는 것보다 훨씬 넓은 교육의 개념이며, 모든 세대를 포괄하며, 교실보다 교회 공동체에 초점을 두는 교육을 의미한다.[77] 특별히 교리교육학의 재연에 대한 가톨릭 교회의 관심은 1931년 미국에서 열렸던 교육대회에서 살아났으며, 이는 1962~1965년에 열렸던 제2 바티칸 공의회를 계기로 1971년 발표된 『교육지침서』(The General Catechical Directory)에서 교회의 교육적 책임으로 승화되었다. 교리교육학의 목적은 사람들의 신앙을 살아 있고, 의식적(conscious)이며, 행동적 혹은 적극적으로 만들기 위한 것이라고 규정한다. 그러나 교육 회복은 "교리교육학은 교회와 교인들

---

76 Mary Charles Bryce, O. S. B., "Evolution of Catechesis from the Catholic Reformation to the Present," *A Faithful Church*, 230.
77 *Ibid.*, 232.

을 믿음의 성숙으로 인도하기 위한 교회적 행위"라고[78] 그 의미를 정의한다. 교리교육학은 기독자가 '된 것'(being)에 제한하지 않고 '항시되고 있는'(ever becoming) 기독자 형성에 책임적이어야 함을 강조한다.[79]

동방정교회(Eastern Orthodoxy)의 교육 구조를 대변하고 해석하는 타라사르(Constance J. Tarasar)는 교리교육학이야말로 예배의 틀 안에서만이 가능하다는 새로운 전제에서 교육 회복을 시작했다. 이는 교육 회복에 새로운 도전이 되었다. 여기서 예배는 그리스도인의 삶 전체를 포괄하며, 모이는 교회의 예전적 축제와 함께 세계에서의 증언과 봉사까지를 포함한다는 것이다.[80] 정의는 초대교회가 하나님 나라의 임재를 선포해서(kerygma) 회개하는 회중의 근원적인 신앙 구조에서 온 것이었다. 이때 그리스도인의 삶은 가르치고 배우는 삶이었고, 유카리스트적인 교제와 기도의 삶이었고, 증언과 나눔의 삶이었다.[81] 타라사르의 해석에 따르면 초대교회의 교육은(가르치고 배우는) 종말론적 공동체였던 교회 공동체의 존재론적 표현이었으며, 교제와 기도, 증언과 나눔과의 연계 안에 있었다는 것이다. 또한 지난 2,000년 동안 동방정교회도 교육을 교회 입교에 필요한 회중의 준비 단계(Catechetical Experience), 수도적 · 금욕적 단계(Monastic/Ascetical Experience), 스콜라적 · 경건주의적 단계(Scholastic/Pietistic), 세속적 · 종파적 경험(Secular/ Sectarian Experience)을 거치면서 오늘에 이르렀다고 비판한다.[82]

그러나 동방정교회는 19~20세기에 걸쳐 세계 선교와 함께 신학적 갱신을 모험하고 나섰다. 신학적 갱신은 뉴욕주에 세운 블라디미르 정교회 신학교(Vladimir's Orthodox Theological Seminary)를 통하여 이룩한 교육과정(선교, 교육, 성직자 훈련, 행정, 영성, 예배 음악, 교회 예술 등)이며, 교수들의 연구와 지도는 새로운 신학 형성과 교육의 방향을 설정하였다.

---

78 *Ibid.*, 231.
79 *Ibid.*, 232.
80 Constance J. Tarasar, "The Orthodox Experience," *A Faithful Church*, 326.
81 *Ibid.*, 237.
82 *Ibid.*, 237-248.

이 같은 신학 갱신 운동은 교회의 성례전적 이해를 회복하는 데 기여하기 시작했다. 성례전적 회복은 주일학교를 근본적으로 수정하는 결실을 가져왔다. 교사와 어린이가 성례전에 참여하는 것을 장려하게 되었고, 그 결과 교회의 생활뿐 아니라 책임을 성례전적으로 갱신하는 계기가 주어지기 시작했다는 것이다.[83] 이 성례전적 갱신은 선교로도 이어졌다.

세 번째 갱신은 영적 갱신 운동이었으며, 수도원적 갱신으로 이어졌다는 것이다. 그러나 이 영적·수도원적 갱신은 과거처럼 세계로부터의 도피의 수단이 아니라 하나님 나라를 대망하는 징표와 창조와 세계 회복, 신학세계 발전의 기틀이 될 수 있어야 한다고 결론짓는다.[84]

타라사르는 동방정교회의 교육적 대안을 여기서 유출하고 있다. 우리의 존재와 교회의 존재 이유는 하나님 나라에 있다는 사실에서 출발한다. 복음의 중심 메시지는 하나님 나라이며, 하나님 나라의 비전은 기독교인의 신앙과 삶의 중심이 된다는 것이다. 오늘의 기독교교육은 잃어버린 이 하나님 나라의 비전을 회복하고 그것을 전달해야 하는 길을 찾는 데서 출발해야 한다고 설파한다.[85] 이 같은 하나님 나라 시작은 기독교교육을 인간 경험(자유주의 신학과 심리학적 접근)에, 교회론(신정통주의 신학)에, 선교론(에큐메니컬 신학)에 의존해 온 개신교 교육신학에 던지는 하나의 충격이고 도전이다.

종말론적 비전으로부터 타라사르는 기독교교육이 가야 할 두 가지 방향을 제시하고 있다. 하나는 기독교교육의 회심의 강조이다. 오늘의 기독교교육의 문제는 프로그램 개발, 교실 교육, 교재 읽기, 교회 활동은 강조되면서도 그리스도를 향한 삶의 전적인 헌신으로서의 회심(metanoia)은 결여되어 온 것이 문제다.[86] 기독교교육은 궁극적으로 하나님 앞에서의 인간의 복종과 헌신, 이웃을 위한 중보적인 기도와 역할을 목적으로 해야한다고 보았다.

---

83 Ibid., 251.
84 Ibid., 253.
85 Ibid.
86 Ibid., 254.

두 번째로 미래 기독교교육은 모든 교육적 행위를 교회 공동체의 존재 양식으로 삼아야 한다고 보았다. 기독교교육은 지식 전달이나 선한 인간 만들기가 아니라 선택된 백성이요 거룩한 민족인 그리스도의 몸된 교인 하나하나를 세우는 일이기 때문이다. 세우는 일은 유아에서, 세례에서, 크리스메이션(Chrismation, 성유식[聖油式])과 성만찬에 참여하는 데까지 이어지는 것이다.[87]

회심과 세우기의 기독교교육은 무엇보다도 예배가 하나님과 하나님 나라 중심으로 바뀔 때 비로소 가능한 것이다. 그리고 가정과 교회가 합심하여 교회와 그리스도인의 삶을 하나로 묶어 협력할 때 가능한 것이다. 그리고 교회학교는 성서의 메시지와 예배와 삶과 선교를 통전적 관계에서 가르칠 수 있을 때 가능할 것이다.[88]

다만 타라사르의 해석에서 하나님 나라의 임재를 기독론적으로 해석하지 않고 지나치게 예배·예전적으로 해석하는 데는 문제가 있는 것으로 보인다. 그러나 그의 공헌은 지대하였다는 것은 사실이다.

현대 교육신학은 지난 100여 년 동안 개신교 신학자들에 의하여 폭넓고 집요하게 연구되고 발전되어 왔다.[89]

---

87 *Ibid.*, 255-256.
88 *Ibid.*, 256-258.
89 교육신학 사상을 역사적으로, 사상적으로 분석하고 범주화한 연구들은 다음 저서들에서 잘 드러나 있다.
 ① Kendig B. Cully, *The Search for a Christian Education-Since 1940*(Philadelphia: Westminster Press, 1965).
 ② Harold W. Burgess, *In Invitation to Religious Education*(Birmingham, Al.:Religious Education Press, 1975).
 ③ Jack L. Seymour and Donald E. Miller, *Contemporary Approaches to Christian Education* (Nashville: Abingdon Press, 1982).
 ④ Stephen A. Schmidt, *A History of the Religious Education Association*(Birmingham, Al.: Religious Education Press, 1983).
 ⑤ Jack L. Seymour & Donald E. Miller, ed., *Theological Approaches to Christian Education*(Nashville: Abingdon Press, 1990).
 ⑥ Kenneth R. Parker, *Religious Education, Catechesis and Freedom*(Birmingham, A1.: Religious Education Press, 1981).

현대 교육신학의 첫 범주는 자유주의 신학과 실용주의 철학의 결합에서 출현한 진보적 종교교육학파(Progressive Religious Education)와 운동이었다. 여기에는 교육신학의 창시자로 알려진 부시넬(Horace Bushnell)도 포함되지만, 그보다는 코(George Albert Coe)와 그의 후계자로 알려진 엘리엇(Harrison Elliott)이 포함되며, 특히 코에 의하여 진보 학파의 사상은 크게 형성되었다.

진보 학파의 교육신학적 패러다임은 한마디로 무한한 가능성을 가진 인간 자아(self)에 있었으며, 그 자아가 사회와의 상호작용(interaction 혹은 interplay)에서 사회화되는 데 두었던 것이 특징이었다. 모든 종교교육의 궁극적 목적은 사회화에 있었으며, 그 사회화는 인간이 세우는 지상의 유토피아, 즉 하나님 나라를 이룩하는 과정으로 이해하였다.[90]

주입식 교육이 가지는 권위주의적 구조에 대한 저항으로 등장한 진보 학파는 교육의 민주화, 사회 개혁, 인간 실현의 가능성을 구현하고자 했던 공헌과 쟁점을 남겼다. 진보 학파의 공헌은 교회학교 교재를 통일 공과(Uniform Lesson)로부터 계단 공과(Graded Lesson)로 바꾸어 놓은 공헌을 남기기도 하였다. 그리고 교육과정에 교사만이 아니라 학생들도 교육의 파트너라는 새로운 틀을 만들어 내기도 하였다.

그러나 진보적 종교교육학파의 교육신학은 몇 가지 문제를 안고 있는 것으로 보인다. 무엇보다도 먼저 하나님 나라를 인간이 지상에 세우는 이상향과 동일시함으로 사실상 하나님의 통치하심과 역사 개입을 부정했으며, 따라서 교회는 하나의 사회화 과정의 이상적 공동체로 전락시켰다는 약점을 가진다. 여기에는 교회의 존재 양식으로 이해되어 온 케리그마는 존재하지 않으며, 케리그마와 디다케의 변증법적 구조도 불필요한 것이 되었다. 진보 학파는 교육학적 공헌과 함께 신학적인 과오를 범한 것으로 평가된다. 역사와 그 신비적 운행을 인간의 손에 맡긴 그리스도의 구원 사

---

90 은준관, 『교육신학』, 140-149, 233-285; 은준관, "현대의 교육신학," 『기독교 교육사』, 351-372.

건은 거의 무의미하게 만들었다.

현대 교육신학의 두 번째 범주는 '기독교교육학파'로 명명되는 새로운 신학 혁명이었다. 기독교교육학파 형성 과정에는 복잡한 신학적인 지각 변동이 작용했으며, 그것은 한마디로 인간의 무한한 가능성과 인간이 건설하는 유토피아를 천국으로 대치하려는 자유주의 신학의 허구성을 고발하고, 인간의 타락과 죄, 예수 그리스도에서 계시된 하나님의 성육신과 은혜를 인류와 세계의 구원으로 선언하는 신학 혁명이었다. 음조와 강도는 달랐으나 여기에는 바르트, 브루너, 불트만, 틸리히, 니부어 형제 등이 속한다. 이들의 신학적인 초점은 그리스도 사건(바르트), 만남(브루너), 비신화화(불트만), 실존적 질문과 신학적 응답(틸리히), 문화를 변혁하는 그리스도 (니부어)며, 성서 중심, 하나님의 초월적 계시, 인간의 타락, 은혜에 의한 구원, 교회의 구속적 공동체라는 주제에서는 일치하고 있었다.

신정통주의 신학은 진보적 종교교육적 구조를 근본에서 바꾸어 놓았다. 그리고 이름도 종교교육(Religious Education)에서 기독교교육(Chrisian Education)으로 바꾸어 놓았다. 여기서 교육신학은 황금기를 맞았다. 기독교교육을 하나님 나라와 교회에 맞춘 스미스(Shelton Smith), 말씀 사건에 맞추어 해석한 스마트(James Smart), 관계에 근거한 밀러(Randolph Miller), 만남에 맞추었던 셰릴(Lewis J. Sherrill), 참여에 두었던 헌터(David Hunter), 대화에 두었던 하우(Ruel Howe), 구속적 공동체에 두었던 그라임즈(Howard Grimes) 등의 교육신학자 출현하여 기독교교육을 교회와 신학의 중심 과제로 부각시키기에 이르렀다.[91]

말씀 중심의 이 기독교교육학과는 기독교교육의 중심 주제를 신학적 논거 위에 재정립한 큰 공헌을 남겼다고 본다. 기독교교육이 기독교적 교육이 되기 위해서는 그리스도 중심이어야 하고, 성서 중심이어야 하며, 계시적이고, 응답적이어야 하며, 교회적이고 대화적이어야 하기 때문이다. 이것은 오랜 세월 망각되었던 기독교교육의 근거와 본질을 다시 회복한

---

91 은준관, 『교육신학』, 148-167; 은준관, 『기독교 교육사』, 373-414.

신학적 승리였다. 교회 교육 실천이라는 차원에서 우리는 기독교교육학파로부터 교회 교육의 놀라운 가능성을 배우고 수용한다. 특별히 케리그마와 디다케를 갈라놓았던 다드(C. H. Dodd)를 비판하면서 말씀의 두 종으로서의 케리그마의 디다케는 (구별되면서도) 말씀 안에서 하나로 연합하려는[92] 스마트의 시도는 교회 교육 회복의 틀을 마련했던 것으로 평가한다.

그러나 기독교교육학파의 신학적 취약점은 기독론을 종말론적으로 해석하지 않은 것과 예수 그리스도의 십자가와 부활 사건의 재림 약속이라는 차원에서 해석되지 않았다는 데 있었다. 종말론적 해석의 결여는 그리스도 사건을 이 과거 사건으로 만드는 위험을 가지며, 교회가 마치 지상의 구원을 담보하고 수행하는 공동체 같은 위험을 가진다. 결국 그리스도 사건에 대한 종말론적 차원의 역사 이해의 결여로 이어졌으며, 이는 결국 역사로부터 교회를 분리시키는 다른 이분법적 구조를 만들었다는 약점을 지닌다.

현대 교육신학의 세 번째 범주는 '선교교육론'이며[93] 이는 러셀(Letty M. Russell)이 대변하고 있었다. 러셀의 선교교육 뒤에는 또 다른 신학 혁명이 작용했으며, 그것은 1960년대 초 로빈슨(John A. T. Robinson) 주교가 『신에게 솔직히』(Honest to God)[94]를 쓰면서 신정통주의 신학의 초월주의적 구조를 근본적으로 흔들어 놓았던 데서 찾는다. 세속적 거룩성으로 대변되는 '세속'을 강조하고 있었다. 이는 세속 신학을 태동시켰으며, 하나님 죽음의 신학, 교회 죽음의 신학으로까지 이어졌다.[95] 이때 러셀의 선교교육론은 이 세속주의 신학에 대한 신학적 도전이었다. 특히 하나님 선교(missio Dei) 신학에 한 교육론을 출범시켰다. 선교교육론은 선교의 주체를 교회로부터 하나님께 돌리는 근본적인 패러다임 전환에 초점을 두었으며, 선교의 장을 교회가 아니라 세계로 확대하고, 교회는 하나님께서 세계에

---

92 James D. Smart, *The Teaching Ministry of the Church*, 11-23.
93 Letty M. Russell, *Christian Education in Mission*(Philadelphia: Westminster Press, 1967).
94 John A. T. Robinson, *Honest to God*(London: SCM Press Ltd, 1963).
95 은준관, "현대의 교육신학," 『기독교 교육사』, 417-424.

선교하시는 일에 증인 공동체가 되어야 한다는 신학적 재구성에 근거를 두고 있다. 선교의 방법은 참여와 대화였다.

선교교육론이 교회 교육에 주는 몇 가지 중요한 교훈이 있다. ① 교육의 궁극적인 주체는 하나님의 선교라는 각성이다. 교육을 교사와 교회의 역할로 보아 오던 지난날의 의식을 넘어 교육은 하나님의 일하심 안에 있다는 일깨움이다. ② 세계는 더럽고 포기되어야 할 영역이 아니라 하나님의 일터이기 때문에 구원의 여지가 있으며, 그러기에 긍정이라는 교훈이다. 여기서 세계는 기독교교육의 새로운 안건(agenda)이 되고 영역이 될 수 있다는 것이다. ③ 교회는 그 존재 이유가 증인이기 때문에 교육은 선교적 교육이어야 한다는 것이다. 바로 이 같은 선교교육론은 기독교교육학파의 지나친 교회 중심적 교육 구조로부터 세계 지향적 교육 구조로 바꾸어 놓는 계기를 마련하였다.[96]

그러나 선교교육론의 가장 큰 약점은 하나님-세계-교회의 구조 속에 종말론적인 시간과 역사가 결여되었으며, 이는 결국 하나님의 선교신학을 공간의 신학, 정착의 신학, 교회 행동주의적 신학으로 만들어 버린 원인이 되었다. 하나님의 선교신학에는 그리스도를 통한 하나님의 역사 개입이 없으며, 역사 개입이 없는 한 세계는 또 다른 버려진 공간이 될 수밖에 없는 것이다. 여기에 유일한 희망은 교회의 참여이며, 그 결과 교회는 또다시 선교와 행동의 주체로 전환되는 것이었다. 선교교육론은 교회와 교육의 비전을 제시했다는 공헌에도 불구하고 교회와 교육을 자칫 행동주의로 몰고 갈 위험성을 안고 있는 것이 약점이다.

현대 교육신학의 네 번째 범주는 '과정화 교육'이다. 과정화 교육은 과정신학의 영향을 직간접적으로 받아 형성되기는 하였으나 그보다 실재(reality)는 과정에 내재한다는 철학적 입장에 그 근거를 두고 있다고 넬슨(C. Ellis Nelson)은 해석한다.[97] 과정화 교육의 특징은 과정 자체를 중요시

---

96 *Ibid.*, 430-440.
97 C. Ellis Nelson, "Theological Foundation for Religious Nurture," *Changing Patterns of Religious Education*, ed., by Marvin J. Taylor(Nashville: AbingdonPress, 1984), 21.

하는 데 있다. 여기에는 종교적 사회화(religious socialization)를 강조하는 웨스터호프(John Westerhoff), 신앙 발달을 강조하는 파울러(James Fowler), 신념적 앎을 강조하는 로더(James Loder) 등이 속한다.[98]

과정화 교육의 공헌은 교육의 종교적 · 심리적 경험에 대한 강조며, 교육이란 바로 이 종교적 · 심리적 경험을 위한 계획이고 안내이며 지침이다. 그러나 과정화 교육의 가장 큰 약점은 지나치게 종교적 · 심리적 경험을 강조하는 데 있으며, 이는 자칫 하나님 계시의 객관성을 배제할 위험성을 갖고 있다. 심지어 로더(James Loder)의 "4차원적 경험 구조에서도 계시적 차원은 취약한 것으로 보인다." 이는 개인주의 · 심리주의에 빠질 우려를 낳고 있다.

교회의 교육을 회복하기 위한 마지막 교육신학적 범주는 "역사 · 종말론적 교육"이라고 범주화될 수 있는 교육의 가능성이다. 역사 · 종말론적 교육의 원초적인 출발은 인간 경험과 사회화(진보 학파)도 아니고, 말씀과 신앙(기독교교육학파)도 아니며, 선교(러셀)도 아니고, 신념적 앎이나 종교 경험의 발달 단계에도 두지 않는다. 그것들은 교육 경험의 내용과 과정은 될 수 있어도 교회 교육을 본질적으로 재구성하는 모티프는 아니기 때문이다.

역사 · 종말론적 교육은 예수 그리스도에게서 이미 드러난 하나님 나라, 하나님의 통치(reign of God)라는 성서 · 신학적 모티프에서 출발하여, 하나님 나라는 역사와 교회와 교육을 어떻게 변화하는가에 관여한다. 역사 · 종말론적 교육은 하나님 나라의 임재 안에서 역사와 교회의 실천을 새롭게 조명하고, 그 구조의 전환을 모색한다.

기독교교육을 종말론적 모티프에서 접근한 처음 시도는 윈(J. C. Wynn)에 의하여 이루어졌으며, 그의 저서 『해방을 위한 기독교 교육』에서 교회 교육에서 왜 종말론적 논의는 침묵을 지키는가는 반문을 던지고 있다.[99] 그러나 불행히도 정확한 문제 포착과는 달리 그의 종말론에 대한 논의는

---

98 은준관, "현대의 교육신학," 『기독교 교육사』, 450-470.
99 J. C. Wynn, *Christian Education for Liberation*(Nashville: Abingdon Press, 1977), 95.

대단히 미약하고, 특히 교육과의 연관성은 적절하지 못한 것으로 보인다.

더욱 심화된 작업은 그룹(Thomas H. Groomed)에 의하여 제의되고 시도되었다. 그의 초기 저서 *Christian Religious Education* 제3장에서 그룹은 교육의 목적을 "하나님 나라를 위한 교육"이라는 말로 정의한다.[100] 이 같은 교육신학적 제언은 스미스(Shelton Smith) 이후 50년 만에 부활한 혁명적 제언이었다. 그러나 그룹의 문제는 하나님 나라에 대한 신학적 논의가 취약할 뿐 아니라(맥브리엔의 분류에 의존하고 있을 뿐 자신의 해석이 결여되어 있음), 하나님 나라 사상과 그다음으로 이어지는 주제들(신앙, 자유, 기독자가 됨, Shared Praxis) 사이를 구조적으로 연결하지 않는 약점을 드러내고 있다.

역사 · 종말론적 교육론에 관한 논의는 1988년 파즈미노(Robert W. Pazmino)의 복음주의적 해석과 슈파니(Daniel S. Schipani)의 사회 변혁적 해석이 출현하면서 양쪽으로 갈라지는 듯했다.

파즈미노에 의하면 교육은 교제(*koinonia*)를 위한 것이고, 교육은 신앙과 전도(*kerygma*)를 위한 것이고, 교육은 섬김(*diakonia*)을 위한 것이지만, 교육은 궁극적으로 하나님 나라 의식(Kingdom consciousness)을 위한 것이라고 전제한다. 그리고 하나님 나라 의식을 문화화(acculturation)와 문화 해체(disenculturation)의 과정으로 본다. 그리하여 하나님 나라 의식과 문화의 관계 수립을 모색한다.[101] 그러나 파즈미노의 약점은 하나님 나라 의식에 초점을 둠으로 사실상 하나님 나라의 실재와 임재에 대한 해석이 결여된 것에 있다. 그리고 하나님 의식과 교회의 존재 표현 양식인 예배, 케리그마, 교제, 섬김, 문화 사이의 관계가 전혀 논의되지 않고 있다.

다른 한편 슈파니는 일차적으로 하나님 통치라는 성서적 상징을 제대로 포착한 남미의 해방신학을 배경으로 하고 있다. 그러나 슈파니는 해방신학을 사회적 · 정치적 해방만을 강조함으로 신앙적 차원을 외면했고, 사

---

100 Thomas H. Groone, *Christian Religious Education*(San Francisco: Harper &Row, 1980), 35-55.
101 Robert W. Pazmino, *Foundational Issues in Christian Education*(Grand Rapids: Baker Book House, 1988), 40-46.

회적 악만을 강조함으로써 신학적인 죄를 외면했고, 예수를 사회질서의 교란자 또는 혁명가로 봄으로 구속적 고난을 외면했으며, 더욱이 하나님의 때의 약속인 종말론을 정의와 해방의 프락시스로 축소함으로 부활에서 약속된 하나님의 통치를 왜곡했다고 비판한다.102 이 같은 비판이 남미 출신인 슈파니에게서 나왔다는 사실은 놀랄만한 대목이다.

슈파니는 하나님의 통치는 예수 그리스도와 그의 전 사역에서 구현되었기에 예수의 사역은 거꾸로 오고 있는 하나님의 통치에서 보아야 한다고 해석한다. 종말론은 철저하게 기독론에서 출발해야 한다는 것이다. 그러나 기독론적 종말론은 역사 도피가 아니라 전 역사와 삶을 하나님 개입의 영역으로 긍정하는 것이다. 하나님의 통치 안에 있는 이 역사는 종말론적으로 축하받아야 할 실재라는 것이다. 역사적 프락시스 자체가 하나님 나라가 아니라(해방신학) 오히려 하나님 통치 안에서 역사는 긍정과 축하의 자리로 변한다는 것이다.

여기서 하나님 나라 선포는 새로운 공동체의 형성과 변혁을 가져오며, 새로운 삶의 결단을 가져오며, 하나님의 뜻을 분별하는 창조적 능력을 불러일으키며, 교회를 이 역사 안에 현존하는 선교 공동체로 변화시키며, 샬롬을 선포하는 예언자적 공동체로 바꾼다는 것이다. 그러므로 역사·종말론적 교육이란 하나님 통치라는 복음이 교육 원리와 내용과 과정을 결정짓는 변혁적인 모티브가 되어야 한다는 것이다.103

슈파니도 역사·종말론적인 교육을 사회 변혁과 교회 변혁에 두는 것은 사실이다. 이 점에서 피상적으로 슈파니는 해방신학과 같은 선상에 있는 것으로 해석할 수 있다. 그러나 슈파니와 해방신학은 질적으로 다른 이해에 놓인다. 해방신학은 하나님 나라를 정치·해방적 프락시스 그 자체로 보기 때문에 사실상 하나님 나라를 정치화했으며, 그들은 비종말론화(de-eschatolization)하였다. 그러나 슈파니에게 역사와 교회의 변혁이 곧 하나

---

102 Daniel S. Schippani, *Religious Education Encounters Liberation Theology*(Birmingham, Ala: Religious Education Press, 1988), 69-81.
103 *Ibid.*, 82-99.

님 나라가 아니라, 그리스도 안에서 오고 있는 하나님 나라의 통치이고, 그 안에서 교회는 끊임없이 변화되는 하나님의 역사로서 규정한다.

여기서 교육은 모든 하나님 백성으로 하여금 예수 그리스도에게서 임재한 하나님 나라와 또 오고 있는 그의 통치를 분별하고 회개하고 변화되고 증거하는 공동체로 세워 가는 것이다. 이 맥락에서 교육을 풀어가는 수잔 존슨(Susanne Johnson)은 역사·종말론적 교육을 다음과 같이 정의한다.

기독교교육이란 신앙 공동체를 통하여 세계에서 구원을 이루시기 위해 오고 있는 하나님 나라에 모든 믿는 이를 초청하고 입회시키는 영적 지도이다. 그리고 모든 삶을 하나님 나라의 빛에서 이해하고 살아가도록 돕는 것이다.[104]

그러므로 역사·종말론적 교육은 교회가 실천하는 몇 가지의 프로그램이 아니다. 주일 교회학교 교육만도, 평신도 교육이나 사회 교육만도 아니다. 교육은 예수 그리스도의 부활을 통하여 이미 도래했고, 도래하는 하나님의 나라와 그의 통치하심에 참여하는 모든 하나님 백성으로 하나님 나라를 '분별'하게 하고 긍정하며 헌신하도록 세워 가는 모든 시도를 의미한다.[105] 종말론적 백성으로 세워 가는 교육 안에 비로소 주일 교회학교, 성서 연구, 평신도 교육, 견진례, 교리교육학이 포함된다.

그러므로 교육은 교회가 수행하는 하나의 기능이 아니라 역사·종말론적 공동체의 표현 양식이며, 공동체를 세우는 과제다. 여기서 교육은 예배, 설교, 성례전, 교제, 선교와의 관계를 통하여 하나님의 통치에 참여하는 공동체의 세움이며, 살아 있는 존재 표현이며, 양식이다.

---

104 Susanne Johnson, *Christian Spiritual Formation in the Church and Classroom*(Nashville: Abingdon Press, 1989), 43.

105 Joon Kwan Un, "Christian Education as Historical Transformation Interpreted in the Light of Basileia Tou Theou," 『미래 교회』(연세대학교 연합신학대학원, 1993), 224-244.

2 장
코이노니아(*koinonia*)

예배, 설교, 성례전, 교육은 교회가 수행하는 단순한 기능들이 아니다. 하나님과 역사 앞에서의 하나님 백성 공동체의 존재 양식이고, 표현 양식이었다. 하나님 백성 공동체로서의 교회는 또 하나의 존재 양식을 통하여 세움 받는 공동체로 승화하게 된다. 그것은 예배, 설교, 성례전(부름받은 공동체의 표현 양식), 교육에 이어 코이노니아(*koinonia*)다.

문제는 코이노니아가 무엇인가라는 학문적 교제보다는 코이노니아를 어떻게 구조화하고 실천하는가는 차원에서 오랜 세월 학문적·신학적 논의가 첨예한 대립을 보여 왔다는 것이다. 이로 인해 교회의 분열을 가져왔으며, 어떤 경우에는 정통과 이단 논쟁의 불씨가 되기도 하였다.

그러나 점차 제도화되어 가는 한국 교회(이미 서구 교회가 경험한)를 안으로부터 개혁하고 공동체화해야 한다는 차원에서 논의되고 있는 이 사상은 중요한 성서적 개념일 뿐 아니라 교회 구조를 재구성하고, 신앙적 생명력을 새롭게 소생시킬 수 있는 전략적 개념으로 중요한 실마리를 제공하고 있다고 본다. 이는 회중 없는 교회로 전락하고 있는 독일 교회를 염려하고 비판한 몰트만(Jürgen Moltmann)의 논지[1]에서 예리하게 지적되었고, 형식주의와 교권주의로 전락하고 있는 한국 교회에서 문제 해결의 중요한 단서로 다가오고 있다.

---

1 Jürgen Moltmann, *The Invitation to a Open Messianic life-Style Church*, 125.

1. 신약에 나타난 코이노니아

코이노니아(*koinonia*)라는 헬라어는 교제(fellowship)라는 의미를 담고 있다. 코이노니아는 신약에서 모두 18번 사용하고 있다. 바울이 13번, 사도행전에서 1번, 히브리서에서 1번, 요한복음서에 3번 나온다. 성서에서 증언하는 그리스도와의 교제는 하나님 아버지와의 교제로 인도되며, 동시에 이웃과의 교제로 이어지는 것이 코이노니아의 의미다.[2] 그러나 이 교제로서의 코이노니아가 구체적으로 의미하는 것이 무엇인가라는 질문에서 학자들은 해석을 달리하기도 한다. 캠벨(J. Y. Campbell)은 코이노니아를 '참여'로 보았는가 하면, 바우어(W. Bauer)는 '나눔'이라고 보았으며, 다드(C. H. Dodd)는 '재산의 공동소유' 혹은 '파트너'(소유의 파트너)라고 해석한 바 있다.[3]

그러나 기독교윤리적 관점에서 코이노니아를 접근하는 레만(Paul Lehmann)은 신약성서에 나오는 코이노니아가 헬라식 전통에서 왔다는 전통적인 해석을 거부한다. 스텐달(Krister Stendahl) 교수의 연구에 근거를 두는 레만은 신약의 코이노니아 사상은 종말의 때를 기다리는 쿰란 공동체 형제들의 형제 됨의 실현에서 온 것이라고 해석한다. 코이노니아는 초대교회의 자기 이해이지만(특히 사도 바울), 그것은 쿰란의 종말론적 의식에서 온 것이었다는 것이다.[4] 그러나 쿰란 형제단의 종말론적 형제 됨은 도피적이고 배타적이었던 반면에 그것이 신약으로 오면서, 특히 바울에게서 코이노니아는 그리스도와 그리스도의 몸을 이루는 모든 사람 사이의 참여로 나타났으며, 무엇보다도 세계 안에 현존하는 그리스도의 교제에 근거하는 것으로 승화시켰다는 것이다.[5] 쿰란 공동체의 코이노니아가 세계 부정적

---

2 George Panikulam, *Koinonia in the New Testament*(Rome: Biblicl Institute Press, 1979), 1-2.

3 *Ibid.*, 1-3.

4 Paul Lehmann, *Ethics in a Christian Context*(New York & Evanston: Harper & Row Publishers), 1963, 47.

5 *Ibid.*, 49-56.

이고 자기들만의 교제를 의미하는 도피적인 것이었다면, 신약과 바울에게서 나타난 코이노니아 사상은 세계 안에 현존하는 그리스도의 영원한 교제에 근거를 두는 그리스도와 사람들 사이의 연결이요 참여였다는 것이다. 여기서 중요한 것은 신약과 바울의 코이노니아는 그리스도 안에서 세계를 향하여, 모든 이를 향해 열려 있었던 교제였다.

그러나 신약성서에 나타난 코이노니아를 더욱 성서신학적으로 해석한 이는 로핑크(Gerhard Lohfink)였다. 로핑크에 따르면 초대교회의 코이노니아는 쿰란에서 온 것이 아니라 오히려 예수 그리스도와 그의 사역에서 온 것이라는 점을 분명히 하고 있다. 예수의 사역 속에 나타난 최초의 코이노니아는 12제자의 선택과 위임에서 나타났으며, 그들과 나눈 나눔이었다. 그러나 예수의 코이노니아는 12제자를 넘어 넓은 의미의 제자들·추종자들과의 나눔으로 확대되었다고 보았다. 넓은 의미의 제자들이란 예수의 말씀을 받아들였으면서도 집과 동리에 머물면서 오고 있는 하나님 나라를 기다렸던 제자들을 의미하며, 예수께서는 그의 나눔에서 이들을 배제시키지 않았다는 것이다(아리마대 요셉, 삭개오, 나사로 등).6

그러나 예수의 코이노니아가 쿰란 공동체의 코이노니아로부터 구별되는 가장 중요한 분기점은 자기 사람들만을 '남은 참 이스라엘로'(구원받을 자로) 삼는 쿰란과는 달리 하나님 나라와 하나님의 통치 안에 모든 사람을 모으시는 하나님의 우주 종말론적인 코이노니아를 위하여 선택하고 대변하게 하기 위한 것이었다는 데 있다. 예수의 코이노니아는 궁극적으로 하나님께서 부르시는 모든 인류, 종말론적인 모임에 있었으며, 바로 이 우주적, 전 인류적인 하나님 백성으로 모으기 위하여 작은 모임(12제자)을 부르셨다는 사실에 있었다. 그러므로 로핑크의 해석에 의하면 예수의 코이노니아는 12제자와 넓은 틀의 제자들과 맺으신 나눔이었으나 궁극적으로 그 나눔은 인류 모두 하나님 백성으로 맺게 되는 나눔이었다는 것이다.7

---

6 Gerhard Lohfink, *Jesus and Community*, 31, 33.
7 *Ibid.*, 28-29.

여기서 예수의 코이노니아는 하나님 나라 백성인 죄인들, 세리들, 짓눌린 여인들, 병든 자와 동시에 제자들, 바리새인들, 산헤드린의 모든 지도자까지도 포괄하는 것이었다.[8] 예수의 코이노니아는 지역적이면서도 우주적이었고, 가난한 자와 함께하면서도 모든 이를 포함하고 있었다. 이것은 코이노니아를 선택된 자기들만의 나눔으로 보았던 쿰란과도, 교회 밖의 모든 사람을 포괄하지 못하는 현대 교회의 배타적 코이노니아와도 같지 않았다.

그러나 예수 그리스도의 코이노니아는 초대교회가 생성되면서부터 인간의 손에 의해 깨지기 시작했으며, 이것이 교회 타락의 시작이었다. 예루살렘교회에서 일어난 과부들에 대한 구제의 차별은 유대 기독교인들과 헬라어로 말하는 유대 기독교인들 사이를 갈라놓은 분열의 시작이었으며, 이것은 예수의 코이노니아를 파괴하는 첫 단계였다. 사도들이 정한 사도적 훈련(Apostle decree)으로 교회 일치를 모색하였으나[9] 그것은 의무적 책임을 의미했으며, 오순절에 경험한 처음 코이노니아로부터의 이탈이요 변질이었다. 교회법이 많아지고 사역의 계급이 많아지면 많아질수록 예수의 코이노니아는 사라졌으며, 남는 것은 규제와 통제에 의한 제도적 통일성이었다. 그러나 그것은 생명력이 없었기 때문에 불신과 분열로 이어졌다. 교회의 역사는 바로 이 코이노니아 파괴의 역사라고 말할 수 있다.

이 같은 인간들의 차별과 단절에도 불구하고 성령의 역사는 그때마다 예수 그리스도의 코이노니아를 새롭게 창조해 가셨다. 예수의 구원을 코이노니아를 성령으로 경험한 사람들이 서로의 나눔을 위해 모이기 시작한 것이 가정 교회였다. 여기서 초대교회는 곧 가정 교회였다는 결론에 이른다.[10] 가정 교회는 하나님의 통치 안에서 유대인이나 이방인이나 자유인이

---

8 한정애,『교회사를 통해 본 작은 공동체운동』(서울: 한국신학연구소, 1998), 199.
9 Ibid., 43.
10 초대교회를 코이노니아적 차원에서 연구하는 학자들은 공히 초대교회의 형태를 가정 교회였다는 해석에 동의하고 있다. Robert Banks, *Paul's Idea of Community*, 33-42; Gerhard Lofink, *Jesus and Community*, 106-108; C. Kirk Hadaway, Francis M. DuBose, Stuart A. Wright, *Home Cell Group and House Churches*(Nashville: Broadman Press, 1987), 38-39; Del Birkey, *The House Church*(Scottdale, Pennsylvania: Herald Press, 1988),

나 노예된 자 모두 교제를 나누시는 예수 그리스도의 함께함(togetherness), 몸을 세우는 일(edification), 형제의 사랑을 실현하시는 새 가족 공동체의 창조를 의미했다. 그리고 이 교제를 구조화하고 구현하는 교회의 존재 양식이 곧 가정 교회였다.[11]

처음 가정 교회는 예루살렘에서 출현한 것으로 벌키(Del Birkey)는 해석한다. 몇천 명이 넘는 신자뿐 아니라 다양한 신앙적 계보를 가진 사람들(바리새적 계보, 제사장 계보, 헬라식 유대인들)이 한곳에 모일 수 없었던 사회적 상황에서, "… 집에서 떡을 떼고…"(행 2:46), "… 집에 있든지"(행 5:42)라는 성경 구절에 비추어 보면 그들은 가정에서 모임을 가졌든지 가정 교회의 형태를 취했던 것으로 벌키는 해석한다.[12] 가정 교회는 유럽의 최초 가정 교회로 알려진 빌립보교회(행 16:12-15), 고린도 안의 여러 가정 교회, 가이오의 집(롬 16:23), 스테바나의 집(고전 16:15), 글로에의 집(고전 1:11)으로 확산되었다. 가정 교회는 에베소교회, 로마의 여러 교회, 골로새교회, 라오디게아교회로 퍼져나간 것으로 해석한다.[13]

초대교회가 가정 교회였다는 확증은 1931~1932년 겨울 유프라테스 강 서쪽에서(오늘의 시리아 사막) 두라-유로푸스(Dura-Europos)라는 3세기의 가정 교회를 발굴한 데서 증명되고 있다. 교회사가인 한정애 교수는 여러 자료를 근거로 이를 당시 두라-유로포스 형의 주택과 관련되어 있었던 것으로 풀이한다. 안뜰과 8개의 내실 중의 두 개를 터서 가정 예배의 장소로 사용한 것으로 본다.[14]

그러나 초대교회를 가정 교회로 해석하여 온 관점을 수용하면서도 이 관점에 대해 다른 차원 하나를 첨가하는 해석이 등장하였다. 그것은 해더

40; 한정애,『교회사를 통해 본작은 공동체운동』, 23-44.

11 Gerhard Lohfink, *Jesus and Community*, 99-108.

12 Del Birkey, *The House Church*, 41-50.

13 *Ibid*.

14 한정애,『작은 공동체운동』, 44-47. 남아 있는 낙서로 보아 서기 232~233년에 가정 교회가 존재한 것으로 본다. 여기에는 제단 천장과 많은 벽화들(선한 목자,아담과 이브,사마리아 여인 등)이 남아 있는 것으로 보아 예배 장소가 틀림없었던 것으로 본다. Del Birkey, *The House Church*, 55.

웨이(C. Kirk Hadaway), 두보스(Francis M. DuBose), 라이트(Stuart A. Wright)가 실시한 공동 연구를 통하여 제시한 해석이다. 그들은 사도교회가 처음부터 코이노니아의 근거였던 가정을 신앙의 표현으로 삼았기에 그것은 가정 교회였다는 전제를 전폭적으로 수용한다.

하나님의 집(household of God — "이 집은 살아 계신 하나님의 교회요, 진리의 기둥과 터이니라"[딤전 3:15])이라는 언어를 사용한 바울이 교회도 본질상 가정 교회였다는 것이다.

그러나 신약에 나타난 가정 교회들이 자리하고 있던 사회적 상황은 도시(urban society)였으며, 가정 교회는 이 도시 환경으로부터 적지 않은 영향을 받았다는 사실을 고려해 넣어야 한다는 것이다. 이 도시들은 예루살렘, 안디옥, 에베소, 고린도, 로마 등이었다. 공동연구자들은 이 대도시들 안에 있었던 전도자들은 두 가지 형태의 전도 방법을 선택했던 사실에 주목할 것을 촉구하고 있다. 그 하나는 도시 안에서의 대중 전도(mass evangelism)였다. 베드로의 설교, 스데반의 설교, 빌립의 전도, 바울의 전도는 모두 도시 한복판(그것이 성전이기도 했고, 회당이기도 했으며, 시장이기도 했던)에서 이루어졌던 것을 그 근거로 한다. 그러므로 초대교회를 가정 교회로만 보는 것은 부당하다는 것이다. 오히려 초대교회의 시작은 대중 전도(특히 오순절을 계기로)에서 이루어졌으며, 가정 교회는 후속적인 결과로 생겨난 것으로 보아야 한다는 것이다.[15] 즉, 가정 교회는 전도의 두 번째였다는 것이다. 그러므로 초대교회는 대중 전도라는 차원과 가정 교회라는 차원 양면에서 보아야 한다는 것이다. 대중 전도가 대중성을 띤 공적 성격을 가졌다면, 가정 교회는 더욱 친밀하고 인격적인 삶과 신앙의 나눔(예배, 교제, 가르침을 통하여)을 위한 틀이었다. 여기서 초대교회는 이미 교회(대중) 안의 작은 교회(교제, ecclesiolae in ecclesia)의 구조가 형성되고 있었다는 주장이다.

---

15 C. Kirk Hadaway, Francis M. DuBose, Stuart A. Wright, *Home Cell Group and House Churches*, 38-40.

예수 그리스도의 나눔(*koinonia*)은 12제자라는 작은 동아리와의 관계 안에 있었으나 12제자에게만 제한되지 않았다. 그 나눔은 넓은 제자들과의 관계로 확대되었다. 그리고 그 나눔은 장차 하나님께서 불러 모으시는 전 우주·전 세계·전 인류적인 사람과의 나눔을 위한 것이었다. 그러기에 예수 그리스도의 코이노니아는 현재적이고, 친밀하며, 인격적이면서도 약속된 미래와 포괄적인 모두를 향해 열려 있었다. 이 점에서 그의 코이노니아는 역사·종말론적이었다.

예수의 코이노니아를 경험하고 모이기 시작한 초대교회는 대도시 안에서 대중 전도를 통하여 하나님 나라를 선포하고 모든 사람을 초청하는 코이노니아면서도, 초대교회는 신앙을 일깨우고, 그리스도의 몸을 세우는 지속적인 성숙을 위해 가정(가정 교회)에서 모여 하나님을 찬미하고, 기도에 힘쓰며, 떡을 떼고 사도의 가르침을 계속하였다.

여기서 로핑크는 다음과 같이 신학적 의미를 부여한다. 예수의 부활과 재림의 약속에서 하나님 나라를 건설한 처음 그리스도인들은 예루살렘에 모여 전 세계를 회심케 하는 전도에 전념하였으며(대중 전도), 동시에 가정 교회를 세워 장차 올 하나님 나라의 예시적 공동체로 만들어 갔다. 그러기에 로핑크에 따르면 가정 교회는 처음부터 역사·종말론적이었다는 것이다.[16]

가정 교회 공동체는 두 가지를 그 생명으로 삼았다. 그 하나는 함께함의 프락시스(praxis of togetherness)였다. 함께함이란 곧 코이노니아와 공동체를 지칭하는 것이었다. '함께함'에서 그리스도의 몸은 세움(edification)을 이루어 간다. 세움이란 들어 올린다는 의미와 생명을 부여한다는 의미를 공유한다.[17] 함께함이란 예배, 찬양, 기도, 가르침, 성만찬을 통한 그리스도와의 함께함이며, 동시에 그리스도가 장차 함께할 모든 사람과의 함께함의 예시이다.

가정 교회 공동체의 두 번째 생명력은 형제애(brotherly Love)였다. 처음

---

16 Gerhard Lohifink, *Jesus and Community*, 75-80.
17 *Ibid.*, 99-101.

가정 교회는 하나님 나라를 선포한 그리스도의 말씀을 받아들인 모든 이를 형제로 받아들였으며, 이는 신자뿐 아니라 여행객, 이방인, 나그네, 전도자 모두를 받아들였다는 뜻이다. 도시마다 집 있는 사람들이 집을 교회 공동체로 열어 놓았다는 의미이며(행 12:12; 롬 16:5, 23; 고전 16:15, 34; 골 4:15), 여기서 함께 떡을 떼고, 재산을 나누어 사용했던 것이다. 그러므로 가정 교회는 처음부터 쿰란처럼 배타적이고 폐쇄적 공동체가 아니라 하나님의 인류 가족 실현의 구체적인 표현이며, 형제애와 자매애를 실현하는 공동체의 존재 양식이요 표현이었다.[18]

다만 가정 교회의 상징인 떡을 떼고, 재산을 나누어 썼다는 두 행위에 대한 현대 신학적인 해석은 우리의 주의를 필요로 한다. '떡을 뗀다'(breaking bread)는 것은 성만찬 논의에서 언급한 대로 당시 실시되었던 아가페 식사(Agape Meal) 혹은 애찬(love feast)이었음이 분명하다. 아가페 식사는 부자들이 가난한 자와 노예들을 위해 음식을 준비하는 것을 뜻하며, 한 식탁에서 주인과 종들이 한 형제로서 음식을 나누는 것을 의미했다. 이는 하나님 나라 잔치를 이 지상에서 나누는 종말론적이며 성례전적 의미를 담고 있었다. 그러나 이미 논의한 대로 고린도교회는 부자들의 횡포로 인해 아가페 식사는 점점 교회에서 사라진 것으로 알려지고 있으며, 사제가 봉헌한 주의 만찬을 신비화하고 성례전화하면서 떡을 떼는 회중의 코이노니아는 소멸되고 말았다.

이제 가정 교회의 또 다른 상징이었던 "… 모든 물건을 서로 통용하고…"(행 2:44)에 관한 해석을 살펴보기로 하자. 밀러(Hal Miller)는 오랜 기간 물건을 통용했다는 초대 그리스도인들의 행위를 '원시 공산주의'(communism)라고 불러온 과거의 해석은 근본적으로 잘못된 허구임을 비판하고 있다. 마르크스주의의 근본 철학은 계급 없는 사회의 실현에 있었다면, 이를 실현하기 위해서는 강제로 착취하는 행위까지 정당화시켜 왔다. 그러나 처음 가정 교회가 실천한 물건의 통용은 강제에 의한 것이 아니었다. 아나니

18 *Ibid.*, 106-108.

아가 정죄 받고 죽은 것은 판 소유 중에 얼마를 감춘 것 때문이 아니라 거짓말한 것 때문이었다는 사실을 밀러는 환기시킨다. 중요한 것은 강요가 아니라 재산을 스스로 나누고자 하는 마음이 있었다는 것이다. 물건을 통용한 것은 필요한 사람을 위한 나눔이었을 뿐 모든 사람을 똑같이 부하게 하거나 가난하게 만드는 데 목적이 있지 않았기 때문이다. 그러므로 "물건을 통용하고"는 공산주의가 하는 강제가 아니라 신앙과 사랑에서 우러나오는 자율적인 나눔이었기에 그것은 공동체주의(communalism)라고 해석되어야 한다는 것이다.[19]

끝으로 코이노니아로서의 초대 가정 교회는 초기 선교 전략에서 중요한 위치와 해결 방안을 제시했다고 벌키는 해석한다. 특히 바울은 가정 교회를 선교의 전초기지로 삼았을 뿐 아니라 새 신자들을 위한 예배와 가르침의 핵심적인 공동체로 삼았기 때문이었다.[20]

2. 변질과 회복 운동

1) 바실리카 교회

코이노니아의 대명사였던 가정 교회는 서기 312년 콘스탄티누스 황제(Constantine)와 리시니우스(Licinius)가 밀라노 칙령(Edict in Milan)을 발표함으로 시작된 기독교의 완전한 자유와 함께 새로운 전환기를 맞이하였다. 칙령은 로마제국의 모든 종교와 같이 기독교의 동등한 법적 권리와 자유를 보장하는 것이었으며, 동시에 박해 기간 차압했던 교회 재산의 회복을 명령하는 것이었다.[21] 이 같은 콘스탄티누스 시대와 함께 출현한 많은 변화 중의 두드러진 한 가지는 새로운 교회 건축의 출현이었다. 새로운 건

---

19 Hal Miller, *Christian Community*(Ann Arbor, Michigan: Servant Books, 1979), 86.
20 Del Birkey, *The House Church*, 60-61.
21 Williston Walker, *A History of the Christian Church*, 111.

축물은 바실리카(Basilica)라고 부른 건축 양식이었다. 바실리카는 왕실 (royal)과 통치(ruling)를 의미하는 헬라어 'basilikos'에서 온 것이었다.[22] 이 때부터 지하 가정 교회는 왕실형의 교회에 의해 대치되기 시작하였다.[23]

그러나 바실리카 출현은 가정 교회 왕실 건물로 대치했다는 단순한 건축학적인 전환은 아니었다. 이는 가정 교회가 지녔던 종말론적 신앙과 교회를 제도적이고 제도적 교회를 바꾸어 놓은 역사적 계기가 되었으며, 더 나아가 신앙 공동체의 생명과 같았던 코이노니아를 파괴하고 완전히 교권의 통제 안에 심어넣는 비극의 시작이었다.

바실리카 출현 이전의 가정 교회는 핍박 때문에 선택한 불가피한 형태였으나 출현 이후 가정 교회는 예수 그리스도의 십자가와 부활을 경험한 하나님 백성들의 코이노니아가 있었으며, 아울러 신앙과 코이노니아를 지켜 주고 지탱해 준 공동체였다. 바울에게 가정 교회는 선교와 초신자 교육을 위한 전략적 기지이기도 했었다. 로마제국의 박해가 심해질수록 가정 교회는 더 강화되었으며, 위협에도 불구하고 자기의 집을 과감히 예배와 코이노니아의 처소로 개방했던 지도자들, 엘리트들, 부자들의 헌신에 의해 살아왔던 공동체였던 것으로 알려지고 있다. 거기에는 누가가 누가복음과 사도행전에 나오는 데오빌로 총독(눅 1:3; 행 1:1), 클레멘스(Clemens of Alexandria)의 가정 학교, 이미 논의된 유프라테스강 서안의 두로-유로포스(Duro-Europos)의 주인들이 있었다.[24]

그러나 밀라노 칙령 이후 기독교가 공인되면서 출현한 바실리카의 건축물은 300년 가까이 기독교의 생명력을 지키고, 보전하고, 확산시켜 온 가정 교회의 형태를 종식시켰을뿐 아니라 신앙의 본질마저 변질시키는 시점이 되었다. 바실리카 이후의 교회는 로마, 알렉산드리아, 콘스탄티노플 대도시 감독들의 권위와 영향력 아래 놓이게 되었다. 그리고 감독의 권한

---

22 George Hedley, *Christian Worship*, 36.
23 C. Kirk Hadaway, Francis M. DuBose, Stuart A. Wright, *Home Cell Group and House Churches*, 46.
24 *Ibid.*, 42-44.

은 영적인 영역만이 아니라 교회, 정치, 사회의 영역으로 확대되었으며, 더 나아가 감독을 정점으로 하고 장로, 사제, 집사를 계급으로 구별하는 데까지 이어졌다.[25] 그 수도원은 감독 권위를 인노첸시오 1세(Innocentius I, 402~417), 레오 1세(Leo I, 440~461), 페릭스 3세(Felix III, 483~492)를 거치면서 로마교회만이 베드로로부터 이어받은 사도 계승자임을 교리화하고 제도화하였다.[26]

2) 수도원

바실리카의 출현으로 상징화된 교회의 교권화와 제도화 현상은 한편으로는 가정 교회를 사라지게 하고, 다른 한편으로는 또 다른 신앙 공동체를 태동시키는 동기가 되었다. 그것은 수도원의 출현이었다.

수도원은 교권화되고 세속화되는 교회에 대한 신앙적 저항에서 온 것이었으며, 자유스럽게 하나님과 교제하려는 신앙적 열망에서 온 것이었다. 그들이 선택한 형식은 사막으로의 도피였고, 금욕 생활이었으며, 철저한 명상과 헌신적 신앙을 모색하는 것이었다.[27] 그러기에 수도원 운동은 바실리카 출현 이후 사라진 가정 교회의 빈자리에 출현한 다른 형태의 공동체 운동이었으며, 그것은 또 하나의 코이노니아 공동체였다.

수도원은 당시 세 단계를 거치면서 코이노니아를 구현하였다. 그 처음 단계는 서기 250년경 중앙 이집트의 청년 안토니(Anthony)가 소유를 포기하고 광야에서 은둔자(hermit)가 되었던 데서 시작하였다. 두 번째 단계는 남이집트의 파코미우스(Pachomius, 292~346)가 기독교수도원을 설립한 것으로 이어졌다. 철저한 독신 생활, 예배, 노동, 수도사복을 입어야 하는 금욕적 코이노니아 공동체(coenobitemonaticism)를 창시했으며, 이 같은 공

---

25 *Ibid.*, 45-46.
26 Williston Walker, *A History of the Christian Church*, 134-135.
27 Marianka S. Fouska, *The Church in a Changing World*(St. Louis: Concordia Publishing House, 1971), 99-100.

동체는 10개로 늘어났던 것으로 알려지고 있다.28

세 번째 단계로 수도원 운동은 베네딕트(Benedict of Nursia, 480)에 의해 일대 개혁의 노선을 걷기 시작하였다. 서기 500년 베네딕트는 로마의 동쪽 한 동굴에서 은둔자가 되었으며, 서기 529년 로마와 나폴리 사이의 몬테카시노 언덕에 베네딕트 수도원을 세우기에 이르렀다. 이는 베네딕트 수도원의 원조가 되었다. 모든 수도사는 1년간의 예비과정을 거친 후 서약하고 나면 취소할 수 없는 입회 절차를 거쳐야 했다. 예배를 최우선으로 했으며, 7단계의 규칙적인 일과를 따라야 했으며, 노동과 독서가 강조되었다. 베네딕트 수도원 운동은 영국, 독일, 프랑스로 급속히 확산됐으며, 이는 평화를 사랑하는 영혼들의 피난처가 되기에 충분하였다.29

교회의 세속화에 대한 신앙적 저항을 특징으로 하는 수도원 운동은 복음의 순수성을 보존하기 위한 신앙인들의 헌신이었다는 긍정적 평가를 받아 왔다. 그리고 지나치게 철저하리만큼 엄격한 공동체 생활을 실현한 것도 또 다른 긍정적 평가를 받는다.

그러나 수도원 운동이 가지는 부정적 차원은 세계 부정과 세계 도피와 초대교회의 원초적인 전통으로부터 크게 이탈한 데 있었다고 해더웨이(C. K. Hadaway)와 공동연구자들은 지적하고 있다. 이들의 해석에 따르면 수도원 운동은 1차로 감독과 교권의 확대 이후 사라져 간 가정 교회의 전통을 구현한 것이었다는 것이다. 그러나 가정 교회와 수도원 운동 사이의 결정적 차이는 철저하게 가족 중심이었던 가정 교회에 비해 수도원 운동은 금욕주의(헬라 사상에서 온 것)와 독신주의를 실천함으로 사실상 수도원 운동에서 가족, 가정이라는 개념이 설 자리가 없었다는 것이다. 그래서 수도원 운동은 가정 교회가 될 수 없었다. 그 결과 가정 교회는 사라지고, 수도원은 가정 교회를 대치할 수 없게 되었으며, 남은 것은 일단 가정에서 부모들이 자녀들을 위한 종교교육을 단편적으로 수행할 수밖에 없었다. 그러나 교육은 교회와

---

28 *Ibid.*, 101; Williston Walker, *A History of the Christian Church*, 137.
29 Williston Walker, *A History of the Christian Church*, 138-139.

도, 수도원과도 관계없는 파행적이고도 단편적인 교육일 뿐이었다.[30]

한 걸음 더 나아가 해더웨이와 공동연구자에 따르면 가정 교회의 전통은 수도원에서도 아니고 중세에 일어난 종파 운동이었던 카타리(Cathari) 운동이나 도미니칸(Dominican) 수도원이나 프란체스코(Francis) 수도원 운동에서도 이어지지 않았다고 해석한다. 이 운동에서도 가족, 가정은 부정되고 있기 때문이다. 오히려 가정 교회의 유산과 전통은 중세에 일어났던 발덴시아 공동체(Waldensian Community)에 의해 계승되었다는 것이다.[31] 발도파 공동체는 1176년 리옹(Lyons)의 발데스(Valdez) 혹은 발도(Waldo)가 방랑 시인의 노래에서 인상을 받고(있는 것 다 팔아 가난한 자에게 주고 나를 따르라는 말씀의 노래: 마 19:21), 부인과 딸에게 다소의 재산을 남기고는 즉시 전 재산을 가난한 자들에게 나누어 주었던 데서 시작되었다. 발도는 1177년 그리스도를 따르기 위해 사도적 가난(apostolic poverty)을 선택하고 회개를 설교하기 시작하였다. 이때 신앙의 동지들이 모였으며, 그들은 1179년 제3차 라테란 공의회 앞으로 설교할 수 있는 권한을 요청하였다. 그러나 요청이 거부되자 이는 하나님께 대한 인간의 저항으로 생각한 발도는 설교를 계속하였다. 그러나 1184년 로마교회는 이들을 출교하였다. 그 후 발도파 공동체는 북스페인, 오스트리아, 독일, 프랑스, 이탈리아로 흩어지게 되었다.[32]

해더웨이와 공동연구자들은 발도파 공동체가 초대 가정 교회의 전통을 비교적 성실하게 이어 온 이유를 다음과 같이 밝히고 있다. 그것은 단순히 교권을 거부한 데 있지 않았다. 교권 거부는 카타리에 의해 더 철저하게 수행되었다. 그렇다고 가난을 실천하는 사도적 빈곤을 실천한 데에도 있지 않았다. 그것은 프란치스코회들이 더 철저했었다. 그러나 한 가지 다른 것은 발도파들은 가정에서 겸허한 삶과 단순하고도 순수한 예배를 드렸다

---

30 C. Kirk Hadaway, Francis M. DuBose, Stuart A. Wright, *Home Cell Group and House Churches*, 46-47.

31 *Ibid.*, 47.

32 Williston Walker, *A History of the Christian Church*, 251-154.

는 데 있었다는 것이다. 가정이 수용되는 한 그 공동체는 남녀노소의 차별이 없었다는 의미다. 이것은 1400년 동부 유럽의 체코에 Unitas Fratrum으로 알려진 공동체에서 발도파의 한 지도자의 가르침을 들으려 집에 모였다는 역사적 증언에서도 잘 드러나 있다.[33] 즉, "… 교회 건물 바깥에서, 집들 내에서, 작은 방에서 혹은 새벽 여명에 숨겨진 곳에서 행했다"[34] 라는 마태우스 하젠의 기록을 인용하는 한정애 교수에게서도 확인되었다. 그러나 발도파을 이단으로 규정하고 박해를 심화시켜 온 로마교회의 처사는 발도파의 디아스포라를 가속화시켰으며, 종교개혁 때에는 많은 발도파가 개신교로 전환하기도 하였다.[35]

그러나 카타리와 수도원 운동과 달리 가정을 기초로 하는 공동체를 강조했던 발도파 운동도 그들의 의지와는 관계없이 로마교회로부터 출교되어 디아스포라(diaspora)가 되었다 하더라도, 발도파 운동은 결국 교회의 줄거리로부터 떨어져 나왔다는 의미에서 종파적인 범주를 넘지 못했던 것이 약점으로 남는다. 신앙 운동은 되었으나 타락한 교회를 안으로부터 개혁하는 어떤 틀도 만들지 못했다는 한계를 가지고 있었다.

3) 종교개혁

그러나 코이노니아의 회복 운동은 종교개혁을 계기로 활발하게 진행되었다. 마르틴 루터는 신학적인 가능성은 제시했으나 자신의 사상을 실천에 옮기지는 못했던 것으로 알려지고 있다. 오히려 코이노니아 회복 운동은 17~18세기에 일어나 18~19세기에 걸친 대각성주의 시대에 요한 웨슬리와 속회 운동에서 퍼져나간 결실을 맺는 하나의 흐름을 형성하였다.

루터가 제시한 신학적 가능성은 그가 피력한 제3 형태(die Dritte Weis

---

33 C. Kirk Hadaway, Francis M. DuBose, Stuart A. Wright, *Home Cell Group and House Churches*, 47.
34 한정애, 『작은 공동체운동』, 55.
35 Williston Walker, *A History of the Christian Church*, 253.

e)36에 나타나 있었다. 한정애 교수에 따르면 제3 형태란 비공식적이고 비강제적인 소공동체를 의미했으며, 가정 교회적 성향이었던 사랑의 공동체를 지칭한 것이었다. 기도, 말씀, 세례, 성찬, 선행과 구제를 목적으로 모이는 이 작은 모임은 초대 가정 교회 루터의 제3 형태론의 재연이었다. 교회의 표현 양식을 그대로 유지하면서도 했다.37 루터의 제3의 형태는 제도 교회와의 공존을 의미했다. 코이노니아 공동체를 종파 운동으로 전락시켜 온(자의든 타의든) 역사적 과오를 시정하려는 시작이었다고 말할 수 있을 것이다. 루터의 제3 형태로부터 영향을 받아 아비뇽의 람베르트(Franz Lambert, 1487~1530)가 만들었다는 홈베르크 교회법에 명시된 "진실된 자와 거짓된 자의 분리"는 루터 자신이 거부했던 사상이었다.38 다만 루터의 약점은 제도적 교회와 제3 형태인 소공동체 사이를 이어주는 구조적 연결을 신학적으로 정리하지 못한 데 있었다.

다른 한편 코이노니아 회복 운동의 극단적이고 급진적인 방향으로만 재세례파(Anabaptist)를 통하여 분출되었다. 재세례파에는 세 개의 분파가 있었는데, 하나는 혁명적·광신적·군사적인 그룹이었고, 두 번째는 메노파로 발전한 온건 그룹이었으며, 세 번째는 공산주의적으로 조직된 그룹이었다.39 재세례파 공동체는 가정 교회 운동에 많은 영향을 주었으면서도 그 자체는 분리주의 노선을 선택하였으며, 이는 결국 또 다른 종파주의를 낳고 말았다.

루터의 제3 형태와 재세례파 운동 그 후 17~18세기 독일 경건주의로 이어졌으며, 코이노니아 공동체 회복 운동은 여기서 새로운 전기를 맞이하였다. 이것은 코이노니아 공동체에 관한 한 가장 혁명적이고 획기적 사건이었다. 그러나 독일 경건주의는 신학적 편견으로 이 운동을 교회의 정죄 행위로 이단시하고 경멸해 온 불행한 과거를 만들었다.

---

36 한정애, 『작은 공동체운동』, 56.
37 *Ibid.*
38 *Ibid.*, 58-59.
39 *Ibid.*, 64.

바로 문제의 독일 경건주의 운동은 '교회 안의 작은 교회'(ecclesiola in ecclesia)라는 긴 역사적인 시험에 새로운 전기를 마련하였다. 운동에 점차 교권화되어가고 제도화되어 가는 독일 교회를 안으로부터 개혁할 수 있는 신학적이고도 교회론적인 단서를 제공하는 일이었다.

17~18세기 독일 경건주의의 태동은 당시 개신교 스콜라주의(Protestant Scholasticism)라는 신학적 풍토에서 나온 역설을 안고 있다.[40] 종교개혁 이후 세 흐름으로 나타난 교회, 즉 루터교회, 개혁교회, 로마가톨릭은 1555년까지 무력으로 싸움을 계속하였다. 1555년 종교평화회의를 계기로 화해에 이르고, 서로 공존할 수 있는 법적 언약까지 약속했으나 그 후 전개된 치열한 신학적 논쟁은 개신교 스콜라주의를 태동시켰다.[41]

이때 경건성의 위기가 생겼다. 정통교리 논쟁이 개개인의 신앙에는 아무런 의미를 주지 못하는 상황에서 신앙적 의미와 경험을 되찾기 위해 태동된 것이 경건주의 운동의 시작이었다. 그리고 신앙 형성에 평신도의 참여를 촉구하는 소리가 높아졌다.[42]

4) 경건 운동

제2의 종교개혁까지 불린 경건주의 운동의 선구자는 라바디(Jeande Labadie, 1610~1674)와 아른트(Johann Arndt, 1555~1621)지만,[43] 경건주의를 사실상 창시한 사람은 스페너(Philip Jakob Spener, 1653~1705)였다.

1666년 프랑크푸르트의 수석 목사로 청빙된 스페너는 도시 정부의 무관심과 교인들의 게으름을 극복하기 위해 1670년 신자들 중 뜻있는 몇 사람을 그의 목사관에 모아 성경 공부와 기도, 지난 주 설교를 토의하는 작은 모임(Collegia Pietatis)을 시작하였다.[44] 바로 이 작은 모임은 개개인의 영적

---

40 Howard Am Snyder, *Signs of the Spirit*, 71.
41 Williston Walker, *A History of the Christian Church*, 496; 지형은,『경건주의, 그 요청과 현실』, 연세대학교 연합신학대학원 제28회 공개학술강좌(1996. 5.), 4.
42 Williston Walker, *A History of the Christian Church*, 496.
43 지형은,『경건주의, 그 요청과 현실』, 5.

삶의 변화와 심화를 불러온 경건주의 운동의 첫걸음이 되었다.

그러나 1675년 스페너가 내놓은 작은 책자 『경건의 요청』[45](*Pia Desideria*) 은 매서운 충격과 도전을 던졌다. 신학자와 목사들의 무능함에 대한 탄식, 활기찬 믿음, 통상적인 설교와 그 외 다른 집회를 가지는 일, 받은 은사대로 공동체를 이루는 일, 만인제사장주의를[46] 호소하는 글이 주된 내용이었으며, 이것은 당시 교리화되고 형식화된 루터교회 지도자들에게 큰 위협이고 도전이 되었다.

지형은의 해석에 따르면 『경건의 요청』은 교회의 현 상태를 진단하고, 교회의 앞날을 전망하고, 교회를 갱신하기 위해 여섯 가지 제안을 제시하고 있다. ① 하나님 말씀의 회복, ② 영적 제사직의 실천, ③ 기독교 본질인 사랑의 실천, ④ 종교 간 논쟁도 기도와 부드러운 정신에서, ⑤ 목사 훈련 (신학 교육)은 말씀 중심(성서)과 영적 훈련에서 이루어져야 하며, ⑥ 신학과 목회(설교) 현장이 연결되어야 한다는 것이었다.[47]

여기서 스페너의 '경건자의 모임'(*Collegia Pietatis*)과 『경건의 요청』(*Pia Desideria*)은 세 가지 이유에서 기성교회에 위협이 되었다고 스나이더(Howard A. Snyder)는 해석한다. 그 처음은 영적 제사장직으로서의 평신도의 역할 확대인데, 이는 교권과 세속적 권력자들의 권위에 대한 도전이었다. 두 번째는 장로회(*Collegium Presbyterorum*)의 구성을 통해 목사를 돕도록 하는 집단 지도 체제로 교회 구조의 변화를 촉구한 데 있었다. 이는 칼뱅주의를 루터교회에 도입하는 것이었다. 세 번째는 잘못된 신앙 고백보다는 서로의 신앙을 세워 가는 작은 모임들을 권장했기 때문이었다.[48]

한 걸음 더 나아가 지형은에 따르면 스페너의 경건주의 운동이 어려워지기 시작한 결정적인 계기는 경건의 모임 가운데 분리주의자(대표적인 사

---

44 Willston Walker, *A History of the Christian Church*, 497.
45 지형은, 『경건주의, 그 요청과 현실』, 7-8. 지 박사는 여기서 Spener가 *Pia Desideria*를 내놓게 된 배경과 과정을 잘 설명하고 있다. 그리고 한정애, 『작은 공동체운동』, 68-70.
46 한정애, 『작은 공동체운동』, 69.
47 지형은, 『경건주의, 그 요청과 현실』, 10-11; Howard A. Snyder, *Signs of the Spirit*, 80-81.
48 Howard A. Snyder, *Signs of the Spirit*, 81.

람은 슈츠[Johann Jakob Schuetz])가 출현하면서[49] 이단으로 정죄 받은 때부터였다.[50] 1686년 드레스덴(Dresden)으로 옮긴 후에는 스페너는 경건한 모임을 만들지 않았던 것으로 알려졌다. 그렇다면 스페너는 여기서 교회 갱신의 소중한 방법으로 해석하고 실천했던 경건 모임을 포기한 것인가라고 지형은은 질문한다.

스페너에 대한 지형은의 해석이 가지는 의미는 크게 두 가지다. 그 하나는 경건의 모임이 아니라고 해서 교회 갱신을 포기한 것이 아니라 스페너의 근본적인 사상이었던 "비제도적인 작은 성경 모임을 통하여 점진적으로 전체(대중교회, Volkskirche)를 갱신하는 것"이었다.[51] 그것은 1675년 카르프초프(S. B. Carpzov)에게 보낸 편지 속에 나타났던 '교회 안의 작은 교회' 사상이었다.[52] 역사상 최초로 사용된 교회 안의 작은 교회 사상은 사실상 초대교회의 넓은 구조(대중 전도와 가정 교회의 관계)를 가장 정확하게 포착한 신학적 용어이고 동시에 패러다임이었다고 볼 수 있다.

두 번째 의미는 교회 안의 교회와 경건의 모임 관계에 대한 규명이다. 지형은은 교회 안의 교회가 원리이고 상위 개념이라면, 경건의 모임은 방법이고 종속 개념이라고 해석한다.[53] 법적인 치리를 통하여 전체 교회를 한번에 개혁하려는 정통주의에 대하여 스페너의 개혁은 "경건한 자들의 신앙적 헌신을 통하여 누룩이 퍼지듯이 점진적으로 교회를 개혁"하려고 했다.[54]

스페너의 교회 안의 작은 교회와 경건의 모임 사상과 실천은 당시 정통주의와 기성교회의 비난과 비판의 대상이 되면서 오랜 세월 그늘에 가려져 온 것이 사실이다. 그러나 그의 영적 비전과 교회 개혁의 천재적인 신학적·실천적 발상은 역사의 흐름을 타고 이어져 왔으며, 20세기에 와서 새로운 조명을 받기에 이르렀다. 그것은 기독교 신앙의 생명과 본질이 교리에

49 지형은, 『경건주의, 그 요청과 현실』, 12.
50 Williston Walker, *A History of the Christian Church*, 498.
51 지형은, 『경건주의, 그 요청과 현실』, 13.
52 *Ibid*.
53 *Ibid*.
54 *Ibid*., 14.

있는 것이 아니라 그리스도를 만나고, 경험하고, 이 경험을 형제와 나누고, 실천하는 데오프락시스(Theo Praxis)에 있기 때문이다. 그리고 교회 안의 작은 교회 사상은 교권주의와 종파주의를 양극단을 극복할 수 있는 제3의 개념이며 동시에 공동체를 창출하고 세워 가는 실천신학적 패러다임이기 때문으로 보인다.

17~18세기 개신교 스콜라주의에 대한 영적 각성과 교회 개혁으로 시작한 경건주의 운동은 스페너에 이어 프랑케(August Hermann Francke, 1663~1727)에 의하여 제2단계로 접어들었다. 라이프치히 대학 교수로 있었던 프랑케는 8명의 젊은 동료들과 *Collegium Philobiblicum*이라는 작은 모임을 만들고 성경 공부를 시작하였으며, 이것은 인기 있는 토론장이 되었다.[55] 그리고 프랑케는 1687년 회심의 경험을 가지게 되었으며, 드디어 1689년 드레스덴에 있던 스페너를 찾아가 처음 만남을 가졌다. 이 만남은 두 사람을 아버지와 아들의 관계로 묶어주었으며, 경건주의를 수용한 프랑케는 라이프치히 대학에서 다시 *Collegium Philobiblicum*을 열어 성경의 주해 강의를 통해 많은 학생 사이에 영적 각성을 불러일으켰다. 그러나 한때 동지였던 카르프초프의 반대로 1691년 프랑케는 라이프치히로부터 축출되었다. 그러나 스페너의 노력으로 프랑케는 신설된 할레(Halle)대학교 교수가 되었으며, 그 후 할레대학교는 경건주의의 본거지가 되었다.[56]

5) 모라비안 공동체

할레대학을 경건주의 운동의 중심으로 만들어 간 프랑케의 노력과 영향력은 두 가지 영역을 통하여 구현되었다. 그 하나는 1702년에 출판한 『할레의 경건』(*Pietas Hallensis*)과 함께 주해적인 차원(exegetical)과 경험적 차원, 교실과 목회를 통합한 강의를 통하여 확산되었다. 다른 하나는

---

55 Howard A. Snyder, *Signs of the Spirit*, 82-83.
56 *Ibid.*, 85-86; Willistion Walker, *A History of Christian Doctrine*, 498-499.

할레대학 안에 몇 개의 부속 기관들을 세운 이후 그 기관들을 통하여 경건주의 운동을 확대하는 일이었다. 1695년 가난한 어린이를 위한 학교 설립을 시작으로 1697년 귀족 자녀를 위한 학교(Paedagogium)를 설립하였다. 바로 이 학교의 학생 중의 하나가 친첸도르프였으며, 후일 그를 통해 경건주의 운동은 모라비안(Moravian) 공동체로 이어졌다. 그리고 1698년에는 고아원과 과부를 위한 집을 마련하였으며, 1701년에는 선교를 위한 지도자 훈련을 위해 성경학원까지 설립하고 지도자 양성에 힘을 쏟았다.[57] 그러나 스페너의 사상과 프랑케의 사상 사이에는 많은 유사성 못지않게 차이점도 드러나고 있었다. 스페너의 교회론은 루터의 전통적인 교회론이었던 말씀의 선포와 올바른 성례전이 실시되는 성도의 교제라는 차원을 수용하면서 거기에 경건한 사람들의 공동체임을 강조하는 양면성이었던 반면에, 프랑케의 교회론은 스페너보다 덜 교회론적이었으나 개개인 신자의 심리적이고도 경험적 차원에 더 강조를 두었던 것이다. 스페너는 『경건의 요청』에서 교회 안의 작은 교회라는 변증법적 구조를 제안함으로써 코이노니아 공동체를 되살리려는 신학적 입장에 있었는가 하면, 프랑케의 관심은 *Collogium Philobiblicum* 같은 교육 소공동체를 통하여 신앙의 훈련과 삶의 단련을 쌓는 데 있었다.[58]

스페너와 프랑케로 이어졌던 경건주의 운동은 친첸도르프(Nicolaus Ludwig Graf von Zinzendorf, 1700~1760)와 그의 모라비안 공동체(Moravian Community)를 통하여 좀 더 심화되고 새로운 형태로 이어졌다. 할머니 손에서 자란 친첸도르프는 일찍부터 경건주의적 신앙의 경험과 분위기에서 자랐으며, 그의 생의 결정적 전기는 10살에서 17살까지 프랑케가 세웠던 할레대학 안의 *Paedagogium*(귀족 자녀를 위한 학교)에서 프랑케와의 만남과 경건주의적 신앙 경험에서 형성되었다. 30년 전쟁 이후 보헤미아의 개신교들은 심한 박해를 받기 시작했으며, 그중 일부가 피난하여 작센 지방에까지 도

---

57 Howard A. Snyder, *Signs of the Spirit*, 86-89; Williston Walker, *A History of Christian Doctrine*, 499-500.
58 Howard A. Snyder, *Signs of the Spirit*, 101-105.

착하였다. 이때 친첸도르프는 자기의 땅 헤른후트(Herrnhut)를 피난지로 허락하고 정착하게 하였다. 이때가 1722년이었다.[59]

그리고 1727년 친첸도르프는 모라비안 공동체의 영적 지도자가 되었다. 이때 친첸도르프는 모라비안 공동체가 그 지방 색슨루터교회(Saxon Lutheran Church)에 머물면서 스페너의 교회 안의 작은 교회 체제에 머물기를 제안하였다. 그러나 보헤미안들은 장로들을 선택하고, 1727년 8월 13일 정식으로 모라비안교회(Moravian Church)를 시작하기에 이르렀다.[60] 그러나 모라비안교회의 출발은 정통 루터교회는 물론 경건주의자들 비판의 대상이 되었으며, 1736년에는 Saxony에서 제명되는 분열의 아픔을 감수해야 했다. 1737년 친첸도르프는 베를린에서 자브론스키에 의하여 감독의 안수를 받았으며, 이어 세계 선교를 향한 정열을 쏟았다. 이후 독일, 영국, 미국 전역에 본부를 설치하고 선교에 전념하였다. 1742년 프로이센(Preußen) 정부가 모라비안교회를 공인하게 되자 감독, 장로, 집사 제도를 수용하면서도 장로 중심제 구조의 교회 제도도 확립하였다.

그러나 문제는 친첸도르프가 마음속에 계속 걸림돌이 되어 듣기 싫어했던 분리주의라는 비판의 소리가 그토록 싫었음에도 불구하고 모라비안교회는 점차 독립된 교회로 정착해 가고 있었던 데에 있었다.[61] 이때 교회 안의 작은 교회라는 스페너의 천재적인 사상을 포기할 수 없었던 친첸도르프는 1727년 '매는 띠'라는 의미를 가진 밴드(Bandeu)라는 작은 그룹들을 헤른후트공동체 안에 조직하기 이르렀다. 둘 혹은 세 명으로, 남녀가 따로, 기혼자와 미혼자를 구별하여 밴드를 조직하게 하였다. 밴드는 일주일에 한 번 혹은 두 번 저녁에 모이게 하였으며, 철야 기도, 고백, 서로를 위한 기도와 치유를 목적으로 하였다.[62]

---

59 Williston Walker, *A History of Christian Doctrine*, 501-502.
60 *Ibid.*, 503.
61 *Ibid.*, 505.
62 Howard A. Snyder, *Signs of the Spirit*, 133-134.

헤른후트에서 친첸도르프는 교인들이 신앙 안에서 강하게 하고 서로 위로하고 어려운 삶의 상황에서 도우며 전체적으로 전 교회의 안녕을 위하여 활동하는 수많은 작은 모임들로 교회를 나누었다. 이 작은 조직들은 Bandeu(매는 띠, 단체)라고 불렸다.[63]

1732년 헤른후트공동체 구성원은 500명 정도였으나 그 안에 80개의 밴드가 있었으며, 모든 어른은 밴드에 참여해야 했다. 1738년 존 웨슬리 (John Wesley)가 헤른후트를 방문했을 때는 밴드가 90개 정도로 알려졌다.

그러나 1728년에서 1736년 사이에 헤른후트공동체는 밴드로부터 점차 콰이어(Choir)라고 하는 그룹으로 재편성되어 갔다. 연령별, 성별, 결혼 유무별로 나눈 콰이어는 10개나 되었다. 이 과정에서 헤른후트공동체는 스페너와 프랑케보다 더 극단적으로 변화되었으며, 각 가정, 개개인의 경제, 사회, 종교적 삶의 차원들을 하나의 공동 제도로 통합해 간 변화를 가져왔다. 모든 공동체원은 새벽 4~5시에 일어나 찬양과 노래를 불렀으며, 매일 3회 찬양 예배와 교육을 받도록 하였다. 어린이를 위한 특별모임을 만들어 훈련하고, 주일 예배는 새벽 5시부터 저녁 9시까지 수시로 드리게 했다. 매주 토요일 친첸도르프는 개인을 면담했으며, 두 주간에 한 번은 모든 사람을 심방하였다. 선교사로 지망하는 일과 헌금은 그들이 십자가를 지는 길이었다.[64]

친첸도르프의 교회론은 무엇보다 성령 안에 있는 하나님의 회중이요, 그리스도 안에 있는 유기체로 보았다는 점에서 스페너와 프랑케의 사상과 맥을 같이하고 있다. 그리고 모라비안교회를 그리스도의 몸인 우주적 교회에 속한 작은 교회로 봄으로써 스페너의 교회 안의 작은 교회 사상을 수용하고 실천하려 했던 노력도 경건주의 운동 속에 끝까지 계승하려 했던 것이었다. 그리고 선교를 위한 모라비안 디아스포라 공동체의 순례와

---

63 한정애, 『작은 공동체운동』, 71.
64 Howard A. Snyder, *Signs of the Spirit*, 135-136.

섬김은 기독교 세계에 강력한 도전과 인상을 남기기도 하였다.

그러나 경건한 모임을 밴드와 콰이어로 구체화하고 제도화하는 과정에서 자연스럽게 실현했던 가정이 살아 있는 가정 교회를 재연한 것이었던가는 질문을 남겼다. 연령, 성, 기·미혼별로 나누어 밴드와 콰이어를 조직했다는 의미는 가정을 중심으로 하는 코이노니아 공동체, 즉 가정 교회는 아니었다는 비판을 면하지 못할 것이다. 이것이 작은 공동체 운동이 빠지기쉬운 종파주의의 위험성이다. 헤른후트공동체가 끼친 공헌에도 불구하고 그 공동체는 종파적 특색을 극복하지 못한 것이 약점으로 남는다.

그러나 경건주의 운동은 신앙의 생명력과 경험을 외면한 채 교리와 제도로 기독교의 본질을 왜곡하여 온 잘못된 객관주의에 대하여 성령의 역사와 신앙의 경험과 회심을 강조함으로 기독교를 다시 경험하는 종교로 환원하려 한 큰 업적을 남겼다. 이것은 제도화되어 가는 오늘의 교회를 향하여 주는 강력한 도전이기도 하다.

그러나 경건주의의 위험성은 잘못된 객관주의를 비판하다가 잘못된 주관주의에 빠졌다는 데 있다. 지나친 개인과 자아의 강조는 공동체에 대한 책임을 약화시켰으며, 개혁 운동은 많은 경우 교회 밖에서 실현함으로 분리주의를 반복해 온 것이다. 그리고 경건주의 운동은 대다수 가난한 자를 위한 사회복지에는 관심을 쏟았으면서도 전 사회와 역사의 변혁을 위한 교회의 책임은 외면해 온 것이다. 이것은 WCC 총무였던 비서르트 후프트(Vissert Hooft)의 비판이다.[65]

여기서 스페너, 프랑케, 친첸도르프로 이어진 경건주의 운동이 신자의 제사장직의 회복, 경건한 작은 모임을 통한 서로 돕는 일, 교회 안의 작은 교회 구조를 통한 교회의 공동체화와 코이노니아 회복을 외치고 실천한 것은 그동안 잃어버려 온 초대교회의 역동성을 되찾는 열쇠가 된 것은 사실이다. 그러나 그것을 실천하는 과정에서 또 다른 주관주의로 빠지는 위험성을 어떻게 극복하느냐는 신학적 과제를 남겨 둔 채 역사의 흐름은 웨

---

65 *Ibid.*, 112-113.

슬리와 감리교회 운동으로 이어졌다.

6) 웨슬리, 감리교회, 속회 운동

17~18세기 스페너, 프랑케, 친첸도르프에 의해 계승되었던 경건주의 운동은 18~19세기로 넘어오면서 수용과 수정의 과정을 거치면서 일대 변화를 가져온다. 그것은 요한 웨슬리와 그의 동생 찰스 웨슬리가 펼쳤던 소공동체 운동을 매개로 일어난 전환이었다.

웨슬리가 살았던 영국의 시대적 상황은 영적 무감각, 합리주의에 근거한 색깔 없는 설교, 빈자들의 타락과 술 취함으로 얼룩졌으며, 그것은 사회혁명 전야와 같은 것이었다.[66] 옥스퍼드에서의 학문 추구와 신성 그룹(holy club)의 경험을 뒤로 하고, 1735년 존 웨슬리는 미국 조지아를 향해 선교의 여정에 올랐다. 이때 웨슬리는 프랑케(A. Francke)가 쓴 『할레의 경건』(*Pietas Hallensis*)과 경건주의의 창시자였던 아른트(Arndt)의 『참 기독교』(*True Christianity*)와 접하면서 깊은 감동을 받았던 것으로 알려지고 있다.[67] 그리고 폭풍우 속에서 만난 모라비안 교도들의 경건과 신앙의 확신에서도 깊은 감명을 받았다. 1738년 귀국 후 웨슬리는 모라비안 선교사 뵐러(Peter Bohler)와 만나 신앙에 의한 회심과 조직 기술 등에 대해 교류하였으며, 같은 해 5월 1일 웨슬리는 뵐러와 힘께 페터레인 모임(Fetter Lane Society)을 조직하고, 월 1회 저녁 7시에서 10시까지 기도와 신앙 고백을 위한 모임으로 이르렀다.

뵐러가 미국으로 떠난 3주 후 웨슬리는 1738년 5월 24일 올더스게이트(Aldersgate) 회심의 경험을 가지게 되었다. 그리고 웨슬리는 헤른후트공동체를 두 주간 방문하는 동안 친첸도르프와 모라비안 공동체의 생활과 조직을 배우면서 많은 느낌을 받았다. 그러나 모라비안들의 정적주의(靜

---

66 Williston Walker, *A History of the Christian Church*, 507.
67 Howard A. Snyder, *Signs of the Spirit*, 183.

寂主義, Quietism)는 웨슬리의 마음에 걸림돌이 되었다. 친첸도르프를 중심으로 하는 개인적인 컬트(cult)와 영적 만족(spiritual complacency)의 추구는 마치 도피적이고 폐쇄적인 듯한 인상을 남겼기 때문이다.[68]

그러나 웨슬리는 회심의 경험 이후 정적주의 대신에 이동하는 전도자로, 회심자를 돌보는 일로 페터레인 모임의 지도자의 길을 선택하였다. 청중과 회심자가 급격히 늘어나면서 웨슬리는 1739년 4월 Societies와 밴드 조직을 시작하고 이를 옥외전도와 병행하였다.[69] 이것은 경건주의로부터 받은 영향을 한편으로 내면화하면서도 다른 한편으로는 경건주의가 빠지기 쉬운 정적주의와 도피주의를 넘어서서 사회와 역사를 변혁하는 역사적 신앙으로 전환하는 것이었다. 결국 웨슬리는 1740년 모라비안과 결별하기에 이르렀다. 이것은 모라비안의 정적주의뿐 아니라 분리주의 성향에 대한 웨슬리의 질문에서 온 것이었다.[70]

웨슬리는 1739년 5월 9일 'New Room'이라는 이름의 중앙 집회 장소 땅을 구입하고, 런던에 연합본부(United Societies)를 두고 다시 Society를 밴드와 속회(Class meeting)로 나누어 조직하는 일에 박차를 더해 갔다. 밴드는 신자와 새 신자의 신앙과 목회적 돌봄을 위한 작은 세포조직이었다. 5~6명을 기본 단위로 했던 밴드는 많은 경우 내면적인 관심과 느낌을 나누는 것을 특색으로 하고 있었으며, 이는 다소 배타적인 성격을 띠고 있었다.[71] 그러나 밴드는 속회의 인기가 높아짐에 따라 약화되었다.

1742년 브리스털(Bristal)에서 시작된 속회는 밴드와는 달리 감리교인들의 신앙과 생활을 훈련시키기 위해 Society를 12명 단위로 분할하여 만들어 낸 조직이었다. 여기서 밴드는 영적이고 고백적인 교제와 돌봄의 작은 공동체였다면, 속회는 Society의 기본 단위로서 훈련과 조직을 위한 작은 공동체였다. 모든 밴드 회원과 속회 구성원들은 1년에 네 차례에 걸친

---

68 *Ibid.*, 21.
69 *Ibid.*, 201-203.
70 *Ibid.*, 207.
71 Isaac Lim, "Wesleyan Preaching and the Small group Ministry: Principle and Practice," *Asia Journal of Theology*, vol.3, No. 2. Oct. 1989, 516.

사랑의 애찬(Love Feasts)에서 만나 교제와 사랑을 나누었다. 웨슬리는 이 일을 가능케 하는 첩경으로 평신도 설교자(Lay Preachers)를 양성하였으며, 그들로 소공동체들을 지도하게 하였다. 조직의 원리는 웨슬리는 대중 전도의 성공에서 오는 새신자들을 양육하고 훈련하는 전략적 조직으로 발전하였다. 채플, 책방, free school(어린이를 위한), 과부의 집, 무료 진료소 등 사회 변화를 위한 자선사업으로도 확대되었다.[72]

웨슬리 운동의 성공 비결로 알려진 속회 운동에 대해 림(Lim)은 네 가지로 그 의미를 해석한다. ① 속회는 코이노니아와 대화의 통로이며, ② 공동적인 삶과 지원을 이룩해 가는 사역의 통로이며, ③ 예배, 성경 공부, 찬송, 기도를 통한 양육의 통로이며, ④ 이웃을 섬기고 전도하고 초청하는 전도의 통로였다는 것이다.[73]

그러나 코이노니아 공동체 회복의 마지막 시도로 평가되어 온 웨슬리와 감리교회 운동이 창출해 낸 속회가 모라비안 공동체의 유산이었는가? 아니면 모라비안의 영향을 받았으면서도 경건주의의 한계인 종파성과 분리주의적 위험을 극복한 창조적인 틀이었던가? 만일 후자라면 그것은 어떤 근거에서 가능했던가라는 질문이 남는다. 이 질문에 대한 답은 코이노니아의 역사적 변질과 공동체 회복을 가늠하는 중요한 잣대가 될 것이다.

이 질문 앞에 웨슬리 신학의 연구자 윌리엄스(Colin W. Williams)는 웨슬리는 경건주의 영향을 받아 밴드와 속회 같은 작은 공동체 운동을 펼쳤지만, 그것은 경건주의자들과는 다른 신학적 패러다임에서 이루어졌음을 강력히 주장하고 있다. 웨슬리는 교회론에서 말씀 선포와 성례전 집행이 이루어지는 신앙인들의 회중이 곧 교회라는 전통적 개신교회 신학을 전제하고 재긍정하는 것에 있다고 속회와 배경을 설명한다.[74] 경건주의 신학에서는 객관적 거룩성(objective holiness)이 결여되어 있는 반면에 웨슬리에게는 객관적 거룩성(교회)이 주관적 거룩성(subjective holiness)을 가진 작

---

72 Howard A. Snyder, *Sings of the Spirit*, 204-207.
73 Isaac Lim, "Wesleyan Preaching and the Small group Ministry," 517.
74 Colin W. Willians, *John Wesley's Theology Today*(Nashville: Abingdon Press, 1960), 141.

은 공동체보다 우선하는 것이었다. 예수 그리스도 구속의 은총이 선행되지 않는 믿음과 경건은 있을 수 없다고 보았기 때문이다.[75]

이어 "말씀 선포와 성례전을 통한 신자의 회중(교회)과 속회(작은 공동체)의 관계는 무엇이었던가?" 이 질문 앞에 웨슬리의 해결 방법은 '교회 안의 작은 교회'에 있었다는 것이다. 말씀 안에 사는 믿는 자들의 작은 자원적 모임(ecclesiola)은 모든 믿는 자의 회중(ecclesia) 안에서 거룩한 누룩을 살아가는 것의 관계이다.[76] 여기서 웨슬리는 과감하게 교회의 코이노니아 공동체의 회복은 작은 교회의 누룩을 통하여 큰 회중이 다시 사는 비결을 과감히 따르고 있다. 이것은 당시 국교 영국교회같은 제도적 교회가 소유하고 있지 못한 개혁의 비법이었다. 윌리엄스는 다음과 같이 결론 짓는다.

> 상호 격려, 상호적인 섬김이란(코이노니아) 큰 회중에서 드리는 기도와 말씀 듣는 일과 성례전에 참여하는 것 이상을 요구하는 것이다 … 웨슬리는 믿었다. 상호 훈련과 성장을 위하여 신자들이 작고도 자원적인 모임으로 모으는 일은 신앙과 교회 생활의 본질이다.[77]

이것은 구조상 죄인과 세리와 교제를 나누신 예수의 큰 회중적 나눔과 훈련과 증인 공동체를 위한 12제자와 나누셨던 예수의 소공동체의 두 관계에 유비적 근거를 가진다. 그리고 초대교회의 대중 전도와 함께 떡을 떼는 가정 교회 사이의 관계를 지향했던 초대교회의 코이노니아 패러다임도 그 근거가 되었다. 그리고 이것은 초기 경건주의 운동의 창시자 스페너가 주장하고 실천하였던 교회 안의 작은 교회에 가까운 구조였다. 웨슬리는 전통적·역사적 교회를 수용하면서 그것이 빠지기 쉬운 교권주의와 제도주의를 경건주의로부터 배운 밴드와 속회라는 작은 신앙 공동체들을 통하여 개혁하고 변혁함으로 처음 코이노니아를 회복하고, 궁극적으로는 교회

---

75 *Ibid.*, 149.
76 *Ibid.*
77 *Ibid.*, 151.

를 다시 공동체화하려 했다. 웨슬리에 대한 이 같은 신학적 평가는 스나이더(Howard Snyder)에 의해서도 재확인되고 있다.[78]

그러나 코이노니아 공동체 회복 운동은 20세기로 넘어오면서 새로운 국면으로 접어들었다. 한정애 교수는 20세기에 들어 루터의 제3 형태론이 새로운 신학적 의제로 부각되면서 영국과 스코틀랜드에서 가정 교회 운동이 시작되었다고 해석한다. WCC의 한스 베버(Hans Weber)가 그의 논문에서 미래 교회의 기초는 가정 교회에 두어야 한다고 주장한 것이 관심을 불러일으켰다. 그에 따르면 가정 교회는 계속 새로운 모습으로 태동되었다는 것이다. 네덜란드와 벨기에의 스할롬 단체, 워싱턴 D.C. 안의 '구세주의 교회'(The Church of the Savior), 중국 안에 숨어 있는 수많은 가정 교회, 북한 안에도 있다고 믿어 오는 가정 교회들은 새로운 교회를 향한 신앙적 몸부림이다.[79]

그러나 20세기에 들어서서 상당한 신학적 근거와 강렬한 교회 개혁의 바람을 타고 세계 무대에서 큰 영향력을 행사하고 있는 코이노니아 공동체 운동은 크게 두 가지로 대분되고 있다. 클라크(David Clark)는 그 하나를 남미의 기초 공동체(Basic Ecclesial Community)라고 불렀으며, 다른 하나를 영국의 가정 교회 운동(House Church Movement)과 기초 기독교 공동체(Basic Christian Community)라고 지칭한다.[80] 이들 사이의 공통점은 기초라는 의미와 소공동체, 풀뿌리(grass root)다.

그러나 여기서 남미의 기초 공동체만을 연구 대상으로 삼는다. 1963년 제2 바티칸 공의회(Vatican Council II) 이후 브라질, 볼리비아, 칠레, 콜롬비아, 도미니카공화국 등 남미 나라에서 퍼져나간 기초 교회 공동체(Basic Ecclesial Communities)에 대하여 로마가톨릭 교권은 새로운 관계를 형성해야 하는 신학적 과제 앞에 서게 되었다. 1968년과 1975년에 걸쳐 주교

---

78 Howard A. Snyder, *Signs of the Spirit*, 208-209.
79 한정애, 『작은 공동체운동』, 87-100.
80 David Clark, *The Liberation of the Church*(Selly Oak, Great Britain: Westhill College, 1984), 78, 87.

들은 여러 차례 회의를 거쳐 B.E.C.를 인정하고 지지하기에 이르렀다. 그리고 B.E.C. 운동은 그 안에 각기 다른 강조와 음조를 가진 채 세계로 확산되어 갔다.[81]

특별히 브라질에서 일어난 기초 공동체는 20명에서 150명 규모로 구성되었으며, 이 공동체의 1차 목적은 가난한 이들을 위해 물과 의료와 땅과 직업을 위한 생존권 보장에 있었다. 안으로는 예배와 성경 공부에 치중하면서 밖으로는 공장의 투쟁을 벌여 왔다. 기초 공동체는 대도시 주변의 빈민가에 위치한 교구(parish) 안에 두었으며, 주교와의 연계가 특징이었다. 기초 공동체는 주로 노동자들(가정주부들, 종들, 근로자들, 은퇴한 이들, 농사꾼들)로 구성되어 있었으며, 이들은 함께 사는 일, 기도하는 일, 사역을 확대하는 평신도 운동을 그 특징으로 삼는다. 브라질 안에 기초 공동체는 약 8만 개를 계수한다.[82]

기초 공동체에 대한 신학적 의미는 무엇인가? 농촌의 기초 공동체를 시작으로 도시 빈민 기초 공동체, 산업 현장의 기초 공동체, 정치, 경제사회의 기초 공동체 등 다양한 풀뿌리 공동체 운동으로 확산된 이 운동을 신학적으로 어떻게 해석하고 있는가? 그것은 가난과 압제의 경험을 오늘의 전 세계가 가지고 있는 중심적 의제로 인식하는 것과 아울러 신앙적으로 이 상황을 변혁해 가야 하는 교회론적 책임을 확산하는 데 있었다. 여기서 기초 공동체는 성직자 중심에서 평신도 중심으로, 영적 강조로부터 육과 영의 통합으로, 교권 보전으로부터 변혁으로, 이론으로부터 현실과 경험으로의 전환을 가져온 공헌을 남겼다고 평가되고 있다.[83]

기초 공동체 운동은 오랜 세월 작은 공동체 운동을 내면적이고 영적인 도피성으로 특징지어 왔던 지난날의 한계를 근본적으로 바꾸어 놓는 역사적 계기를 마련했다고 평가한다. 기초 공동체 운동은 예언자적이고, 선교

---

81 *Ibid.*, 78-82.
82 Dominique Barbe, *Grace and Power*(Maryknoll: Orbis Books, 1987), 88-95.
83 Marcello Azevedo, S. J., *Basic Ecclesial Communities*(Washington D.C.: Georgetown University Press, 1987), 195, 245, 246.

적이며, 공동체적인 특색으로 재연되었다. 이념적이라 할 만큼 기초 공동체 운동은 사회적인 성격을 띠고 있기도 하다. 이것은 남미라고 하는 특정한 지리적·정치적 상황과도 깊이 연관되어 있기 때문이다.

여기서 미래 교회를 염려하면서 내놓은 아제베도(Marcello Azevedo, S. J.)의 제언은 지나친 도피주의(지난날의 작은 공동체 운동)와 지나친 행동주의(기초 공동체가 지향하는) 사이를 초극하는 방향 제시일 수도 있다. 그의 지론이 모든 기초 공동체(B.E.C.)는 큰 교회 안의 작은 교회가 되어야 하는 것이다.[84]이것은 16세기 스페너의 "ecclesiolae in ecclesia"의 교회 개혁의 원리를 현대화한 것이었다.

기초 공동체(B.E.C.)가 가난과 씨름해야 하지만, 더 중요한 것은 모든 교회가 복음주의적 가난(evangelical poverty)이 되어 모든 이가 가난을 극복하도록 도와주어야 한다는 것이다. 그러기에 기초 공동체는 역사를 직시하면서도 신앙의 초월적 차원에서 수행해야 하며, 가정, 세계, 교회를 볼 때도 역사적 차원뿐 아니라 하나님 나라의 종말에서 보는 일을 계속해야 한다고 제언한다.[85]

3. 교회 안의 작은 교회

코이노니아 공동체 회복의 한 위험성 중의 하나는 작은 공동체 운동을 제도적 교회로부터 분리하거나 축출되어 종파로 전락하는 데 있다. 종교개혁 이후 코이노니아 공동체 회복에 헌신했던 독일 경건주의, 모라비안 공동체, 웨슬리와 감리교회 운동은 작은 공동체(Collegia Pietatis, Band, Class Meeting)를 열면서 교회 안의 작은 교회(ecclesiolae in ecclesia)로서 기성교회 안에서 개혁하고 갱신하려 하였다. 작은 교회는 영적인 교제, 기도, 성

---

84 *Ibid.*, 247.
85 *Ibid.*, 247-248.

경 공부, 인격적인 나눔, 신자들의 제사장직 수행, 평신도 지도력 등 신앙적 차원을 통하여 형성되는 코이노니아 공동체였다.[86]

그러나 본래의 의도와는 달리 공동체 운동은 많은 경우 제도적 교회의 권위와 타당성에 대해 부정적인 시각을 드러냄으로써 갈등을 빚어 온 것이 사실이다. 이에 따라 제도적 교회는 작은 교회 운동을 적대시하고 이단으로 규정할 뿐 아니라 교회로부터 축출하는 불행한 사례들을 만들어내곤 하였다. 그래서 베버(Max Weber)와 트뢸치(E. Troeltsch)는 교회를 종파(Ecclesiola)와 교회(Ecclesia)로 양분하는 형태론을 내놓기도 하였다. 이 둘을 마치 화합될 수 없는 이질적 구성처럼 양극화해 온 것이 그들의 방법론이었다.[87]

그러나 스나이더(Howard Snyder)는 베버와 트뢸치의 양분론이 현대에 이르러 신자들의 교회(believers church) 대 역사적 교회(historic church), 부흥운동(revivalism) 대 제도적 교회, 양식(Modelity) 대 교제모임(Sodelity), 가톨릭 대 재세례파형의 양극적인 대립으로 확대되었다고 분석한다.[88] 바로 이 양분론이 오늘의 교회를 분열과 불신으로 몰고 가는 원인이기도 하다. 오늘 교회는 여전히 교회의 제도와 구조를 바꿈으로 교회의 개혁을 이룰 수 있다고 보는 제도주의적 접근과 교회의 갱신은 영적인 변화와 경험으로만 가능하다고 보는 카리스마적 접근 사이의 갈등은 계속되고 있다.

해답을 제시한 처음 사람은 본회퍼(D. Bonhoeffer)다. 본회퍼도 교회 안의 작은 교회 사상은 위험한 구조임을 전제한다. 교회 안의 작은 교회만이 마치 참교회인 것처럼 동일시하기 쉬우며, 그것은 결국 독립 교회로 갈 수밖에 없다는 것이다.[89] 이것이 본회퍼의 예리한 지적이다.

그러나 본회퍼는 베버와 트뢸치가 나눈 제도적 교회와 종파의 구분 자체를 반대하고 있다. 베버와 트뢸치가 교회를 유전학적 분석의 틀에서 보

---

86 Howard A. Snyder, *Signs of the Spirit*, 32.

87 *Ibid.*, 39-40.

88 *Ibid.*, 40-61.

89 Dietrich Bonhoeer, *The Communion of Saints*(New York and Evanston: Harper & Row, 1960), 169-170.

는 것 자체가 잘못되었다는 것이다. 제도적 교회와 종파 사이에 유일한 차이가 있다면 교회는 역사적으로, 유기적으로 발전되는 반면 종파는 자원적이고도 자발적인 결합을 통하여 일어나고 살아가는 것뿐이라는 것이다.[90]

그러나 본회퍼는 어느 교회이든 그것이 말씀을 소유하는 한 그것은 곧 성도의 교제라는 정의를 내린다. 말씀이 있는 한 그것이 로마가톨릭이든, 종파이든 그곳엔 성도의 교제가 존재한다는 것이다.[91] 원론적 차원에서 본회퍼의 해석은 정당화될 수 있을 것이다. 그러나 본회퍼의 해석은 역사적 현실로 존재해 온 제도적 교회와 종파의 관계 설정에는 아무런 도움을 주지 못하는 한계를 안고 있다. 말씀이 있는 곳에는 곧 성도의 교제가 존재한다는 원론적 서술은 역사 안의 다양한 형태로 분열되어 온 교회들의 새로운 관계를 모색해야 하는 교회 일치에 대하여 아무런 대안도 제시하지 못하고 있기 때문이다.

제도적 교회와 종파의 관계 설정을 두고 해결을 시도하는 두 번째 사람은 스나이더이다. 스나이더는 제도적 교회가 기득권에 집착하고 제도를 신앙보다 우위에 두는 제도주의의 위험을 안고 있다는 사실과 카리스마 운동으로서의 종파는 하나님의 뜻과 자기의 뜻을 동일시하려는 신앙의 교만과 역사의식이 없는 위험을 안고 있음을 예리하게 지적한다.[92] 그럼에도 제도적 교회는 성서적 전통과 성례전과 교리 보전이라는 장점이 있으며, 카리스마 운동은 성령 체험이라는 장점도 인정하고 있다.

문제는 이 둘의 관계를 어떻게 회복하는가다. 이에 대해 스나이더는 제도적 교회와 운동을 동시적으로 수용하고 그것들을 중개하는 모형[93]을 찾아야 한다고 제언한다. 중개의 모형은 ① 개개인의 신생 경험, ② 성령에 의한 공동의 갱신, ③ 교회의 선교를 위한 새로운 비전, ④ 밴드와 속회 같은 작은 공동체를 중심으로 하는 구조 개혁, ⑤ 하나님 나라의 의를 실현

---

90 *Ibid.*, 185-186.
91 *Ibid.*, 187.
92 Howard A. Snyder, *Signs of the Spirit*, 273.
93 *Ibid.*, 273.

하는 선교와 헌신 등 다섯 차원의 개혁을 통해서 이루어지는 것이라고 해명한다.[94] 스나이더가 제시하는 해법은 본회퍼보다는 구체적이고 단계적이지만, 여전히 제도적인 회중과 작은 코이노니아 공동체 사이를 변증법적 관계 구조에서 해석하는 차원은 취약한 것으로 나타난다. 코이노니아의 성서적 모형이었던 죄인과 세리를 포함하는 우주적 코이노니아와 이를 증언하고 실현하는 작은 12제자 공동체를 선택하셨던 예수 그리스도의 구원사적인 구조는 여기서도 약화되어 있는 인상이다. 그러나 스나이더의 제언은 상당 부분에서 신학적 타당성을 가지고 있는 것은 사실이다.

교회와 종파 사이의 관계 설정이라는 문제를 두고 해답을 시도하는 세 번째 사람은 리(Bernard J. Lee)와 코완(Michael A. Cowan)이다. 이른바 인간조직의 생태학(ecology of human system)에 근거를 두고 풀어가는 리는 무엇보다 먼저 생태학이라는 조직과 환경 사이의 관계를 연구하는 학명을 전제한다. 생태학은 마이크로조직(microsystem, 미세조직)과 메가조직(megasystem, 거대조직)으로 구성된다는 것이다. 마이크로조직은 작은 조직들과 그 조직들 사이의 연계에 의하여 구성되며, 메가조직은 좀 더 큰 기수들로 구성한다는 것이다. 문제는 마이크로와 메가 사이의 관계 설정에 있으며, 이는 작은 교회 운동과 대단위 교회 사이의 관계로 확대된다는 데 있다.[95]

여기서 리와 코완은 작은 기독교 공동체들이 대단위 교회 공동체라는 생태학적 연결 안에 중요한 교회적 단위로 존재해야 한다고 제언한다.[96] 그리고 이 구조를 해결하는 초점은 가정 교회에 있음을 분명히 한다.[97]

리와 코완의 접근은 교회 안의 작은 교회라는 교회론적 구조를 현대조직이론에 근거하여 재해석하고 재긍정한 것으로 평가할 수 있다. 여기서 필자는 스나이더와 리, 코완이 제기한 교회 안의 작은 교회의 역학적 구도

---

94 *Ibid.*, 285-291.
95 Bernard Lee, Michael A. Cowan, *Dangerous Memories*(Sheed & Ward, 1986), 98-101.
96 *Ibid.*, 98.
97 *Ibid.*, 165.

는 단순한 교회론적 차원이 아니라 역사·종말론적 차원에서 나오는 것이어야 한다고 본다. 스나이더처럼 개인 경험에서 출발하여 하나님 나라 선교로 향하는 것이 아니라 하나님 나라의 임재에서 출발하여(죄인과 세리 그리고 바리새인과 모두와 나누는 종말론적인 교제) 증언과 섬김을 위해 12제자 공동체(작은 무리 공동체)를 선택하셨던 예수 그리스도의 코이노니아 구도에서 재해석되어야 할 것이다. 이 점에서 로핑크(Gerhard Lohfink)의 해석은 새롭게 조명되어야 할 것이다.[98]

---

98 Gerhard Lohfink, *Jesus and Community*, '신약에 나타난 코이노니아'.

제IV부

보냄 받은
공동체(Called Into Community)의
존재 양식

1 장
선교

　보냄 받은 교회의 선교 문제는 용어의 혼돈에서 비롯되었다. 디아코니아(*diakonia*)라는 용어는 고아원이나 양로원이라는 말의 원조로, 미시오(*missio*)라는 용어는 해외 선교로, '전도'라는 용어는 총동원 주일 행사로 사용되고 있는 것이 통례다.[1] 이 같은 언어 사용 뒤에는 두 가지 위험성이 도사리고 있다. 하나는 디아코니아와 선교와 전도를 전문가나 헌신된 사람들이 교회 밖에서 수행하는 기능이나 프로그램으로 이해하는 것에서 시작된다. 두 번째 위험은 디아코니아와 선교가 전문가들의 영역으로 제한하고, 하나님 백성 모두 참여하고 실천하는 공동체의 존재 양식이 아니라는 사실이다. 문제는 디아코니아와 선교 프로그램의 부재가 아니라 하나님 백성의 참여가 거부된 데 있으며, 이는 공동체성 상실을 의미한다.

　그러나 섬김과 선교의 보다 심각한 문제는 교회의 무시간성 · 무역사성 의식 구조에 있다. 21세기에 도래하는 역사의 전개와 거기서 파생되는 선교적 상황에 대한 무비판 · 무역사적 대처야말로 미래 교회를 어둡게 한다.

　역사의 전개와 선교적 상황 조성은 제2차 세계대전 이후 끝난 식민주의 통치, 1980년 이후 급격히 무너져 간 소련, 동유럽, 중국의 정치 구조, 구미 기독교 왕국의 영적 쇠퇴를 의미한다.[2] "옛것은 지나가고"의 새역사

---

1 *Diakonia*는 초대교회의 존재 형식이었던 섬김을 의미했으며(공동체 전체가 동참하는), *Missio*는 본래 하나님 나라를 증언하는 교회의 선포를 의미했으며, 전도는 회개를 통하여 비신자를 교회의 구성원으로 끌어들이는 행위를 의미한다.

의 출현이며, 과거의 선교신학과 선교 방법까지의 퇴출을 의미한다.

그리고 이 빈자리에는 새 시대가 등장하고 있으며, 이것은 새로운 선교 적 상황의 도출이기도 하다. 슈레이터(Robert Schreiter)에 의하면 새 시대는 곧 APEC으로 상징되는 태평양의 띠(Pacific Rim)의 태동이며, 중동과 동남 아 산유국들 간의 유대 강화이며, 미국을 축으로 하는 아메리카 대륙의 유 대(NAFTA)이며, 유럽을 결속하는 EU의 등장을 포괄한다. 한마디로 지난 미국과 유럽 중심 체제로부터 지구촌은 다중심적(polycentric, 多中心的) 축 의 구조로 바뀌고 있다.3

이 역사적 변화는 한국과 한국 교회의 위상을 높여준 것이 사실이다. 그리고 한국 교회의 성장은 피선교지로부터 세계 선교의 주역으로 바꾸어 놓았다. 그러나 문제는 열화처럼 치솟은 해외 선교 열풍은 역사 도래에 대 한 분석 없이, 새로운 선교적 상황에 대한 선교신학적 점검 없이 과거로부 터 전수받은 식민주의적 선교 방식을 그대로 수행해 온 데 있었다. 1980 년 이후 한국 교회가 수행해 온 해외 선교는 부분적인 성공에도 불구하고 총체적인 실패로 끝나고 있다는 비극적인 결론에 이르고 있다.4

여기서 우리는 처음부터 다시 시작해야 하는 선교신학적 과제 앞에 서 있다. 그것은 전도, 디아코니아, 미시오(missio)를 성서적으로, 신학적으 로 다시 조명하여 과거의 선교를 비효율화해 온 과오 수정에 있다. 그리고 디아코니아, 미시오를 하나님 백성 모두가 참여하는 공동체의 존재 양식 으로 다시 회복해야 한다.

---

2 Robert Schreiter, "Preface," *Trends in Mission*, ed. by William Jenkinson, Helene Osullivan (Maryknoll, N.Y.: Orbis Books, 1991), VI.

3 *Ibid.*, VIII.

4 박종구, 『세계선교, 그 도전과 갈등』(서울: 신망애출판사, 1994), 85-90.

1. 미시오(*Missio*)의 성서적 의미

현대 선교학의 대가로 알려진 베르쿠일(J. Verkuyl)은 한 가지 중요한 방법론을 제시한다. 선교에 접근하는 과거의 방법은 구약과 신약으로부터 몇 줄의 입증용 본문(proof text)을 끄집어낸 후 그것을 선교적 과제에 적용시키는 방법이었다.[5] 선교신학은 단순하고 직설적인 장점을 지니지만, 성서적 구조를 외면할 뿐 아니라 선교가 이루어지는 역사적 상황을 배제하는 결과를 낳은 것이다.

그러나 최근의 성서학은 성서의 본문(text)을 역사적 상황과의 관계 안에서 읽어야 한다는 중요한 교훈을 남겼으며, 이는 성서적 메시지의 구조에서 선교에 접근하는 방법의 근거를 마련하였다.[6] 여기에는 홀스타인(W. Holstein), 와그너(Falk Wagner)의 영향이 있었으며, WCC 연구자료인 블라우(J. Blauw)의 *The Missionary Nature of the Church*(1961), 제2 바티칸 공의회 이후의 로마가톨릭 선교학의 산물로 알려진 그루트(de Groot)의 *The Biblical View of Salvation among the Peoples* 등이 크게 작용하였다.[7] 성서신학의 도움으로 시작된 선교학의 방향 전환은 선교의 과제를 성서의 본문, 역사적 상황(context), 성서 구조 속에 담겨 있는 메시지(Pretext)의 3차원에서 보아야 하는 패러다임을 창출하였다.

베르쿠일은 위에서 새로운 방법을 따라 구약에 나타난 선교를 네 가지 모티프에서 풀이한다. 첫 번째로 구약에 나타난 선교의 처음 모티프를 가리켜 베르쿠일은 우주적 모티프라고 불렀다. 우주적 모티프에서 보는 선교는 창조의 하나님은 아브라함과 모세의 하나님만이 아니라 온 세계의 하나님임을 의미하며, 모든 민족은 하나님의 구원 안에 있는 하나님의 백성이라는 이해에서 출발한다.[8] 창세기 1장에서 11장에 나오는 창조의 역

---

5 J. Verkuyl, *Contemporary Missiology*(Grand Rapids, Michigan: William B. Eerdmans
  Publishing Co., 1978), 90.
6 *Ibid.*
7 *Ibid.*
8 *Ibid.*, 91.

사는 인류 역사의 시작이며(Alpha) 동시에 역사의 완성(Omega)을 예고하는 하나님의 역사라는 사실을 강조한다.[9] 이 우주적 모티프의 선교는 인류 역사와 세계를 정죄와 심판의 대상으로만 보아 오던 전통적 선교신학의 패러다임을 근본적으로 뒤집어 놓는 새로운 선교신학·혁명적 전환이었다.

그러나 여기서 문제는 아브라함과 이스라엘의 선택이다. 베르쿠일은 폰라트(G. von Rad), 아이히로트(W. Eichrodt), 라이트(G. E. Wright)를 인용하면서 아브라함과 이스라엘의 선택은 개개인의 구원이 아니라 하나님의 구원을 선포하는 증언을 위한 것이며, 세계를 구원하시는 하나님을 위하여 길을 평탄케 하고 섬기게 하기 위한 것이었음을 분명히 하고 있다.[10]

그러나 문제는 이스라엘의 타락이었다. 선택의 목적을 상실함으로 이스라엘은 정체성을 상실했으며, 아모스, 예레미야, 이사야의 예언은 이를 비판하는 소리였다. 우주적 모티프에서 보면 하나님의 구원은 이스라엘 포로와 유배를 통해 타민족과의 역학 관계로 확대되고, 새 언약과 제2 출애굽으로 구현되었다고 해석한다.[11] 이것은 베르쿠일이 구약에 나타난 선교를 범주화한 처음 모티프였다.

베르쿠일은 우주적 모티프에 근거하며 구약 선교 사상을 세 가지로 풀이한다. ① 해방의 모티프, ② 선교적 모티프, ③ 적대심 모티프(motif of antagonism)이다. 해방의 모티프는 이스라엘의 구속자 야웨, 모든 민족을 예루살렘에 모으시는 구원자, 구원을 증언하는 고난받는 종으로 이스라엘을 묘사한다.[12] 선교적 모티프는 예언자들의 선택과 하나님의 부르신 목적과 관련된다. 그들의 선택은 모든 민족을 향하여 야웨만이 창조자시요 구원자이심을 선언하게 하기 위함이었다. 적대심 모티프는 악한 세력에 대하여 하나님은 진노하시고 전쟁에서 이기시는 하나님의 공의에 대한 증언이고, 이를 통해 하나님은 영광을 받으셔야 한다는 사실을 강조한다.[13]

---

9 *Ibid.*
10 *Ibid.*, 92
11 *Ibid.*
12 *Ibid.*, 93.
13 *Ibid.*, 94-95.

베르쿠일의 구약 선교신학적 사상 구조는 우주적 구원이라는 모티프를 중심으로 해방의 모티프, 선교적 모티프, 적대심의 모티프를 이스라엘 민족의 구체적 증언으로 전개하고 있다. 베르쿠일의 신학적 해석은 지난날 선교를 단순히 성경의 인용구 몇 절을 근거로 하여 전개하던 부흥주의식 선교와 심지어 이스라엘의 선택과 교회의 선택을 하나님의 구원을 매개하는 유일한 도구로 승화시킨 후 타락한 세계로 구원을 이루어 가는 구속사적 접근을 근본적으로 수정하는 것이었다. 이 점에서 베르쿠일이 이해하는 구약의 선교신학적 구조는 역사·종말론적 의미를 담고 있다고 볼 수 있다. 역사·종말론적이란 창조와 종말을 하나님의 주권적 역사 안에서 수용하였으며, 모든 민족의 드라마를 하나님 역사의 장으로 보았으며, 이스라엘의 선택은 철저하게 하나님의 구원 증언으로 보았다는 의미다.

우주적 모티프와 맥을 같이하면서도 이스라엘의 정체성과 연대성(solidarity)의 변증법적 구조와 관제를 좀 더 분명히 전개시킨 시니어(Donald Senior, C. P.)와 스툴뮬러(Carroll Stuhlmueller, C. P.)의 연구는 구약의 선교 이해를 심화시키는 계기가 되었다.

시니어와 스툴뮬러는 구약의 중심 주제를 모든 민족과 역사를 통치하시는 하나님의 우주적 주권에서 출발한다. 이 점에서 그들은 베르쿠일이 말하는 우주적 모티프에 동일하다. 이것은 역사·종말론적 해석에 근거한다고 본다.[14]

그들은 왜 이스라엘이라는 특수한 민족 공동체를 선택하셨는지의 질문을 던진다. 우주 구원을 위한 공동체의 선택은 선교라는 차원에서만 해답을 찾는다고 본다.[15] 여기서 선교는 이방 나라의 이스라엘화가 아니다. 더욱이 이스라엘의 힘을 의미하지도 않는다. 오히려 우주 구원 안에서의 이스라엘의 선택은 세계와의 깊은 연대성 혹은 원심점(centrifugal)과 관계에 있는 한 구심점이요 정체성이라는 의미이다.[16] 선택을 통하여 세계로부터

---

14 Donald Senior, C. P., Carroll Stuhlmueller, C. P., *The Biblical Foundations for Missions*, 318.
15 *Ibid*.
16 *Ibid*., 315.

구별된 거룩한 민족으로서의 이스라엘의 정체성은 세계를 대변하는 제사장 나라(출 19장)라는 소명에서 비로소 그 의미를 갖는다. 원심 안에서의 구심일 때 이스라엘은 하나님의 사랑을 증언하는, 고난받는 종으로 자신을 열어 놓는 섬김과 선교의 공동체였다.[17] 시니어와 스툴뮬러는 이를 구심과 원심 사이의 변증법, 정체성과 섬김 사이의 변증법(dialectics)이라고 불렀다. 이스라엘의 선택은 바로 하나님의 우주적 구원을 증거하게 하기 위한 선교 모티프에 있었으며, 선교는 세계를 대변하고 세계와 연대하는 원심 안에서 가지는 구심점도 가지고 수행해야 했다.

이스라엘의 타락은 세계를 대변하는 원심과 연대성을 포기하고 선택만을 특권화하는 구심만을 강조했을 때 일어났다. 통일왕국 시대에 등장한 왕의 군주화가 그것이었고, 성전 그 자체를 성역화했을 때 이스라엘은 타락했으며, 그것은 예언자들의 예언 표적이 되었다. 가난한 자, 눌린 자와의 연대성과 대변성을 잃었기 때문이었다.[18]

그러기에 시니어와 스툴뮬러가 이해하는 이스라엘의 선교는 다른 민족과 세속의 역사와의 연대성과 대변성에 있었으며, 그 연대성과 대변성이라는 원심적 안에 이스라엘의 정체성을 찾았다고 보았다. 가난한 자, 눌린 자와의 연대성 자체가 선교이며, 동시에 거룩한 민족으로 현존하는 정체성 그 자체가 선교였다고 보았다. 물론 궁극적인 근거는 이스라엘을 포함하는 모든 민족을 통치하시는 하나님의 구원에 있었다.

이 같은 사상은 뮬러(Karl Muller)에 의해서도 재확인되고 있다. 뮬러에 의하면 창세기 1-11장은 창조와 인간의 존재에 대한 논거가 아니라 하나님께서 창조하신 모든 창조를 향한 하나님의 성실하심에 대한 증언이요 역사의 신학이라는 것이다. 그리고 이스라엘의 선택은 처음부터 선택을 위한 선택이 아니라 모든 인간과 민족들과 똑같은 사람들 가운데서 선택한 것이었으며, 그 선택의 목적은 선택되기 이전의 모습이었던 모든 민족

---

17 *Ibid.*, 317-318.
18 *Ibid.*, 316.

과 사람들을 섬기기 위하여(*diakonia*) 선택된 데 있었다는 것이다.[19]

신약에 나타난 선교는 구약 사상을 이어받으면서도 전적으로 새로운 차원을 드러내고 있다. 신약의 중심 주제는 예수 그리스도의 전 사건(*totus Christus*)이었으며, 예수 그리스도께서 증언한 하나님의 통치(하나님 나라, *Basileia Tou Theou*)의 임재였다. 신약에 나타난 선교에 관해 연구에는 쿨만(Oscar Cullmann), 베르쿠일(J. Verkuyl), 최근의 선교신학자로는 시니어와 스툴뮬러, 보시(David J. Bosch) 등이 속한다.

이들 중에서도 하나님의 통치, 하나님 나라(*Basileia Tou Theou*)를 예수 그리스도 사역의 중심 주제로 보고 있는 보시는 하나님의 통치를 모든 선교의 시작이고 회개와 선교의 장(context)이라는 사실을 강조한다.[20] 하나님의 통치는 인간과 역사의 회개와 회심(*metanoia*)을 촉구하신 예수 그리스도의 선포 사역에서 찾는다.[21] 메타노이아로서의 회개와 회심은 방향의 전적인 전환(reorientation)이며, 이는 개인의 삶과 역사의 구조 전체가 하나님을 향해 방향을 전환한다는 의미이다. 이것이 선교의 처음이다.

선교는 선포에 이어 모든 악한 세력을 몰아내는 예수의 기적 가운데서 드러났으며, 이는 구체적으로 마귀를 쫓아내고(exorcism), 병자들을 고치시고, 죽은 자를 다시 살리시는 기적을 취하였다.[22] 여기서 선교는 악에 대하여 하나님의 능력을 드러내는 하나님 통치의 임재와 역사의 증언이었다.

선교의 궁극적 주체로서의 하나님 통치는 가난한 자, 죄인과 세리, 이방인들, 버림받은 모든 사람을 하나님 나라에 초청하고 용납하는 우주적인 교제(fellowship)를 통하여 나타났다.[23] 교제는 죄인과 세리와 함께 먹고 마신 예수의 식탁 교제(table fellowship)에서 구현되었다.

그러나 선교의 궁극적 주체인 하나님의 통치, 하나님 나라는 예수 그리

---

19 Karl Muller, *Mission Theology*(Steyler Verlag-Wort und Werk, 1987), 53-54.
20 David J. Bosch, *Transforming Mission*(New York, Mary knoll: 1991), 31-32.
21 Donald Senior, C. P., Carroll Stuhlmueller, C. P., *The Biblical Foundations for Missions*, 319.
22 David J. Bosch, *Transforming Mission*, 33.
23 Donald Senior, Carroll Stuhlmueller, *Biblical Foundations for Mission*, 319.

스도의 부활 사건에서 정점을 이룬다. 십자가에서 세상의 끝을 경험했던 제자들이 부활 사건에서 구원의 새 시대를 경험했으며, 이것은 그들을 하나님 나라를 땅끝까지 증거할 수 있는 새로운 힘과 근거가 되었다.

바르트는 마태복음 28장 16-20절을 주해하는 글에서 부활 사건을 선교의 출발점으로 보고 있다. 가이사랴 빌립보에서의 신앙 고백인 "주는 그리스도시요, 살아 계신 하나님의 아들"은 예수를 주(kyrios)로 받아들인 고백이었으며, 이는 종말(과거를 포기하고 새것을 받아들이는)의 시작이었다.24 그러나 그것이 곧 제자들의 선교 시작은 아니었다.

예수께서 다시 살아나신 후(부활 사건) 제자들에게 다시 나타나셔서 하나님 나라와 예수의 주되심을 선포하도록 명하셨다는 사실에서 진정한 선교가 시작되었다고 바르트는 해석한다.25 쿨만도 선교는 하나님 나라를 종말론적으로 미리 맛보는(eschatological foretaste) 데서 시작되는 것임을 분명히 한다.26 예수 그리스도의 부활 사건이 선교의 결정적인 처음 출발이 되었다는 바르트의 논지는, 사울이 그리스도를 만난 후 선교사 바울이 되었던 경험에서 더욱 큰 의미를 가진다고 볼 수 있다. 바울은 예수 그리스도 안에서 오고 있는 하나님 나라는 모든 민족과 모든 이방인에게까지 미치는 복음으로 보았으며, 이는 선교의 근거가 되었다.27

그러나 선교에 하나님의 백성에 관한 한, 한 가지 문제는 아직 남아 있다. 그것은 '너희는 가서 모든 족속으로 제자를 삼아…"(마 28:18)가 무엇을 의미하는가의 문제이다. 바르트는 중요한 단서를 제공한다. '모든 민족'은 이스라엘과 이방 모두를 포함하는 하나님의 백성이며, 이들을 종말론적 공동체로 불러 모으신다는 것이다.28 이것은 하나님 나라의 약속이며 선

---

24 Karl Barth, "An Exegetical study of Matthew 28:16-20," *The Theology of the Christian Mission*, ed. by Gerald H. Anderson(N.Y.: McGraw-Hill Book Co., Inc.1961), 56.
25 *Ibid*.
26 Oscar Cullmann, "Eschatology and Missions in the N.T," *The Theology of the Christian Mission*, ed. by Gerald H. Anderson, 43.
27 Donald Senior, C. P., Carroll Stuhlmueller, C. P., *The Biblical Foundations for Missions*, 319.
28 Karl Barth, "A Exegetical Study of Matthew 28:16-20," 64.

교의 궁극적인 목적이다. 여기서 '제자를 삼아'는 그리스도와 하나님 나라를 위한 종말론적, 사도적 교회 공동체를 의미하며, 이는 모든 인류를 불러 모으시는 하나님 나라를 증거하고 섬기게 하기 위해 부르시고 선택한 제자 공동체다.[29] 제자 공동체란 예수 그리스도께서 모든 민족을 종말론적 이스라엘로, 종말론적 백성으로 모으시는 하나님 나라의 약속과 오심을 선포하고 증거하는 한 생명력을 가진다는 의미이다. 제자 공동체는 본질상 종말론적이고, 증언적이며, 선교다.

그러기에 종말론적 논거는 몰트만과 로핑크에 의해서 재확인되고 있다. 몰트만에 따르면 하나님은 부활에서 계시하셨을 뿐 아니라 부활의 약속에서 미래 속에 오시고 계신다. 역사는 이 약속과 미래에 의하여 설계되는 실재이며, 그것은 부활의 약속과 소망 안에서 경험되는 약속된 역사다.[30] 교회는 바로 부활에 의하여 약속된 역사 안에 현존하며, 그것은 부활과 미래의 소망을 증언하는 미시오의 사명을 위임받는다.[31] "하나님은 모든 세계를 장으로 하는 종말론적 통치를 이루어 가시는 과정에 작은 사람들, 작은 그룹을 불러 이루어 가신다"는 것이다.[32]

시니어와 스툴뮬러도 초대교회는 예수 그리스도의 부활에서 종말론적 백성으로서의 정체성, 구심점을 가지지만, 그 정체성과 구심점은 그리스도께서 끌어모으시는 모든 전 민족적, 전 우주적, 종말론적 공동체의 약속을 대변하고 증거하는 연대성과 원심점에서 비로소 의미를 가진다. 교회는 하나님 나라의 섬김과 선교를 존재론적 양식으로 하는 한 교회는 하나님 나라의 징표가 된다는 것이다.

---

29 Ibid., 63-64.
30 은준관, 『신학적 교회론』, 435.
31 Ibid., 436-437.
32 Gerhard Lofink, Jesus and Community, 28.

2. 변질

초대교회인 예루살렘교회로부터 오늘의 전 세계 교회까지를 포함한 교회의 역사는 선교의 역사다. 그러나 그것은 미시오의 성서적 의미로부터 왜곡된 선교의 역사였다.

왜곡된 선교의 역사가 시작된 가장 큰 원인은 예수의 약속된 재림이 지연된 데 있었다. 하나님 나라의 임재를 소망하는 하나님 백성 공동체의 선교는 하나님 나라를 선포하고 증언하고 모든 사람을 섬기는 것이었으나 하나님 나라의 지연은 신앙 운동으로부터 교회를 점차 제도로 바꾸어 놓는 원인이 되었다. 제도화되기 시작한 교회는 선교를 종말론적인 증언과 섬김으로부터 점차 전도와 교회 확장으로 바꾸어 갔던 것이다.[33]

증언과 선포로부터 교회 확장으로 선교가 왜곡된 데에는 초대교회가 저지른 두 가지 중요한 과오가 원인이었다고 보시는 주장한다. 그 처음 실패는 제자들 사이의 질투와 경쟁으로 인하여 생겨난 종교화 현상이었다. 로이지(Alfred Loisy)를 인용하면서 보시는 "예수는 하나님 나라를 예시하셨지만, 출현한 것은 하나님 나라 대신교회였다"는 말로 제자들의 종교화를 비판한다.[34] 교회가 하나님 나라를 대치하면서 선교를 하나님 나라 증언에서부터 교회 확장으로 변질시키기 시작했다는 해석이다.

초대교회의 두 번째 실패는 예루살렘교회에서 나타나기 시작한 '신앙 운동 그치기'와 함께 제도로 변모한 데 있었다는 것이다. 섬김과 증언으로서의 미시오가 아니라 율법과 제도를 강화하면서 예루살렘교회는 점점 권력 지향적으로 계급화되어 갔던 것이다. 이것은 사역마저 감독, 장로, 집사로 바꾸어 가는 형태로 이어졌다.[35] 이 제도화와 계급화 현상은 처음에는 예루살렘교회에서 그다음에는 안디옥 교회로, 그리고는 모든 이방 교회까

---

33 David J. Bosch, *Witness to the Word*(Atlanta, Ga: John Knox Press, 1980), 93.
34 David J. Bosch, *Transforming Mission*, 50; David J. Bosch, Witness to the Word(Atlanta, Ga.: John Knox Press, 1980), 93.
35 *Ibid.*, 50-51.

지로 확산되어 갔다.

　이렇듯 하나님 나라의 선포와 증언, 섬김의 제1단계로서의 선교(*missio*)가 제도적 교회로 변모하면서 교부 시대의 선교는 교회 확장의 대명사로 바뀌기 시작했다. 교회 확장은 예루살렘에서 시작하여 지중해 전역으로 급속히 확산되었다. 안디옥, 에베소, 빌립보, 데살로니가, 아덴, 로마교회로 확산되었으며, 서기 4세기 초 기독교가 국교로 공인된 당시 교회는 전 로마제국 영역으로 퍼져나갔다. 이 밖에도 에티오피아 교회, 아르메니아 교회(Armenian Church), 인도의 마르토마 교회(MarThoma Church)도 초기 교부 시대에 세워진 것으로 알려지고 있다.[36]

　교회 확장이 크게 성공할 수 있었던 몇 가지 이유는 지중해를 중심으로 하는 로마제국의 길을 따랐다는 것, 중요 도시에 있었던 유대 회당의 연대를 이용했다는 것, 서민층을 파고들었다는 것, 서기 313년 국교화된 이후 상승된 종교의 신분 등이 크게 작용했던 것으로 해석한다.[37] 그러나 이러한 전략적인 조건 외에 교회 확장을 뒷받침한 선교의 사상은 크게 비이방화(Depaganization)와 기독교화(Christianization)였다고 보시는 풀이한다. 비이방화는 세례를 통하여 기독교를 이방 종교로부터 차별화하는 일이었고, 기독교화는 세례를 준비시키는 교리교육학(catechesis)를 통하여 기독교인으로 양육하는 일이었다. 물론 국교화 이후에는 '강제에 의한 회심'(conversion by coercion)의 방법을 사용하기도 하였다.[38]

　그러나 교회 확장으로서의 선교는 제2단계인 중세기에 들어서서 일대 변화를 가져왔다. 변화를 가져온 가장 큰 변인 하나는 서기 410년 북쪽의 야만족에 의한 로마 공격과 함께 무너져 나간 로마제국의 종말이었고, 다른 하나는 무함마드(Mohammed, 570~632)에 의해 생겨난 이슬람 종교의 등장이었다.[39]

---

36 John E. Booty, *The Church in History*(N.Y.: Seabury Pressm, 1979), 205-207.
37 *Ibid*., 107-109.
38 David J. Bosch, *Witness to the Word*, 107.
39 John E. Booty, *The Church in History*, 212.

이슬람의 등장과 그들의 전투적 선교 전략은 기독교에 대항하는 최강의 라이벌이 되었다. 이슬람은 아라비아 종족의 통합을 가져왔고 이어서 정복과 회심의 길을 떠났다. 서기 635년 다마스쿠스를, 636년 안디옥을, 638년 예루살렘을, 640년 가이사랴를, 642년 알렉산드리아(이집트)를, 650년 페르시아 여러 나라를, 715년 스페인의 중요 부분과 인도, 중앙아시아까지 침략하고 점령하였다. 15세기에는 오스만투르크(Osman Turk)가 그리스를 공략했고, 1453년 콘스탄티노플을 함락하여 이슬람의 수중에 넣음으로 이때부터 유럽과 중세 기독교는 암흑시대에 접어들었다.[40]

이러한 상황에서 중세 기독교 전쟁 선교는 로마제국을 무너뜨린 야만족의 회심과 영국, 아일랜드, 스코틀랜드의 회심이라는 부분적인 성공을 거두었다. 그러나 자존심을 걸고 성지 회복이라는 이름으로 일으킨 일곱 번의 십자군이 실패함으로 중세 로마가톨릭뿐 아니라 이슬람에도 깊은 상처를 남겨놓게 되었다.[41] 서기 1099년 예루살렘을 점령한 십자군은 7만 명을 학살했으며, 유대인들을 회당 안에 집어넣은 후 생화장하는 등 만행을 저질렀다. 이때부터 솟아난 미움과 증오는 오늘의 중동에 깊숙이 남아있다.[42]

교권화된 중세 기독교의 선교는 이슬람의 등장과 위협에 대한 반응으로 "이는 이로"라는 군사주의적 전략을 선택하였다. 이것은 성지 회복이라는 이름으로 일으킨 십자군이었으며, 그들의 군사적 전략은 기독교 선교를 왜곡시킨 결정적인 원인으로 평가되고 있다.

그러나 미시오의 역사적 전개는 제3단계에 들어서서 과열된 경쟁과 복잡하고도 다원적인 운동으로 나타나기 시작하였다. 제3단계는 16세기에 일어난 종교개혁이 도화선이 되었으며, 미국 신대륙의 발견이 로마가톨릭의 선교를 가속화시킨 계기가 되었다.[43]

40 J. Herbert Kane, *A Concise History of the Christian World Mission*(Grand Rapids, Michigan: Baker Book House, 1982), 49-54.
41 *Ibid.*, 53-54.
42 *Ibid.*, 55.
43 David J. Bosch, *Witness to the Word*, 115-116.

제3단계의 역사적 전개 과정에서 가장 전투적이고도 의욕적인 선교 정책을 펼친 교회는 로마가톨릭이었다. 계속된 십자군 원정의 실패, 이슬람에 의해 콘스탄티노플이 무너진 후 동방과 새로운 통로를 열어야 하는 유럽의 정치적 상황 앞에서 서기 1454년 니콜라스 5세 교황(Nicholas)은 포르투갈 왕에게 인도를 위한 계획을 명령하였다.[44] 이것을 계기로 대서양, 아프리카, 아시아, 브라질은 포르투갈의 손으로, 북·중남미는 스페인의 손으로 분할되기에 이르렀다. 두 국가의 해외 확대와 로마가톨릭이 일치점을 찾았다.

포르투갈과 스페인 두 나라는 세계 정복을 떠날 때 선교사들을 동반하였으며, 세계 정복의 대가로 이교도들을 로마가톨릭으로 회심시켜야 하는 책임이 주어졌다. 이 정책을 'Patronato'라고 불렀다.[45] 'Patronato'는 한마디로 정복자 군인, 상인들, 정착민, 정부 관리들의 정복 과정에 선교사들이 동참하였으며, 이는 신앙과 정복을 동시에 강요하는 정책이었다. 여기서 Patronato 정책은 인권의 정책 문제와 타 문화와 타 종교에 대한 무자비한 매도라는 문제가 제기되었다.[46]

여기서 교황 그레고리우스 15세(Pope Gregorious XV)는 서기 1622년 신앙 전파를 위한 신성한 설립을 지시함으로 Patronato 정책을 근본에서부터 수정하기 시작하였다. 서기 1628년 로마는 포교대학(Collegeof Propaganda)을 설립하고 세계 모든 지역으로부터 토착민 성직자 훈련을 시작했으며, 모든 오더(order — Franciscans, Dominicans, Augustianian, Jesuits)를 선교를 위한 조직으로 전환하였다.[47] 이것은 정복 중심의 선교로부터 훈련과 오더 중심의 선교로 전환하는 선교 정책이었다.

로마가톨릭의 선교사와는 달리 유럽 개신교회의 선교는 더욱 복잡하고도 다양한 형태로 발전하였다. 초기 종교개혁자들도 로마교회처럼 세계

---

44 John E. Booty, *The Church in History*.
45 J. Herbert Kane, *A Concise History of the Christian World Mission*, 58.
46 John E. Booty, *The Church in History*, 220-221.
47 J. Herbert Kane, *A Concise History of the Christian World Mission*, 58-59.

정복에 동승하는 교회 확산을 구상할 수 있었으나 그런 식의 선교 정책을 선택하지 않았다. 1500년에서 1700년 사이 로마교회에 들어온 이방 회심자는 개신교회보다 훨씬 많았다. 문제는 종교개혁자들이 이 같은 전투적인 선교 활동을 거부했는가에 있다. 선교신학자들은 공히 그 이유를 개혁자들의 신학에서 찾는다. 보시는 개혁자들이 신학의 세 가지 주제, 하나님의 주권성, 은총으로만, 소망의 재발견을 근거로 하면서 선교는 선교사를 다른 지역으로 보내는 것(로마가톨릭 선교)이 아니라 잘못된 기독교를 회개시키고 개혁하는 일이라고 보았기 때문이라는 것이다.[48] 로마가톨릭의 선교는 신앙을 불신앙의 세계로 이식하는 것이었다면, 개신교의 선교는 잘못된 기독교 세계를 선교의 대상으로 삼아야 한다는 데 있었다. 그래서 칼뱅은 잘 훈련된 설교자를 제네바에서 이방 세계로 보낸 것이 아니라 로마가톨릭의 교세가 강한 프랑스, 네덜란드, 스코틀랜드로 보냈다.[49]

애비스(Paul D. L. Avis)는 선교에 대한 종교개혁자들의 무관심이 그들의 신학으로부터 연유된 것만이 아니라 상황적 장애물들이 그들의 선교를 불가능하게 만든 요인들이었다고 해석한다. 그것은 30년 전쟁이었으며, 독일을 황폐시켰다. 30년 전쟁 동안 개신교도들은 생존을 위한 투쟁에 모든 힘을 쏟아야 했기 때문에 선교에는 관심조차 둘 수 없었다는 것이다. 30년 전쟁이 끝나자 이번에는 개신교는 무모한 논쟁과 분열로 에너지를 탕진했다. 그리고 세계로 연결되는 모든 해로는 가톨릭 국가의 해군들이 지배하고 있었기에 개신교는 선교가 가능한 지역들로부터 단절되어 있었다는 것이다.[50] 그리고 개신교는 로마가톨릭이 선교의 기지로 삼았던 오더들을 가지지 못한 데서 선교를 수행할 수 있는 전진 기지조차 갖추지 못했다는 것이다.[51] 종교개혁 이후 약 200년간 개신교는 교회 확장으로서의 선교에 관한 한 로마가톨릭과는 비교도 되지 않을 정도의 열세를 경험해야 했다.

48 David J. Bosch, *Witness to the Word*, 120-122.
49 *Ibid.*, 123.
50 Paul D. L. Avis, *The Church in the Theology on the Reformers*, 이기문 역(서울: 컨콜디아사, 1979), 201-207.
51 J. Herbert Kane, *A Concise History of the Christian World Mission*, 75.

오히려 개신교의 선교는 루터와 칼뱅의 후예인 루터교회와 개혁교회보다는 비주류로 구분되어 온 개신교 분파로 강력히 추진되기 시작하였다.

비주류계 개신교의 처음 그룹은 재세례파(Anabaptist)였으나 그들 안에서 생겨난 두 계보의 노선은 선교 정책에 큰 차이를 드러내기도 하였다. 두 계보란 혁명적 노선의 그룹(Thomas Müntzer와 Jan Matthys)과 비폭력적 노선의 메노나이트(Mennonites)를 의미했다. 그들은 신약의 교회 회복, 자기 공동체만의 구원, 유아세례 거부, 철저한 만인제사장직 수행을 신앙의 근간으로 삼았다. 구원받지 못한 사람들(자기 공동체에 속하지 않는 모든 사람)에 대한 선교적 의무는 신의 명령으로 보았다. 여기서 모든 신자는 선교사이며, 특수한 선교의 영역에서 헌신해야 한다고 믿었다. 그들이 받는 박해는 잘못된 기독교가 참 교회와 참 기독교에 가하는 것으로 보았으며, 여기서 참 교회는 순교하는 교회, 순례하는 교회, 선교하는 교회여야 한다.[52]

비주류계 개신교 두 번째 그룹은 독일에서 일어난 경건주의 운동(Pietism)이었으며, 선교는 할레대학과 그 후에 태동한 모라비안 공동체를 통하여 세계로 확산되어 갔다. 30년 전쟁 이후 경직된 개신교회의 정통주의와 형식주의에 대한 신앙적·영적 저항으로 시작된 경건주의 운동은 스페너(Philip Spener)에 의하여 창시되고, 그것은 할레대학의 창립과 함께 경건주의에 헌신한 프랑케(A. Francke)에 의하여 확대되고 심화되어 갔다. 할레대학을 통하여 독일의 최대의 신학교가 나왔으며, 6,000여 명의 경건한 목사들을 배출하였다.[53]

그러나 경건주의 운동이 공식적이고도 구체적인 세계 선교를 시도한 것은 Danish-Halle Mission이라는 조직 가동부터였다. 이것은 최초의 개신교 선교로 알려져 있다. 1620년 덴마크 정부가 인도에서 선교사를 보내려 할 때 할레대학에서 훈련받은 두 사람(Ziegenbalg와 H. Plutschau)을 선발하여 인도로 보냈으나 당시 총독이 이들을 감옥에 투옥하는 등 시련을 겪기

---

52 David J. Bosch, *Witness to the Word*, 127-129.
53 J. Herbert Kane, *A Concise History of the Christian World Mission*, 76-77.

도 했다. 15년 후 선교사들은 유럽과 할레대학을 설득하여 인도 선교의 중요성을 일깨웠다. 치겐발크(Ziegenbalg)가 죽은 후 인도 선교의 관심은 점차 보편화되었다.[54]

경건주의 운동이 세계 선교를 과감히 확대한 것은 모라비안 공동체의 놀라운 조직과 헌신으로 이루어졌다. 전장에서 이미 논의한 바 있는 모라비안 공동체가 친첸도르프가 제공한 헤른후트(Herrnhut)에 정착하면서 그곳은 세계 선교의 중심지가 되었다. 30년간 영적 지도와 선교 활동을 직접 관장한 친첸도르프의 지도력과 공동체(*Unitas Fratrum*, 연합된 형제들) 구성원들의 전폭적인 헌신과 봉사가 합쳐져 놀라운 세계 선교의 길을 열어 놓았다. 1732년 대나시섬의 흑인 노예를 위한 선교, 1733년 그린란드, 1737년 남아프리카 골드코스트, 1740년 미국 인디언, 1754년 자메이카 등에 선교했으며, 1732년에서 1760년 사이에 모라비안 선교지는 226곳 이었다. 그리고 19세기에 유럽 각 지역에 선교협회(Missionary Societies)를 결성하기에 이르렀다.[55] 이렇듯 비주류 개신교회들이 세계 선교의 꿈을 키우고, 그것을 실현해 가는 동안 주류 개신교회들(루터교회, 개혁교회 등) 은 사실상 교리와 교리논쟁에 심혈을 기울이고 있었다.

미시오의 제4단계에 접어든다. 제4단계는 넓은 의미에서 세계 모든 개신교회가 세계 선교에 다투어 참여하였으며, 걷잡을 수 없는 경쟁과 갈등 까지 빚었던 기간이다. 제4단계는 경건주의의 영향을 받았으면서도 보다 훨씬 강력한 운동으로 나타났던 복음주의적 각성이 그 속에 특색지어진 다. 복음주의적 각성은 18세기 영국에서 웨슬리(John Wesley)와 화이트필 드(George Whitefield)에 의하여 시작된 후 미국에서 에드워드(Jonathan Edward)와 화이트필드에 의하여 발화되었다. 복음주의적 각성은 영국 감 리교회를 탄생시켜 현대 선교의 기초를 만들었지만, 그보다는 침체되고 형식적인 종교로 전락한 개신교회들을 영적으로 각성시키고 세계 선교의

---

54 *Ibid*, 28.
55 *Ibid*, 78-80.

정열을 불어넣은 계기를 마련하였다.[56]

선교학자 호그(William Richey Hogg)에 따르면 개신교회의 선교 폭발은 1789년에서 1815년 사이에 일어났다고 한다. 물론 경건주의와 복음주의 각성이 끼친 직간접적인 영향이 그 배경이다.[57] 그러나 선교 폭발은 1792년 영국 침례교 목사 캐리(William Carey)가 이교도들 속에 복음 전파를 위한 침례교협회를 조직하면서부터였다. 영국 노샘프턴셔(Northamptonshire)의 목사였던 캐리는 선장 쿡(Cook)의 항해, 선교의 선각자 존 엘리어트, 브레이너드(David Brainerd)의 글들을 통하여 선교의 꿈을 키웠다. 자신이 선교사가 되어 인도로 간 캐리는 목회자 양성, 성경 번역, 사회 개혁 등 세 가지 차원에서 인도 선교를 수행하였다.

캐리의 영향은 1795년 범교파적인 개신교 선교 기구인 런던선교협회(London Missionary Society)가 설립되는 것으로 즉각 나타났다. 1799년에는 교회선교협의회(The Church Missionary Society)를 성공회 복음주의자들이 설립하고 전 세계를 향한 선교 사업에 착수하였다. 그리고 미국에서는 밀스(Samuel J. Mills)의 지도 아래 윌리엄스대학(Williams College)을 설립하고 초기 세계 선교에 헌신한 선교사들을 양성하고 대학이 본부의 역할을 담당하였다.[58] 초기 선교사들은 Judson, Nott, Newell, Hall 등이었으며, 이들은 중국을 포함한 극동 지역 선교지로 향하였다. 뒤이어 미국 주요 교단들(감리교회, 성공회, 장로교회, 복음주의 루터교회 등)은 해외 선교국을 설치하고, 세계 선교를 조직적으로 관리하기 시작했다.[59] 1980년 선교 연감에 의하면 북미 개신교회 교단과 교회들이 조직한 해외 선교국과 단체들은 기개였으며, 200여 나라에 파송한 선교사 수는 53,000명에 이른 것으로 집계되었다. 이것은 1980년까지 전 세계 선교의 70%를 북미 교회가 담당해 온 것이라는 의미이다.[60] 한마디로 종교개혁과 함께 200년간

---

56 *Ibid.*, 80-81; William Richey Hogg, "The Rise of Protestant Missionary Concern, 1517-1914," *The Theology of the Christian Mission*, ed. by Gerald H. Anderson, 104-105.
57 William Richey Hogg, "The Rise of Protestant Missionary Concern, 1517-1914," 106.
58 John E. Booty, *The Church in History*, 227-228.
59 J. Herbert Kane, *A Concise History of the Christian World Mission*, 88-89.

침체를 거듭했던 개신교회가 지난 200년간(18~20세기) 캐리 이후 로마가톨릭의 선교를 제치고 세계 선교의 주도권을 행사해 온 것이다.

미시오의 역사적 제5단계는 20세기에 기적처럼 출현한 교회 일치 운동이다. 일명 에큐메니컬 운동으로 알려진 교회 일치 운동은 2,000년의 교회사상 가장 획기적이고도 혁명적이라고 평가된다. 그것은 2,000년 동안추구해 온 교회 확장으로서의 선교로부터 교회가 무엇이냐를 묻는 신학적전환이었기 때문이다. 선교라는 이름으로 끝없이 달리던 교회 분열과 교회간 불신으로부터 한 그리스도, 한 성령한 교회를 지향하는 대화와 화합을향한 세계 기독교 공동체의 거대한 몸짓이었다.

바로 이 기적을 낳은 첫걸음이 1910년 열렸던 에든버러 회의(Edinburgh Conference)였다. 그러나 에든버러 회의의 기적은 19세기 말 전 세계에 흩어져 있던 선교사들과 교회 지도자들 사이에 만연해 있던 교회 분열에 대한 불만과 함께 새로운 길을 모색해야 한다는 열망과 호소에 대한 응답이었다.61 교회 확장으로서의 선교 이해는 지난 200년간 모든 교단의 에너지를 해외 선교에 쏟았으나 그 결과 얻은 것은 분열로 오는 과다한 경쟁과복음 전파의 비효율성뿐이었다. 이것은 교회 확장으로서의 선교의 한계였으며, 이를 솔직히 수용한 사람들의 용기가 에든버러의 기적을 만들어냈다. 그중의 대표적인 지도자가 존 모트(John Mott)였다. 미국 코넬 대학에서 실시한 대설교가 무디(Dwight Moody)의 강연에 깊은 감명을 받고 회심한 모트는 그 후 많은 청년 운동의 대부가 되었으며, 에든버러 의회를 성사시키고 직접 의장으로서 사회를 맡았던 천재적 지도자였다.62

아래의 도식(diagram)은 1910년 에든버러 회의를 시작으로 걸어온 에큐메니컬 여정을 연대별로 구조화한 것이다. 여기서는 이 구조를 따라 해

---

60 *Ibid.*, 89.
61 Paul G. Macy, *If It Be of God*(St. Louis, Mo.: The Bethany Press, 1960), 40; Robert McAfee Brown, *The Ecumenical Revolution*(Garden City, N.Y.: Doubleday & Co., Inc., 1967), 26.
62 Paul G. Macy, *If It Be of God*, 38-41.

석하는 방법으로 진행될 것이다.

아래 도식은 이미 말한 대로 세계교회의 에큐메니컬 여정을 구조화한 것이지만, 그것은 동시에 교회 일치를 향한 신학의 여정이기도 하다.

1910	Edinburgh Missionary Conference(에든버러 의회)
1921	International Missionary Council(국제선교의회)
1925	Life and Work(삶과 일)
	Stockholm(스톡홀름 회의)
1927	Faith and Order(신앙과 직제)
	Lausanne(로잔 회의)
1928	Jerusalem(예루살렘 회의)
1937	Edinburgh(에든버러 의회)
	Oxford(옥스퍼드 회의)
1938	Madras(마드라스 회의)
	Utrecht(우트레흐트 회의)
1947	Whitby(휘트비 회의)
1948	Amsterdam(암스테르담 회의)
	World Council Churches(세계교회협의회)
1952	Willingen(빌링겐 회의)
1954	Evanston(에반스톤 회의)
1957	Ghana(가나 회의)
1961	New Delhi(뉴델리 회의)
	(WCC와 IMC 합동)
1968	Uppsala(웁살라 회의)
1975	Nairobi(나이로비 회의)
1983	Vancouver(밴쿠버 회의)
1991	Canberra(캔버라 회의)

1910년 에든버러 의회는 교회 분열과 선교의 비효율성에서 오는 불만과 그것을 초극하려는 교회 지도자들의 공동 관심에서 모였던 최초의 에큐메니컬 모임이었다. 참석자들은 각 나라, 각 교단의 선교협회를 대표하는 지도자들이었으며, 의제는 선교의 지나친 반복과 경쟁을 피하고 선교의 공동 전략을 모색하는 데로 집중되었다. 바로 이 논의의 연속성을 모색하기 위하여 영속적인 조직으로 국제선교의회(International Missionary Council)

결성을 결의하였다. 이로써 1921년 IMC가 탄생하기에 이르렀다.[63]

IMC는 1928년 "세속주의의 도전"(The challenge of secularism)이라는 주제로 예루살렘에서 모였으며, 여기서 세속주의와 기독교 대결의 문제뿐 아니라 우주적 교회와 토착교회 사이의 갈등 문제도 논의하였다. 1938년 IMC는 인도 마드라스에서 모임을 계속하였다. 일본의 침략이 예정되었던 중국을 취소하고 인도로 장소를 옮긴 IMC는 당시 세계를 주름잡던 군사적, 무신론적 이념인 공산주의와 독일, 이탈리아, 일본의 민족주의적 사회주의(national socialism) 문제를 심도 있게 다루었다. 바로 이 무신론적 이념 앞에 기독교 메시지는 무엇을 말할 수 있는가를 질문하고 모색하였다. 그리고 타 종교와의 대화도 모색하였다. 그러나 브라운은 이 모임을 성공적으로 평가하지 않는다.[64]

한편 IMC는 1947년 캐나다 휘트비 회의에서 논의된 의제, 즉 피선교지 교회와의 파트너 관계없이 선교는 불가능하다는 Partners in Obedience를 바탕으로 1952년 빌링겐에서 교회 연합과 일치의 신학적 근거를 마련하는 큰 성과를 거뒀다. 이때 이미 비체돔(G. Vicedom)의 하나님의 선교신학은 핵심적인 사상적 배경이 되고 있었다. 그리고 IMC는 1957년 가나에서 세계교회협의회(1954년 Faith & Order와 Life and Work가 합동한)와 통합하기로 결정하기에 이른다. 이후 1961년 뉴델리에서 통합을 성취함으로 WCC의 구성원이 되었다.[65] IMC의 공헌은 피선교지의 교회와 문화에 대한 새로운 평가를 통하여 선교를 파트너로 만들어냈을 뿐 아니라 선교를 위한 신학적 근거를 마련한 데 있었다. 특히 WCC의 선교신학을 하나님의 선교신학 사상에서 조명할 수 있는 결정적 역할을 수행한 데 있었다.

그러나 에큐메니컬 여정에는 1910년 에든버러 이후 IMC의 흐름 외에 또 다른 흐름 하나가 형성되었다. 이것은 신앙과 직제(Faith and Order) 흐름이다. 영국교회 주교였던 브렌트(Charles Henry Brent)는 에든버러 회의

---

63 Robert M. Brown, *The Ecumenical Revolution*, 27.
64 *Ibid.*, 28.
65 *Ibid.*, 29-30.

에 참여하는 동안 선교 문제를 주 의제로 다루는 예언자적인 비전에 사로 잡히지만, 교회 분열의 원인 규명을 회피하는 의회 접근을 잘못된 것으로 보았다. 브렌트의 더 중요한 신학적 차원은 선교 이전의 분열과 차이를 적나라하게 동시에 상호 신뢰와 화해를 적극적으로 모색하는 것이었다. 미국 교회를 향한 그의 화해와 일치의 호소는 열광적인 호응을 받았으며, 그것은 1927년 로잔에서 신앙과 직제위원회를 결성하기에 이르렀다.66 그리고 교회의 본질과 사역에 관한 신학적 논의가 심도 있게 시작되었다. 브렌트가 위원장직을 맡았으나 그의 갑작스러운 사망은 영국교회의 템플 (William Temple, 후에 캔터베리 대주교가 됨)을 후계자로 계승시켰다. 1937년에 122교단, 43개국, 414명의 대표가 참석한 에든버러 회의에서 교회 일치를 촉구하면서 또 다른 흐름인 '삶과 일'(Life and Work)과의 합동을 제언하기에 이르렀다.67

그러나 1910년 에든버러 회의 이후 IMC(모트가 중심이 된), '신앙과 직제'(브렌트 주교가 주도적 역할을 한) 외에 세 번째 흐름이 형성되고 있었다. 스웨덴교회의 감독이었던 죄더블름(Bishop Sdderblom)은 교회 일치에서 선교와 교리 못지않게 중요한 것은 세속 세계 안에서의 교회의 실천적 협력에 있었다고 믿었다. 1925년 스톡홀름에서 처음 회의를 가진 이 모임은 '삶과 일' 위원회가 되었으며, 37개국의 600여 명이 참여하였다. "교리는 분열시키지만, 섬김은 일치시킨다"(Doctrine divides, Service unites)라는 주제로 모인 이 회의는 인류가 직면한 총체적인 삶의 문제들(경제, 산업, 사회, 도덕, 국제관계, 교육 등)에 대해 교회가 책임을 져야 한다는 사회 윤리적 의제로 일관하였다. 1937년 옥스퍼드 회의에서는 교회의 사회 참여 근거를 하나님의 주권성과 하나님 나라에 두는 과감한 역사·종말론적 해석도 시도하였다. 그리고 '신앙과 직제'와 합동하는 것을 결의하고, 1948년 세계교회협의회(WCC)를 태동시키기에 이르렀다.68 그리고 1961년 WCC는

---

66 Ibid., 46.
67 Ibid., 47-48.
68 Ibid., 30-31; Paul G. Macy, If It Be of God, 50-55.

IMC와 합동하여 명실공히 교회 연합과 일치의 상징인 단일 세계교회협의회로 탄생한 것이다. 바로 이 여정 자체가 분열되고 찢어진 세계 교회들을 한 그리스도의 몸으로 묶어 가는 선교적 행위가 되었다.

하나가 된 세계교회협의회는 1968년 웁살라에서의 제4차 총회를 계기로 새로운 선교신학적 전환을 모색하였다. "만물을 새롭게"라는 주제를 내세운 총회는 교회의 선교적 구조화와 교회의 개혁을 촉구하고 나섰으며, 그 결과 사회 참여를 근간으로 하는 정치 신학적 입장을 선택하였다.[69] 이때의 선교신학은 하나님의 선교 사상에 근거를 두고 형성되었으며, 그것은 분명 혁명적이었던 것으로 평가되고 있다.[70]

그러나 1975년 나이로비에서 모인 제5차 총회에서 세계교회협의회는 1968년 웁살라 대회에서 채택된 사회 참여적 정치 신학에 대한 거센 반발로 얼룩진 신학적 논쟁을 중화하려는 방향으로 설회하였다. 세상적인 것과 교회적인 선교 사이의 화해를 모색하는 선교신학을 시도하였으며, 여기에는 토마스(M. M. Thomas), 아리아스(Arias), 스토트(John Stott) 같은 복음주의 신학자들의 입김이 크게 작용하였다.[71] 이때부터 선교라는 독점적 용어는 서서히 전도(evangelism)라는 용어와 함께 공존하기 시작하였다. 이것은 선교가 세상적인 영역을 장으로 하는 증언이라면, 전도는 교회적인 시도를 의미하기 시작하였다.

그러나 1975년 나이로비 총회와 1983년 밴쿠버 6차 총회 사이에 있었던 1980년 멜버른(Melbourne) 회의와 1982년 리마(Lima) 회의는 선교신학적으로 중요한 전기를 마련하였다. "나라에 임하옵시며"(Your Kingdom come)라는 주제로 모인 멜버른 회의는 하나님 나라를 교회와 선교의 궁극적인 근거로 재해석하였으며, 아울러 하나님 나라에서 세계를 보는 한 세계는 선교의 장(context)이 된다는 역사 · 종말론적 선교론을 펼쳤다. 1982

---

69 주재용, "WCC의 역사와 이면," 『기독교사상』(1983년 1월호), 66-67.
70 Colin W. Williams, *The Church*(Philadelphia: Westminster Press, 1968), 16-19.
71 James A. Shrerer, Gospel, *Church and Kingdom*(Minneapolis: Augsburg Publishing House, 1987), 126.

년 리마 회의에서는 그리스도 안에서의 하나님 통치를 재확인하면서 그 통치를 선언하는 교회의 사도적 선교를 선교와 전도의 중심 주제로 다시 긍정하였다.[72] 여기에서 나온 것이 B.E.M.(Baptism, Eucharist, Ministry) 문서였으며, 리마 성찬 예식(Lima Liturgy)이었다.

3. 선교신학의 회복

1) 개신교 선교신학

선교에 대한 신학적 논의는 다른 어느 분야보다 훨씬 앞서 시작되었으며, 논의의 강도나 표현도 다양하였다. 16~17세기에 나타난 네덜란드 선교와 거기에 뒤따른 선교신학은 최초의 선교 이론들로 평가받아 오고 있다. 18~19세기에 일어난 경건주의(주로 독일을 중심으로)와 복음주의 각성(영국과 미국을 중심으로) 뒤에는 스페너의 *Pia Desideria*, 프랑케의 할레대학 프로그램, 친첸도르프의 모라비안 공동체, 캐리의 인도 선교, 에드워드의 회심의 신학이 뒷받침되고 있었다.[73] 그러나 이것들은 선교신학 형성에 역사적 배경을 제공하는 공헌을 남겼으면서도 직접적인 선교신학 그 자체는 아니었다.

오히려 현대 선교신학 형성에 기초와 방향을 제시한 것은 19~20세기 사이에 일어난 선교적 논의들이었다. 독일에서는 복음주의적 선교를 주제로 한 바르네크(Gustas Warneck, 1835~1912), 문화적 포교(Cultural Propaganda)를 주제로 한 부스(Ernest Buss, *Die Christliche Mission*, 1876), 종말론적 모티브를 주제로 한 할텐슈타인(Karl Hartenstein, 1894~1952)이 출현하였다. 특히 할텐슈타인의 선교신학은 바르트와 1952년 빌링겐 선교 회의의 하나

---

72 *Ibid.*, 130-131.
73 J. Verkuyl, *Contemporary Missiology*, 20-25.

님 선교 사상 형성에 크게 공헌한 것으로 알려지고 있다.[74]

그러나 바르네크(G. Warneck)와 평생 동지였지만 바르네크의 문화 포교와는 다른 선교신학을 내세운 이는 칼러(Martin Kahler, 1835~1912)였다. 조직신학자였던 칼러는 선교에 대해 전 인류를 포괄하는 하나님 구속의 은총이라는 사상에 근거를 두었다. 선교 그 자체가 목적이 아니라 전 인류 구원이라는 하나님의 목적이 선교의 근거가 되어야 한다는 것이다. 여기서 선교의 본질이란 증언(witnessing)이며, 바로 이 증언으로서의 선교로부터 교회와 신학이 나온다고 보았다.[75] 선교는 신학의 어머니라는 것이다.

또한 칼러는 선교를 포교(propaganda)로부터 구분했다. 포교는 무엇을 포교하든 결국은 기독교 왕국을 이식하는 것이고 교회의 상표를 확장하는 것 이상이 될 수 없다. 그러나 선교는 하나님의 구속적 은총에 대한 증언이다.[76] 그럼에도 불구하고 칼러의 한계는 기독교의 우월성을 강조함으로써 선교를 다른 종교와 문화에 대한 기독교의 이식으로 이해하는 데 있었다. 독일 선교신학은 그 후에도 프라이타크(Walter Freytag), 홀스타인(Walter Holstein), 앤더슨(Wilhelm Anderson)으로 이어지면서 에큐메니컬 선교신학 형성, 특히 삼위 일체론적 선교신학 형성에 큰 영향을 행사하였다.[77]

19~20세기 사이에 일어난 선교신학은 독일에서만 활발한 것은 아니었다. 네덜란드 선교신학은 바빙크(J. H. Bavinck), 크래머(Hendrik Kraemer), 후켄데이크(J. C. Hoekendijk)에 의하여 심화되었고, 영국의 선교신학은 벤(Henry Venn), 알렌(Roland Allen), 네일(Stephen C.Neill), 뉴비긴(Leslie Newbigin) 등에 의하여 활발히 전개되었다. 그리고 스위스 선교신학은 단연 바르트(Karl Barth)에 의하여 주도되었다.[78] 미국에서는 선교역사가 라투레트(Kenneth Latourette, 1884~1970)와 앤더슨(Gerald Anderson), 복음주의적 선교신학자로 알려진 맥가브란(Donald McGavran)에 의하여 다양하게 선교

---

74 *Ibid.*, 26-29; David J. Bosch, *Witness to the Word*, 134-135.
75 David J. Bosch, *Witness to the Word*, 138.
76 *Ibid.*
77 J. Verkuyl, *Contemporary Missiology*, 30.
78 *Ibid.*, 35-61.

신학이 표현되고 있었다. 또 제3국을 대변하는 나일스(D. T. Niles)와 카스트로(Emilio Castro), 알브스(Ruben Alves)가 현대 신학 형성에 다른 추를 형성하면서 과문을 일으키고 있다.[79]

이 같은 선교신학적 논의를 바탕으로 하는 현대 선교신학은 크게 네 범주로 분류되고 있다. 그 첫째는 1963년을 계기로 새로운 전환을 시도한 로마가톨릭의 선교신학이고, 두 번째는 복음주의적 선교신학이다. 세 번째는 선교신학 형성의 주도권을 가지고 있는 에큐메니컬 선교신학이다. 에큐메니컬 선교신학이야말로 20세기 교회와 신학의 꽃이요 금자탑이다. 그러나 에큐메니컬 신학과 호흡을 같이하면서도 자칫 망각해 왔거나 의도적으로 경시해 온 신학적 주제, *Basileia Tou Theou*를 선교신학의 중심 모티프로 재해석하는 신학 운동이 존재해 왔다. 바로 이 역사·종말론적 선교신학의 네 번째 범주로서, 이것은 21세기를 향하는 세계 교회와 한국 교회의 패러다임 전환을 위한 중요한 신학적 단서가 될 것이다.

2) 로마가톨릭 선교신학

로마가톨릭의 선교신학은 1962년 제2 바티칸 공의회(Vatican Council II)를 기점으로 혁명 이전과 이후로 나뉜다. 제2 바티칸 이전 로마가톨릭의 선교는 교권주의적, 제국주의적, 식민주의적의 성격으로 몇백 년 동안 강행되어 왔다는 것을 부정할 수 없다. 또한 타 종교와의 관계에서 대화보다는 전향 혹은 개종을 강요해 온 것이 유럽 중심의 선교 정책이었다. 바로 이 선교신학 뒤에는 "교회(로마가톨릭) 밖에 구원이 없다"는 교부 시대의 교리가 중심 모티프로 깔려 있었기 때문이다.[80] 이런 교권주의적 선교는 중세기 십자군 원정 실패와 16세기 종교개혁의 충격 이후 강력하게 추진

79 *Ibid.*, 64-82.
80 Michael B. McGarry, "Contemporary Roman Catholic Understanding of Mission," *Christian Mission-Jewish Mission*, ed. by Martin A. Cohen & Helga Croner(N.Y.: Paulist Press, 1982).

되었으며, 이는 20세기 중반까지 계속된 선교 정책이기도 하였다.

브라운(Robert McAfee Brown)에 따르면 로마가톨릭의 전투적 사상 뒤에는 로마 교황의 권위를 부정하고, 로마교회의 교리를 이단시하는 개신교 그룹들에 대한 반응에서 온 것이었다고 풀이한다.[81] 이러한 반감은 1896년 발표된 교황 레오 13세(Leo XIII)의 교서 *Apostolicae Curae*에서 영국교회의 직제(Order)를 부정한 데서 심화되었다. 그 후 영국교회는 에큐메니컬 회의를 거부함으로써 두 교회 사이는 악화 일로를 달리고 있었다.

그러나 동방 교회에 대해서는 존경의 표현(특히 성모 사랑과 성례전에서)을 쓰기 시작하면서 대화의 길을 되찾은 로마가톨릭은 1952년 룬드(Lund)에서 모인 개신교회의 '신앙과 직제'회의에, 1960년 WCC 중앙위원회에 각각 옵저버를 파견했으며, 1961년 뉴델리 총회에는 위대했던 교황 요한 23세(Pope John XXIII)가 임명한 공식 대표가 참여함으로 400여 년간 갈라지고 찢어졌던 개신교회와의 관계 개선을 시도하였다. 특별히 기독교의 일치(Christian unity)를 향한 교황 23세의 열정과 헌신은 이교도로 취급해 오던 비가톨릭 교회를 "분리된 형제들"로 부르기 시작하였다. 그리고 전 인류를 한 인간 가족으로 부르기 시작한 그의 선교적 관심은 기독교 세계에 새로운 상황을 창조하기에 충분하였다.[82]

바로 이 새로운 상황은 제2 바티칸 공의회를 소집하기에 이르렀다. 그리고 제2 바티칸 공의회는 새로운 신학 혁명과 선교 전환의 계기를 마련하였다. 이것은 로마가톨릭의 변화만이 아니라 세계 교회의 신학과 선교의 일대 변화와 전환을 자극하는 역사적 계기가 되었다.

제2 바티칸 공의회가 창출해 낸 선교신학은 〈교회론에 관한 교리적 헌장〉, 〈교회선교에 관한 법령(decree)〉, 〈타 종교와 종교적 자유에 대한 교회의 관계〉에 관한 포고 등 공식문서에 높이 평가하고 있다.[83] 선교신학의 의미에 대하여 브라운은 종말론적 차원의 하나님 백성으로 교회를 새롭게

---

81 Robert McAfee Brown, *The Ecumenical Revolution*, 47-48.
82 *Ibid*.
83 Walter M. Abbott, S. J., ed., *The Documents of Vatican II*, 9-96, 584-630, 660-700.

정의하고, 그리스도 안에서의 말씀과 성서의 회복을 계시로 보았으며, 평신도 참여와 설교가 강화된 자국어 예배의 회복, 세계의 문제를 향한 목회적, 교회적 책임에서 나타나고 있다.[84] 브라운의 해석은 바티칸 문서를 요약하는 형식에서 이루어졌으나 신학적 의미와 논거를 심도 있게 전개하는 데는 미약한 것으로 보인다.

오히려 제2 바티칸의 선교신학을 좀 더 심도 있는 해석으로 풀어가는 사람은 맥게리(Michael B. McGarry)와 슈러러(James A. Shrerer)이다. 맥게리에 따르면 바티칸 선교신학은 구원의 은총(Salvific Grace)을 성례전과 교회에 전적으로 위임했던 전통 신학으로부터 구원의 은총을 모든 인간(기독교인이나 비기독교인 모두)에게로 확대하는 구원관의 전환에 근거한다는 것이다. 모든 사람에게로 향한 은혜(우주적 은혜)에 대하여 교회는 선교적 사명을 가진다는 것이다. 맥게리는 이어서 이 우주적 은혜는 예수 그리스도 안에서 주어진 하나님의 은총이라는 사실을 바티칸이 재긍정한 것으로 풀이한다. 여기에는 큉(Hans Küng)과 라너(Karl Rahner)의 신학적 공헌이 작용한 것으로 본다. 여기서 "교회 밖에는 구원이 없다"는 교리와 선교는 근본적인 수정 과정을 거친다. 선교는 교회가 출발점이 아니라 세계를 향한 그리스도 안에서의 하나님의 은총과 구원에 대한 증언이라는 새로운 패러다임이 등장했다는 것이다.[85] 바티칸 선교신학을 지나치게 개신교화한 인상을 남기는 것은 사실이지만, 맥게리는 확실히 바티칸의 중심 주제를 잘 포착하였으며, 그 주제에는 선교를 풀어놓은 것으로 평가된다.

한편 제2 바티칸의 선교신학에 대해 맥게리의 해석과 맥을 같이하면서도 더욱 심화되고 전문적으로 해석한 이는 슈러러다. 슈러러는 바티칸 선교신학의 중심 주제를 세계 안에서 선교를 이루시기 위해 일하시는 삼위일체 하나님의 역사(役事)라고 본다. 창조주 하나님은 타락한 세계를 들어 자신의 신적인 삶에 참여케 하시며, 구세주 예수 그리스도를 보냄으로 아

---

84 Robert M. Brown, *The Ecumenical Revolution*, 174-177.
85 Michael B. McGarry, "Contemporary Roman Catholic Understanding of Mission," *Christian Mission-Jewish Mission*, 128-135.

버지의 뜻을 수행하였으며, 교회를 성화하기 위해 성령을 보내셨다는 것이다.[86] 이러한 해석은 맥게리의 그리스도 안에서의 우주적 은총론에 대한 삼위일체의 신학적 보완이라고 본다.

여기서 교회는 완성을 향해 가는 순례 공동체이고, 그리스도를 머리로 하는 사제와 메시아적 백성 공동체이며(세례와 성례전을 통하여), 동시에 교회는 본질상 하나님 나라를 선포하는 선교를 사명으로 한다는 것이다.[87] 여기서 맥게리와 슈러러는 공히 바티칸 선교신학이 우주 구원과 하나님 나라의 약속과 교회의 선교적 본질을 근간으로 하고 있다는 해석에서 동의하고 있다.

이러한 로마가톨릭의 선교신학의 혁명적인 전환은 제2 바티칸 공의회(1962) 이후 로마가톨릭의 선교 전략의 변화로 이어졌다. 1971년 200여 명의 주교가 세계에서의 정의를 주제로 하여 가난한 자에게 복음을, 눌린 자에게 자유를 선포하고 주는 논의를 하였다. 1974년 "현대 세계 안에서의 복음화"라는 주제로 주교들의 회의(Synod)를 열었으며, 교황 바오로 6세(Pope Paul VI)는 주교들의 제의를 따라 1975년 〈사도적 권고〉(Apostolic Exhortation)를 발표하였다. 예수 그리스도만이 하나님의 복음이요, 가장 위대한 복음화는 하나님 나라를 선포하는 것이라는 내용이 중심을 이루었다.

남미에서는 더 구체적인 선교적 전략으로 발전하였다. '정의의 평화', '복음화', '교회 갱신' 등이 중요한 선교의 의제가 된 것이다. 1979년 멕시코 푸에블로(Pueblo)에서 열린 남미 복음화대회에는 교황이 직접 참여하기도 하였으며, 주제는 "미래는 하나님 손에"(The future in Gods Hand)였다.[88] 로마가톨릭은 확실히 선교의 새 시대를 이미 준비하고 있으며, 이러한 움직임은 선교를 교회 확장의 수단과 기능으로 전락시켜 왔던 지난날의 선교신학으로부터 예수 그리스도 안의 하나님 나라를 이 역사 안에서 증언하는 교회의 존재론적 양식으로 선교를 회복하는 데 크게 공헌할 것이라고 본다.

---

86 James A. Shrerer, *Gospel, Church and Kingdom*, 197.
87 *Ibid.*, 197-198.
88 *Ibid.*, 200-213.

3) 복음주의 선교신학

현대 선교신학을 형성하는 두 번째 범주는 복음주의적 선교신학 운동이다. 복음주의 선교는 사실상 개신교 선교의 선봉이었고 개혁의 의미다. 2,000년 교회사에서 처음 선교가 사도들의 선교였다면, 중세는 수도사들의 여행에서 이루어졌다. 그러나 16세기 이른바 파드레스(Padres) 시대의 선교는 정복자와 탐험자와 동반한 선교사 시대를 의미했다. 그러나 18세기에 들어서면서 경건주의, 각성 운동, 부흥 운동, 해외 선교협회 등을 통하여 선교는 회심과 신앙적 헌신을 목적으로 하는 새로운 운동으로 전환하였다. 이것이 복음주의 선교신학의 시작이었다.[89]

그러나 복음주의 선교학파의 등장은 1974년 로잔(Lausanne)에서 결성된 I.C.W.E.(International Congress on World Evangelism)에서 구체화되었다. I.C.W.E.는 1910년의 에든버러선교회의(Edinburgh Missionary Conference)에 뿌리를 두고 있으면서도 세계교회협의회(WCC)의 선교신학은 복음주의적 근거를 떠나 지나치게 정치·사회적 구원으로 전환하는 데 대한 우려와 불만에서 출현했다. 여기에는 빌리 그레이엄(Billy Graham)의 입김이 크게 작용하였다. 1910년 이후 WCC의 형성 과정과 선교신학 형성을 지켜본 빌리 그레이엄 목사는 WCC의 복음 상실, 지나친 사회 예언의 강조, 조직 일치에 대한 관심에 대하여 날카로운 비판과 함께 그리스도 안에서의 구원, 성서의 권위 회복, 전도의 필요성을 대안으로 제시하고 나섰다.[90]

움직임은 에큐메니컬 운동에 불만을 가진 많은 미국인을 중심으로 전 세계 복음주의자들의 호응을 얻었다. 그것은 1974년 I.C.W.E.가 태동하기 전 World Evangelical Fellowship, Intervarsity(I.V.F.), C.C.C. (Campus Crusade for Christ), *Christianity Today*(잡지), 풀러신학대학원의 선교대학원 등이 참여하는 하나의 운동을 형성하였다. 그 운동은 1966년 일리노이

---

89 *Ibid.*, 9-11.
90 *Ibid.*, 165-169.

안에 휘튼대학교(Wheaton College)에서 IFMA라는 조직을 만들었으며, 같은 해 베를린에서는 World Congress on Evangelism을 만들었다가 1974년 로잔에서 I.C.W.E.라는 세계기구로 통합되었다. 이때 로잔언약(Lausanne Covenant)이 채택되었다. 로잔언약은 하나님의 목적, 성서의 권위, 그리스도의 유일성, 전도의 본질을 선교의 핵심으로 한다는 약속이었다.[91] 로잔언약의 중요성은 기독교인의 사회적 책임도 강조했다는 사실에 있었다. 정의와 화해는 구원과 해방에 반드시 수반되는 양면성이라는 사실을 강조한 것이었다. 복음화와 정치 사회적 예언은 하나님의 뜻을 수행하는 양면으로 수용한 것이었다.[92]

복음주의 선교신학의 공헌은 로잔언약을 통하여 드러낸 성서의 권위와 그리스도만을 통한 구원, 세계 복음화에 대한 신학적 천명에 있었다. 이것은 WCC의 신학이 가지는 취약점에 대한 경고요 수정이었다. 그리고 복음화와 사회 구원의 양면성을 주장한 것도 선교신학의 새로운 차원을 여는 접근으로 평가된다. 더욱이 교회 조직의 일치를 거절한 것도 특이한 공헌이다. 그러기에 복음주의 선교신학은 선교에서 분명히 해야 할 신학적 논의를 확실히 설정함으로 선교 전략 수립에도 분명한 방향을 제시한 것으로 평가된다.[93]

그러나 복음주의 선교신학은 결정적인 약점 몇 가지를 가지고 있다. 1980년 태국 파타야에서 모였던 Consultation on World Evangelism을 시작으로 1982년 그랜드래피즈(미시간주)에서의 또 다른 회의, 1983년 휘튼에서 모였던 회의("교회의 본질과 선교"라는 주제로)로 이어지면서 로잔언약의 구속력은 약해지고 점차 극단적인 보수화로 분열되었다. 더욱이 교회 성장 학파 출현 이후 다른 복음주의자들과의 갈등은 심화되었으며, 글라세(Arthur F. Glasser)는 갈등의 폭이 다섯 개의 그룹으로 분열되었다고 서술한다.[94] 분열의 약점은 기독교 세계를(세계 교회를) 한 그리스도의

---

91 *Ibid.*, 166-171.
92 *Ibid.*, 173-174.
93 *Ibid.*, 190-191.

공동체로 수용하기보다는 복음주의의 이름으로 교회를 교회 밖 준교회 (parachurch)화 할 뿐 아니라 종파(sect)화 해나가는 위험성을 가지는 데 있다.[95] 이것은 교회의 난맥상을 그려내기 쉬운 취약점일 수 있기 때문이다.

4) 에큐메니컬 선교신학

선교역사와 선교신학에 관한 한 20세기의 에큐메니컬 선교신학은 역사적 집대성이요 종합이며 또 새로운 지평을 열어 놓은 시작이었다. 원리와 이론에 관한 한 에큐메니컬 선교신학은 선교를 교회 확장과 식민주의 이식의 수단으로 전락시켜 온 교회의 팽창주의를 과감히 비판하고 선교를 다시 교회의 존재 양식으로 회복하는 데 크게 공헌하였다. 교회 일치라는 궁극적 목적을 수행하는 과정에서 에큐메니컬 신학은 교회와 교회 간, 교회와 타 종교 간의 대화를 가능케 하는 공헌을 계속하고 있다. 이것을 스토크웰(Eugene L. Stockwell)은 의회적 선교(Conciliar Mission)라고 불렀다.[96] 그리고 에큐메니컬 선교신학은 역사적 상황과 그 상황으로부터 분출되는 문제들을 선교 주제로 삼아 온 상황적 성격을 가지고 있다. 물론 이것들이 약점으로 작용될 수 있는 가능성이 없는 것은 아니다. 한마디로 에큐메니컬 선교신학은 의회적, 공동적, 역사적, 타협적, 다원적이다. 그러기에 에큐메니컬 선교신학은 어느 한 절대적인 신학적 규범이나 주제에 의해 통제

---

94 Arthur F. Glasser, "Evangelical Missions," *Toward 21 Century in Christian Mission*, ed. by James M. Phillips, Robert T. Coote(Grand Rapids: William B. Eerdmans, 1992), 11-12. Glasser는 복음주의 선교신학이 다섯 그룹으로 나뉘어 있다고 분석한다. 처음 그룹은 Separate Fundamentalists(WCC를 정면으로 반대하는 분리주의적 근본주의자)이다. 두 번째 그룹은 low-key dispensational evangelicals(주로 faith mission에 속한 사람들)이다. 세 번째 그룹은 charismatic evangelicals(오순절 운동에 속하는 사람들)이다. 네 번째 그룹은 ecumenical evangelicals(에큐메니컬 운동에 참여하는 복음주의자들)이다. 다섯 번째 그룹은 non-conciliar evangelicals(신앙의 전통을 보전하는 데만 관심이 있을 뿐 개혁에는 무관심한 복음주의자)이다.

95 James A. Shrerer, *Gospel, Church, and Kingdom*, 191-192.

96 Eugene L. Stockwell, "Conciliar Missions," *Toward 21st Century in Christian Mission*, 22.

되지 않는다. 이러한 전제에서 우리는 이미 논의한 바 있는 에큐메니컬 운동을 배경으로 하여 선교신학의 흐름을 추적할 수 있을 것이다.

에큐메니컬 선교신학 형성은 처음 단계를 1948년 이전으로 범주화할 수 있다. 이 기간은 선교신학의 모색이기도 하다. 1910년 에든버러 회의 이후 선교를 주제로 형성되었던 IMC(International Missionary Council)는 1928, 1938, 1947, 1952, 1957년의 회의를 거치면서 선교가 직면하고 있는 많은 도전과 문제들이 무엇인가를 논의하는 데 많은 시간과 정열을 쏟았다. 이때의 결정적인 영향은 바르트로부터 왔으며, 특히 그의『로마서강해』를 통한 말씀 신학의 등장은 유럽을 주름잡았던 자유주의 신학을 서서히 종식시키고 있었다. 바르트의 영향을 받은 헨드릭 크래머의 역할은 1947년까지는 주목할 만한 것이었다.

1947년부터는 불트만의 영향이 강해지면서 후켄데이크의 역할이 두드러졌다.[97] 그러나 선교신학적인 순례는 1952년 빌링겐 회의에서야 의미 있는 신학적 주제와 내용을 구조화하기에 이르렀다. 중국의 공산화와 화려했던 중국선교의 종말이라는 역설적 상황, 아시아와 아프리카에서 일어나고 있는 탈식민지화(신생국가의 등장과 함께 지배국에 대한 거센 반발)는 전통적인 선교를 불확실성으로 몰아가고 있었다. 이러한 상황의 돌출은 교회 중심의 선교를 근본에서부터 재검토하도록 강요하였으며, 동시에 선교를 위한 새로운 신학적 패러다임을 모색해야만 하였다. 여기서 등장한 선교신학이 삼위일체 하나님이 수행하는 선교라는 하나님의 선교(missio Dei)인 것이다.[98] 하나님의 선교신학은 선교의 주체를 교회로부터 하나님께로 환원하는 데서 시작하여 선교의 장도 교회가 아니라 세계라는 패러다임으로 전환하였다. 여기서 교회는 하나님 나라 복음을 선포(kerygma)하고, 섬기고(diakonia), 나누는(koinonia) 종말론적 공동체라고 정의하고 있다.[99]

97 David J. Bosch, *Witness to the Word*, 159-177.
98 *Ibid.*, 178-180.
99 James A. Shrerer, *Gospel, Church and Kingdom*, 96-97.

하나님의 선교신학이 절정에 이르고, 그것이 세계를 뒤흔든 선교신학으로 수용된 것은 1968년 웁살라 총회였지만, 하나님의 선교신학의 논의는 1952년 일찍이 빌링겐 작품이었다.

그러나 에큐메니컬 선교신학은 1948년 IMC를 제외한 신앙과 직제와 삶과 일 위원회가 통합하고, 그 이름을 세계교회협의회(WCC)로 붙이면서 본격화되었다. 윌리엄스(Colin W. Williams)의 해석에 의하면 1948년에서 1954년 에반스톤 총회 사이에 일어난 선교신학적 추구는 공통적 교회론(common ecclesiology)의 모색에 있었다는 것이다. 다양한 전통들 속에 하나의 전통을 찾기 위한 것이었다.[100] IMC가 아직 참여하지 않았던 당시 WCC에서 선교신학적 논의가 선교보다는 교회론에 집중되었던 것은 당연한 것이었는지도 모른다.

그러나 1952년 에반스톤으로부터 1961년 뉴델리 때까지(아직은 IMC가 참여하지 않았던) WCC의 선교신학은 공통적 교회론의 추구로부터 선교를 교회의 본질적인 표지(mark)로 첨가해야 한다는 방향으로 선회하였다. 보이는 교회의 일치보다는 그리스도의 선교에 교회가 순종하는 사건으로 이해되어야 한다는 새로운 인식에 근거했다.[101]

에큐메니컬 선교신학의 절정은 뉴델리에서 WCC와 IMC가 통합하여 새로운 WCC를 탄생시킨 1961년에서 1968년 웁살라 총회 사이에 이루어졌다. 이때 WCC는 교회를 선교의 중심에 두었던 지난날의 선교 철학을 비판하였으며, 선교의 장을 과감히 교회로부터 세계로 옮겨 놓는 작업에 박차를 더하였다.[102] 특히 1968년 웁살라 대회에서 천명된 하나님의 선교신학은 하나님의 선교의 주체되심과 세계의 선교적 장과 선교의 파트너로서의 교회의 증언적 위치를 새롭고도 철저히 자리매김하는 계기를 마련하였다. 여기서 하나님 선교는 인간과 세계를 인간화(humanization)하였다.[103]

---

100 Colin W. Williams, *The Church*, 14-15.
101 *Ibid.*, 15.
102 James A. Schrerer, "Ecumanical Mandate for Mission," *Protestant Crosscurrent in Mission*, ed., by Norma A. Homer(Nashville: Abingdon Press, 1968), 40-41.
103 David J. Bosch, *Witness to the Word*, 187-190; James A. Shrerer, Gospel, *Church*

교회는 세계를 위해 존재한다. 세계의 모든 인간을 섬기도록 부름받은 것이다. 선택은 특권이 아니라 섬김의 참여를 위한 것이다.…교회의 중심은 교회 밖에 있으며, 그러기에 교회는… 세계의 샬롬(Shalom)을 선포해야 한다.

모든 사람이 구원되는 하나님의 뜻을 표현하는 것으로서의 세계 관계 안에서 교회는 이해되어야 한다. 세계를 향한 하나님의 관심 안에서 교회는 세계의 한 부분이며 동시에 후기사건이다.[104]

여기서 하나님 선교신학은 선교의 구조를 근본에서부터 뒤집어 놓았다. 로빈슨(John A. T. Robinson)은 WCC 하나님의 선교신학이야말로 전통적 선교 구조를 '하나님-교회-세계'로부터 '하나님-세계-교회'의 구조로 바꾸어 놓은 혁명적 계기라고 이름짓는다.[105]

하나의 혁명으로 나타난 하나님의 선교신학은 선교 구조를 변화하는 돌풍으로 나타났으며, 이는 과거에 경험하지 못했던 사회 개혁과 인권 운동을 과감히 수행하는 신학적 근거를 제시하였다.

그러나 하나님의 선교신학의 과격성과 급진성은 거센 비판의 대상이 되었다. 1975년 나이로비(Nairobi) 총회에서 토마스(M. M. Thoms), 아리아스(Bishop Arias), 스토트(John Stott) 같은 복음주의자들의 거센 반발과 비판의 소리에 의하여 WCC의 선교신학은 세계적(Worldly) 선교와 교회적(Churchly) 전도를 모두 수용하는 종합론으로 방향을 수정하였다. 이러한 방향 전환은 1980년 멜버른(Melbourne), 1983년 밴쿠버(Vancouver) 총회를 거치면서 계속 유지되었다.[106] 1980년 멜버른 회의에서 채택한 주제 "나라에 임하옵시며"에서 세계교회협의회는 하나님 나라 모티프를 새로운 선교의

---

and Kingdom, 119-121; Colin W. Williams, The Church, 16-17.

104 Colin W. Williams, *The Church*, 16-17 재인용.

105 Richard McBrien, *The Church in the Thought of Bishop John Robinson*(Philadelphia: Westminster Press, 1966), IX.

106 James A. Shrerer, *Gospel, Church and Kingdom*, 126-154.

근거로 제시하는 신학적 논의를 시작한 것은 고무적이었다. 하나님 나라 모티프의 등장은 빌링겐의 하나님의 선교신학을 수용하면서도 나이로비에서 문제된 복음주의적 관점을 공히 만족시키려는 데 목적이 있었다.[107] 그러나 그것은 성공적인 것은 아니었던 것으로 평가되고 있다.

에큐메니컬 선교신학은 몇 가지 중요한 공헌을 남겼다고 평가될 수 있다. 가장 큰 공헌은 선교를 16~17세기 식민주의적 탐험과 원정의 수단으로 전락시켰던 과오로부터, 선교를 개인의 회심에만 목적을 둠으로 역사적 상황으로부터 인간을 격리시켜 온 회중 중심으로부터, 선교를 교회 확장의 수단으로 전락시켰던 오류로부터,[108] 선교를 하나님의 선교와 역사(役事)로 환원시킨 신학적 패러다임에 있다고 본다. 이것은 선교를 마치 해외 선교로만, 대형 부흥회로, 교파 확장의 수단으로 기능화해 온 교회의 경쟁과 교파주의를 넘어 본래의 선교 의미를 사고하게 하는 공헌을 남겼다. 그리고 세계를 심판과 저주의 대상으로 보아 오던 역사관을 하나님의 일터로, 교회의 현존과 증언의 자리로 바꾸어 놓은 공헌도 큰 것이었다. 아울러 교회를 주체로서가 아니라 하나님의 선교의 증인 공동체로 재정의한 것은 위대한 업적으로 남는다.

그러나 멜버른 회의의 시도에도 불구하고 에큐메니컬 선교신학은 1990년대 이후 종교다원주의 문제에 잘못 접근해 오고 있다는 것이 선교신학자 앤더슨(Gerald Anderson)의 비판이다. 잘못 접근한다는 의미는 WCC 선교신학은 종교 간 대화라는 명목으로 그리스도의 유일성과 기독교의 특수성(uniqueness)을 포기하고 있으며, 이는 결국 절충주의(syncretism)로 전락하고 있다는 것이다.[109] 이것은 예리하고도 정당한 비판이라고 본다.

필자는 에큐메니컬 선교신학의 약점에 대해, 특히 하나님의 선교신학

---

107 Ibid., 130-131.
108 J. G. Davies, *Worship and Mission*, 37-49.
109 Gerald H. Anderson, "Theology of Religions and Missiology, A Time of Testing," *The Good News of the Kingdom*, ed. by Charles van Engen, Dean S. Gillil,Paul Pierson(N.Y.: Orbis Books, 1992), 201-202.

의 약점에 대해 세계 긍정의 차원을 하나님의 역사 개입에 두지 않고(이론 상으로는 하나님의 일터라고 명명하지만) 오히려 교회 선교의 자리에 둠으로 결과적으로는 다시 교회 중심적 선교로 되돌아가는 인상을 남기는 데 있 다고 본다. 이것은 그리스도 안에서 오고 있는 하나님 나라 임재 사상이 결여된 데서 오는 결과이며, 동시에 '세계'를 종말론적 시간과 지평으로 보 지 아니하고 공간으로 보는 데서 오는 오류이다. 그리고 교회를 증인 공동 체로 보기 전에 교회를 종말론적 실존으로 보지 못한 데서 온 것이라고 본다. 교회의 정체를 종말론적 공동체로 해석하는 한 그 교회는 선교와 증 언을 '기능'으로서가 아니라 그 존재 양식으로 표현할 수 있기 때문이다. 그러나 에큐메니컬 선교신학은, 특히 하나님의 선교신학은 성서적 증언에 가장 가깝게 접근한 공헌을 남겼다고 본다.

5) 역사 · 종말론적 선교신학

선교는 교회 확장과 생존의 문제와도 밀접하게 연관된 신학적 과제였 기에 선교 문제는 지난 2,000년의 첨예한 쟁점이었다. 기존 선교의 유형 과 문제를 진단하는 일은 결론적 논거인 '역사 · 종말론적 선교신학'을 이해 하는 데 큰 도움이 될 것이다.

선교학의 대가인 베르쿠일(Verkuyl)의 분석에 따르면 선교의 처음 유형 은 개인 영혼의 구원에 목적을 둔 선교였다. 경건주의, 마틴(Henry Martyn, 1781~1812), 캐리(William Carey, 1761~1834), 학생운동이 여기에 속한다. 이 선교는 좁은 의미의 전도로 전락시킨 약점을 지닌다.[110] 두 번째는 교회 확장으로서의 선교(plantatio ecclesiae)였으며, 이는 군주와 수도원을 중심 으로 교회를 세웠던 로마가톨릭과 초기 개신교회가 실시했던 모형이었다. 이는 교권주의와 식민주의 철학을 그 근거로 하는 약점을 지닌다. 세 번째 유형은 기독교적 이상 사회 창조를 목적으로 하는 선교 유형이며, 여기에

---

110 J. Verkuyl, *Contemporary Missiology*, 176-181; David J. Bosch, *Transforming Mission*, 409.

는 바르네크(J. Wameck), 후켄데이크(J. C. Hoekcndijk)가 속한다. 그러나 문제는 서구 문명을 마치 하나님 나라의 실현으로 착각하는 약점을 지니고 있다는 것이다. 이와 유사한 또 다른 유형(네 번째)은 사회복음의 선교이다. 라우션부시(W. Rauschenbusch)와 포스딕(H. E. Fosdick)가 중심이 되었던 이 선교는 사회 질서를 기독교화하는 데 그 목적을 두었다. 문제는 복음보다는 계몽주의의 산물인 진보(progress) 사상에 그 근거를 둠으로써 사실상 역사 진행을 하나님 나라로 보았으며, 이는 낙관주의로 흘렀던 약점을 지닌다.111

최근의 선교 유형은 교회 성장을 선교의 목적으로 하는 그룹(다섯 번째 유형)과 '지구촌의 모든 구조를 인간화'하려는 그룹 *missio politica oecumenica*(여섯 번째 유형)으로 이어지고 있다. 교회 성장을 위한 선교는 맥가브란(Donald McGavran)에 의해 주도되는 교회 성장학파의 선교신학이며, 문제는 지나치게 양과 수에 집착함으로 기업화된 위험을 가진다. 또한 하나님의 선교로서의 *missio politica*는 정치 구조 개혁을 하나님 나라로 착각하는 약점을 지닌다.112

그러나 문제는 하나님의 선교신학까지를 포함하는 기존의 모든 선교신학들이 공통으로 성서적 중심 주제를 망각해 왔다는 데 있다는 것이 글라세, 슈러러, 베르쿠일, 보시 같은 현대 선교신학자들의 비판이다. 성서적 중심 주제는 하나님 나라 통치(*Basileia Tou Theou*) 사상이다. 선교에 새로운 빛을 던져 줄 수 있는 신학적 모티프는 하나님 나라와 통치 사상에서 오는 종말론에서 찾아야 한다는 것이 현대 선교신학자들의 공통적인 호소이고 절규로서 나타나고 있다.113

---

111 J. Verkuyl, *Contemporary Missiology*, 181-196.
112 *Ibid.*, 191, 194. 또 다른 선교신학자 보시(David J. Bosch)는 베르쿠일의 분석에다 정의 추구를 위한 선교(Quest for Justice), 상황화 선교(Mission as Contextualization), 해방으로서의 선교(Mission as Liberation), 문화 이식으로서의 선교(Mission as Inculturation), 타 종교와의 대화로서의 선교의 유형을 첨가한다. *Transforming Mission*, 401-485.
113 Janes A. Schrerer, "Church, Kingdom and Missio Dei," Johannes Verkuyl, "The Biblical, Notion of Kingdom," *The Good News of the Kingdom*, 72-74, 82-88; David

선교를 하나님의 나라와 통치에서 새롭게 해석해야 한다는 최근의 선교 신학적 전환은 선교 문제를 풀어가는 데 중요한 열쇠가 될 것이다. 역사 · 종말론적 접근의 올바른 이해를 위해서도 몇 가지로 구분되는 종말론적 선 교론을 분석할 필요성에 이른다.

이 문제를 두고 가장 정확하고도 설득력 있는 논거를 펼친 이는 브라튼 (Carl E. Braaten)이며, 그의 *The Flaming Center*[114]라는 저서는 대단히 인 상적이다.

브라튼에 의하면 현대 신학에서 종말론과 선교를 연관시킨 처음 신학 자는 바르트였다. 특히 초기 바르트 신학의 강조였던 하나님의 타자성 (otherness)은 말씀으로만 인간에게 다가오는 것으로 해석했으며, 선교란 심판과 은총으로 다가오는 말씀의 선포였다는 것이다. 그러기에 바르트는 말씀을 문화의 노예로 만드는 모든 선교에 대하여(교육 사업, 의료 사업, 정치 문화 사업을 빙자하여 서양의 세속주의를 이식하는 선교) 비판적이었다.[115] 바 르트의 영향은 크래머로 이어졌으며, 이는 초기 WCC 선교신학에 반영되 었다.

종말론과 선교를 연관시킨 두 번째 신학자는 불트만이었다. 종말론을 케리그마와 실존으로 소개하였으나 불트만의 종말론은 인간의 실존 순간 마다 결단하는 신앙과 복종으로 이해하였다. 이 종말론은 역사의 미래 사 건과는 무관한 것이었으며, 그것은 무역사적(그것은 초기 바르트에게도 마찬 가지였다)인 종말론이었다는 것이다. 구원의 종말론적 사건은 매 순간 가 지는 결단에서 재현될 뿐 역사와 미래와는 무관한 것이 된 것이다.[116]

브라튼에 따르면 종말론과 선교를 연계한 세 번째 신학자는 틸리히 (Paul Tillich)였으며, 그의 중심 주제는 하나님 나라는 역사의 최종적 의미 에 있었다는 것이다. 역사는 선과 악마의 갈등이 계속되는 과정이지만, 하

J. Bosch, *Transforming Mission*, 500-510.
114 Carl E. Braaten, *The Flaming Center*(Philadelphia: Fortress Press, 1977).
115 *Ibid.*, 29-30.
116 *Ibid.*, 31-32, 51-52.

나님 나라 역사의 통합이 이루어진다는 것이다. 틸리히에서 하나님 나라는 역사의 단계도, 유토피아도 아니다. 역사는 하나님 나라를 향해 가고 있다고 보았다. 교회는 하나님 나라를 역사 안에서 대변하는 대리인이다. 선교란 새로운 존재인 그리스도를 전하는 것이지만, 그것은 구체적으로 숨은 교회(latency)를 드러내는(actulization) 행위고, 여기에 예수는 그리스도로서 우주성을 띠게 된다는 것이다.117

틸리히의 선교신학은 하나님 나라와 역사의 관계를 주제로 삼았으나 그 하나님 나라는 역사의 최종 목표로 남아 있을 뿐 역사 속에 다가오는 계시적인 것은 아니었다. 결국 선교는 다시 교회가 숨음에서 드러냄으로 행동하는 주체가 된다.

종말론과 선교를 연결시킨 논거를 발전시킨 네 번째 학자는 쿨만(Oscar Cullmann)이었다. 하나님 나라를 우리의 행위로 성취하거나 그 도래를 앞당길 수는 없다는 전제에서 출발하는 쿨만은 확실한 것 한가지, 하나님 나라는 하나님으로부터 온다는 사실을 밝히고 있다. 그러나 하나님 나라는 예수 그리스도의 십자가와 부활에서 이미(already) 시작되었으나 그 완성은 미래(not yet)에 있다는 것이다. 바로 이미와 아직은 아닌 것 사이의 중간기(interim period)를 성령과 교회 선교의 때로 규정하고 있다. 선교란 중간기에 있는 교회가 종말론의 징표가 되는 것이다.118 쿨만의 이른바 구속사적 선교신학의 매력은 과거와 미래의 변증법적 구조 안에서 교회와 선교의 자리를 설정한 데 있다. 그러나 쿨만이 이해한 하나님 나라는 과거와 미래에만 연결되었을 뿐 현재와는 사실상 관계없는 것으로 만들었다는 비판을 면치 못한다. 현재를 중간기라는 이름으로 다시 교회에 위임한 것이었다.

브라튼이 정확히 포착하고 지적한 대로 종말론과 선교의 연계성 문제는 결국 역사의 문제로 귀결되고 있었다. 바르트, 불트만, 틸리히, 쿨만 같은

---

117 Paul Tillich, "Missions and World History," *The Theology of Christian Missio*, ed. by Gerald J. Anderson, 281-286; Carl Braaten, *The Flaming Center*, 32-34.
118 Oscar Cullmann, "Eschatology and Missions," *The Theology of Christian Mission*, ed. by Gerald H. Anderson, 42-47; Carl Braaten, *The Flaming Center*, 34-36.

20세기 거성들이 선교를 종말론과 연계하여 해석을 시도한 것까지는 공헌이었으나 그들은 모두 하나님 나라와 역사의 관계 설정에서는 크게 미흡했다.

브라튼은 출애굽과 예수 그리스도의 부활 사건에서 보여 주신 하나님의 계시(통치)는 종말론적 구원의 우주적 약속(universal promise of eschatological salvation)이고 소망의 근거로 해석한다. 이 약속으로서의 하나님 나라는 이미 옛것을 극복하고 새것을 만들어 가시는 변화에 관계하는 것이라고 이해한다. 예수 그리스도의 생애, 죽음, 부활에서 인침이 된 우주적 약속은 모든 사람을 위해 열려 있다는 복음을 선언하고 축하하는 역사적 선교로 이어진다는 것이다. 온 인류를 향한 예수 그리스도의 종말론적 약속의 역사에 뿌리를 두는 한 그곳에서는(역사 안에서) 기독교적 선교가 일어난다는 것이다. 여기에는 개인 구원이냐 사회 구원이냐는 이원론적 착상의 논쟁 따위는 설 자리가 없다. 교회란 처음부터 예수 그리스도의 약속에 의해 형성되는 지평 안에서 하나님의 종말론적 선교에 참여하는 한 교회의 참모습으로 현존하게 되는 것이다. 그러므로 선교는 교회의 기능이 아니라 정체성 그 자체이다. 여기서 교회는 제도냐 선교냐는 이원론적 질문도, 교회가 세계 안에서 구원의 성례전(sacrament of salvation)으로서 그리스도 안의 하나님에 의해 세움 받고 보냄 받는가도 해결될 수 있다.[119]

브라튼의 종말론적 선교신학은 몰트만의 '*Promissio Dei*'(하나님의 약속) 안에서의 교회의 미시오 구조와 유사하면서도 역사의 종말론적 해석에서 다소 미흡한 것으로 나타난다. 그러나 그의 기독론적, 종말론적 해석은 교회 선교를 새롭게 조명하는 패러다임으로 부각된다. 선교는 하나님의 종말론적 구원의 약속에 대한 선포요 증언이요 섬김이다. 선교는 역사·종말론적 사건이다. 선교는 교회가 무엇을 하는 것이 아니라 예수 그리스도에게서 약속된 하나님 나라의 구원을 선포하고 증언하는 교회의 모든 존재론적 표현이다.

---

119 Carl Braaten, *The Flaming Center*, 52-55.

결론적 논거
: 하나님의 나라와 하나님의 통치

'교회는 본질상 역사·종말론적 공동체였다는 신학적 교회론에서 시작하여 역사 안에서의 존재 표현 양식들이 무엇이었느냐를 추적하였다. 그리고 역사·종말론적 하나님 백성 공동체의 표현 양식인 사역과 목회가 무엇인가를 추구하였다. 아울러 부름받은 공동체(Called Out Community)의 예배, 설교, 성례전의 의미가 무엇인가를 추구하였다. 그리고 세움 받은 공동체(Called Up Community)의 교육과 교제가 무엇을 의미했는가를 추구하였고, 보냄 받은 공동체(Called Into Community)의 '선교'라는 존재 표현 양식이 무엇인가를 추구하였다.

긴 해석의 과정에서 우리는 중요한 신학적 경험이 하나의 중심 주제로 흐르고 있었음을 발견하였다. 그것은 성서에 나타난 초대 공동체(그것이 고대 이스라엘 공동체였든 또는 초대교회였든)는 궁극적으로 하나님 통치하심에 그 근거를 두었다는 사실이었다. 그리고 하나님 통치는 심판과 은혜로 다스리시는 역사 참여였기에 역사는 하나님의 장(場)이었다는 역사의식이었다. 하나님 백성 공동체는 바로 이 역사 안에서 하나님의 통치와 약속을 분별하고, 긍정하고, 헌신했던 역사·종말론적 공동체였다. 초대교회는 예수 그리스도에게서 오고 있는 하나님의 통치(autobasileia)를 역사의 한복판에서 경험하고, 기억하고, 소망하는 순리적이고, 증언적이며, 역사 변혁적인 하나님 백성 공동체였다.

그러나 역사적 변형 과정은 초대 공동체의 존재론적 근거뿐 아니라 모든 표현 양식을 변형시키고 왜곡하였으며, 많은 경우 변질시킨 오류를 범해 온 것이 사실이었다. 하나님 통치를 감독, 사제, 목사 중심으로 변질시켰다. 역사 긍정과 변혁은 교권적 통제로 변형되었다. 하나님 백성 공동체는 성직자와 평신도로 이원화되면서 평신도는 하위 계급으로 전락되었다. 남은 것은 사제와 목사 중심적인 구조였으며, 없어진 것은 하나님 백성과 목사가 함께 엮어 가는 공동체였다. 이것은 오늘 세계 교회의 현주소인지도 모른다. 어떻게 보면 교회는 속성상 끊임없이 제도화되고, 공간화되는 유혹과 위험 앞에 쉽게 추락하는 나약한 공동체라는 사실의 노출이기도 하였다. 이것은 교회가 가지는 허점이고 위험성이다.

　바로 이 경향은 본래의 역사·종말론적 공동체의 존재 표현 양식들이었던 사역, 목회, 예배, 설교, 성례전, 교육, 교제, 선교를 단편적인 단위로 분열시킬 뿐 아니라 이들이 성직자의 점유물로 독점되면서 그들의 하나의 기능으로 전락되어 왔다. 사역과 목회를 성직자의 점유물로 변질시킨 순간 사역과 목회는 공동체의 표현 양식이 아니라 성직자의 기능으로 전락했던 것을 기억한다. 모든 표현 양식(예배, 설교, 성례전, 교육, 교제, 선교)이 성직자의 점유물이 되면서 이들은 공동체의 존재 표현 양식이 아니라 성직자들이 수행하는 기능들로 전락했다. 여기서 하나님 백성은 성직자의 종교적 기능을 구경하는 관람객으로 전락했다. 이것은 뼈아픈 역사적 경험이고 교훈이었다.

　그러나 20세기를 정점으로 하는 최근의 실천신학적 시도 저변에는 하나의 공통적이면서도 중요한 신학적 패러다임을 모색하는 강력한 학풍이 일고 있음을 주목한다. 그것은 교회의 존재 이유뿐 아니라 교회의 존재 양식의 신학적 근거를 제도적 패러다임(institutional paradigm)에서 찾지 않고, 예수 그리스도 안에서의 하나님의 나라와 하나님의 통치(*Basileia Tou Theou*)에서 찾으려는 실천신학적 시도들이다. 이것을 역사·종말론적 모티프라고 부른다. 이것은 초대교회 공동체의 회복이며, 역사 변혁적 패러다임의 회복이며, 하나님 백성 공동체의 회복을 향한 절규요 헌신이다. 이러한 실천신학적 패러다임 전환은 21세기의 교회가 선택해야 할 자기 비판, 자기 개혁의 소중한 근거와 방향이 될 것으로 본다.

1. 역사·종말론적 공동체로서의 교회의 실천적 구조 회복

1) 역사·종말론적 공동체로서의 교회의 실천적 구조 회복

처음 공동체의 구약적 표현은 고대 이스라엘 민족 공동체에 관한 것이었다. 처음 이스라엘 공동체의 구조는 야웨 하나님(출애굽과 시내산 언약을 통하여 역사에 모습을 드러내신)–시내산 언약(나는 너희 하나님이 되고, 너희는 내 백성이 된다는 약속)–이스라엘(거룩한 민족, 제사장 나라)–세계라는 관계 속에 있었다. 여기서 이스라엘은 하나님으로부터 선택받은 하나님 백성이었으며, 그것은 거룩한 민족으로 상징되는 정체성(identity)과 구심점(centripetal, 중심으로 향하는)이었다. 세상으로부터 구별되는 부름받은 선택 공동체였다. 그러나 이스라엘의 구심점은 제사장 나라로 상징되는 세계의 대변(representation) 혹은 세상의 아픔을 걸머지는 고난받는 종(제2 이사야)이라는 원심점(centrifugal) 혹은 연대성(solidarity) 안에서의 구심점이었다. 이것은 섬김을 위한 부름(celled to serve)이었다. 더욱이 포로기 이후 제2 이사야가 본 비전은 하나님은 새 예루살렘에 모든 만민을 불러 모으시는 우주론적 구원이었으며, 이에 이스라엘은 인류의 고통을 대신하는 연대성 안에서의 정체성을 외치는 것이었다. 이것이 고난받는 종의 모습이었다.

그러나 처음 공동체의 신약적 표현은 초대교회인 에클레시아(ekklesia)가 아니라 예수 그리스도께서 선포하셨던 오고 있는 하나님 나라와 하나님의 통치에 있었다. 오고 있는 하나님 나라는 교회가 아니라 예수 그리스도 안에서 불러 모으시는 하나님의 종말론적 우주론적 집회(eschatological gathering)였다. 여기서 예수께서 부르신 12제자와 부활 이후의 120문도 그리고 바울로 이어지는 하나님 백성(Laos tou Theou)은 하나님 나라를 경험하고, 기억하고 재림을 소망하는 증인 공동체였다. 초대교회는 그 자체에 목적이 있지 않았다. 예수 그리스도의 부활 사건에서 경험한 하나님의 통치와 약속된 완성을 소망하는 종말론적 공동체였다. 그러나 이 종말론적 공동체는 쿰란과는 달리 하나님 나라의 임재를 역사 안에서 경험하고, 증언하였으며, 아울러 섬김(diakonia)으로 이어졌기에 그것은 역사적이었다(왕 같은 제사장, 연대성, 원심점). 그러기에 초대교회는 예수 그리스도 안에서 임재한 오고 있는 하나님 나라를 역사 안에서 경험하고 증언한 역사·종말론적 하나님 백성이었다.

그러나 예수의 재림이 지연되고, 로마제국의 박해가 심해지고, 이단설이 침투하면서 교회는 역사·종말론적 공동체로부터 점차 제도화되었다. 제도화의 가장 두드러진 상징은 바실리카 형식의 교회 건물의 등장이었으며, 감독의 권력 집중화였으며, 성례전의 신비화였다. 이러한 교권주의화 경향은 종교개혁을 거친 개신교회마저 그대로 답습하는 타락의 양상을 띠었다.

20세기에 나타난 신학적 교회론의 중심 주제는 처음 공동체, 특히 초대교회의 재해석과 회복에 집중되었다. 바르트, 몰트만, 로핑크, 큉, 불트만 등으로 이어진 신학의 흐름은 교회를 제도, 교제, 성례전, 설교, 선교의 모티프로부터 예수 그리스도와 그에게 임재하는 하나님 통치로 다시 되돌려 놓으려는 패러다임의 전환이었다. 그리고 오고 있는 하나님 나라를 역사 안에서 분별하고 증언하는 하나님 백성 공동체로 다시 회복하려는 데 있었다.

2) 사역은 하나님의 파생된 사역(Derivative ministries)

공동체 사역은 하나님의 통치를 역사 안에서 증언하고 대변하는 하나님 백성의 섬김 모두를 포괄했다. 하나님과 하나님 백성 사역 사이에 카리스마 사역(구약의 경우 사사와 예언자, 신약의 경우 사도, 예언자, 교사)과 제도적 사역(구약의 경우 제사장과 왕, 신약의 경우 감독, 장로, 집사)이 있었다. 그러나 카리스마 사역과 제도적 사역은 하나님 백성으로 하나님 앞에서 세계를 대변하고(원심), 자신들은 선택된 거룩한 민족임을(구심) 일깨우고, 가르치고, 보내기 위한 사역이었다.

그러나 교부 시대 이후 부각된 단일 감독(monepiscopacy)의 사역 독점화 현상은 중세기 교황 절대권으로 이어지면서 극대화되었으며, 결국 하나님 백성 사역은 사멸되는 비극을 가져왔다. 특별히 카리스마 사역은 극도로 취약해지고 제도적 사역만이 무대를 독점하였다. 이것은 교권주의의 표현이었다. 루터에게서 만인제사직론을 통한 하나님 백성의 가능성이 다시 드러나고, 그 안에서 특수한 목회로서의 목사의 사역 가능성을 모색하였다. 그러나 오늘 모든 개신교회에서 루터의 사역론은 제대로 구체화된 일이 없었으며, 형태를 달리하는 목사 중심의 교권주의 경향으로 흘러오고 있다. 결국 개신교회에도 하나님 백성 사역은 여전히 사장되어 온 것이 역사적 현실이다(몇몇 종파를 제외하고는 그러나 그것은 또 다른 극단인 평신도주의에 빠지는 결과를 가져왔다).

사역 회복을 위한 신학적 시도가 하나님 백성 공동체의 회복 운동과 같은 지평에서 진행되고 있는 것은 고무적이다. 목회신학(pastoral theology)으로부터 사역의 신학(theology of ministry)으로의 전환의 의미는 목회자와 평신도 모두가 참여하는 하나님 백성의 사역이 되어야 한다는 데 초점을 두었다. 평신도 사도성 논의는 평신도 신앙의 극대화와 함께 하나님 앞에서, 교회 안에서, 세계와 역사 안에서 하나님 백성으로서의 책임적인 현존과 증언에 참여함을 의미한다.

하나님과 하나님 백성 사이의 목회자는 특수 목회에 부름받았으며, 궁극적으로 목회자는 하나님 앞에서 하나님 백성 사역을 위한 양육과 파송의 책임을 수행한다. 여기서 목회자는 영성과 전문성의 새로운 통합 과정에서 목회를 수행해야 하는 과제 앞에 서게 된다. 영성은 그리스도와 역사안에 임재하는 하나님의 통치를 분별하고 헌신하는 역사 변혁적인 영성이어야 하며, 전문성은 증언을 위해 하나님의 신앙을 온전케 하고, 그리스도의 몸을 세우며, 봉사의 일을 하게 하는 훈련과 양육, 파송을 뒷받침하는 것이어야 한다. 전문성은 성서신학, 조직신학, 조직신학의 기초 위에 실천 구조를 구성하는 교회론, 사역론, 예배론, 설교론, 성례전론, 교육론, 소공동체론, 선교론에 관한 실천신학적 해석을 포함한다. 그리고 목회자는 종교사회학의 분석, 교회 조직과 행정, 목회 상담의 구체적인 기술과 능력도 소유해야 한다.

3) 부름받은 교회의 처음 존재 양식은 예배(*Leitourgia*)였다

부름받은 공동체의 표현 양식인 예배는 이 세계의 인간에게 다가오는 하나님의 부르심과의 만남 사건이며, 동시에 하나님의 인도하심에 대한 역사적 응답(역사와 세계를 대변하는)이었다. 하란에서 아브라함이 만난 하나님은 그를 미지의 약속의 땅으로 역사화하였으며, 호렙산 떨기나무 가운데 오신 하나님과의 만남은 이스라엘을 고통으로부터 해방하시는 하나님의 통치하심에 대한 응답이었다. 유월절 제사는 하나님의 구원(출애굽)을 역사적으로 기억하는 만남이었으며, 동시에 가나안의 약속을 향한 이스라엘의 역사적 응답이었다.

초대교회의 예배는 예수 그리스도의 십자가와 부활 사건에서 종말론적으로 임재한 하나님의 통치와 부르심과의 만남이었다. 이것은 하나님 백성 모두 그리스도 안에서 부름받은 만남이었으며, 동시에 그 만남이 세상 모든 사람을 새 예루살렘으로 불러 모으시는 하나님의 종말론적 약속에 대한 역사적 응답이었다. 만남이 기독론적이었다면 소망과 응답은 종말론적이고 역사적 예시였다. 예루살렘교회, 안디옥교회, 이방 교회에서 드러난 예배의 구성 요소들(시편, 찬송, 가르침, 계시, 예언, 떡을 뗌) 뒤에는 역사적 기억을 통한 그리스도와의 만남과 역사적 소망과 응답을 통한 다시 오실 그리스도를 대망하는 하나님 백성 모두의 공동체적 존재 표현 양식이었다.

그러나 역사적 진행 속에서 아가페 식사와 주의 만찬이 분리되고, 성만찬이 점차 희생제와 화체설로 신비주의화되면서 예배는 성직자의 제사장적 기능(priestly function)으로 변질되었다. 하나님 백성이 참여하는 공동예배(corporate worship)는 예전(liturgy)화 되면서 사실상 사제의 독점적인 권한으로 변질되었다.

종교개혁자들의 예배는 그 형식에서 다양하게 표현되었다. 그러나 그들의 공통점 하나는 믿음으로만(*sola fides*)의 사상이었으며, 그 결과 예배를 믿음의 사건으로 제한하는 주관주의적 · 개인주의적 경향으로 흘렀다. 이 같은 주관주의적 · 개인주의적 경향의 예배는 한편으로는 청교도의 극단적 비형식주의로 이어졌으며, 다른 한편으로는 교회 분열이라는 비극적 현상으로 이어졌다.

그러나 20세기에 들어서면서 시작한 예전 회복(liturgical movement)은 무엇보다 교파 간의 새로운 대화의 통로를 열어 놓았을 뿐 아니라 교회 일치의 가능성을 모색하기 시작한 계기가 되었다. 그리고 활발하게 전개되기 시작한 예배 신학의 추구는 예배를 단순한 예전으로 전락시켜 온 과거의 오류를 넘어서서 모든 하나님의 백성이 참여하는 예배의 성서적, 신학적 의미를 회복하려는 시도로 평가되고 있다. 이 모든 것의 종합 · 역사적 사건은 1982년 리마(Lima)에서 채택된 WCC의 B.E.M.(Baptism, Eucharist, Ministry) 문서였으며, 이로부터 창출된 리마 예식(Lima Liturgy)의 제정이었다. 그리고 1983년 밴쿠버 WCC 대회에서 리마 예식을 따라 집행한 성만찬 예배에 로마가톨릭 하나를 제외한 세계 모든 교회 대표가 함께 참여하였다는 교회 일치의 상징적 사건은 예배의 공동체성을 회복한 기점이 되었다.

이 모든 예배 회복 시도 뒤에 예배를 역사 · 종말론적 만남과 소망의 사건으로 재해석하려는 로마가톨릭, 정교회, 개신교 신학자들의 진지한 시도들이 존재한다. 예배는 하나님과 하나님 백성 사이의 만남이요(기독론적 · 역사적 기억), 동시에 전 우주와 인류를 불러 모으시는 하나님 나라를 이 역사 안에서 소망하고 대변하고 증언하는 대망(종말론적 · 역사적 응답)의 공동체적 표현이요 사건이라는 해석이다.

4) 부름받은 공동체의 두 번째 존재 양식은 선포(*Kerygma*)였다

초대교회의 근거가 되었던 예수의 사역은 무엇보다 오고 있는 하나님 나라의 선포와 회개(*metanoia*)의 촉구에 있었다. 이것은 구약 예언자들의 전통을 이어받은 것으로 해석된다. 그러나 예수의 하나님 나라 선포는 주해적(exegetical) 형식과 예전적(liturgical) 형식을 통하여 동시에 이루어졌다. 주해적이란 회당에서 두루마리(이사야서)를 읽고 난 후 본문을 해석한 것을 의미하며, 예전적이란 회당 예배 공동체(하나님의 사람들)의 틀 안에서 회중과의 관계 안에서 이루어졌음을 의미한다. 여기서 중요한 것은 예수의 선포는 하나님 나라와 회개에 있었으며, 그 형식은 주해, 예전, 선포의 3차원을 통하여 이루어졌다. 이때 선포(*kerygma*)와 교육(*didache*) 사이에는 분리가 없었다. 말씀의 두 양면뿐이었다.

바울에게 이르러 선포는 예수 그리스도의 십자가와 부활에 집중되었으며, 십자가와 부활에서 약속된, 오고 있는 하나님 통치를 선포하는 것이었다. 바울의 선포는 기독론적이고 종말론적이었다. 그리고 바울의 설교는 하나님 백성을 그리스도의 몸으로(공동체로) 세우는 데 목적을 두었다. 하나님의 백성을 세우는 데 목적을 둔 바울의 설교는 예전적 차원을 포괄하고 있었다. 그러면서 바울의 설교는 주해 대신 호밀리(homily) 방법을 썼으며, 이는 당시 유행하던 헬라 호밀리(Greek homiliy)의 영향을 받았으면서도 그것을 기독교적으로 극복하는 바울의 예지에서 나온 것이다. 당시 호밀리는 수사학과 논리학의 영향을 반영한 것이었다. 그러나 바울의 선포는 여전히 예수 그리스도의 십자가와 부활에서 드러난 하나님 나라와 오고 있는 하나님 통치를 선언하였다. 동시에 설교의 목적은 하나님 백성 공동체를 세우는 데 있다.

그러나 이후 하나님 나라 선포로서의 설교는 이미 예루살렘교회의 주해 설교(구약을 본문으로 하는)와 카리스마적 설교와 헬레니즘과의 절충에서 나온 이방 교회들의 수사학적 설교로 이어지면서 예언자적 차원은 상실되기 시작하였다. 교부 시대의 설교는 헬라 호밀리와 수사학에 의존하는 경향으로 흘렀으며, 특히 감독의 독점(cathedra는 왕좌를 상징하였으며, 그곳에서 호밀리를 강론하였음)은 설교마저 교권의 수단으로 전락시켰다. 오리게네스(Origen)과 크리소스토모스(Chrysostom)에 의해 복음 선포와 호밀리를 통합하는 소위 기독론적 호밀리(Christian homily)를 시도하였으나 헬라 호밀리에 대한 의존도를 극복하지는 못하였다.

그러나 설교에 관한 한 새로운 전기는 성 어거스틴에게서 마련되었다. 헬라식인 멍에로부터 설교를 풀어 성경의 지혜에서 출발해야 한다는 어거스틴의 설교신학은 설교학 형성에 전환점이 되었다. 수사는 설교를 섬기는 차원에서만 사용되어야 한다는 것이다. 하나님의 지혜가 설교의 중심이어야 한다고 설파한 것은 설교를 인간의 언어와 수사에 지나치게 의존해 왔던 교부 시대의 호밀리의 구조를 바꾸어 놓았다. 여기서 설교의 예전적·주해적·예언자적·선포적 차원에 수사학 하나를 첨가하였다. 중심 주제는 여전히 하나님의 지혜에 있었다. 역사·종말론적 해석에서 볼 때 설교학 형성에 끼친 어거스틴의 신학적 해석은 혁명적이었다.

그러나 중세에 이르러 설교는 교회 안에서 이미 사라졌으며, 다만 교회 밖의 선교사와 십자군 모집에 나섰던 설교가들의 손에서 명맥만을 유지하였다. 종교개혁은 성례전과 함께 설교를 교회 안에 다시 회복시키는 공헌을 남겼다. 결국 설교는 청교도주의 예배에서, 복음주의적 대각성 운동에서 새로운 빛을 찾았으나 주로 부흥 운동과 연결되어 발전한 설교는 주해적, 의전적 차원은 무시된 채 선포적 차원만이 강조되는 경향으로 흘렀다. 이러한 경향은 교회의 모든 설교까지도 부흥회식 설교로 변화시켜 온 원인이 되었다.

최근의 설교신학은 여전히 다양한 접근 형식을 비판 없이 그대로 수용하는 일종의 설교 다원주의에 빠진 인상을 짙게 남기고 있다. 복음주의적 설교, 삶의 상황 설교, 신정통주의 설교, 심리적 설교, 철학적 설교, 강해 설교 등으로 분화되었다. 여기에는 예수께서 친히 보여 주신 설교의 구조 마저 수용되지 않은 채 설교의 난맥상을 보여 주고 있는 것이 현대 설교학 의 취약점으로 보인다.

오히려 설교학 서클이 아닌 조직신학이 제시하는 신학방법론으로부터 설교는 새로운 방향을 찾을 수 있을 것으로 본다. 그것은 본문으로 알려진 텍스트(Text)와 삶의 상황으로 알려진 콘텍스트(Context) 사이에는 하나 님의 선행적이고도 근원적인 계시와 말씀인 Pretext(본문 이전의 말씀, 어거 스틴은 하나님의 지혜로 명명, 실천적 교회론에서는 하나님의 통치로 명명)의 회 복에서 비로소 새로운 설교의 구조를 회복할 수 있을 것이다. 여기서 본문 이전의 말씀(Pretext)은 예수 그리스도 안에서 임재하는 하나님 나라와 그 의 통치이며, 이는 설교의 중심 모티프의 선포적 차원을 의미한다. 콘텍스 트는 하나님 나라와 약속된 역사(Promissio Dei)와 하나님 백성 공동체인 교회와 우리의 삶이 설교적 상황이 된다. 텍스트는 성경이며, 본문은 기록 된 말씀이다.

5) 부름받은 공동체 세 번째 존재 양식은 성례전이었다

예수의 수세(세례받으심)는 십자가의 죽음을 예시하는 사건이었으며, 초대교회는 세례를 통하여 그리스도의 고난에 참여할 뿐 아니라 하나님 나 라에 입회하는 종말론적 행위로서 받아들였다.

그러나 초대교회로부터 현대에 이르기까지 문제가 되어 온 것은 성만 찬이었다. 성만찬의 문제는 "성만찬의 기원이 무엇이었는가?"라는 물음 에서 시작되었다.

성만찬의 기원을 최후 만찬에 두고 해석해 온 전통적인 틀을 넘어서서 지상 사역을 수행하는 동안 예수께서 당시 기득권층과 제자뿐 아니라 죄 인, 세리, 창녀들과 함께 식사를 나누었다는 탁상 교제(table fellowship)에서 찾는 해석이 설득력을 얻고 있는 것으로 보았다. 이는 장차 하나님 나라가 임할 때 하나님께서 불러 모으실 우주론적 구원과 잔치의 예시였다. 그리고 제자들과의 최후 만찬도 부활하신 제자들과 나눈 식사와의 연장선상에서 보아야 한다는 것이다. 특히 부활 이후의 식사는 '메시아적 잔치의 미리 맛봄'(foretaste)이라는 종말론적 의미였다.

초대교회는 예수 만찬의 의미를 사랑의 애찬 혹은 아가페 식사를 통하여 예수의 탁상 교제와 메시아적 잔치의 표상이었던 부자와 가난한 자들의 공동 식사를 구현하였으며 동시에 이어 떡과 포도주를 먹고 마시는 주의 만찬(Lord's Supper)을 실천했던 것으로 해석하였다. 이는 성만찬을 역사 · 종말론적 모티프에서 해석하는 최근의 신학적 성찰에서 온 것이다.

그러나 성만찬의 역사적 변질은 고린도교회에 만연했던 부자들의 횡포에서 시작되었다. 가난한 자들을 배제시킨 상태에서 사랑의 애찬을 먼저 먹어 버린 부자 신자들에 의하여 초대교회의 아가페 식사와 주의 만찬 구도가 깨지기 시작했다. 2세기에 넘어서면서 성만찬은 아가페 식사가 없는 (메시아적 잔치와 교제가 배제된) 주의 만찬으로 변하면서 그 이름도 유카리스트(eucharist)로 변하였다. 그 후로 성만찬은 희생제로, 중세기에는 화체설로, 종교개혁에는 공존설(루터), 기념설(츠빙글리), 영적 임재설(칼뱅)로 해석되면서 성만찬은 하나님 나라의 교제가 아니라 분열의 원인이 되는 역사적 오류를 범하여 왔다.

그러나 20세기 기적 중의 하나인 WCC가 1982년 제정하고 발표한 리마문서는 50년의 산고를 거쳐 나온 에큐메니컬 대화의 결실일 뿐 아니라 오랜 세월 기독교 세계를 분열로 몰아가던 아픔으로부터 교회 일치를 향한 일대 전환점을 마련해 주었다. 여기에는 정교회(Orthodox Church)와 로마가톨릭 신학의 영향도 있었으나 B.E.M. 문서는 성만찬을 하나님 나라의 식사(Meal of the Kingdom)로 재해석함으로써 초대교회 성만찬의 역사 · 종말론적 의미를 재연하는 의미를 가진다. 물론 하나님 나라 잔치에는 아버지께 드리는 감사(Eucharistia), 그리스도(십자가와 죽음)를 기억하는 *Anamnesis*,

성령의 임재를 간구하는 *Epiklesis*가 전제되고 있었으며, 모든 성도의 하나되는 교제로서의 *Koinonia*가 전제된다. 이 같은 성만찬 신학의 의미는 오랜 세월 성만찬의 요소인 떡과 포도주에 그리스도가 어떻게 임재하는가는 전통적 논거로부터 성만찬을 예수 그리스도에게서 임재하고 있는 하나님 나라 잔치를 지상에서 미리 맛보는 본래 신학적 의미를 회복하고 있다.

6) 세움 받은 공동체가 표출한 처음 존재 양식은 가르침(*Didache*) 이었다

고대 이스라엘 민족 신앙은 출애굽 사건과 시내산 언약을 통해 보여 주신 야웨 하나님의 구원을 역사적 기억(historical memory)을 통해 역사화하는 것으로 이어졌다. 이 역사적 기억은 초기 제사장들의 신학(sacred oracles)과 가르침에서, 예언자들의 선포와 가르침에서, 가정 교육 셰마(*Shema*)를 통해서 역사화되었다.

선포와 가르침은 다른 표현 양식이었지만 둘은 뗄 수 없는 유기적인 연관성을 가지고 있었다는 것이다. 예언자들의 선포는 교육적 의미였다. 고대 이스라엘의 교육은 하나님 백성으로서의 세움을 위한 것이었다.

예수 그리스도의 사역은 하나님 나라와 하나님의 통치가 임박했음을 선포하는 일에서 시작되었다. 그리고 회개의 촉구가 뒤따랐다. 그러나 다른 한편 예수께서는 하나님 나라를 비유를 통해 대중에게 가르치고, 논쟁법(polemical)을 통해 서기관들과는 논쟁하셨으며, 도제(徒弟, apprenticeship)를 통해 12제자를 가르치셨다. 선포(*kerygma*)와 가르침(*didache*)의 방법을 사용하신 것이다. 초대교회로 오면서 선포의 사역은 사도의 사역, 교육의 사역은 교사(*didaskalos*)의 사역으로 분업화되었다. 문제가 된 것은 다드(C. H. Dodd)가 선포와 교육을 분리하면서 선포를 구원에 놓고, 교육을 부차적인 범주에 넣음으로써 초대교회의 구조와 사역에 일대 혼란을 야기하였다.

그러나 예수께서 사용하신 선포와 교육은 기능적으로, 인위적으로 연결되는 것이 아니라 하나님 나라와 하나님 통치를 이 역사 안에 드러내는 두 표현 양식이었다는 성서신학의 재해석에 의하여 다드의 이론은 비판의 대상이 되었다. 선포와 교육은 하나님 나라의 증언을 위한 두 양식이었으며, 둘은 하나님 나라 증언에서 뗄 수 없는 유기적 관계에 있었다는 것이다.

초대교회에서는 선포와 교육을 동일한 신학적 맥락에서 이해하였다. 하나님 나라의 임재를 경험한 하나님 백성 공동체는 다시 오시는 그리스도를 이 역사 안에서 소망하고 증언하는 역사·종말론적 공동체였다. 이때 어떤 이는 사도로 선포의 직임을, 어떤 이는 교사로 가르치는 직임을 위임받았다. 그러나 중요한 것은 이 직임들 사이에는 높고 낮음의 계급적 구분이 없었으며, 오직 은사의 구분만이 있었다. 사도로, 예언자로, 교사로 다양한 은사들 사이의 관계는 기능적 관계가 아니라 하나님 나라를 증언하는 하나님 백성 공동체가 표출하는 존재 양식이었으며, 그것은 그리스도의 몸 안에서 (기능이 아니라) 유기적으로 연결되어 있었다.

그러나 재림의 지연과 제도적 사역이 강화되면서 2세기 이후 점차 케리그마와 디다케를 분리시키기 시작하였다. 교부 시대에는 이미 교육 미사와 성체 미사로 구분하였으며, 교육은 교리문답학교, 수도원학교, 대학으로 이전되면서 교회는 미사만을 수행하는 양분화 현상으로 이어졌다. 루터와 칼뱅은 남다른 관심을 교육에 쏟았으면서도 교육은 교리문답과 학교 교육으로 전가하고, 교회는 설교와 성례전만을 수용하는 묘한 분리를 허용하였다. 이러한 분리 현상은 18세기 영국에서 일어난 주일학교 운동을 통하여 영속화된 채 오늘에까지 이르렀다. 성인들은 설교에 의존하게 되고, 어린이는 주일학교에서 매어 놓는 이분법이 세계적 현실로 나타나게 되었다.

교육 회복을 위한 신학적 시도는 오히려 개신교회보다 로마가톨릭과 정교회에 의하여 더 과감히 추진되고 있다. 1962년 제2 바티칸 공의회 이후 로마가톨릭은 예전과 교리교육의 연계를 모색하기 시작했고, 더 중요한 것은 교리교육에 교실 교육(classroom)을 포함하면서도 그것을 넘어서서 교회의 생활 전체와 연계하려는 데 있다. 교육지침서에 나타나 있는 교리교육의 목적은 더 이상 교리 암송이 아니라 모든 신앙인의 성숙 과정(신앙인이 되고 있는: becoming)에 초점을 맞추고 있으며, 이러한 철학에서 교육을 재구성해 가고 있는 것은 대단한 변화요 고무적인 징조로 보인다.

정교회의 교육 변화도 로마가톨릭이 시도하는 틀과 매우 흡사한 구조에서 시도되고 있다. 교리교육을 예배와 그리스도인의 삶 전체와 연계하며 재구조화하고 있다. 하나님 나라를 지상에서 살아가는 그리스도인의 삶은 '선포, 회개, 교육, 잔치에 참여, 기도, 증언과 나눔'으로 이루어졌다면, 교육은 이 그리스도인의 존재 양식이어야 한다는 것이다. 여기서 교육은 그리스도인의 회심과 세움을 위한 교회의 존재 양식이 되고 있다.

개신교회의 교육은 학문적으로나 이론적으로는 로마가톨릭이나 정교회보다 훨씬 앞서 발전되어 온 것이 사실이다. 호레이스 부시넬(Horace Bushnell)로부터 시작한 교육신학적 논의는 진보적 종교교육학파, 기독교교육학파, 선교와 교육, 과정화 교육의 과정을 거쳐 오늘에 이르렀다.[1]

그러나 개신교 교육신학은 기독교교육학파와 선교교육, 단편적으로 그룸(Theomas Groome), 무명인들인 윈(J. C. Wynn), 파즈미노(Robert Pazmino), 슈파니(Daniel S. Schippani)의 기독론적, 선교론적, 역사·종말론적 접근을 제외하고는 교육신학을 대부분 심리학의 근거에서 풀어가려는 경향으로 진행되어 왔다. 그 결과 학문적 공헌에도 불구하고 개신교 교육신학은 교육을 하나님 나라와 교회와 연계시키지 못하는 약점을 드러냈다. 극복을 위한 노력은 웨스터호프(John Westrhoff)에 의하여 시도되었으나 그에게는 하나님 나라 사상과 교회론이 취약한 것이 약점으로 지적되고 있다. 오히려 로마가톨릭과 정교회가 시도하는 신학적 모형에 더 많은 관심을 기울일 필요성이 있다고 본다. 교육은 하나님 나라를 분별하고, 역사를 긍정하고 역사 안에서 증언하는 하나님 백성을 세우고 양육하는 것이어야 하기

---

1 은준관, 『교육신학』, 이 책은 개신교회에서 일어난 교육신학의 흐름과 사상을 정리한 책이다. 다만 과정화 교육은 포함되어 있지 않다. 은준관 "현대의 교육신학," 『기독교 교육사』.

때문이다.

7) 세움 받은 공동체의 두 번째 존재 양식: 코이노니아(*Koinonia*)

초대교회의 역사·종말론적 공동체의 또 다른 존재 양식은 "날마다⋯ 집에서 떡을 떼며⋯ 음식을 먹고"(행 2:46) 동시에 "⋯ 다 함께 있어 모든 물건을 서로 통용하고⋯ 재산과 소유를 팔아 각 사람의 필요에 따라 나눠 주고"(행 32:44-45)의 나눔이었다. 그러나 초대교회의 코이노니아 나눔은 당시 세계 도피적인 쿰란 공동체가 실현하였던 배타적인 형제애와는 다른 것이었다. 오히려 예수께서 장차 모든 민족을 불러 모으실 하나님 나라는 죄인과 세리 모두가 포함되는 역사적·우주적 근원의 약속이었으며, 초대 교회의 나눔은 바로 이 하나님 나라의 약속을 지상에서 실현해 간 모형이 었다. 그러기에 코이노니아는 가정을 중심으로 그리스도와 그리스도인들 (하나님 백성) 사이에 나눈 교제였으며, 모든 사람을 향해 열려 있던 교제였 다. 그러기에 그것은 원시 공산주의(communism)가 아니라 처음부터 그리 스도와 그의 나라를 믿는 사람들이 사랑으로 나눈 공동체주의(communalism) 였다. 그리고 나눔의 실천은 가정이라는 장에서 이루어졌다는 데 주목하 게 된다. 그러나 가정 모임은 길거리에서의 대중 전도와 성전 기도라는 큰 틀 안에서 이루어졌다.

문제는 예루살렘교회에서 노출되었던 차별 대우는 코이노니아가 이미 붕괴되고 있었음을 드러내는 사건이었다는 데 있다. 그리스도가 말하는 유 대인 과부들을 구제에서 제외시킴으로써 인종, 계급, 종교의 단절 현상은 교회 깊숙이 파고들었다. 이것은 코이노니아의 파괴였다. 그리고 가정 교 회는 서기 4세기 기독교 국교화 이후 등장한 바실리카(basilica) 건축물의 등장에 의해 자취를 감추고, 건물만이 교회와 동일시되기 시작했다. 이것 은 제도화와 교권화의 등장을 동반하였으며, 가정 교회의 소멸과 함께 코 이노니아는 교회에서 사라져 갔다.

그 결과는 양극화 현상이었다. 교회가 제도화되는 동안 다른 한편 이에 저항하고 나온 그룹은 종파화되는 평행선을 걸어온 것이다. 중세 로마가톨릭이 제도화의 극치였다면 수도원 운동, 카타리 운동, 발도파 운동은 제도화에 저항하는 종파성을 수용할 수밖에 없었다. 트뢸치는 이를 교회형과 종파형으로 유형화했다. 종교개혁 이후에도 제도화와 종파화의 갈등은 재세례파운동에 의해 심화되었다.

그러나 공동체 회복 운동은 강렬하고도 진지한 것이었다. 공동체 회복 운동은 마르틴 루터의 제3의 형태론에서 시작하여 스페너(Philip Spener)의 교회 안의 작은 교회(ecclesiolae in ecclesia), 웨슬리의 속회 운동(class meeting)에서 신학적 실마리를 찾고 있다. 중요한 점은 교회가 제도화되었다고 해서 교회를 떠나 새로운 공동체를 모색하지 않았다는 데 있었다. 오히려 교회가 제도화될수록 교회를 갱신할 수 있는 길은 교회를 떠나는 것이 아니라 교회 안의 작은 교회들을 만들고 그것들을 통하여 제도화된 교회가 표현할 수 없는 나눔과 참여, 섬김의 사역을 수행할 수 있게 했다. 바로 이 교회 안의 작은 교회의 구조를 가장 의미 있게 구현하고 있는 형태는 남미와 필리핀에서 실시되고 있는 로마가톨릭의 기초 공동체로 알려져 있다. 비록 교회 안의 작은 교회 운동에 관한 신학적 논의가 아직은 미성숙한 단계에 있지만, 교회 안의 작은 교회 구조가 담고 있는 내면적 의미와 가능성은 교회를 다시 공동체로 회복하며, 하나님 백성들을 교제와 말씀과 섬김으로 참여시키고, 교회를 갱신하고 역사적 증언으로 변혁하는 전략적 구조로서 수용됨을 의미한다.

8) 보냄 받은 공동체의 존재 양식은 미시오(*Missio*)였다

하나님께서 그의 백성을 부르신 것은 (그것이 이스라엘이든, 새 이스라엘인 교회이든) 하나님과 세계를 섬기게 하고 증언하게 하기 위한 것이었다. 선택(구심)은 처음부터 세계를 위한 섬김과 세계와의 연대성(원심) 안에서 이루어졌다. 특히 예수 그리스도께서 그의 제자들에게 위탁하신 "… 모든 족속으로 제자를 삼아… 세례를 주고…"는 장차 하나님께서 모든 민족과 만민을 불러 모으시는 우주적 구원을 역사의 현장에서 증거하라는 미시오 곧 보내심이었다.

12제자는 교회를 만들라고 위임받은 것이 아니다. 12제자는 하나님 나라의 종말론적 약속을 증거해야 하는 선교(missio)의 위임을 받았다. 12제자는 처음부터 증언자요 선교자였다. 그리고 12제자는 새 이스라엘, 하나님 백성의 상징이었다. 초대교회의 정체성은 처음부터 역사를 치유하려고 완성하시는 하나님 나라와 하나님 통치를 역사 안에서 증언하는 한(연대성) 그 의미가 있었다. 몰트만은 이를 하나님 나라(Promissio Dei, 하나님 나라의 약속)·미시오(교회의 증언)의 구조로 표현한다.

그러나 Basileia Tou Theou(하나님의 통치)-Promissio Dei(하나님 나라의 약속)-미시오(역사 안에서의 증언)의 구조는 예수의 재림이 지연되면서 제자들 사이에 질투와 경쟁으로 하나님 나라 대신 교회로 대치하는 과오를 범하고, 교회에는 감독, 장로, 집사가 서서히 계급화되면서 존재의 근원적 의미가 변질되었다. 미시오는 하나님 나라 증인이 아니라 교회 확장의 수단이 되었으며, 더욱이 정복과 선교를 동시에 추진한 patronato 정책으로까지 타락하였다. 그리고 미시오는 해외에 선교사를 파송하는 것을 유일한 선교로 보는 변질에까지 이르렀다.

미시오 회복을 위한 신학적 시도는 19세기 말에서 시작하여 1910년 에든버러 회의를 기점으로 에큐메니컬 운동에 의하여 그 깊이와 넓이와 높이를 더하였다. 이것은 2,000년의 교회사상 가장 중요한 신학적인 혁명이었다. 그리고 1962년 제2 바티칸 공의회는 로마가톨릭의 개혁뿐 아니라 일대 전환기가 되었다.

비록 미시오 회복을 위한 다양한 신학적 접근(로마가톨릭, 복음주의, 에큐메니컬 신학) 속에 중심 주제로 부상하고 있는 신학적 모티프는 예수 그리스도께서 선포하시고 그에게 임재한 하나님의 나라(하나님 통치: autobasileia)와 역사를 완성하시는 그의 나라와 그 약속 안에서 교회는 미리 맛봄이요, 징조요, 증인 공동체라는 혁명적 패러다임이었다. 여기서 미시오는 역사·종말론적 공동체인 교회의 기능이 아니라 존재 양식 그 자체라는 신학적 이해가 등장하였다.

2. 제언

『신학적 교회론』과 『실천적 교회론』에서 논의된 성서적, 신학적 논거가 21세기가 한국 교회를 향해, 더욱이 교회 개혁을 두고 암시하고 제언하는 소리를 다음과 같이 요약할 수 있을 것이다.

1) 한국 교회 미래는 교회의 정체성을 제도와 조직으로부터 하나님 나라 백성 공동체(*Laos tou Theou*)로 전환한다

한국 교회가 받은 축복과 잠재력은 위대하고도 무한대의 것이라고 볼 수 있다. 1960~1980년대에 늘어난 교회 수, 교인 수, 교회당과 시설 등은 교회 성장 신학으로부터 연유된 축복임에 틀림없다. 그러나 한국 교회가 받은 좀 더 근원적인 축복은 한국 기독교인들 속에 지금도 살아 있는 영성이라고 볼 수 있다. 더욱이 이 영성은 오랜 세월 경험해 온 고난, 배고픔, 죽음 그리고 질병을 헤치고 나온 것이어서 한국인의 영성은 남달리 순수하고 열정적일 수 있는 것이 특징이다. 바로 이 영성 위에 오늘의 교회가 크게 성장했다고 볼 수 있을 것이다.

그러나 한국 교회를 위협하는 가장 무서운 도전은 영성의 소멸이나 교인 수의 감소나 시설의 낙후에 있지 않다고 본다. 오히려 오늘의 한국 교회를 위협하는 가장 강렬한 도전과 위기는 교회의 궁극적인 존재 이유가 무엇인가를 묻는 신학적 질문을 화려한 업적과 성장 속에 묻어두는 데 있다고 본다. 화려해진 시설과 공간에 안주하면서 한국 교회는 벌써 시간성과 미래 앞에 눈감아 버렸다고 본다. 시간과 미래로부터의 단절은 역사의식을 잃어버렸다는 의미이며, 역사의식을 잃었다는 의미는 하나님 나라를 내 영혼의 평안과 교회의 유지 수단으로 전락시킬 위험성을 가지고 있다는 의미이다. 이것은 교권주의적 전형적인 상징이기도 하다. 하나님 나라를 교회 안에 묶어 두고, 공간화하며, 거기에 성직을 절대화하는 과정이 교권주의화이기 때문이다.

여기서 한국 교회는 신학적 패러다임을 선택해야 하는 갈림길에 서 있다고 본다. 교회 성장 신드롬에 매인 채 교회 확장의 길을 선택할 것인가? 서구 기독교 왕국의 흥과 쇠의 경험에 비추어 볼 때 이 길은 자멸의 길로 갈 수밖에 없을 것이다. 교회는 그 자체에 생명력이 없기 때문이다. 교회는 복음이 아니다. 그렇다면 한국 교회의 두 번째 선택은 무엇을 의미하는 것일까? 교회의 존재 이유는 예수 그리스도께서 계시하신 하나님과 하나님의 통치, 하나님의 역사 완성의 약속 안에 있다는 신앙 고백뿐 아니라 신학적 의식 전환의 길을 선택하는 것이다. 여기서 한국 교회는 하나님 나라와 그의 의를 위해 교회, 성직, 업적, 교인, 재정, 시설 모두의 소유권을 하나님께 돌려야 하는 영적인 포기를 결행할 것을 의미한다.

이때로부터 한국 교회는 예수 그리스도 안에서 임재하고 재림을 약속한 하나님 나라와 하나님의 통치 앞에 복종하는 일대 신앙과 신학의 패러다임 전환이 일어날 것이다. 이때 비로소 한국 교회는 "나라에 임하시오며", "뜻이 하늘에서 이루어지이다"를 진심으로 고백할 수 있게 될 것이다.

그리고 한국 교회는 하나님 나라와 하나님의 뜻이 이루어지는 이 땅을, 이 역사를, 이 우주를, 이 창조를, 모든 민족과 인류를 하나님의 장으로 수용하고 긍정하게 될 것이다. 한국 교회가 긍정하는 것이 아니라 하나님께서 긍정하시기 때문에 역사를 긍정하게 될 것이다. 여기서 한국 교회는 교회의 시설을, 교인들의 영성과 열정을, 교회의 창문을 세계와 역사 앞에 열어 놓아야 할 것이다. 역사의 모든 사건 뒤에 말씀하시고 부르시는 하나님의 음성과 하나님 나라의 비전을 신앙의 눈으로 볼 수 있어야 할 것이다.

그리고 한국 교회는 이때 비로소 자신의 정체성, 부름받은 공동체로서의 의미를 스스로 묻게 될 것이다. 교회의 존재 이유는 교회의 비대화가 아니라 오고 있는 하나님 나라를 역사의 한복판에서 분별하고 동시에 하나님 나라를 증언하는 증인 공동체로 역사 안에 현존(연대성)하는 것이 교회가 부름받은 궁극적인 목적임을 고백해야 할 것이다. 교회는 예수 그리스도 안에서 하나님 나라를 역사 안에서 분별하고 기억하고 소망하는 순례 공동체임을 고백해야 할 것이다. 그러기에 실천적 교회론의 최우선 과제는 교회의 노예로부터 탈피하여 하나님 나라를 기억하고 소망하며, 역사 안에서 증언하는 하나님 백성 모두의 공동체로 다시 태어나는 데 있다고 본다.

2) 한국 교회는 역사 · 종말론적인 하나님 백성 공동체로 다시 태어 나기 위해 과감한 구조 개혁을 결행한다

교회의 구조 조정은 벌써 몇몇 실천신학자에 의하여 제언되기도 하고, 시도되기도 하였다. 그중에서도 예배 신학자로 알려진 윌리몬(William H. Willimon), 설교학자로 알려진 스쿠드라레크(William Skudlarek)과 라이스 (Charles L. Rice)[2] 등이 보여 준 공통적인 관심과 공헌은 예배, 설교와 교육 그리고 성례전이 다시 연계되어야 한다는 것이다. 그리고 데이비스(J. G. Davies)[3] 같은 이는 예배와 선교의 연계성을 강력히 주장하고 있다. 오늘처럼 예배와 선교가 단절되고, 설교와 교육이 단절되었으며, 성례전이 취약해진 한국 교회(이것은 한국 교회만의 문제가 아니라 모든 세계 교회가 안고 있는)의 구조에서 볼 때 이러한 실천신학적 시도들이 영감적이고 교육적 의미를 던져 주는 것은 사실이다. 더욱이 예배와 설교는 목회자의 점유물이

---

2 William H. Willimon, *Worship as Pastoral Care*(Nashville: Abingdon, 1979); *Integrative Preaching*(Nashville: Abingdon, 1980); William Skudlarek, *The Word, in Worship*(Nashville: Abingdon, 1981); Charles L.Rice, *The Embodied Word*(Minneapolis: Fortress, 1990).
3 J. G. Davies, *Worship and Mission*.

되고, 교육은 어린이들을 위한 평신도들의 영역이 되었으며, 선교는 해외 선교사들의 독점물처럼 되어 있는 한국 교회의 구조 분열을 다시 연결시키는 지침이 될 수 있기 때문이다.

그러나 여기서 우리는 조심스럽게 비판 한 가지를 제시해야 할 것이다. 이들 실천신학자의 제언과 시도는 근본적으로 잘못될 수 있는 방법론적 전제가 깔려 있기 때문이다. 잘못된 방법론적 전제란, 이들은 예배와 설교, 설교와 성례전, 성례전과 교육, 교육과 선교를 다시 연결하는 틀을 하나님 나라를 증거하는 하나님 백성의 존재 양식에서 보지 않고 오히려 기능적 고리에서 찾으려 하기 때문이다. 기능적 고리란 예배의 선교적 요소, 설교의 교육적 기능, 성례전의 교육적 기능 등 교회의 과제들이 가지고 있는 내적 기능에서 서로의 연결을 찾아가고 있는 것을 뜻한다. 문제는 이렇듯 기능과 기능 사이의 연결을 확대하다 보면 교회의 구조 개혁을 마치 프로그램들을 계속 첨가하여 교회 안의 다양한 구조로 확대하는 것으로 오해할 수 있다는 것이다. 이것은 현대 교회가 자기 존재의 변화는 거부한 채 유행하는 것은 무엇이나 기존 구조에 계속 첨가해 가는 뷔페식 기능주의의 오류를 범하게 하는 것이다.

반대로 한국 교회의 구조 개혁은 예수 그리스도의 사역과 초대교회가 표출했던 구조에서 근원을 찾아야 할 것이다. 예수 그리스도의 사역은 오고 있는 하나님 나라를 이 역사 안에 드러내시기 위한 것이었으며, 이를 위해 선포하시고(설교), 죄인과 세리들과 음식을 나누셨으며(교제와 성만찬), 가르치시고(교육), 선교(missio)를 위임하셨다. 초대교회는 예수의 부활 이후 생겨난 하나님 백성 공동체였으며, 그 공동체는 사도와 예언자와 교사의 통제 아래 있었던 것이 아니었다. 오히려 받은 은사대로 모든 하나님 백성들이 하나님 나라를 증거하기 위해, 자신들의 온전한 신앙을 위해 성령의 인도를 따라 예배에서 하나님 나라를 찬양하고, 사도의 설교에서 회개하고, 하나님 잔치의 미리 맛봄으로서의 성만찬에 참여하고, 하나님 나라 진리를 가르쳤으며, 증언과 섬김으로 흩어졌다.

여기서 중요한 것은 예수의 사역에는 예배, 설교, 교제와 성례전, 교육, 선교의 구조를 이루고 있었다. 서로 뗄 수 없는 유기적 관계에 있었던 것이 사실이다. 그러나 더 중요한 것은 이 모든 사역의 유기적 관계는 사역들 사이의 기능적 연관성이 아니라 하나님 나라를 찬양하고(예배), 하나님 나라를 선포하고(설교), 하나님 나라 잔치를 경험하고(성례전과 교제), 하나님 나라를 가르치고, 하나님 나라를 증거하는 선교를 수행하는 한 서로의 연계성이 살아 있다고 보아야 할 것이다. 초대교회가 하나님 백성 공동체였다면, 예배는 하나님과 하나님 백성 사이의 만남과 대망의 사건이었으며, 그 안에서의 사도의 설교는 예수 안에서의 하나님 나라를 선포하는 사역이었다. 또한 성례전은 하나님 나라 잔치를 미리 맛보는 하나님 백성의 교제였고, 교사의 가르침은 하나님 나라를 가르치고 배움으로써 하나님 백성이 세움을 받는 과정이었으며, 선교는 하나님 백성 모두가 참여하는 증언이요 섬김이었다. 그러기에 사역의 기능적 연결이 아니라 하나님 나라를 증거하는 하나님 백성의 존재 양식 안에서의 연계를 기억해야 한다.

여기서 한국 교회는 구조 개혁에 관한 두 가지 과제를 결행해야 할 것이라고 본다. 그 하나는 오늘날 목사 중심의 그리고 예배와 설교 중심의 교회 구조로부터 과감히 탈피하여 예수의 사역과 초대교회가 표출했던 예배, 설교, 성례전, 교육, 교제, 선교의 온전한 구조를 수용하고, 이들을 구조화해야 한다. 이것은 온전한 신앙을 위해서도 필수적인 구조이다.

그러나 둘째로 더 중요한 것은 예배, 설교, 성례전, 교육, 교제, 선교를 회복하고 구조화할 때 그것은 목회자의 기능 확대나 교회의 프로그램 확대의 수단이 되어서는 안 된다는 사실이다. 이것들의 회복은 교회 성장이나 교회 확장의 수단이 되어서도 안 된다는 사실이다. 오히려 이것들의 회복은 예수 그리스도와 그의 나라의 증언 구조여야 하며, 이 증언에 부름받은 하나님 백성 모두의 신앙과 존재의 표현 양식 그 자체가 되어야 할 것이다. 여기서 예배는 하나님을 찬양하고, 이에 하나님 백성은 새로운 만남(정체성)과 대망(연대성)의 자리에 들어가게 될 것이다. 설교는 하나님 나라의 선포가 될 것이며, 이에 하나님 백성은 회개를 통한 하나님 나라와 뜻을 분별하게 될 것이다. 성만찬은 하나님 나라의 비전과 잔치를 베푸는 예시며, 이에 하나님 백성은 만민을 대변하여 잔치에 참여하게 될 것이다. 교육은 하나님 나라의 비밀을 알게 할 것이며, 하나님 백성은 배움을 통해 성숙에 이르게 될 것이다. 교제는 하나님 나라의 코이노니아를 작은 교회를 통해 실험하게 될 것이며, 하나님 백성은 성도와 함께 사랑과 코이노니아를 나누는 공동체를 경험할 것이다. 선교는 역사 안에 임하시는 하나님 나라를 증언하도록 부르시는 하나님의 명령이 될 것이며, 이에 하나님 백성 모두는 땅끝까지 이르러 하나님 나라를 증언하는 사도들이 될 것이다. 그러기에 교회와 사역은 하나님 백성 모두가 참여하여 표출하는 공동체적 양식이다.

3) 구조 개혁은 몇 가지 구체적 실천을 통해 이루어 갈 수 있다

(1) 사역은 목회자 중심 구조에서 하나님 백성 모두가 참여하는 사역으로 전환되어야 할 것이다. 이것은 과거의 '목회신학(pastoral theology), 목회자 중심의 신학'으로부터 '사역 신학(ministry of the church), 목사가 포함된 하나님 백성의 사역'으로의 전환을 의미한다. 그러나 사역 신학은 목회신학을 반드시 필요로 한다. 여기서 목회신학은 하나님 백성 공동체로서 부름받고, 세우고, 다시 보내는 becoming(온전한 신앙)을 양육하고 파송하는 전문성을 갖추어야 한다. 이것은 신학 교육에서 실천신학 분야의 일대 전환을 필요로 한다.

(2) 예배를 목사의 주관으로부터 하나님과 하나님 백성 사이의 만남과 대망(대변)의 사건으로 전환시켜야 할 것이다. 목회자를 통한 예배가 아니라 하나님과 하나님 백성 사이의 직접적인 만남이요 부르심이요 위임이요 대변의 사건으로 변화되어야 한다. 목회자는 중보자가 아니라 증언자요 대변자여야 한다. 이것은 예배 진행, 순서, 내용의 변화까지를 동반한다.

예배는 주일에 드려야 하며, 그 이유는 주일이 죽음을 이기시고 다시 사신 그리스도의 부활을 종말론적으로 만나는 영원한 현재의 약속이기 때문이다. 주일 공동 예배 이외의 모든 예배는 기도회로 이름을 바꾸어야 한다. 1년에 한 번 예배에 관한 신학적 이해를 전 교인(하나님 백성)에게 가르치고, 훈련하는 것을 제언하고 싶다.

(3) 설교는 본문 설교(textual sermon), 상황 설교(situation sermon), 주해 설교(expository sermon), 심리적 설교(psychological sermon) 등의 유형 논쟁에서 벗어나서 성서와 역사, 신앙과 삶을 꿰뚫고 다가오는 하나님의 나라와 하나님의 뜻을 신앙으로 분별하는 Pretext를 설교의 생명으로 삼아야 할 것이다. 바로 이 Pretext를 드러내기 위해 콘텍스트와 텍스트는 폭넓게 연구되고 인용되어야 할 것이다. 20분 설교를 위해 20시간의 기도와 준비는 필수적이어야 할 것이다.

(4) 세례와 성만찬은 하나님 백성인 신자와 부모의 교육이 선행되어야 한다. 세례는 철저한 교육 이후에 실시되어야 하며, 성만찬은 하나님 나라의 메시아적 잔치라는 역사·종말론적 신학과 예식서를 준비한 후 훈련을 거쳐 모두가 참여하는 표현 양식으로 변화되어야 한다. 성만찬은 하나님과 이웃과의 교제를 나눈다는 전제에서 진행되어야 한다.

(5) 교육은 더 이상 어린이와 젊은이의 지적 영역으로 방치해서는 안 된다. 그렇다고 주일 교회학교나 청소년 교육을 외면해서도 안 된다. 설교가 하나님 나라 선포의 매개이고 하나님 백성의 회개를 촉구하는 것이라면, 교육은 하나님 나라를 가르침으로써 하나님 백성을 세우는(becoming) 사역으로 교회의 구조와 목회 안에 수용해야 할 것이다. 설교에서의 교육적 의미도 좋지만, 더 중요한 것은 하나님 백성 모두를 창세기에서 계시록까지의 성경 통독을 통해 하나님 구원의 역사와 하나님 통치를 보게 하고, 참여케 하는 성서 연구가 필수적이다. 수요일 저녁 예배를 수요 성서 연구로 전환함으로써 주일 예배와 수요 성서 연구를 케리그마-유카리스트-디다케의 구조로 삼을 수 있을 것이다.

(6) 코이노니아는 하나님 나라의 코이노니아를 실험하는 소공동체로서의 교회 안에 작은 교회들로 구조화할 수 있을 것이다. 제도화와 종파화의 끊임없는 위험 속에 교회 안의 작은 교회 운동은 하나님 나라의 코이노니아를 회복하고, 하나님 백성의 참여를 극대화시키는 제3의 형식이기 때문이다. 그러나 교회 안의 작은 교회 운동은 교회 확장이나 교회 비대화의 수단이 되어서는 안 될 것이다. 오히려 교회가 역사·종말론적 공동체로 전환하면 할수록 교회 안의 작은 교회 운동은 하나님 나라의 교제를 나누고, 이를 지역사회에 증거하는 선교기지로 극대화할 수 있을 것이다. 중요한 것은 중간 지도자의 선택과 훈련이며, 헌금은 반드시 지역 선교를 위해 쓰도록 하며, 그 공동체는 배타적이 아니라 모두를 향해 열려 있도록 훈련하는 것이 관건이다.

(7) 선교(missio)는 교회 확장이나 해외 선교만을 의미하지 않는다. 선교는 하나님 백성 모두가 참여하는 존재 양식이며, 이는 하나님 백성 하나하나가 삶과 역사의 현장에서 하나님 나라를 증언하는 사도요 선교사가 됨을 의미한다. 정치, 경제, 사회 모든 영역에서 하나님 나라와 그의 의를 실현하고 증언하는 선교 구조로 모두를 훈련하고 파송하는 역사 변혁적 의미를 가져야 할 것이다. 그리고 교회의 구조와 시설, 인적 자원 모두가 선교를 위해 열리고 헌신될 수 있어야 할 것이다. 이 모든 사역을 수행할 하나님 백성을 부르고, 세우고, 다시 보내는 하나님과 하나님 백성을 섬기기 위해 어떤 이는 사도로, 어떤 이는 예언자로, 어떤 이는 목사로 부름받았다.

"나라가 임하시오며, 뜻이 하늘에서 이루어진 것같이 땅에서도 이루어지이다."

종합
: 하나님 백성 공동체를 세우는 담임 목회

지난 8주 우리는 하나님의 교회를 세우는 구조를 8가지 주제에 따라 설계했다. 오늘은 8가지 기둥을 연결하여 하나님의 집을 완성하는 종착역에 도착하였다.

이를 위해 우리는 잠시 8개의 구조를 먼저 리뷰하고자 한다.

1) 교회

교회는 제도, 교제, 성례전, 설교, 선교가 아니라 했다. 이들은 교회의 본연이 아니라 존재 양식(mode of existence)이다.

교회는 하나님의 부름을 받고 응답하고 나선 하나님의 백성 공동체(called out community)이다. 그리고 부름받은 하나님의 백성은 세움을 받아야(called up community) 한다. 마지막으로 세상과 삶의 자리로 증언을 위해 보냄을 받아야(called into community) 한다.

그래서 교회는 하나님의 부름을 받고, 세움을 받으며, 보냄을 받아 응답하고 나선 하나님 백성 공동체이다.

담임목사는 이 세움을 위해 부름받은 하나님의 종이다.

2) 사역

사역은 목사가 하는 것이 아니라 했다. 사역은 하나님께서 그리스도를 통해 하시는 선언이다. 모든 민족이 하나님 앞에 회개(denouncement)하고, 새 삶과 역사를 시작하도록 은혜를 약속하시는 하나님의 사랑(announcement)이 사역이다. 그래서 사역은 오직 하나인 하나님 사역(The Ministry)이라 했다. 어떤 이는 사도로, 어떤 이는 교사와 예언자로, 목사로 하나님 사역을 분담하며 섬기는 사역이다.

그러므로 미래 교회는 목사, 장로, 권사, 집사, 모든 성도가 각각 받은 은사에 따라 하나님 사역에 참여하는 공동 사역이어야 한다. 이것이 하나님 나라 백성 공동체의 팀 사역이다.

3) 예배

기독교 예배는 신(神)들 앞에 바치는 제사가 아니라 했다. 기독교 예배는 "주의 이름으로 두세 사람이 모이는 곳에 함께 있겠다"고 약속하시는 주님의 임재하심 앞에 감사와 찬양으로 응답하는 하나님 백성 모두의 회집(ecclesia)이다.

예배는 하나님의 임재와 초대고, 감사함으로 모이는 회중이며, 말씀의 증언(설교)을 통해 하나님 앞으로 돌아서는 회개(metanoia)와 성례전을 통해 하나님 나라를 미리 경험하는 회심적 사건이다. 그리고 예배는 증언을 위해 세상으로 파송받는 결단의 시간이다.

특히 예배는 주님께서 죽음을 이기시고 다시 사신 8일(주님의 날, the Day of the Lord)에 하나님의 백성 모두가 주님과 함께 죽고 주님과 함께 다시 사는 종말론적 사건이며 시간이다.

주일에 시작하는 주간(weekday)은 부활하셔서 오늘도 성령으로 함께 하시는 그리스도와 동행하는 시간이다.

그래서 우리는 주일과 주간을 성과 속으로 이원화하지 않는다. 주님의 부활하심 안에 있는 신앙과 삶의 한 리듬이며, 동행하심의 여정이다.

4) 설교

설교는 목회자에게 위임된 하나의 종합 예술이다. 설교는 목회자의 삶, 신앙, 신학이 엮어내는 예술이기 때문이다.

그러나 설교는 교리와 율법을 풀이하고 가르치는 유대식 호밀리(Jewish homily)가 아니라 했다. 반대로 유창하고 현란한 말과 논리로 감동을 주는 헬라식 호밀리(Greek homily)도 아니라 했다.

오늘 한국 교회의 설교는 횟수는 많으나 이 두 가지 범주에서 벗어나지 못하는 타성에 빠져 있으며, 점점 생명력을 잃고 있다.

설교는 주께서 선포하신 하나님 나라에서 시작됐으며, 부활하신 그리스도와의 만남에서 회심한 바울의 서신 전체가 설교였다.

바울에서 시작하여 오리게네스를 거쳐 성 어거스틴으로 이어진 크리스천 호밀리는 성경 말씀을 주해하기 위해 헬라식 논리와 구조를 방법론적으로 수용하였다.

거기에는 서막이 있고, 성경 속의 사건을 구원사에 따라 나누고 전개하는 내용 전개(main body of analysis and argument)가 있었으며, 하나님과 역사 앞에 결단하는 종막(epilogue)이 있었다.

설교가 곧 예배는 아니었다. 설교는 주일 공동 예배의 한 소중한 사역이었으며, 하나님과 회중의 만남을 매개하는 증언이고 통로였다. 주일 설교는 말씀의 증언으로 주 1회로 제한하며, 10시간 이상 준비해야 한다. 주일 설교 외의 나머지는 강해로 전환해야 한다.

5) 교육

지난 3,500년 동안 동서를 막론하고 교육은 스승이 제자에게 가르치는 것이었다. 이때 제자들은 스승이 전한 교훈을 암기하고 지식을 축적했다. 물론 그 속에서 지혜가 자라기도 했다.

고대 선진 학교, 기원전 100년 안팎 유대 회당 학교들, 중세기 대학교, 종교 개혁가들의 교리교육, 초·중학교, 서구와 한국의 주일학교도 교육을 가르치는 행위였다. 그러나 18세기 영국 로버트 레이크스(Robert Raikes)의 주일학교(Sunday School)는 교육을 가르침에서 나아가 근로 청소년들을 삶의 주체로 세우는 혁명적 발상이고 전환이었다. 이때 주일학교는 영국을 구원할 신앙·사회적 도화선이었다. 그러나 미국으로 건너가면서 주일학교는 교회학교로 변신하였으며, 학교식으로 교재를 만들고 훈련된 교사가 일방적으로 교재를 가르쳤다. 이때 어린이들은 모든 것을 암기하고 상을 받았다. 그것은 한국도 마찬가지였다.

그 결과는 교회학교의 죽음이었다. 미국 교회학교는 이미 죽었고, 한국 교회학교는 지금 고사 상태이다. 1980년 초 기독교교육의 풍운아로 알려진 웨스터호프(John Westerhoff)가 여기에 불을 당겼다. 신앙은 학교식(schooling)으로 가르치는 것(teaching)이 아니다. 신앙은 공동체를 통해 형성(formation)되는 것이다. 그러나 미국 교회학교는 계속 신앙을 가르치다가 중병에 걸렸다고 외쳤다. 미국 교회는 이 소리에 응답하지 않았으나 한국에서는 TBC 성서연구원과 어린이청소년교회운동본부가 응답하면서 새로운 가능성들이 떠올랐다. 그것이 어린이청소년교회이다.

6) 코이노니아(*Koinonia*)

2,000년 전 쿰란 공동체(Qumran Community)와 예수께서 펼치신 하나님 나라 운동을 대비시켰다. 둘 다 사랑과 교제를 근간으로 펼친 사랑 운동

이었다. 쿰란은 끼리끼리 운동이었으나 예수 운동은 모든 사람, 특히 가난하고 소외된 사람들을 하나님 나라 식탁에 초대한 사랑과 교제 공동체 운동이었다.

그러나 예수 운동은 16세기 종교개혁 때까지 외면되었으며, 교회는 성직자와 부자의 교회로 전락했다. 이것을 되살려낸 사람은 루터였으며, 이를 신학화하고 구조화한 사람은 독일 교회 목사 필립 슈페너(Philip Spener)였다. 특히 그의 경건자의 모임(collegia pietatis)과 교회 안의 작은 교회(ecclesiolae in ecclesia) 사상은 형식화되어가던 독일 교회를 안으로부터 살려내는 동력이 되었다.

이 사상은 존 웨슬리의 속회(class meeting)로 이어지면서 감리교회를 세계 교회로 올려놓는 내면의 힘이 되었다. 교회 성장 이후 기간을 지나 위기와 마주한 오늘날 한국 교회, 아직 우리 안에 남아 있는 성도 한 사람 한 사람을 '교회 안의 작은 교회'의 하나님 백성으로 세워 그들을 동력화하는 길이 교회를 다시 살리는 길이라 여겨진다.

7) 선교(missio)

선교는 교회의 선교 프로그램과 해외에 파견된 선교사의 사역이기 이전에 하나님께서 친히 행하시는 구원이라 했다. 아브라함, 모세를 드신 하나님은 이스라엘 민족을 부르시고 세우신 후 세상으로 보내신 하나님의 구원, 곧 missio였다.

주님의 missio는 하나님의 우주적 회집(universal gathering)에 모든 사람을 불러 모으시는 초대였으며, 12제자는 예시 공동체(prefigure) 혹은 동아리라 일컬었다. 초대교회는 부활하신 그리스도와의 만남, 다시 오실 주님을 기다리며 예루살렘에 모여 예배, 말씀, 떡을 뗌, 재산 나눔, 고아와 과부돌봄 등으로 전도에 헌신했던 하나님 백성 공동체였다.

그러나 지난 2,000년은 하나님 나라를 빙자한 교회 팽창주의 역사였다. 로마가톨릭의 patronato 정책, 개신교의 세계 선교 모두 교파주의 선교였다. 다행히 20세기에 와서 1910년 에든버러공의회를 개최하고, 개신교는 1968년 *missio Dei* 신학을 선포하고, 로마가톨릭은 1962년 제2 바티칸공의회를 통해 하나님 나라 백성 사상을 선언했다. 불행히도 이 사상은 한 교회 한 교회의 신앙 고백이 아니며, 정책화도 아니었다. 미래 교회의 선교는 성도 한 사람 한 사람을 하나님의 백성으로, 선교 주체로 세워 세상으로 보내는 것에 있다.

이 모든 것을 교회 구조 안에 담아야 한다.

미래 교회 구조	
주일: 주님의 날	주간: 월~토
The day of the Lord (주님과 함께 죽고 다시 사는 종말론적 시간)	Week days (주님과 동행하는 여정)
주일 공동 예배 (부름받는 공동체)	수요일: 성서연구 목, 금: 교회 안의 작은 교회 　　　(세움 받는 공동체) 월~토: 삶과 역사 속 증언 　　　(보냄 받는 공동체)

8) 결론

미래 교회는 중복되는 집회의 부담으로부터 성도를 풀어주고, 모든 하나님의 백성(성도)을 하나님의 부르심, 세우심, 보내심의 공동체 창조로 초대하는 목회로 전환해야 한다.

참고문헌

I. 한글 도서

기독교문사 편.『기독교대연감』. 서울: 기독교교문사, 1992.

김광식.『조직신학』III. 서울: 대한기독교서회, 1994.

김병서.『한국사회와 개신교』. 서울: 한울사, 1995.

김용기.『서양교육사』. 서울: 경기문화사, 1960.

루터회.『예배의식문』. 서울: 한국루터회, 1989.

박근원.『오늘의 교역론』. 서울: 대한기독교출판사, 1982.

_____.『리마예식서』. 서울: 한국기독교교회협의회, 1987.

박종구.『세계선교, 그 도전과 갈등』. 서울: 신망애출판사, 1994.

오인탁. 주선애, 정웅섭, 은준관, 김재은 편집,『기독교교육사』. 서울: 도서출판 교육목회, 1992.

은준관.『교육신학』. 서울: 대한기독교서회, 1975.

_____.『기독교교육현장론』. 서울: 대한기독교서회, 1988.

_____.『신학적 교회론』. 서울: 대한기독교서회, 1998.

이원규.『한국교회의 사회학적 이해』. 서울: 성서연구사, 1992.

_____.『한국교회의 현실과 전망』. 서울: 성서연구사, 1994.

주재용.『기독교의 본질과 역사』. 서울: 전망사, 1983.

지형은.『경건주의, 그 요청과 현실』. 연세대학교 연합신학대학원 공개강좌, 1996.

한국기독교사회문제연구원.『한국교회 100년 종합조사 연구』. 1982.

한국정교회.『성 요한 크리소스톰의 리뚜르기아서』. 서울: 정교회, 1978.

한정애.『교회사를 통해 본 작은 공동체운동』. 서울: 한국신학연구소, 1978.

한국자원봉사능력개발연구회.『한국교회 사회봉사 사업조사 연구』. 서울: 성광문화사, 1990.

II. 한글 논문

김영재. "한국교회 문제점과 그 쇄신".『한국기독교와 기독 지성인』. 김영한 편. 서울: 풍만, 1987.

노길명. "한국종교성장의 사회적 배경".『한국교회와 사회』. 이원규 편저. 서울: 나단출판사, 1989.

박창건. "초대교회에 있어서 은사와 직제".『신학과 세계』. 제18호. 감리교신학대학, 1989.

이양호. "칼빈의 성찬론".『현대와 신학』. 제18집. 연세대학교 연합신학대학원, 1994.

정철범. "성공회 입장에서 본 리마 성찬예식서".『천신논단』. 성공회신학대학, 1987.

주재용. "WCC의 역사와 이념".『기독교사상』1월호. 1983.

III. 영문 도서

Abba, Raymond. *Principles of Christian Worship*. 허경삼 역. 서울: 대한기독교서회, 1965.

Abbott, Walter M. ed., *The Documents of Vatican II*. New York: Guild Press, 1966.

Anderson, Bernhard. *Understanding the Old Testament*. Englewood Cliffs, New Jersey: Prentice-Hall, 1986.

Anderson, Gerald. *The Theology of the Christian Mission*. New York: McGrawHill Book Co., 1961.

_____. *Christian Mission in Theological Perspective*. Nashville: Abingdon Press, 1967.

Anderson, Ray S. *Theological Foundations for Ministry*. Edinburgh: T & T Clark, LTD, 1979.

Allmen, J-J von. *Worship: Its Theology and Practice*. New York: Oxford University Press, 1965.

St. Augustine. *On Christian Doctrines*, tr. by D.W. Robertson. New York: The Liberal Arts Press, 1958.

Avis, Paul D. L. *The Chruch in the Theology of the Reformers*. 이기문 역. 서울: 컨콜디아사, 1979.

Azevedo, Marcello dec. *Basic Ecclesial Communities*. Washington D.C.: Georgetown University Press, 1987.

Banks, Robert. *Paul's Idea of Community*. Grand Rapids: Wm. B. Eerdmans Publishing Co., 1980.

Barbe, Dominique. *Grace and Power*. Mary knoll, New York: Orbis Books, 1987.

Barclay, William. *Educational Ideals in the Ancient World*. Grand Rapids: Baker Book House, 1957.

_____. *The Lord's Supper*. Philadelphia: Westminster Press, 1967.

Barker, Kenneth R. *Religious Education, Catechesis and Freedom*. Birmingham, AL: Religious Education Press, 1981.

Barrett, C. K. *The Doctrine of the Church*. Nashvill: Abingdon Press, 1964.

Barth, Karl. *Church Dogmatics*. Vol. IV. I. Edinburgh: T & T Clark, 1961.

_____. *Homiletik*, 박근원 역. 서울: 전망사, 1987.

Biersdorf, John E., ed., *Creating An Intentional Ministry*. Nashville: Abingdon Press, 1976.

Birkey, Del., *The House Church, Scottdale*. Pennsylvania: Herald Press, 1988.

Bonhoeffer, Dietrich, *The Communion of Saints*. New York: Harper and Row, 1960.

Booty, John E. *The Church in History*. New York: Seabury Press, 1979.

Bosch, David J. *Witness to the Word*. Atlanta, Georgia: John Knox Press, 1980 .

_____. *Transforming Mission*. New York: Maryknoll: Orbis Book, 1991.

Bowden, Derrick J. *The World of the New Testament*. Oxford: Headington: Hill, Religious Education Press, 1977.

Braaten, Carl E. *The Flaming Center*. Philadelphia: Fortress Press, 1977.

Bradshaw, Paul F. *The Search for the Origins of Christian Worship*. New York: Oxford University Press, 1992.

Broadus, John A. *A Treatise on the Preparation and Delivery of Sermons*. New York: Harper & Row, 1870.

Bright, John. *A History of Israel*. Philadelphia: Westminster Press, 1971.

Brilioth, Yngve. *A Brief History of Preaching*. Philadelphia: Fortress Press, 1965.

Brown, Robert McAfee. *The Ecumenical Revolution*. Garden City. New York: Doubleday and Co., Inc., 1967.

Browning, Robert L. & Reed, Roy A. *The Sacraments in Religious Education and Liturgy*. Birmingham, Alabama: Religious Education Press, 1985.

Bucy, Ralph D. *The New Laity*. Waco, Texas: Word Books, 1978.

Burgess, Harold W. *An Invitation to Religious Education*. Birmingham, Alabama: Religious Education Press, 1975.

Burrows, William R. *New Ministries: The Global Context*. New York, Maryknoll: Orbis Books, 1980.

Butler, Donald J. *Religious Education*. New York: Harper & Row, 1962.

Calien, Carnegie S. *Today's Pastor in Tomorrow's World*. New York: Haw-thorn Books, Inc., 1976.

Carroll, Jackson W. *As One With Authority*. Louisville, Kentucky: Westminster, John Knox Press, 1991.

Carroll, Jackson W. *Ministry as Reflective Practice*. Alban Institute Publication, 1986.

Carroll, Thomas K. *Preaching the Word*. Wilmington, Delaware: Michael Glazer, 1984.

Cirlot, Felix. *The Early Eucharist*. London: S.P.C.K., 1939.

Clark, David. *The Liberation of the Church*. Selly Oak, Great Britain: Westhill College, 1984.

Clements, R.E. *God and Temple*. Philadelphia: Fortress Press, 1965.

Cohen, Martin A. & Croner, *Helga Christian Mission: Jewish Mission*. New York: Paulist Press, 1982.

Congar, Yves. *Lay People in the Church*. London: Geoffrey Chapman, 1957.

Conzelmann, Han. *An Outline of the Theology of the New Testament*. New York: Harper & Row, 1969.

Cooke, Bernard. *Ministry to the Word and Sacraments*. Philadelphia: Fortress, 1976.

Costas, Orlando E. *The Integrity of Mission*. New York: Harper & Row, 1979.

Cowan, Michael A. *Dangerous Memories*. Sheed and Ward, 1986.

Craddock, Fred B. *Preaching*. Nashville: Abingdon Press, 1985.

Cullmann, Oscar. *Early Christian Worship*. Naperville, Illinois: Alec R. Allenson, Inc., 1953.

Cully, Kendig B. *The Search for a Christian Education since 1940*. Philadelphia: Westminster Press, 1965.

_____. ed., *Basic Writings in Christian Education*. Philaedlphia: Westminster Press, 1960.

Davies, Horton. *Christian Worship*. Nashville: Abingdon Press, 1957.

Davies, J. G. *Worship and Mission*. New York: Association Press, 1967.

Dodd, C.H. *The Apostolic Preaching and Its Developments*. London: Hodder & Stoughton

Limited, 1936.

Dulles, Avery. *Models of the Church*. Garden City: Doubleday & Co., 1978.

Duke, Robert W. *The Sermon as God's Word*. Nashville: Abingdon Press, 1980.

Dummelow, J. R. ed., *A Commentary on the Holy Bible*. New York: MacMillan Co., 1961.

Durell, J. C. V. *The Historic Church*. Cambridge University Press, Krus Reprinting Co., 1969.

Edwall. P. Hayman, Eric & Maxwell, William. *Ways of Worship*. New York: Harper & Brothers.

Fousek, Mariana S. *The Church in a Changing World*. St. Louis: Mo., Concordia Publishing House, 1971.

Fuhrmann, Paul T. *An Introducation to the Great Creeds of the Church*. Philadelphia: Westminster Press, 1960.

Gangel, Kenneth O., & Benson, Warren B. *Christian Education: Its History and Philosophy*. Chicago: Moody Press, 1983.

Garrett, T. S. *Christian Worship*. London: Oxford University Press, 1961.

Gilmore, A. ed., *Christian Baptism*. Chicago: The Judson Press, 1959.

Gittins, Anthony J. *Bread for the Journey*. Mary knoll: Orbis Books, 1993.

Glasse, James D. *Profession: Minister*. Nashville: Abingdon Press, 1968.

Goguel, Maurice. *The Primitive Church*. New York: MacMillan Co., 1964.

Goodykootz, Harry G. *The Minister in the Reformation Tradition*. Richmond, Virginia: John Knox Press, 1963.

Green, Michael. *Called to Serve*. Philadelphia: The Westminster Press, 1964.

Greenhalph, John. & Russell, Elizabeth, ed., *Sings of Faith, Hope and Love*. Colins, 1987.

Grimes, Howard. *The Rebirth of the Laity*. Nashville: Abingdon Press, 1958.

Groom, Thomas H. *Christian Religious Education*. San Francisco: Harper & Row, 1980.

Hadaway, C. Kirk. DuBose, Francis M. Wright, Stuart A. *Home Cell Groups and House Churches*. Nashville: Broadman House, 1987.

Hahn, Ferdinand. *The Worship of the Early Church*. Philadelphia: Fortress Press, 1973.

Hanson, Anthony T. *The Pioneer Ministry.* Philadelphia: Westminster Press.

Hanson, A. T. & R. P. C. *The Identity of the Church*. London: SCM Press LTD, 1987.

Hardman, Oscar. *A History of Christian Worship*. Nashville: Cokesbury.

Harris, James H. *Pastoral Theology*. Minneapolis: Fortress, 1991.

Harrelson, Walter. *From Fertility to Worship*. tr. by Wilson Chang. Seoul: Christian Literature Society, 1992.

Hedley, George. *Christian Worship*. New York: MacMillan Co., 1953.

Herbert, A.S. *Worship in Ancient Israel*. London: Lutterworth Press, 1959.

Hessell, Dieter T. *Social Ministry*. Philadelphia: Westminster Press, 1982.

Hiltner, Seward. *Ferment in the Ministry*. Nashville: Abingdon Press, 1969.

Hislop, D.H. *Our Heritage in Public Worship*. London: T & T Clark, 1935.

Hodgson, Peter C. *Revisioning the Church*. Philadelphia: Fortress, 1988.

_____. *Winds of the Spirit*. Louisville, Kentucky: Westminster, John Knox Press, 1993.

Holl, Karl. *The Cultural Significance of the Reformation*. New York: Meridian Book, Inc., 1959.

Holland, DeWitte T. *The Preaching Tradition*. Nashville: Abingdon, 1980.

Holmes III, Urban T. *The Future Shape of Ministry*. New York: Seabury Press, 1971.

_____. *The Priest in Community*. New York: Seabury Press, 1978.

_____. *Spirituality for Ministry*. San Farancisco: Harper & Row, 1982.

Hoon, Paul W. *The Integrity of Worship*. Nashville: Abingdon Press, 1971.

Horner, Norma A. ed., *Protestant Crosscurrent in Mission*. Nashville: Abingdon Press, 1968.

Hough, Joseph. & Cobb, John. *Christian Identity and Theological Education*. Chicago: Scholars Press, 1985.

Howe, Ruel L. *Partners in Preaching*. New York: Seabury Press, 1967.

Hunter, A. M. *Introducing New Testament Theology*. London: SCM Press, LTD, 1957.

Hunter, David G. ed., *Preachers in the Patristic Age*. New York: Paulist Press, 1989.

Jay, Eric G. *The Church*. Atlanta: John Knox Press, 1980.

Jenkinson, Daniel T. *The Gift of Ministry*. London: Faber & Faber, LTD, 1947.

Jenkinson, William. & O'Sullivan, Helen. *Trends in Mission*. Maryknoll: Orbis Books, 1991.

Johnson, Susanne. *Christian Spiritual Formation in the Church and Classroom*. Nashville: Abingdon Press, 1989.

Jones, Cheslyn. Wainwright. Geoffrey, Yarnold, Edward. *The Study of Liturgy*. London: S.P.C.K., 1978.

Jones, Ilion T. *A Historical Approach to Evangelical Worship*. Nashville: Abingdon Press, 1953.

Kane, J. Herbert. *A Concise History of the Christian World Mission*. Grand Rapids: Baker Book House, 1982.

Kaploun, Uri. *The Synagogue*. Philadelphia: Jewish Publication Society of America, 1973.

Kerkhofs, Jan and Others. *Minister? Pastor? Prophet?* New York: Crossroad, 1981.

Kelly, Alden. *The People of God*. Greenwich, Connecticut: Seabury Press, 1962.

Kirk, Kenneth E. *The Apostolic Ministry*. London: Hoddes & Atoughton, 1956.

Knox, David B. *The Lord's Supper from Wycliff to Cranmer*. Exeter, the Paternoster Press, 1966.

Kraemer, Hendrik. *A Theology of the Laity*. Philadelphia: Westminster Press, 1959.

Kraus, Hans-Joachim. *Worship in Israel*. Richmond: John Knox Press, 1965.

Küng, Hans. *Reforming the Church Today*. New York: Crossroad, 1990.

Lawson, John. *A Theological and Historical Introduction to the Apostolic Fathers*. New York:

MacMillan Co., 1961.

Lee, Bernard & Cowan, Michael A. *Dangerous Memories*. Sheed and Ward, 1986.

Lehmann, Paul. *Ethics in an Christian Context*. New York: Harper & Row, 1963.

Lehmann, Helmut T. ed., *Meaning and Practice of the Lord's Supper*. Philadelphia: Muhoenberg, 1961.

Lewis, Ralph L. *A History of Preaching*.

_____. *Inductive Preaching*. Westminster: III., Crossway Books, 1983.

Limouris, Gennadios. *Church, Kingdom, World, Faith and Other Paper*. No. 130. Geneva: W. C. C., 1986.

Lischer, Richard. *Theories of Preaching*. Durham: N. C., The Labyrint Press, 1987.

Lonfink, Gerhard. *Jesus and Community*. Philadelphia: Fortress Press, 1982.

Luther, Martin. *Works of Martin Luther*. Vol., IV. A. J. Holman Co. & the Castle Press, 1931.

Macy, Gary. *Theologies of the Eucharist in the Early Scholastic Period (1084-1220)*. London: Oxford, Clarendon Press, 1984.

Macy, Paul G. *If It be of God*. St. Louis, Mo., The Bethany Press, 1960.

Mancy, Thomas. *Basic Communities*. Minneapolis: Winston Press, 1984.

Manson, T. W. *The Church's Ministry*. Philadelphia: Westminster Press, 1961.

Mark, Burton L. *Rhetoric and the New Testament*. Minneapolis: Fortress Press.

Martin, Ralph P. *The Worship of God*. Grand Rapids, Wm. B. Eerdmans, 1982.

Martin, Ralph P. *Worship in the Early Church*. London: Fleming H. Revell Co., 1964.

Mayes, Andrew, ed., *Church Ministry*. Dublin: Dominican Publications, 1977.

McBrien, Richard P. *The Church in the Thought of Bishop John Robinson*. Philadelphia: Westminster Press, 1966.

McDonald, James I. H. *Kerygma and Didache*. London: N.Y., Cambridge University Press, 1980.

Messer, Donald E. ed., *Send Me?* Nashville: Abingdon Press, 1991.

_____. *Contemporary Images of Christian Ministry*. Nashville: Abingdon Press, 1989.

_____. *A Conspiracy of Goodness*. Nashville: Abingdon Press, 1992.

Milner, Benjamin Charles. *Calvin's Doctrine of the Church*. Leiden: E. J. Brill, 1970.

Miller, Hal. *Christian Community*. Ann Arbor, Michigan: Servant Books, 1979.

Moltmann, Jürgen. *The Church in the Power of the Spirit*. London: SCM Press, LTD, 1977.

_____. *The Invitation to a Open Messianic Life-Style Church*. London, SCM Press, LTD, 1978.

Moore, Mary Elizabeth. *Education for Continuity and Change*. Nashville: Abingdon Press, 1983.

Muirhead, Ian A. *Education in the New Testament*. N.Y.: Association Press, 1985.

Muller, Karl. *Mission Theology*. Steyler-Verlag-Wort und Werk, 1987.

Neill, Stephen C. & Weber, Hans-Ruedi. ed., *The Layman in Christian History*. Philadelphia:

Westminster Press, 1963.

Neill, Stephen, ed., *The Ministry of the Church*. London Edinburgh: The Canterbury Press, 1947.

Niebuhr, H. Richard. *Radical Monotheism and Western Culture*. N.Y.: Harper & Brothers, 1943.

_____. *The Purpose of the Church and Its Ministry*. N. Y.: Harper & Brothers, 1956.

Niebuhr, H. Richard & Williams. D. D. *The Ministry in Historical Perspectives*. N. Y.: Harper & Brothers, 1956.

Niebuhr, H. Richard. Williams, D. D. Gurtafson, James M. *The Advancement of Theological Education*. N. Y.: Harper & Brothers, 1957.

Nouwen, Henri J. M. *Creative Ministry*. Garden City, N. Y.: Doubleday & Co., Inc., 1971.

_____. *The Living Reminder*. N. Y.: Seabury Press, 1977.

_____. *The Wounded Healer*. N. Y.: Garden City, Doubleday & Co., Inc., 1979.

Oden, Thomas C. *Becoming A Minister*. N. Y.: Crossroad, 1987.

_____. *Ministry Through Word and Sacrament*. N.Y.: Crossroad, 1988.

_____. *Pastoral Theology*. San Francisco: Harper & Row, 1982.

Oetting, Walter W. *The Church of the Catacomb*. St. Louis, Mo., Concordia Publishing Co., 1964.

Panikulam, George. *Koinonia in the New Testament*. Rome: Biblical Institute Press, 1979.

Pauck, Wilhelm. T*he Heritage of the Reformation*. The Free Press of Glencoe, Inc., 1961.

Paul, Robert. *Ministry*. Grand Rapids: Wm. B. Eerdmans Publishing Co., 1965.

Pazmino, Robert W. *Foundational Issues in Christian Education*. Grand Rapids: Baker Books, 1988.

Peterson, David. *Engaging With God*. Grand Rapids: Wm. B. Eerdmans, 1992.

Phillips, James M. & Coote, Robert T. ed., *Toward 21 Century in Christian Mission*. Grand Rapids: Wm. B. Eerdmans, 1992.

Poling James N. & Miller, Donald E. *Foundations for a Theology of Ministry*. Nashville: Abingdon Press, 1985.

Ray bum, Robert G. *O Come, Let Us Worship*. Grand Rapids: Baker House, 1980.

Reinish, Leonhard, ed., *Theologians of our Time*. University of Notre Dame Press, 1964.

Reumann, John. *The Supper of the Lord*. Philadelphia: Fortress Press, 1985.

Rice, Charles L. *The Embodied Word*. Minneapolis: Fortress Press, 1990.

Ritschl, Dietrich. *A Theology of Proclamation*. Richmond: John Knox Press, 1960.

Robinson, John A. T. *Honest to God*. London: SCM Press, LTD, 1963.

Rotenberg, Issac C. *The Promise and the Presence*. Grand Rapids: Wm. B. Eerdmans, 1980.

Rowley, H. H. *The Biblical Doctrine of Election*. London: Lutterworth Press, 1950.

_____. *Worship in Ancient Israel*. Philadelphia: Fortress Press, 1967.

Russell, Letty M. *Christian Education in Mission*. Philadelphia: Westminster Press, 1967.

Saliers, Don E. *Worship As Theology*. Nashville: Abingdon Press, 1994.

Schaller, Lyle E. *The Change Agent*. Nashville: Abingdon Press, 1978.

Schillebeeckx, Edward. *The Church With a Human Face*. London: SCM Press, LTD, 1985.

_____. *Ministry*. N.Y.: Crossroad, 1980.

Schippani, Daniel S. *Religious Education Encounters Liberation Theology*. Birmingham: Ala., Religious Education Press, 1988.

Schmemann, Alexander. *Introduction to Liturgical Theology*. N. Y.: St. Vladimir's Seminary Press, 1986.

_____. *For the Life of the World*. N.Y.: St Vladimir's Seminary Press, 1986.

Schmidt, Stephen A. *A History of the Religious Education Association*. Birmingham, Ala.: Religious Education Press, 1990.

Schnackenburg, Rudolf. *The Church in the New Testament*. N. Y.: Herder & Herder, 1966.

Schuller, David S. Strommen, Merton P. Brekke, Milo L. *Ministry in America*. San Francisco: Harper & Row, 1980.

Schuller, David S. Brekke, Milo L. Strommen, Merton P. ed., *Readiness for Ministry*. San Francisco: Harper & Row, 1980.

Seeberg, Reinhold. *The History of Doctrines*. Grand Rapids: Baker Books, 1961.

Segler, Frank M. *Christian Worship*. Nashville: Broadmans Publishing Co., 1967.

Senior, Donald & Stuhlmueller, Carroll. *The Biblical Foundation for Mission*. N.Y.: Maryknoll, Orbis Books, 1983.

Seymour, Jack & Miller, Donald. *Contemporary Approaches to Christian Education*. Nashville: Abingdon Press, 1982.

_____. *Theological Approaches to Christian Education*. Nashville: Abingdon Press, 1990.

Shelp, Earl E., & Sunderland, Ronald, ed., *A Biblical Basis for Ministry*. Philadelphia: Westminster Press, 1981.

Shepherd, Jr., Massey H. ed., *Worship in Scripture and Tradition*. N. Y.: Oxford University Press, 1963.

Sherrill, Lewis J. *The Rise of Christian Education*. N. Y.: MacMillan Co., 1944.

Schrerer, James A. *Gospel, Chruch and Kingdom*. Minniapolis: Augusburg Publishing House, 1987.

Skudlarek, William. *The Word in Worship*. Nashville: Abingdon Press, 1981.

Smart, James D. *The Rebirth of Ministry*. Philaedlphia: Westminster Press, 1960.

_____. *The Teaching Ministry of the Church*. Philaedlphia: Westminster Press, 1954.

Snyder, Howard A. *Signs of the Spirit*.

Spann, J. Richard, ed., *The Ministry*. Nashville: Abingdon Press, 1949.

Spielmann, Richard M., *History of Christian Worship*. N. Y.: Seabury Press, 1966.

Swift, Fletcher H. *Education in Ancient Israel*. Chicago: London, The Open Court Publishing Co.,

1919.

Taylor, Marvin J. ed., *Changing Patterns of Religious Education*. Nashville: Abingdon Press, 1984.

Thompson, Bard. *Liturgies of the Western Church*. Cleveland and N. Y.: World Publishing Co., 1961.

Torres, Sergio & Eagleson, John. *The Challenge of Basic Christian Communities*. Maryknoll: Orbis Books, 1981.

Towns, Elmer L. ed., *A History of Religious Educators*. Grand Rapids: Baker Books House, 1975.

Thurian, Max. ed., *Ecumenical Perspective on Baptism, Eucharist and Ministry*. Geneva: W.C.C., 1983.

Turnbull, Ralph G. *A History of Preaching*. Michigan: Grand Rapids: Baker Book House, 1974.

Turnbull, Ralph G. ed., *Baker's Dictionary of Practical Theology*. Grand Rapids: Baker Book House, 1967.

Underhill, Evelyn. *Worship*. N. Y.: Harper & Brothers, 1936.

Van Engen, Charles. Gilliland, Dean S., Pierson. Paul. *The Good News of the Kingdom*. New York: Orbis Book, 1992.

Verkuyl, J. *Contemporary Missiology*. Grand Rapids: Wm. B. Eerdmans, 1978.

Volz, Carl A. *Pastoral Life and Practice in the Early Church*. 박일영 역. 서울: 컨콜디아, 1997.

Von Rad, Gerhard. *Old Testament Theology*. N. Y.: & San Francisco: Harper & Row, 1962.

Wainwright, Geoffrey. *Christian Initiation*. Richmond: John Knox, 1969.

_____. *Doxology*. N. Y.: Oxford University Press, 1981.

_____. *Eucharist and Eschatology*. N. Y.: Charles Scribner's Sons, 1918.

Walker, Williston. *A History of the Christian Church*. N. Y.: Charles Scribner's Sons, 1981.

Wardlaw, Don M. ed., *Preaching Biblically*. Philadelphia: Westminster Press, 1983.

Warkentin, Majorie. *Ordination*. Grand Rapids: Wm. B. Eerdmans Publishing House, 1982.

W.C.C. *Costly Unity*. Geneva: W.C.C., 1993.

_____. *Church and World, Faith and Order Paper*. No. 151. Geneva: W.C.C., 1990.

Webber, George W. *The Congregation in Mission*. Nashville: Abingdon Press, 1964.

_____. *Today's Church*. Nashville: Abingdon Press, 1979.

Webber, Robert E. *Worship Old and New*. Michigan: Zondervan Publishing House Grand Rapids, 1982.

Werner, Martin. *The Formation of Christian Dogma*. London: A & C Black LTD, 1957.

Westerhoff, John & Edwards, O.C. ed., *A Faithful Church*. Wilton, Connecticut: Morehouse-Barlow Co., Inc., 1981.

Westerhoff, John & Willimon, William H. *Liturgy and Learning Through the Life Cycle*. N. Y.: Seabury Press, 1986.

White, James F. *Introduction to Christian Worship*. Nashville: Abingdon, 1980.

_____. *Protestant Worship*. Louisville, KY: Westminster John Knox Press, 1989.

_____. *Documents of Christian Worship*. Louisville, KY: Westminster John Knox Press, 1992.

_____. *A Brief History of Christian Worship*. Nashville: Abingdon, 1993.

Whitehead, James and Evelyn. *Method in Ministry*. San Francisco: Harper & Row, 1980.

Williams, Colin W. *John Wesley's Theology Today*. Nashville: Abingdon, 1960.

_____. *The Church*. Philadelphia: Westminster Press, 1968.

Willimon, William H. *Worship as Pastoral Care*. Nashville: Abingdon Press, 1979.

_____. *Word, Water, Wine and Bread*. Valley Forge: Judson Press, 1980.

_____. *Integrative Preaching*. Nashville: Abingdon, 1981.

Wilson, Paul Scott. *A Concise History of Preaching*. Nashville: Abingdon, 1992.

Winter, Ralph D. ed., *Perspective on the World Christian Movement*. Pasadena, CA: William Carey Library, 1981.

Wynn, J. C. *Christian Education for Liberation*. Nashville: Abingdon, 1977.

IV. 영문 논문

Aleshire, Daniel O. "Eleven Major Areas of Ministry". *Ministry in America*. ed. by David S. Schuller & Others, Harper & Row, 1980.

Anderson, Gerald H. "Theology of Religions and Missiology A Time of Testing". *The Good News of the Kingdom*. ed. by Charles Van Engen & Others, Maryknoll: Orbis Books, 1993.

Bainton, Roladn H. "The Ministry in the Middle Ages". *The Ministry in Historical Perspectives*. ed. by H. Richard Niebuhr & D. D. Williams. N. Y., Harper & Brothers, 1956.

Barth, Karl. "The Event of Divine Worship". *Theological Foundations for Ministry*. ed. by Ray S. Anderson. Edinburgy: T & T Clark, LTD., 1979.

_____. "An Exegetical Study of Matthew 28:16-20". *The Theology of the Christian Mission*. ed. by, Gerald Anderson. N. Y.: McGraw-Hill Book Co., 1961.

Bryce, Mary Charles. "Evolution of Catechesis from the catholic Reformation to the Present". *A Faithful Church*. ed. by John Westerhoff & Others, Wilton. Connecticut: Morehouse-Barlow Co., Inc., 1981.

Cullmann, Oscar. "Eschatology and Mission in New Testament". *The Theology of the Christian Mission*. Gerald Anderson. N. Y.: McGraw-Hill Book Co., 1961.

Glasser, Authur F. "Evangelical Missions". *Toward 21 Century in Christian Mission*. ed. by James M. Phillips & Robert T. Coote, Grand Rapids.

Haugaard, William P. "The Continental Reformation of the Sixteenth Century". *A Faithful Church*. ed. by John Westerhoff & Others. Wilton, Conn. Morehouse-Barlow Co., Inc., 1981.

Knox, John. "The Ministry in the Primitive Church". *The Ministry in Historical Perspectives*. ed.

by H. Richard Niebuhr & D. D. Williams. N. Y., Harper & Brothers, 1956.

Lim, Isaac. "Wesleyan Preaching and the Smalll Group Ministry". *Asia Journal Theology*. Vol. 3, No. 2 1989.

Lazareth, William H. "1987: Lima and Beyond". *Ecumenical Perspective on Baptism. Eucharist and Ministry*. ed. by Max Thurian, Geneva: W.C.C. 1983.

Mead, Sidney E. "The Rise of the Evangelical Conception of the Ministry in America: 1607-1850". *The Ministry in Historical Perspectives*. ed. by H. Richard Niebuhr & D. D. Williams. N. Y.: Harper & Brothers, 1956.

Michaelsen, Robert S. "The Protestant Ministry in America; 1850 to the Present". *The Ministry in Historical Perspectives*. ed. by H. Richard Niebuhr & D. D. Williams. N. Y.: Harper & Brothers, 1956.

Mitchell, Leonel L. "The Ancient Church". *A Faithful Church*. ed. by John Westerhoff & Others. Wilton, Conn., Morehouse-Barlow Co., Inc., 1981.

Payne, E. A. "Baptism in Recent Discussion". *Christian Baptism*. ed. by A. Gilmore. Chicago: The Judson Press, 1959.

Quinn, Jerome D. "The Ministry in the New Testament". *Lutheran & Catholic in Dialogue*. U.S .A. Committee of the Lutheran World Federation and the Bishop's Committee for Ecumenical & Interreligious Affairs, 1970.

Rylaarsdam, J. Coert. "The Matrix of Worship in the Old Testament". *Worship in Scripture and Tradition*. ed. by Massey H. & Shepherd Jr. N. Y.: Oxford University Press, 1963.

Schmemann, Alexander. "Theology and Liturgical Tradition". *Worship in Scripture and Tradition*. ed. by Massey H. & Shepherd Jr., N. Y.: Oxford University Press, 1963.

Scherer, James A. "Church, Kingdom & Missio Dei". *The Good News of the Kingdom*. ed. by Charles Van Engen & Others. Maryknoll: Orbis Books, 1993.

Scherer, James A. "Ecumenical Mandate for Mission". *Protestant Crosscurrent in Mission*. ed. by Norma A. Honor. Nashville: Abingdon press, 1968.

Tarasar, Constance J. "The Orthodeox Experience". *A Faithful Church*. ed. by John Westerhoff & Others, Wilton, Conn., Morehouse-Barlow Co., Inc., 1981.

Tillich, Paul. "Mission and World History". *The Theology of the Christian Mission*. ed. by Gerald Anderson, N. Y.: McGraw-Hill Book Co., 1961.

Torrance, Thomas F. "The Ministry". *Theological Foundations for Ministry*. Ray S. Anderson: T & T Clark, LTD., 1979.

Un, Joon Kwan. "Christian Education as Historical Transformation Interpreted in the Light of Basileia Tou Theou".『현대와 신학』. 연신원, 1993.

Verkuyl, Johannes. "The Bibilical Notion of the Kingdom". *The Good News of the Kingdom*. ed. by

Charles Van Engen & Others. Mary knoll, Orbis Books, 1993.

Wagner, Gunter. "Baptism from to Lima". *Ecumenical Perspective on Baptism, Eucharist and Ministry*. ed. by Max Thurian. Geneva: W.C.C. 1983.

Wharton, James A. "Theology and Ministry in the Hebrew Scriptures". *A Biblical Basis for Ministry*. ed. by Earl E. Shelp & Ronald Sunderland. The Westminster Press, 1981.

Williams, George H. "The Ministry of the Ante-Nicene Church". *The Ministry in Historical Perspectives*. ed. by H. Richard Niebuhr & D. D. Williams. N. Y.: Harper & Brothers, 1956.

Young, Franklin W. "The Theological Contest of New Testament Worship". *Worship in Scripture the Tradition*. ed. by Massey H. & Shepherd Jr. N.Y.: Oxford University Press, 1963.